ŒUVRES
COMPLÈTES
DE MOLIÈRE

COLLATIONNÉES SUR LES TEXTES ORIGINAUX ET COMMENTÉES

PAR

M. LOUIS MOLAND

DEUXIÈME ÉDITION

SOIGNEUSEMENT REVUE ET CONSIDÉRABLEMENT AUGMENTÉE

Une composition de Staal, gravée sur acier, accompagne chaque pièce

TOME SEPTIÈME

PARIS
GARNIER FRÈRES, LIBRAIRES-ÉDITEURS
6, RUE DES SAINTS-PÈRES

AVIS AUX SOUSCRIPTEURS. — Le premier volume, consacré entièrement à la **Vie de Molière** et aux documents biographiques, paraîtra en dernier lieu.
Cet ouvrage est sous presse depuis deux ans, comme on le peut voir par la date de ce volume. Nous avons voulu que la moitié en fût imprimée avant de le mettre en vente, pour être certains que la publication n'éprouvera aucun retard et qu'un nouveau volume pourra être envoyé régulièrement tous les deux mois aux souscripteurs.

CHEFS-D'ŒUVRE

DE LA

LITTÉRATURE

FRANÇAISE

7

PARIS. — IMPRIMERIE A. QUANTIN
7, RUE SAINT-BENOIT

ŒUVRES

COMPLÈTES

DE MOLIÈRE

TOME SEPTIÈME

L'AMOUR MÉDECIN

ACTE II — SCÈNE VI

Garnier frères, Éditeurs

ŒUVRES
COMPLÈTES
DE MOLIÈRE

COLLATIONNÉES SUR LES TEXTES ORIGINAUX ET COMMENTÉES

PAR

M. LOUIS MOLAND

DEUXIÈME ÉDITION

SOIGNEUSEMENT REVUE ET CONSIDÉRABLEMENT AUGMENTÉE

Une composition de Staal, gravée sur acier, accompagne chaque pièce

TOME SEPTIÈME

PARIS
GARNIER FRÈRES, LIBRAIRES-ÉDITEURS

6, RUE DES SAINTS-PÈRES, 6

EL BURLADOR DE SEVILLA

Y

CONVIDADO DE PIEDRA

COMEDIA FAMOSA

DE

TIRSO DE MOLINA

EL BURLADOR DE SEVILLA

Y

CONVIDADO DE PIEDRA[1]

PERSONAS.

DON DIEGO TENORIO, viejo.
DON JUAN TENORIO, su hijo
CATALINON, lacayo.
EL REY DE NÁPOLES.
EL DUQUE OCTAVIO.
DON PEDRO TENORIO.
EL MARQUES DE LA MOTA.
DON GONZALO DE ULLOA
EL REY DE CASTILLA.
ISABELA, duquesa.
TISBEA, pescadora.
BELISENA, } villanas.
AMINTA,
ANFRISO, } pescadores.
CORIDON,
GASENO, } labradores.
PATRICIO,
FABIO, } criados.
RIPIO,
MÚSICOS.

JORNADA PRIMERA.

ESCENA PRIMERA.

SALEN DON JUAN TENORIO É ISABELA.

ISABELA.
Duque Octavio, por aquí

---

1. Nous reproduisons l'œuvre de Tirso de Molina, d'après le *Tesoro del teatro español* de Don Eugenio de Ochoa. Le lecteur qui voudrait l'avoir en français la trouvera dans le *Théâtre de Tirso de Molina*, traduit par M. Alphonse Royer. Paris, Michel Lévy frères, 1863. Un volume in-12.

Podrás salir mas seguro.
DON JUAN.
Duquesa, de nuevo os juro
De cumplir el dulce sí.
ISABELA.
Mis glorias serán verdades,
Promesas y ofrecimientos,
Regalos y cumplimientos,
Voluntades y amistades.
DON JUAN.
Sí, mi bien.
ISABELA.
    Quiero sacar
Una luz.
DON JUAN.
    Pues ¿ para qué?
ISABELA.
Para que el alma dé fe
Del bien que llego á gozar.
DON JUAN.
Mataréte la luz yo.
ISABELA.
¡ Ah, cielo ! ¿ quién eres, hombre?
DON JUAN.
¿ Quién soy? un hombre sin nombre.
ISABELA.
Qué, ¿ no eres el duque?
DON JUAN.
    No.
ISABELA.
¡ Ha de palacio !
DON JUAN.
    Detente,
Dame, duquesa, la mano.
ISABELA.
No me detengas, villano,
¡ Ha del rey, soldados, gente !

ESCENA II.

SALE EL REY DE NÁPOLES CON UNA VELA
EN UN CANDELERO.

REY.

¿Qué es esto?

ISABELA.

El rey, ¡ay triste!

REY.

¿Quién eres?

DON JUAN.

¿Quién ha de ser?
Un hombre y una muger.

REY.

Esto en prudencia consiste.
¡Ha de mi guarda! prended
A este hombre.

ISABELA.

¡Ay, perdido honor! (*Vase.*)

ESCENA III.

SALE DON PEDRO TENORIO, EMBAJADOR
DE ESPAÑA, Y GUARDA.

DON PEDRO.

En tu cuarto, gran señor,
¿Voces? ¿quién la causa fué?

REY.

Don Pedro Tenorio, á vos
Esta prision os encargo,
Siendo corto, andad vos largo,
Mirad quién son estos dos,
Y con secreto ha de ser,
Que algun mal suceso creo,
Porque si yo aquí lo veo,
No me queda mas que ver. (*Vase.*)

DON PEDRO.

Prendedle.

DON JUAN.
　　　¿ Quién ha de osar ?
Bien puedo perder la vida,
Mas ha de ir tan bien vendida,
Que á alguno le ha de pesar.
　　DON PEDRO.
Matadle.
　　DON JUAN.
　　　¿ Quién os engaña ?
Resuelto en morir estoy,
Porque caballero soy
Del embajador de España.
Llegue, que solo ha de ser
Él quien me rinda.
　　DON PEDRO.
　　　　　Apartad,
A ese cuarto os retirad
Todos con esa muger.
Ya estamos solos los dos,
Muestra aquí tu esfuerzo y brio.
　　DON JUAN.
Aunque tengo esfuerzo, tio,
No le tengo para vos.
　　DON PEDRO.
Di quién eres.
　　DON JUAN.
　　　　Ya lo digo :
Tu sobrino.
　　DON PEDRO.
　　　　¡ Ay corazon,
Que temo alguna traicion !
¿ Qué es lo que has hecho, enemigo ?
¿ Cómo estás de aquesa suerte ?
Dime pronto lo que ha sido :
Desobediente, atrevido,
Estoy por darte la muerte.
Acaba.

JORNADA I, ESCENA III.

DON JUAN.
Tio y señor,
Mozo soy, y mozo fuiste,
Y pues que de amor supiste,
Tenga disculpa mi amor.
Y pues á decir me obligas
La verdad, oye, y diréla :
Yo engañé, y gocé á Isabela
La duquesa...

DON PEDRO.
No prosigas,
Tente, ¿ cómo la engañaste ?
Habla quedo, y cierra el labio.

DON JUAN.
Fingí ser el duque Octavio...

DON PEDRO.
No digas mas, calla, baste :
¡ Perdido soy ! si el rey sabe
Este caso, ¿ qué he de hacer ?
Industria me ha de valer
En un negocio tan grave.
Di, vil, no bastó emprender
Con ira y con fuerza estraña
Tan gran traicion en España
Con otra noble muger,
Sino en Nápoles tambien,
Y en el palacio real,
Con muger tan principal ?
Castíguete el cielo, amen.
Tu padre desde Castilla
A Nápoles te envió,
Y en sus márgenes te dió
Tierra la espumosa orilla
Del mar de Italia, atendiendo
Que el haberte recibido
Pagáras agradecido,
Y estás su honor ofendiendo,
Y en tan principal muger :

Pero en aquesta ocasion
Nos daña la dilacion,
Mira, ¿qué quieres hacer?

DON JUAN.

No quiero daros disculpa,
Que la habré de dar siniestra,
Mi sangre es, señor, la vuestra,
Sacadla, y pague la culpa.
A esos piés estoy rendido,
Y esta es mi espada, señor.

DON PEDRO.

Alzate, y muestra valor,
Que esa humildad me ha vencido.
¿Atreveráste á bajar
Por ese balcon?

DON JUAN.

   Sí, atrevo,
Que alas en tu favor llevo.

DON PEDRO.

Pues yo te quiero ayudar,
Vete á Sicilia ó Milan,
Donde vivas encubierto.

DON JUAN.

Luego me iré.

DON PEDRO.

  ¿Cierto?

DON JUAN.

   Cierto.

DON PEDRO.

Mis cartas te avisarán
En qué pára este suceso
Triste que causado has.

DON JUAN.

Para mi alegre dirás,
Que tuve culpa confieso.

DON PEDRO.

Esa mocedad te engaña:
Baja pues ese balcon.

DON JUAN.
Con tan justa pretension
Gozoso me parto á España. (*Vase.*)

ESCENA IV.
Sale el Rey.

DON PEDRO.
Ya ejecuté, gran señor,
Tu justicia justa y recta,
El hombre...
REY.
¿ Murió ?
DON PEDRO.
Escapóse
De las cuchillas soberbias.
REY.
¿ De qué forma ?
DON PEDRO.
Desta forma :
Aun no lo mandaste apenas,
Cuando sin dar mas disculpa,
La espada en la mano aprieta.
Revuelve la capa al brazo,
Y con gallarda presteza,
Ofendiendo á los soldados,
Y buscando su defensa,
Viendo vecina la muerte,
Por el balcon de la huerta
Se arroja desesperado.
Siguióle con diligencia
Tu gente : cuando salieron
Por esa vecina puerta,
Le hallaron agonizando;
Como enroscada culebra
Levantóse, y al decir
Los soldados : *muera, muera,*
Bañado de sangre el rostro,

Con tan heróica presteza
Se fué, que quedé confuso.
La muger, que es Isabela,
Que para admirarte nombro,
Retirada en esa pieza,
Dice que es el duque Octavio,
Que con engaño y cautela,
La gozó.
REY.
¿ Qué dices?
DON PEDRO.
Digo
Lo que ella propia confiesa.
REY.
¡ Ah, pobre honor! si eres alma
Del hombre, ¿ porqué te dejan
En la muger inconstante,
Si es la misma ligereza?
¡ Ola !
(*Sale un criado.*)
CRIADO.
¿ Gran señor?
REY.
Traed
Delante de mi presencia
Esa muger.
DON PEDRO.
Ya la guardia
Viene, gran señor, con ella.
(*Trae la guardia à Isabela.*)

ESCENA V.

DICHOS É ISABELA.

ISABELA.
¿ Con qué ojos veré al rey?
REY.
Idos, y guardad la puerta
De esa cuadra : di, muger,

¿ Qué rigor, qué airada estrella
Te incitó, que en mi palacio
Con hermosura y soberbia,
Profanases sus umbrales?
ISABELA.
Señor...
REY.
Calla, que la lengua
No podrá dorar el yerro
Que has cometido en mi ofensa :
¿ Aquel era el duque Octavio?
ISABELA.
Señor...
REY.
No importan fuerzas,
Guardas, criados, murallas,
Fortalecidas almenas,
Para amor; que la de un niño
Hasta los muertos penetra.
Don Pedro Tenorio, al punto
A esa muger llevad presa
A una torre, y con secreto
Haced que al duque le prendan,
Que quiero hacer que le cumpla
La palabra ó la promesa.
ISABELA.
Gran señor, volvedme el rostro.
REY.
Ofensa á mi espalda hecha,
Es justicia y es razon
Castigarla á espaldas vueltas. (*Vase.*)
DON PEDRO.
Vamos, duquesa.
ISABELA.
Mi culpa
No hay disculpa que la venza;
Mas no será el yerro tanto,
Si el duque Octavio lo emienda. (*Vanse.*)

ESCENA VI.

SALE EL DUQUE OCTAVIO, Y RIPIO, SU CRIADO.

RIPIO.
¿Tan de mañana, señor,
Te levantas?
OCTAVIO.
No hay sosiego
Que pueda apagar el fuego
Que enciende en mi alma amor;
Porque como al fin es niño,
No apetece cama blanda
Entre regalada holanda,
Cubierta de blanco armiño.
Acuéstase, no sosiega.
Siempre quiere madrugar,
Por levantarse á jugar,
Que al fin como niño juega.
Pensamientos de Isabela
Me tienen, amigo, en calma,
Que como vive en el alma,
Anda siempre el cuerpo en pena,
Guardando ausente y presente
El castillo del honor.
RIPIO.
Perdóname, que tu amor
Es amor impertinente.
OCTAVIO.
¿Qué dices, necio?
RIPIO.
Esto digo:
Impertinencia es amar
Como amas, ¿quieres escuchar?
OCTAVIO.
Eá, prosigue.
RIPIO.
Ya prosigo.

¿ Quiérete Isabela á tí?
OCTAVIO.
¿ Esto, necio, has de dudar?
RIPIO.
No, mas quiero preguntar:
¿ Y tú la quieres?
OCTAVIO.
Sí.
RIPIO.
Pues ¿ no seré majadero,
Y de solar conocido,
Si pierdo yo mi sentido
Por quien me quiere, y la quiero?
Pues si los dos os quereis
Con una misma igualdad,
Dime, ¿ hay mas dificultad
De que luego os desposeis?
(*Sale un criado.*)
CRIADO.
El embajador de España
En este punto se apea
En el zaguan, y desea,
Con ira y fiereza estraña,
Hablarte, y si no entendí
Yo mal, entiendo es prision.
OCTAVIO
¿ Prision? Pues ¿ por qué ocasion?
Decid que entre.

ESCENA VII.

SALE DON PEDRO TENORIO CON GUARDAS.

DON PEDRO.
Quien así
Con tanto descuido duerme,
Limpia tiene la conciencia.
OCTAVIO.
Cuando viene vuecelencia

A honrarme y favorecerme,
No es justo que duerma yo;
Velaré toda mi vida :
¿ A qué, y porqué es la venida?
DON PEDRO.
Porque aquí el rey me envió.
OCTAVIO.
Si el rey mi señor se acuerda
De mí en aquesta ocasion,
Será justicia y razon
Que por él la vida pierda.
Decidme, señor, ¿ qué dicha,
O qué estrella me ha guiado,
Que de mí el rey se ha acordado ?
DON PEDRO.
Fué, duque, vuestra desdicha.
Embajador del rey soy,
Dél os traigo una embajada.
OCTAVIO.
Marques, no me inquieta nada ;
Decid, que aguardando estoy.
DON PEDRO.
A prenderos me ha enviado
El rey, no os alboroteis.
OCTAVIO.
¿ Vos por el rey me prendeis?
¿ Pues en qué he sido culpado?
DON PEDRO.
Mejor lo sabeis que yo;
Mas, por si acaso me engaño,
Escuchad el desengaño,
Y á lo que el rey me envió.
Cuando los negros gigantes,
Plegando funestos toldos,
Y del crepúsculo huyen,
Tropezando unos con otros,
Estando yo con su alteza
Tratando ciertos negocios,

Porque antípodas del sol
Son siempre los poderosos,
Voces de muger oimos,
Cuyos ecos menos roncos
Por los artesones sacros
Nos repitieron : ¡ Socorro !
A las voces y al ruido,
Acudió, duque, el rey propio;
Halló á Isabela en los brazos
De algun hombre poderoso;
Mas quien á el cielo se atreve,
Sin duda es gigante, ó monstruo.
Mandó el rey que los prendiera,
Quedé con el hombre solo,
Llegué, y quise desarmalle;
Pero pienso que el demonio
En él tomó forma humana,
Pues que vuelto en humo y polvo,
Se arrojó por los balcones
Entre los piés de esos olmos
Que coronan del palacio
Los chapiteles hermosos.
Hice prender la duquesa,
Y en la presencia de todos
Dice : que es el duque Octavio
El que con mano de esposo
La gozó.

OCTAVIO.
¿ Qué dices ?
DON PEDRO.
Digo
Lo que al mundo es ya notorio,
Y que tan claro se sabe,
Que Isabela por mil modos...
OCTAVIO.
Dejadme, no me digais
Tan gran traicion de Isabela;
Mas si fué su honor cautela,

Proseguid, ¿porqué callais?
Mas si veneno me dais,
Que á un firme corazon toca,
Y así á decir me provoca,
Que imita á la comadreja,
Que concibe por la oreja,
Para parir por la boca.
¿Será verdad que Isabela,
Alma, se olvidó de mí
Para darme muerte? sí,
Que el bien suena, y el mal vuela.
Ya el hecho nada recela,
Juzgando si son antojos,
Que por darme mas enojos,
Al entendimiento entró,
Y por la oreja escuchó
Lo que acreditan los ojos.
Señor marques, ¿es posible
Que Isabela me ha engañado,
Y que mi amor ha burlado?
Parece cosa imposible:
¡O muger! ley tan terrible
De honor, á quien me provoco
A emprender, mas yo no toco
En tu honor esta cautela.
¡Anoche con Isabela
Hombre en palacio! ¡estoy loco!
   DON PEDRO.
Como es verdad que en los vientos
Hay aves, en el mar peces,
Que participan á veces
De todos cuatro elementos:
Como en la gloria hay contentos,
Lealtad en el buen amigo,
Traicion en el enemigo,
En la noche oscuridad,
Y en el dia claridad,
Así es verdad lo que digo.

OCTAVIO.
Marques, ya os quiero creer,
Ya no hay cosa que me espante;
Que la muger mas constante,
Es en efecto muger :
No me queda mas que ver,
Pues es patente mi agravio.
DON PEDRO.
Pues que sois prudente y sabio,
Elegid el mejor medio.
OCTAVIO.
Ausentarme es mi remedio.
DON PEDRO.
Pues sea presto, duque Octavio.
OCTAVIO.
Embarcarme quiero á España,
Y dar á mis males fin.
DON PEDRO.
Por la puerta del jardin,
Duque, esta prision se engaña.
OCTAVIO.
¡ Ah veleta, débil caña!
A mas furor me provoco,
Estrañas provincias toco,
Huyendo desta cautela;
Patria, á Dios, con Isabela :
¡ Hombre en palacio ! ¡ estoy loco ! (*Vanse.*)

ESCENA VIII.

SALE TISBEA, PESCADORA, CON UNA CAÑA DE
PESCAR EN LA MANO.

TISBEA.
Yo de cuantas el mar
Piés de jazmin y rosa
En sus riberas besa
Con fugitivas olas,
Sola, de amor esenta,

Como en ventura sola,
Tirana me reservo
De sus prisiones locas.
Aquí donde el sol pisa
Soñolientas las ondas,
Alegrando zafiros
Las que espantaban sombras;
Por la menuda arena,
Unas veces aljófar,
Y átomos otras veces
Del sol, que así le adora;
Oyendo de las aves
Las quejas amorosas,
Y los combates dulces
Del agua entre las rocas;
Ya con la sutil caña
Que al débil peso dobla
Del necio pececillo,
Que el mar salado azota,
O ya con la atarraya,
Que en sus moradas ondas
Prenden cuantos habitan
Aposentos de conchas,
Seguramente tengo,
Que en libertad se goza
El alma, que amor áspid
No le ofende ponzoña.
Y cuando mas perdidas
Querellas de amor forman,
Como de todas rio,
Envidia soy de todas.
Dichosa yo mil veces,
Amor, pues me perdonas,
Si ya por ser humilde
No desprecias mi choza.
Obeliscos de paja
Mi edificio coronan,
Nidos, si no hay cigarras,

A tortolillas locas.
Mi honor conservo en pajas,
Como fruta sabrosa,
Vidrio guardado en ellas,
Para que no se rompa.
De cuantos pescadores
Con fuego Tarragona
De piratas defiende,
En la argentada costa,
Desprecio, soy encanto,
A sus suspiros sorda,
A sus ruegos terrible,
A sus suspiros roca.
Anfriso, á quien el cielo
Con mano poderosa
Prodigó en cuerpo y alma,
De todo en gracias todas,
Medido en las palabras,
Liberal en las obras,
Sufrido en los desdenes,
Modesto en las congojas,
Mis pajizos umbrales
Que heladas noches ronda,
A pesar de los tiempos,
Las mañanas remoza.
Pues con ramos verdes,
Que de los olmos corta
Mis pajas amanecen
Ceñidas de lisonjas.
Ya con vihuelas dulces
Y sutiles zampoñas,
Músicas me consagra,
Y todo no le importa.
Porque en tirano imperio
Vivo de amor señora,
Que halla gusto en sus penas
Y en sus infiernos gloria.
Todas por él se mueren,

Y yo todas las horas
Le mato con desdenes,
De amor condicion propia,
Querer donde aborrecen,
Despreciar donde adoran;
Que si le alegran muere,
Y vive si le oprobrian.
En tan alegre dia,
Segura de lisonjas,
Mis juveniles años
Amor no los malogra;
Pero necio discurso
Que mi ejercicio estorbas,
En él no me diviertas
En cosa que no importa.
Quiero entregar la caña
Al viento, y á la boca
Del pececillo el cebo;
Pero al agua se arrojan
Dos hombres de una nave
Antes que el mar la sorba,
Que sobre el agua viene,
Y en un escollo aborda.
Las olas va escarbando,
Y ya su orgullo y popa
Casi se desvanece,
Agua un costado toma.
Hundióse y dejó al viento
La gavia, que la escoja
Para morada suya,
Que un loco en gavias mora.
    (*Dentro.*)
¡ Socorro, que me ahogo !
    TISBEA.
Un hombre á otro aguarda,
Que dice que se ahoga,
Gallarda cortesía;
En los hombros le toma :

JORNADA I, ESCENA IX.

Anquises le hace Eneas,
Si el mar está hecho Troya.
Ya nadando, las aguas
Con valentía corta,
Y en la playa no veo
Quien le ampare y socorra.
Daré voces : ¡ Tirseo,
Anfriso, Alfredo, ola !
Pescadores me miran,
Plega á Dios que me oigan.
Mas milagrosamente
Ya tierra los dos toman,
Sin aliento el que nada,
Con vida el que lo estorba.

ESCENA IX.

SACA EN BRAZOS CATALINON A DON JUAN.

CATALINON.

¡ Válgame la Cananea,
Y qué salado está el mar !
Aquí puede bien nadar
El que salvarse desea.
Que allá dentro es desatino,
Donde la muerte se fragua,
¿ Donde Dios juntó tanta agua
No juntára tanto vino ?
¡ Ah, señor ! helado está.
¡ Señor ! ¿ si acaso está muerto ?
Del mar fué este desconcierto,
Y mio este desvarío.
¡ Mal haya aquel que primero
Pinos en la mar sembró,
Y que sus rumbos midió
Con quebradizo madero !
¡ Maldito sea Jason,
Y Tífis maldito sea !
Muerto está, no hay quien lo crea,

¡ Mísero Catalinon !
¿ Qué has de hacer ?

TISBEA.

Hombre, ¿ qué tienes
En desventuras iguales ?

CATALINON.

Pescadora, muchos males
Y falta de muchos bienes,
Veo por librarme á mí,
Sin vida á mi señor, mira
Si es verdad.

TISBEA.

No, que aun respira,
Ve á llamar los pescadores
Que en aquella choza están.

CATALINON.

¿ Y si los llamo, vendrán ?

TISBEA.

Vendrán presto, no lo ignores.
¿ Quién es este caballero ?

CATALINON.

Es hijo aqueste señor
Del camarero mayor
Del rey, por quien ser espero
Antes de dos dias conde
En Sevilla, donde va,
Y donde su alteza está,
Si mi amistad corresponde.

TISBEA.

¿ Cómo se llama ?

CATALINON.

Don Juan
Tenorio.

TISBEA.

Llama mi gente.

CATALINON.

Ya voy. (*Vase.*)
(*Coge en el regazo Tisbea á Don Juan.*)

TISBEA.
Mancebo escelente,
Gallardo, noble y galan,
Volved en vos, caballero.
DON JUAN.
¿ Dónde estoy?
TISBEA.
Ya podeis ver,
En brazos de una muger.
DON JUAN.
Vivo en vos, si en el mar muero :
Ya perdí todo el recelo
Que me pudiera anegar,
Pues del infierno del mar
Salgo á vuestro claro cielo.
Un espantoso huracan
Dió con mi nave al traves,
Para arrojarme á esos piés,
Que abrigo y puerto me dan.
TISBEA.
Muy grande aliento teneis
Para venir soñoliento,
Y mas de tanto tormento,
Mucho tormento ofreceis.
Pero si es tormento el mar,
Y son sus ondas crueles,
La fuerza de los cordeles
Pienso que os hacen hablar.
Sin duda que habeis bebido
Del mal la oracion pasada,
Pues por ser agua salada,
Con tan grande sal ha sido.
Mucho hablais, cuando no hablais,
Y cuando muerto venis,
Mucho parece sentis;
Plega á Dios que no mintais.
Pareceis caballo griego
Que el mar á mis piés desagua,

Pues venis formado de agua,
Y estais preñado de fuego.
Y si mojado abrasais,
¿ Estando enjuto, qué hareis?
Mucho fuego prometeis;
Plega á Dios que no mintais.

DON JUAN.

A Dios, zagala, pluguiera
Que en el agua me anegára,
Para que cuerdo acabára,
Y loco en vos no muriera;
Que el mar pudiera anegarme
Entre sus olas de plata,
Que sus límites desata,
Mas no pudiera abrasarme.
Gran parte del sol mostrais,
Pues que el sol os da licencia,
Pues solo con la apariencia,
Siendo de nieve, abrasais.

TISBEA.

Por mas helado que estais,
Tanto fuego en vos teneis,
Que en este mio os ardeis.
Plega á Dios que no mintais.

ESCENA X.

SALEN CATALINON, ANFRISO y CORIDON,
PESCADORES.

CATALINON.

Ya vienen todos aquí.

TISBEA.

Y ya está tu dueño vivo.

DON JUAN.

Con tu presencia recibo
El aliento que perdí.

CATALINON.

¿ Qué nos mandas ?

JORNADA I, ESCENA X.

TISBEA.

Coridon,
Anfriso, amigos.

CORIDON.

Todos
Buscamos por varios modos
Esta dichosa ocasion.
Di, ¿ qué nos mandas, Tisbea?
Que por labios de clavel
No lo habrás mandado á aquel
Que idolatrarte desea
Apenas, cuando al momento,
Sin cesar, en llano, ó sierra,
Sin que el mar tale la tierra,
Pise el fuego, el aire, el viento.

TISBEA.

¡ Oh, qué mal me parecian
Estas lisonjas ayer,
Y hoy echo en ellas de ver
Que sus labios no mentian !
Estando, amigos, pescando
Sobre este peñasco, ví
Hundirse una nave allí,
Y entre las olas nadando
Dos hombres, y compasiva
Dí voces, y nadie oyó,
Y en tanta afliccion llegó,
Libre de la furia esquiva
Del mar, sin vida á la arena,
Deste en los hombros cargado,
Un hidalgo, y anegado;
Y envuelta en tan triste pena,
A llamaros envié.

ANFRISO.

Pues aquí todos estamos,
Manda que tu gusto hagamos.
Lo que pensado no fué.

TISBEA.
Que á mi choza los llevemos
Quiero, donde agradecidos
Reparemos sus vestidos,
Y allí los regalarémos,
Que mi padre gusta mucho
Desta debida piedad.
CATALINON.
Estremada es su beldad.
DON JUAN.
Escucha aparte.
CATALINON.
Ya escucho.
DON JUAN.
Si te pregunta quién soy,
Di que no sabes.
CATALINON.
¿A mí
Quieres advertirme aquí
Lo que he de hacer?
DON JUAN.
Muerto soy
Por la hermosa cazadora :
Esta noche he de gozalla.
CATALINON.
¿De qué suerte?
DON JUAN.
Ven y calla.
CORIDON.
Anfriso, dentro de un hora
Que canten y bailen.
ANFRISO.
Vamos,
Y esta noche nos hagamos
Rajas, y palos tambien.
DON JUAN.
Muerto soy.

TISBEA.
¿Cómo, si andais?
DON JUAN.
Ando en pena, como veis.
TISBEA.
Mucho hablais.
DON JUAN.
Mucho entendeis.
TISBEA.
Plega á Dios que no mintais.
(*Vanse.*)

ESCENA XI.

SALEN DON GONZALO DE ULLOA Y EL REY
DON ALONSO DE CASTILLA.

REY.
¿Cómo os ha sucedido en la embajada,
Comendador mayor?
DON GONZALO.
Hallé en Lisboa
Al rey don Juan, tu primo, previniendo
Treinta naves de armada.
REY.
¿Y para dónde?
DON GONZALO.
Para Goa, me dijo; mas yo entiendo
Que á otra empresa mas fácil apercibe:
A Ceuta ó Tanger pienso que pretende
Cercar este verano.
REY.
Dios le ayude,
Y premie el cielo de aumentar su gloria:
¿Qué es lo que concertais?
DON GONZALO.
Señor, pide
A Cerpa, y Mora, y Olivenza, y Toro,
Y por eso te vuelve á Villaverde,

Al Almendral, á Metola y Herrera,
Entre Castilla y Portugal.
    REY.
      Al punto
Se firmen los conciertos, don Gonzalo:
Mas decidme primero cómo ha ido
En el camino, que vendreis cansado,
Y alcanzado tambien.
    DON GONZALO.
      Para serviros
Nunca, señor, me canso.
    REY.
      ¿Es buena tierra
Lisboa?
    DON GONZALO.
   La mayor ciudad de España:
Y si mandas que diga lo que he visto,
De lo esterior y célebre, en un punto
En tu presencia te pondré un retrato.
    REY.
Yo gustaré de oillo, dadme silla.
    DON GONZALO.
Es Lisboa una octava maravilla.
   De las entrañas de España,
   Que son las tierras de Cuenca,
   Nace el caudaloso Tajo,
   Que media España atraviesa.
   Entra en el mar Océano
   En las sagradas riberas
   De esta ciudad, por la parte
   Del sur; mas antes que pierda
   Su curso y su claro nombre,
   Hace un cuarto entre dos sierras,
   Donde están de todo el orbe
   Barcas, naves, caravelas.
   Hay galeras y saetías
   Tantas, que desde la tierra
   Parece una gran ciudad,

Adonde Neptuno reina.
A la parte del poniente
Guardan el puerto dos fuerzas,
De Cascaes y Sangian,
Las mas fuertes de la tierra.
Está desta gran ciudad
Poco mas de media legua,
Belen, convento del santo
Conocido por la piedra,
Y por el leon de guarda,
Donde los reyes y reinas,
Católicos y cristianos,
Tienen sus casas perpetuas.
Luego esta máquina insigne.
Desde Alcántara comienza
Una gran legua á tenderse
Al convento de Jobregas.
En medio está el valle hermoso,
Coronado de tres cuestas,
Que quedára corto Apeles,
Cuando pintar las quisiera.
Porque miradas de lejos
Parecen piñas de perlas,
Que están pendientes del cielo,
En cuya grandeza inmensa
Se ven diez Romas cifradas
En conventos y en iglesias,
En edificios y calles,
En solares y encomiendas,
En las letras y en las armas,
En la justicia tan recta,
Y en una misericordia,
Que está honrando su ribera.
Y en lo que yo mas alabo
Desta máquina soberbia,
Es que del mismo castillo,
En distancia de seis leguas,
Se ven sesenta lugares

Que llega el mar á sus puertas,
Uno de los cuales es
El convento de Olivelas,
En el cual ví por mis ojos
Seiscientas y treinta celdas;
Y entre monjas y beatas,
Pasan de mil y doscientas.
Tiene desde allí á Lisboa,
En distancia muy pequeña,
Mil y ciento y treinta quintas,
Que en nuestra provincia bética
Llaman cortijos, y todas
Con sus huertos y alamedas.
En medio de la ciudad
Hay una plaza soberbia
Que se llama del Ruzio,
Grande, hermosa, y bien dispuesta,
Que habrá cien años, y aun mas,
Que el mar bañaba su arena;
Y ahora de ella á la mar
Hay treinta mil casas hechas,
Que perdiendo el mar su curso,
Se tendió á partes diversas.
Tiene una calle que llaman
Rua Nova, ó calle Nueva,
Donde se cifra el Oriente
En grandezas y riquezas;
Tanto, que el rey me contó
Que hay un mercader en ella,
Que, por no poder contarlo,
Mide el dinero á fanegas.
El terrero, donde tiene
Portugal su casa regia,
Tiene infinitos navíos,
Varados siempre en la tierra,
De solo cebada y trigo
De Francia y Anglaterra
Pues el palacio real,

Que el Tajo sus manos besa,
Es edificio de Ulises,
Que basta para grandeza,
De quien toma la ciudad
Nombre en la latina lengua,
Llamándose Ulisibona,
Cuyas armas son la esfera
Por pedestal de las llagas
Que en la batalla sangrienta,
Al rey don Alonso Enriquez
Dió la Magestad inmensa.
Tiene en su gran tarazana
Diversas naves, y entre ellas
Las naves de la conquista,
Tan grandes, que de la tierra
Miradas, juzgan los hombres
Que tocan en las estrellas.
Y lo que desta ciudad
Te cuento por escelencia,
Es que estando sus vecinos
Comiendo, desde las mesas
Ven los copos del pescado
Que junto á sus puertas pescan,
Que bullendo entre las redes,
Vienen á entrarse por ellas.
Y sobre todo, al llegar
Cada tarde á su ribera
Mas de mil barcos cargados
De mercancías diversas,
Y de sustento ordinario,
Pan, aceite, vino, y leña,
Frutas de infinita suerte,
Nieve de Sierra de Estrella,
Que por las calles á gritos,
Puesta sobre las cabezas,
La venden; mas ¿qué me canso?
Porque es contar las estrellas
Querer contar una parte

De la ciudad opulenta.
Ciento y treinta mil vecinos
Tiene, gran señor, por cuenta.
Y por no cansarte mas,
Un rey, que tus manos besa.

REY.

Mas estimo, don Gonzalo,
Escuchar de vuestra lengua
Esa relacion sucinta,
Que haber visto su grandeza:
¿Teneis hijos?

DON GONZALO.

Gran señor,
Una hija hermosa y bella,
En cuyo rostro divino
Se esmeró Naturaleza.

REY.

Pues yo os la quiero casar
De mi mano.

DON GONZALO.

Como sea
Tu gusto, digo, señor,
Que yo lo acepto por ella;
¿Pero quién es el esposo?

REY.

Aunque no está en esta tierra,
Es de Sevilla, y se llama
Don Juan Tenorio.

DON GONZALO.

Las nuevas
Voy á llevar á doña Ana.

REY.

Id en buena hora, y volved,
Gonzalo, con la respuesta.

(*Vanse.*)

ESCENA XII.

Salen DON JUAN TENORIO y CATALINON.

DON JUAN.
Estas dos yeguas preven,
Pues acomodadas son.
　　　CATALINON.
Aunque soy Catalinon,
Soy, señor, hombre de bien.
Que no se dijo por mí,
Catalinon es el hombre,
Que sabes que aquese nombre
Me asienta al reves á mí.
　　　DON JUAN.
Mientras que los pescadores
Van de regocijo y fiesta,
Tú las dos yeguas apresta,
Que de sus piés voladores
Solo nuestro engaño fio.
　　　CATALINON.
Al fin ¿pretendes gozar
A Tisbea?
　　　DON JUAN.
　　Si burlar
Es hábito antiguo mio,
¿Qué me preguntas, sabiendo
Mi condicion?
　　　CATALINON.
　　　Ya sé que eres
Castigo de las mugeres.
　　　DON JUAN.
Por Tisbea estoy muriendo,
Que es buena moza.
　　　CATALINON
　　　　Buen pago
A su hospedage deseas.
　　　DON JUAN.
Necio, lo mismo hizo Eneas

Con la reina de Cartago.
CATALINON.
Los que fingis y engañais
Las mugeres de esa suerte,
Lo pagaréis con la muerte.
DON JUAN.
¡Qué largo me lo fiais!
Catalinon con razon
Te llaman.
CATALINON.
Tus pareceres
Sigue, que en burlar mugeres,
Quiero ser Catalinon :
Ya viene la desdichada.
DON JUAN.
Vete, y las yeguas preven.
CATALINON.
¡Pobre muger, harto bien
Te pagamos la posada!
(*Vase Catalinon.*)

ESCENA XIII.

SALE TISBEA.

TISBEA.
El rato que sin tí estoy,
Estoy agena de mí.
DON JUAN.
Por lo que fingis así,
Ningun crédito te doy.
TISBEA.
¿Porqué?
DON JUAN.
Porque si me amáras,
Mi alma favorecieras.
TISBEA.
Tuya soy.
DON JUAN.
Pues di, ¿qué esperas,

JORNADA I, ESCENA XIII.

O en qué, señora, reparas?
   TISBEA.
Reparo en que fué castigo
De amor el que he hallado en tí.
   DON JUAN.
Si vivo, mi bien, en tí,
A cualquier cosa me obligo.
Aunque yo sepa perder
En tu servicio la vida,
La diera por bien perdida,
Y te prometo de ser
Tu esposo.
   TISBEA.
      Soy desigual
A tu ser.
   DON JUAN.
      Amor es rey
Que iguala con justa ley
La seda con el sayal.
   TISBEA.
Casi te quiero creer,
Mas sois los hombres traidores.
   DON JUAN.
¿Posible es, mi bien, que ignores
Mi amoroso proceder?
Hoy prendes por tus cabellos
Mi alma.
   TISBEA.
      Yo á tí me allano,
Bajo la palabra y mano
De esposo.
   DON JUAN.
      Juro, ojos bellos,
Que mirando me matais,
De ser vuestro esposo.
   TISBEA.
            Advierte,
Mi bien, que hay Dios, y que hay muerte.

DON JUAN.
¡Qué largo me lo fiais!
Y mientras Dios me dé vida,
Yo vuestro esclavo seré;
Esta es mi mano, y mi fe.
TISBEA.
No seré en pagarte esquiva.
DON JUAN.
Ya en mí mismo no sosiego.
TISBEA
Ven, y será la cabaña,
Del amor que me acompaña,
Tálamo á nuestro sosiego.
Entre estas cañas te esconde,
Hasta que tenga lugar.
DON JUAN.
¿Por dónde tengo de entrar?
TISBEA.
Ven, y te diré por donde.
DON JUAN.
Gloria al alma, mi bien, dais.
TISBEA.
Esa voluntad te obligue,
Y si no, Dios te castigue.
DON JUAN.
¡Qué largo me lo fiais! (*Vanse.*)

ESCENA XIV.

Salen CORIDON, ANFRISO, BELISA, y Músicos.

CORIDON.
Ea, llamad á Tisbea,
Y los zagales llamad,
Para que en la soledad
El huésped la corte vea.
BELISA.
Vamos á llamarla.
CORIDON.
 Vamos.

BELISA.
A su cabaña lleguemos.
CORIDON.
¿No ves que estará ocupada
Con los huéspedes dichosos,
De quien hay mil envidiosos?
ANFRISO.
Siempre es Tisbea envidiada.
BELISA.
Cantad algo, mientras viene,
Porque queremos bailar.
ANFRISO.
¿Cómo podrá descansar
Cuidado que zelos tiene?
MÚSICOS.
A pescar salió la niña, (Cantan.)
Tendiendo redes,
Y en lugar de peces,
Las almas prende.

ESCENA XV.

SALE TISBEA.

TISBEA.
¡Fuego! fuego! que me quemo,
Que mi cabaña se abrasa;
Repicad á fuego, amigos,
Que ya dan mis ojos agua.
Mi pobre edificio queda
Echo otra Troya en las llamas,
Que despues que faltan Troyas,
Quiere amor quemar cabañas:
Fuego, zagales, fuego, agua, agua;
Amor, clemencia, que se abrasa el alma.
¡Ay, choza, vil instrumento
De mi deshonra y mi infamia,
Cueva de ladrones fiera,
Que mis agravios ampara!
¡Ah, falso huésped, que dejas

Una muger deshonrada,
Nube que del mar salió
Para anegar mis entrañas!
Fuego, fuego, zagales, agua, agua;
Amor, clemencia, que se abrasa el alma.
Yo soy la que hacia siempre
De los hombres burla tanta,
Que siempre las que hacen burla
Vienen á quedar burladas.
Engañóme el caballero
Debajo de fe y palabra
De marido, y profanó
Mi honestidad y mi cama.
Gozóme al fin, y yo propia
Le dí á su rigor las alas
En dos yeguas que crié,
Con que me burló y se escapa.
Seguidle todos, seguidle;
Mas no importa que se vaya,
Que en la presencia del rey
Tengo de pedir venganza:
Fuego, fuego, zagales, agua, agua;
Amor, clemencia, que se abrasa el alma.

(*Vase Tisbea.*)

CORIDON.

Seguid al vil caballero.

ANFRISO.

Triste del que pena y calla;
Mas, vive el cielo, que en él
Me he de vengar desta ingrata.
Vamos tras ella nosotros,
Porque va desesperada,
Y que vaya podrá ser
Buscando mayor desgracia.

CORIDON.

¡Tal fin la soberbia tiene!
¡Su locura y confianza
Paró en esto!

TISBEA *(dentro).*
Fuego, fuego.
ANFRISO.
Al mar se arroja.
CORIDON.
Tisbea, detente y pára.
TISBEA.
Fuego, fuego, zagales, agua, agua;
Amor, clemencia, que se abrasa el alma.

JORNADA SEGUNDA.

ESCENA PRIMERA.

SALEN EL REY DON ALONSO, Y DON DIEGO TENORIO, DE BARBA.

REY.
¿Qué me dices?
DON DIEGO.
Señor, la verdad digo.
Por esta carta estoy del caso cierto,
Que es de tu embajador, y de mi hermano:
Halláronle en la cuadra del rey mismo
Con una hermosa dama de palacio.
REY.
¿Qué calidad?
DON DIEGO.
Señor, era duquesa
Isabela.
REY.
Isabela?
DON DIEGO.
Por lo menos.
REY.
¡Atrevimiento temerario! ¿y dónde
Ahora está?

DON DIEGO.

Señor, á vuestra alteza
No he de encubrirle la verdad : anoche
A Sevilla llegó con un criado.

REY.

Ya conoceis, Tenorio, que os estimo,
Y al rey informaré del caso luego,
Casando á ese rapaz con Isabela,
Volviendo á su sosiego al duque Octavio,
Que inocente padece, y luego al punto
Haced que don Juan salga desterrado.

DON DIEGO.

¿Adónde, mi señor?

REY.

Mi enojo vea
En el destierro de Sevilla : salga
A Lebrija esta noche, y agradezca
Solo al merecimiento de su padre;
Pero, decid, don Diego, ¿qué diremos
A Gonzalo de Ulloa, sin que erremos?
Caséle con su hija, y no sé cómo
Lo puedo ahora remediar.

DON DIEGO.

Pues mira,
Gran señor, que mandas que yo haga,
Que esté bien al honor de esta señora,
Hija de un padre tal.

REY.

Un medio tomo
Con que absolverlo del enojo entiendo,
Mayordomo mayor pretendo hacerle.

(Sale un criado.)

CRIADO.

Un caballero llega de camino,
Y dice, señor, que es el duque Octavio.

REY.

¿El duque Octavio?

CRIADO.
Sí, señor.
REY.
Pues entre.

ESCENA II.

SALE EL DUQUE OCTAVIO DE CAMINO.

OCTAVIO.
A estos piés, gran señor, un peregrino,
Mísero y desterrado, ofrece el labio,
Juzgando por mas fácil el camino
En vuestra gran presencia.
REY.
¿ Duque Octavio ?
OCTAVIO.
Huyendo vengo el fiero desatino
De una muger, el no pensado agravio
De un caballero, que la causa ha sido
De que así á vuestros piés haya venido.
REY.
Ya, duque Octavio, sé vuestra inocencia.
Yo al rey escribiré que os restituya
En vuestro estado, puesto que el ausencia
Que hicisteis algun daño os atribuya;
Yo os casaré en Sevilla, con licencia,
Y tambien con perdon y gracia suya.
Que puesto que Isabela un ángel sea,
Mirando la que os doy, ha de ser fea.
  Comendador mayor de Calatrava
Es Gonzalo de Ulloa, un caballero
A quien el moro por temor alaba,
Que siempre es el cobarde lisonjero.
Este tiene una hija, en quien bastaba
En dote la virtud que considero,
Despues de la verdad, que es maravilla,
Y el sol della es estrella de Castilla.:
  Esta quiero que sea vuestra esposa.

OCTAVIO.

Cuando este viaje emprendiera
A solo esto, mi suerte era dichosa,
Sabiendo yo que vuestro gusto fuera.

REY.

Hospedaréis al duque, sin que cosa
En su regalo falte.

OCTAVIO.

Quien espera
En vos, señor, saldrá de premios lleno :
Primero Alfonso sois, siendo el Onceno.
(*Vanse el Rey y don Diego.*)

ESCENA III.

SALE RIPIO.

RIPIO.

¿ Qué ha sucedido ?

OCTAVIO.

Que he dado
El trabajo recibido,
Conforme me ha sucedido,
Desde hoy por bien empleado.
Hablé al rey, vióme y honróme :
César con el césar fuí,
Pues ví, peleé y vencí,
Y hace que esposa tome
De su mano, y se prefiere
A desenojar al rey
En la fulminada ley.

RIPIO.

Con razon el nombre adquiere
De generoso en Castilla;
Al fin, ¿ te llegó á ofrecer
Muger?

OCTAVIO.

Sí, amigo, muger
De Sevilla, que Sevilla

Da, si averiguarlo quieres,
Porque de oirlo te asombres,
Si fuertes y airosos hombres,
Tambien gallardas mugeres.
Un manto tapado, un brio
Donde un puro sol se esconde,
Si no es en Sevilla, ¿ adónde
Se admite? el contento mio
Es tal, que ya me consuela
En mi mal.

ESCENA IV.

Salen DON JUAN y CATALINON.

CATALINON.
Señor, detente,
Que aquí está el duque inocente,
Sagitario de Isabela,
Aunque mejor lo dijera
Capricornio.

DON JUAN.
Disimula.

CATALINON.
Cuando le vende, le adula.

DON JUAN.
Como á Nápoles dejé,
Por enviarme à llamar
Con tanta prisa mi rey,
Y como su gusto es ley,
No tuve, Octavio, lugar
De despedirme de vos
De ningun modo.

OCTAVIO.
Por eso,
Don Juan, amigo, os confieso
Que hoy nos juntamos los dos
En Sevilla.

DON JUAN.

  ¿ Quién pensára,
Duque, que en Sevilla os viera,
Para que en ella os sirviera
Como yo lo deseaba?
Dejais mas, aunque es lugar
Nápoles tan escelente,
Por Sevilla solamente
Se puede, amigo, dejar.

OCTAVIO.

Si en Nápoles os oyera,
Y no en la parte que estoy,
Del crédito que ahora os doy
Sospecho que me riera.
Mas llegándola á habitar,
Es, por lo mucho que alcanza,
Corta cualquiera alabanza
Que á Sevilla quereis dar.
¿ Quién es el que viene allí?

DON JUAN.

El que viene es el marques
De la Mota : descortés
Es fuerza ser.

OCTAVIO.

   Si de mí
Algo hubiereis menester,
Aquí espada y brazo está.

CATALINON.

Y si importa, gozará
En su nombre otra muger,
Que tiene buena opinion.

OCTAVIO.

De vos estoy satisfecho.
  (*Vanse Octavio y Ripio.*)

ESCENA V.

Sale el marques de la MOTA.

MOTA.
Todo hoy os ando buscando,
Y no os he podido hallar :
¿ Vos, don Juan, en el lugar,
Y vuestro amigo penando
En vuestra ausencia?

DON JUAN.
Por Dios,
Amigo, que me debeis
Esa merced que me haceis.
¿ Qué hay de Sevilla?

MOTA.
Está ya
Toda esta corte mudada.

DON JUAN.
¿ Mugeres ?

MOTA.
Cosa juzgada

DON JUAN.
¿ Ines ?

MOTA.
A Bejel se va.

DON JUAN.
Buen lugar para vivir
La que tan dama nació.

MOTA.
El tiempo la desterró
A Bejel.

DON JUAN.
Irá á morir :
¿ Constanza ?

MOTA.
Es lástima vella;
Lampiña de frente y ceja,
Llámala el portugues vieja,

Y ella imagina que bella.
DON JUAN.
Sí, que bella en portugues
Suena vieja en castellano.
¿ Y Teodora?
MOTA.
Este verano
Se escapó del mal frances,
Y está tan tierna y reciente,
Que anteayer me arrojó un diente
Envuelto entre muchas flores.
DON JUAN.
¿ Julia, la del Candilejo?
MOTA.
Ya con sus afeites lucha.
DON JUAN.
¿ Véndese siempre por trucha?
MOTA.
Ya se da por abadejo.
DON JUAN.
¿ El barrio de Cantarranas
Tiene buena poblacion?
MOTA.
Ranas las mas dellas son.
DON JUAN.
¿ Y viven las dos hermanas?
MOTA.
Y la mona de Tolú,
De su madre Celestina,
Que les enseña doctrina.
DON JUAN.
¡ O vieja de Barcebú!
¿ Cómo la mayor está?
MOTA.
Blanca, sin blanca ninguna :
Tiene un santo á quien ayuna.
DON JUAN.
¿ Ahora en vigilias da?

MOTA.
Es firme y santa muger.
DON JUAN.
¿ Y esotra?
MOTA.
Mejor principio
Tiene; no desecha ripio.
DON JUAN.
Buen albañil quiere ser :
Marques, ¿ qué hay de perros muertos?
MOTA.
Yo, y don Pedro de Esquivel,
Dimos anoche un cruel,
Y esta noche tengo ciertos
Otros dos.
DON JUAN.
Iré con vos.
Que tambien recorreré
Cierto nido, que dejé
En huevos para los dos :
¿ Qué hay de terrero?
MOTA.
No muero
En terrero, que enterrado
Me tiene mayor cuidado.
DON JUAN.
¿ Cómo?
MOTA.
Un imposible quiero.
DON JUAN.
¿ Pues no os corresponde?
MOTA.
Sí,
Me favorece y estima.
DON JUAN.
¿ Quién es?
MOTA.
Doña Ana, mi prima,

Que és recien llegada aquí.
          DON JUAN.
¿ Pues dónde ha estado?
          MOTA.
                    En Lisboa,
Con su padre en la embajada.
          DON JUAN.
¿ Es hermosa?
          MOTA.
                    Es estremada,
Porque en doña Ana de Ulloa
Se estremó Naturaleza.
          DON JUAN.
¿ Tan bella es esa muger?
Vive Dios, que la he de ver.
          MOTA.
Vereis la mayor belleza
Que los ojos del rey ven.
          DON JUAN.
Casaos, pues es estremada.
          MOTA.
El rey la tiene casada,
Y no se sabe con quién.
          DON JUAN.
¿ No os favorece?
          MOTA.
                    Y me escribe.
          CATALINON.
No prosigas, que te engaña
El grand burlador de España.
          DON JUAN.
¿ Quién tan satisfecho vive?
          MOTA.
Ahora estoy aguardando
La postrer resolucion.
          DON JUAN.
Pues no perdais la ocasion,
Que aquí os estoy aguardando.

JORNADA II, ESCENA V.

MOTA.

Ya vuelvo.
(*Vanse el marques y el criado.*)

CATALINON.

Señor cuadrado,
O señor redondo, á Dios.

CRIADO.

A Dios.

DON JUAN.

Pues solos los dos,
Amigo, habemos quedado,
Síguele el paso al marques,
Que en el palacio se entró.
(*Vase Catalinon, y habla por una reja una muger.*)

MUGER.

Ce, ¿ á quién digo?

DON JUAN.

¿ Quién llamó?

MUGER.

Pues sois prudente y cortés,
Y su amigo, dadle luego
Al marques este papel:
Mirad que consiste en él
De una señora el sosiego.

DON JUAN.

Digo, que se lo daré,
Soy su amigo, y caballero.

MUGER.

Basta, señor forastero,
A Dios.   (*Vase.*)

DON JUAN.

Y la voz se fué.
¿ No parece encantamiento
Esto que ahora ha pasado?
A mi el papel ha llegado
Por la estafeta del viento.
Sin duda que es de la dama
Que el marques me ha encarecido:

Venturoso en esto he sido.
Sevilla á voces me llama
El Burlador, y el mayor
Gusto que en mí puede haber,
Es burlar una muger,
Y dejarla sin honor.
Vive Dios, que le he de abrir,
Pues salí de la plazuela;
Mas si hubiese otra cautela;
Gana me da de reir.
Ya está abierto el papel,
Y que es suyo es cosa llana,
Pues que aquí firma doña Ana.
Dice así : « Mi padre infiel
En secreto me ha casado,
Sin poderme resistir,
No sé si podré vivir;
Porque la muerte me ha dado.
Si estimas, como es razon,
Mi amor y mi voluntad;
Y si tu amor fué verdad,
Muéstralo en esta ocasion,
Porque veas que te estimo,
Ven esta noche á la puerta,
Que estará á las once abierta,
Donde tu esperanza, primo,
Goces, y el fin de tu amor :
Traerás, mi gloria, por señas
De Leonorilla y las dueñas,
Una capa de color.
Mi amor todo de tí fio,
Y á Dios, ¡desdichado amante! »
¡Hay suceso semejante!
Ya de la burla me rio :
Gozaréla, vive Dios,
Con el engaño y cautela
Que en Nápoles á Isabela.

ESCENA VI.

Sale CATALINON.

CATALINON.
Ya el marques viene.
DON JUAN.
Los dos
Aquesta noche tenemos
Que hacer.
CATALINON.
¿Hay engaño nuevo?
DON JUAN.
Estremado.
CATALINON.
No lo apruebo,
Tú pretendes que escapemos
Una vez, señor, burlados,
Que el que vive de burlar,
Burlado habrá de escapar
De una vez.
DON JUAN.
Predicador,
¿Te vuelves impertinente?
Esta vez quiero avisarte,
Porque otra vez no te avise.
CATALINON.
Digo que de aquí adelante
Lo que me mandas haré,
Y á tu lado forzaré
Un tigre y un elefante.

ESCENA VII.

Sale el marques de la MOTA.

DON JUAN.
Calla, que viene el marques.
CATALINON.
Pues ¿ha de ser el forzado?

DON JUAN.
Para vos, marques, me han dado
Un recado harto cortés.
Por esa reja, sin ver
El que me lo daba allí,
Solo en la voz conocí
Que me lo daba muger.
Dícete al fin que á las doce
Vayas secreto á la puerta,
Que estará á las once abierta,
Donde tu esperanza goce
La posesion de tu amor,
Y que llevases por señas
De Leonorilla y las dueñas,
Una capa de color.

MOTA.
¿Qué dices?

DON JUAN.
　　　　　Que este recado
De una ventana me dieron,
Sin ver quién.

MOTA.
　　　　Con él pusieron
Sosiego en tanto cuidado.
Ay, amigo, solo en tí
Mi esperanza renaciera:
Dame esos brazos.

DON JUAN.
　　　　　Considera
Que no está tu prima en mí.
Eres tú, quién ha de ser,
Quien la tiene de gozar,
¿Y me llegas á abrazar
Los piés?

MOTA.
　　　Es tal el placer,
Que me ha sacado de mí:
¡O sol, apresura el paso!

DON JUAN.
Ya el sol camina al ocaso.
MOTA.
Vamos, amigos, de aquí,
Y de noche nos pondremos.
Loco voy.
DON JUAN.
Bien se conoce;
Mas yo bien sé que á las doce
Harás mayores estremos.
MOTA.
¡ Ay, prima del alma! prima,
Qué, ¿ quieres premiar mi fe?
CATALINON.
Vive Cristo, que no dé
Una blanca por su prima.
(*Vase el marques.*)

ESCENA VIII.

SALE DON DIEGO.

DON DIEGO.
¿ Don Juan?
CATALINON.
Tu padre te llama.
DON JUAN.
¿ Qué manda vueseñoría?
DON DIEGO.
Verte mas cuerdo queria,
Mas bueno, y con mejor fama.
¿ Es posible que procuras
Todas las horas mi muerte?
DON JUAN.
¿ Porqué vienes desa suerte?
DON DIEGO.
Por tu trato, y tus locuras.
Al fin el rey me ha mandado
Que te eche de la ciudad,

Porque está de una maldad
Con justa causa indignado.
Que aunque me lo has encubierto,
Ya en Sevilla el rey lo sabe,
Cuyo delito es tan grave,
Que á decírtelo no acierto.
¡ En el palacio real
Traicion, y con un amigo!
Traidor, Dios te dé el castigo
Que pide delito igual.
Mira que aunque al parecer
Dios te consiente y aguarda,
Su castigo no se tarda.
¡ Y qué castigo ha de haber
Para los que profanais
Su nombre, que es juez fuerte
Dios en la muerte!

DON JUAN.

¿ En la muerte?
¿ Tan largo me lo fiais?
De aquí allá hay gran jornada.

DON DIEGO.

Breve te ha de parecer.

DON JUAN.

Y la que tengo de hacer,
Pues á su alteza le agrada,
Ahora, ¿ es larga tambien?

DON DIEGO.

Hasta que el injusto agravio
Satisfaga al duque Octavio,
Y apaciguados esten
En Nápoles de Isabela
Los sucesos que has causado,
En Lebrija retirado,
Por tu traicion y cautela,
Quiere el rey que estés ahora :
Pena á tu maldad ligera.

JORNADA II, ESCENA VIII.

CATALINON.
Si el caso tambien supiera (*Ap.*)
De la pobre pescadora,
Mas se enojára el buen viejo.
DON DIEGO.
Pues no te vence castigo
Con cuanto hago, y cuanto digo,
A Dios tu castigo dejo.
                    (*Vase.*)
CATALINON.
Fuése el viejo enternecido.
DON JUAN.
Luego las lágrimas copia,
Condicion de viejo propia :
Vamos, pues ha anochecido,
A buscar al marques.
CATALINON.
                    Vamos,
¿ Y al fin gozarás su dama ?
DON JUAN.
Ha de ser burla de fama.
CATALINON.
Ruego al cielo que salgamos
Della en paz.
DON JUAN.
            Catalinon,
En fin.
CATALINON.
    Y tú, señor, eres
Langosta de las mugeres,
Y con público pregon,
Porque de tí se guardára,
Cuando á noticia viniera
De la que doncella fuera,
Fuera bien se pregonára :
« Guárdense todos de un hombre
Que á las mugeres engaña,
Y es el Burlador de España. »

DON JUAN.
Tú me has dado gentil nombre.

ESCENA IX.

SALE EL MARQUES, DE NOCHE, CON MÚSICOS, PASEA EL TABLADO, Y SE ENTRAN CANTANDO.

MÚSICOS.
El que un bien gozar espera,
Cuanto espera desespera.

MOTA.
Como yo á mi bien goce,
Nunca llegue á amanecer.

DON JUAN.
¿ Qué es esto ?

CATALINON.
Música es.

MOTA.
Parece que habla conmigo
El poeta; ¿ quién va ?

DON JUAN.
Amigo.

MOTA.
¿ Es don Juan ?

DON JUAN.
¿ Es el marques ?

MOTA.
¿ Quién puede ser sino yo ?

DON JUAN.
Luego que la capa ví,
Que érades vos conocí.

MOTA.
Cantad, pues don Juan llegó.

(Cantan.) El que un bien gozar espera,
Cuanto espera desespera.

DON JUAN.
¿ Qué casa es la que mirais ?

MOTA.
De don Gonzalo de Ulloa.

JORNADA II, ESCENA IX.

DON JUAN.
¿Dónde iremos?
MOTA.
A Lisboa.
DON JUAN.
¿Cómo, si en Sevilla estais?
MOTA.
¿Pues aquesto os maravilla?
¿No vive con gusto igual
Lo peor de Portugal
En lo mejor de Castilla?
DON JUAN.
¿Dónde viven?
MOTA.
En la calle
De la Sierpe, donde ves
Anda envuelto en portugues,
Que en aqueste amargo valle,
Con bocados solicitan
Mil Evas, que aunque en bocados,
En efecto son ducados
Con que el dinero nos quitan.
DON JUAN.
Mientras á la calle vais,
Yo dar un perro quisiera.
MOTA.
Pues cerca de aquí me espera
Un bravo.
DON JUAN.
Si me dejais,
Señor marques, vos vereis
Como de mi no se escapa.
MOTA.
Vamos, y poneos mi capa,
Para que mejor lo deis.
DON JUAN.
Bien habeis dicho, venid,
Y me enseñaréis la casa.

MOTA.
Mientras el suceso pasa,
La voz y el habla fingid.
¿ Veis aquella celosía ?
DON JUAN.
Ya la veo.
MOTA.
Pues llegad,
Y decid Beatriz, y entrad.
DON JUAN.
¿ Qué muger ?
MOTA.
Rosada, y fria.
CATALINON.
Será muger cantimplora.
MOTA.
En Gradas os aguardamos.
DON JUAN.
A Dios, marques.
CATALINON.
¿ Dónde vamos ?
DON JUAN.
Calla, necio, calla ahora.
Adonde la burla mia
Ejecute.
CATALINON.
No se escapa
Nadie de tí.
DON JUAN.
El truque adoro.
CATALINON.
Echaste la capa al toro.
DON JUAN.
No, el toro me echó la capa.
MOTA.
La muger me ha de pensar
Que soy él.
MÚSICOS.
¡ Qué gentil perro !

MOTA.
Esto es acertar por yerro.

(Cantan.) El que un bien gozar espera,
Cuanto espera desespera.

(*Vanse, y dice doña Ana, dentro:*)
ANA.
Falso, no eres el marques,
Que me has engañado.
DON JUAN.
Digo
Que lo soy.
ANA.
Fiero enemigo,
Mientes, mientes.

ESCENA X.

SALE DON GONZALO CON LA ESPADA DESNUDA.

GONZALO.
Ea, voz es
De doña Ana la que siento.
ANA.
¿No hay quien mate este traidor,
Homicida de mi honor?
DON GONZALO.
¡Hay tan gran atrevimiento!
Muerto honor, dijo, ¡ay de mí!
Y es su lengua tan liviana,
Que aquí sirve de campana.
ANA.
Matadle.

ESCENA XI.

SALEN DON JUAN Y CATALINON CON LAS ESPADAS DESNUDAS.

DON JUAN.
¿Quién está aquí?
DON GONZALO.
La barbacana caida

De la torre de mi honor,
Echaste en tierra, traidor,
Donde era alcaide la vida.

DON JUAN.

Déjame pasar.

DON GONZALO.

¿ Pasar ?
Por la punta de esta espada.

DON JUAN.

Morirás.

DON GONZALO.

No importa nada.

DON JUAN.

Mira que te he de matar.

DON GONZALO.

Muere, traidor.

DON JUAN.

Desta suerte
Muero.

CATALINON.

Si escapo de aquesta,
No mas burlas, no mas fiesta.

DON GONZALO.

¡ Ay, que me has dado la muerte !

DON JUAN.

Tú la vida te quitaste.

DON GONZALO.

¿ De qué la vida servia ?

DON JUAN.

Huyamos.

(*Vanse don Juan y Catalinon.*)

DON GONZALO.

La sangre fria
Con el furor aumentaste :
Muerto soy, no hay bien que aguarde.
Seguiráte mi furor,
Que eres traidor, y el traidor
Es traidor porque es cobarde.

(*Entran muerto á don Gonzalo.*)

ESCENA XII.

Salen el marques de la MOTA y Músicos.

MOTA.
Presto las doce darán,
Y mucho don Juan se tarda,
Fiera pension del que aguarda.

ESCENA XIII.

Salen DON JUAN y CATALINON.

DON JUAN.
¿Es el marques?

MOTA.
¿Es don Juan?

DON JUAN.
Yo soy, tomad vuestra capa.

MOTA.
¿Y el perro?

DON JUAN.
Funesto ha sido:
Al fin, marques, muerto ha habido.

CATALINON.
Señor, del muerto te escapa.

MOTA.
¿Búrlaste, amigo? ¿qué haré?

CATALINON.
Tambien vos sois el burlado. (*Ap.*)

DON JUAN.
Cara la burla ha costado.

MOTA.
Yo, don Juan, lo pagaré,
Porque estará la muger
Quejosa de mí.

DON JUAN.
A Dios,
Marques.

CATALINON.
A fe que los dos (*Ap.*)

Mal pareja han de correr.
DON JUAN.
Huyamos.
CATALINON.
Señor, no habrá
Aguila que á mí me alcance. (*Vanse.*)

(*Queda el marques de la Mola.*)

MOTA.
Vosotros os podeis ir,
Porque yo me quiero ir solo.
(*Dentro.*) ¡ Vióse desdicha mayor !
¡ Y vióse mayor desgracia !
MOTA.
¡ Válgame Dios! voces siento
En la plaza del alcázar,
¿ Qué puede ser á estas horas ?
Un hielo el pecho me arraiga.
Desde aquí parece todo
Una Troya que se abrasa,
Porque tantas luces juntas
Hacen gigantes de llamas.
Un grande escuadron de hachas
Se acerca á mí, porque anda
El fuego emulando estrellas,
Dividiéndose en escuadras.
Quiero saber la ocasion.

ESCENA XIV.

SALE DON DIEGO TENORIO Y LA GUARDA CON HACHAS.

DON DIEGO.
¿ Qué gente ?
MOTA.
Gente que aguarda
Saber de aqueste ruido
El alboroto y la causa.

JORNADA II, ESCENA XV.

DON DIEGO.
Prendedlo.

MOTA.
¿ Prenderme á mí?

DON DIEGO.
Volved la espada á la vaina,
Que la mayor valentía
Es no tratar de las armas.

MOTA.
Cómo, ¿ al marques de la Mota
Hablan así ?

DON DIEGO.
Dad la espada,
Que el rey os manda prender.

MOTA.
Vive Dios...

ESCENA XV.

SALE EL REY Y ACOMPAÑAMIENTO.

REY.
En toda España
No ha de escapar, ni tampoco
En Italia, si va á Italia.

DON DIEGO.
Señor, aquí está el marques.

MOTA.
Gran señor, ¿ pues vuestra alteza
A mí me manda prender ?

REY.
Llevadle luego, y ponedle
La cabeza en una escarpia.
¿ En mi presencia te pones ?

MOTA.
¡ Ah, glorias de amor tiranas,
Siempre en el pasar ligeras,
Como en el vivir pesadas !

Bien dijo un sabio, que habia
Entre la boca y la taza.
Peligro; mas el enojo
Del rey me admira y espanta,
No sé por lo qué voy preso.

DON DIEGO.

¿Quién mejor sabrá la causa,
Que vueseñoría?

MOTA.

¿Yo?

DON DIEGO.

Vamos.

MOTA.

¡Confusion estraña!

REY.

Fulmínese el proceso
Al marques luego, y mañana
Le cortarán la cabeza.
Y al comendador, con cuanta
Solemnidad y grandeza
Se da á las personas sacras
Y reales, el entierro
Se haga: en bronce y piedras varias
Un sepulcro, con un bulto,
Le ofrezcan, donde en mosáicas
Labores, góticas letras
Den lenguas á sus venganzas;
Y entierro, bulto y sepulcro
Quiero que á mi costa se haga:
¿Dónde doña Ana se fué?

DON DIEGO.

Fuése al sagrado doña Ana
De mi señora la reina.

REY.

¡Ha de sentir esta falta
Castilla, tal capitan
Ha de llorar Calatrava! (*Vanse todos.*)

ESCENA XVI.

SALEN PATRICIO, DESPOSADO CON AMINTA, GASENO,
VIEJO, BELISA, Y PASTORES MÚSICOS.

(Cantan.) Lindo sale el sol de abril
Con trébol y torongil,
Y aunque le sirve de estrella,
Aminta sale mas bella.

PATRICIO.

Sobre esta alfombra florida,
Adonde en campos de escarcha
El sol sin aliento marcha
Con su luz recien nacida,
Os sentad, pues nos convida
Al tálamo el sitio hermoso.

ESCENA XVII.

SALE CATALINON DE CAMINO.

CATALINON.
Señores, el desposorio
Huéspedes ha de tener.

GASENO.
A todo el mundo ha de ser
Este contento notorio.
¿Quién viene?

CATALINON.
Don Juan Tenorio.

GASENO.
¿El viejo?

CATALINON.
No ese, don Juan.

BELISA.
Será su hijo galan.

PATRICIO.
Téngolo por mal agüero,
Que galan y caballero
Quitan gusto, y zelos dan.

¿ Pues quién noticia les dió
De mis bodas?
CATALINON.
De camino
Pasa á Lebrija.
PATRICIO.
Imagino
Que el demonio le envió.
¿ Mas de qué me aflijo yo?
Vengan á mis dulces bodas
Del mundo las gentes todas;
Mas con todo, un caballero
En mis bodas, mal agüero.
GASENO.
Venga el coloso de Rodas,
Venga el papa, el preste Juan,
Y don Alfonso el Onceno
Con su corte, que en Gaseno
Animo y valor verán.
Montes en casa hay de pan,
Guadalquivires de vino,
Babilonias de tocino,
Y entre ejércitos cobardes
De aves, ¿ para qué las cardes,
El pollo y el palomino?
Venga tan gran caballero
A ser hoy en dos hermanas
Honra destas viejas canas.
BELISA.
El hijo del camarero
Mayor.
PATRICIO.
Todo es mal agüero
Para mí, pues le han de dar
Junto á mi esposa lugar :
Aun no gozo, y ya los cielos
Me están condenando á zelos :
Amar, sufrir y callar.

ESCENA XVIII.

Sale DON JUAN TENORIO.

DON JUAN.
Pasando acaso, he sabido
Que hay bodas en el lugar,
Y de ellas quise gozar,
Pues tan venturoso he sido.

GASENO.
Vueseñoría ha venido
A honrarlas y engrandecerlas.

PATRICIO.
Yo que soy el dueño dellas,
Digo entre mí, que vengais
En hora mala.

GASENO.
¿No dais
Lugar á este caballero?

DON JUAN.
Con vuestra licencia quiero
Sentarme aquí.
(*Siéntase junto á la novia.*)

PATRICIO.
Si os sentais
Delante de mí, señor,
¿Sereis de aquesa manera
El novio?

DON JUAN.
Cuando lo fuera,
No escogiera lo peor.

GASENO.
¿Qué es el novio?

DON JUAN.
De mi error
É ignorancia perdonad.

CATALINON.
¡Desventurado marido!

DON JUAN.

Corrido está.

CATALINON.

No lo ignoro,
Mas, si tiene de ser toro,
¿Qué mucho que esté corrido?
No daré por su muger,
Ni por su honor, un cornado:
¡Desdichado tú, que has dado
En manos de Lucifer!

DON JUAN.

¿Posible es que vengo á ser,
Señora, tan venturoso?
Envidia tengo al esposo.

AMINTA.

Pareceisme lisonjero.

PATRICIO.

Bien dije, que es mal agüero
En bodas un poderoso.

GASENO.

Ea, vámos á almorzar,
Porque pueda descansar
Un rato su señoría.

(*Tómale don Juan la mano á la novia.*)

DON JUAN.

¿Porqué la escondeis?

AMINTA.

Es mia.

GASENO.

Vamos.

BELISA.

Volved á cantar.

DON JUAN.

¿Qué dices tú?

CATALINON.

¿Yo? que temo
Muerte vil destos villanos

DON JUAN.
Buenos ojos, blancas manos,
En ellos me abraso y quemo.
CATALINON.
Almagrar, y echar estremo;
Con esta cuatro serán.
DON JUAN.
Ven, que mirándome están.
PATRICIO.
En mis bodas caballero,
Mal agüero.
GASENO.
Cantad.
PATRICIO.
Muero.
CATALINON.
Canten, que ellos llorarán.

JORNADA TERCERA.

ESCENA PRIMERA.

Sale PATRICIO pensativo.

PATRICIO.
Zelos, reloj, y cuidados
Que á todas las horas dais
Tormentos con que matais,
Aunque dais desconcertados,
Dejadme de atormentar,
Pues es cosa tan sabida
Que cuando amor me da vida,
La muerte me quereis dar.
¿Qué me quereis, caballero,

Que me atormentais así?
Bien dije, cuando le ví
En mis bodas, mal agüero.
¿No es bueno que se sentó
A cenar con mi muger,
Y á mí en el plato meter
La mano no me dejó?
Pues cada vez que queria
Meterla, la desviaba,
Diciendo á cuanto tomaba:
Grosería, grosería.
Pues el otro bellacon,
A cuanto comer queria,
Esto no come, decia,
No teneis, señor, razon.
Y de delante al momento
Me lo quitaba, corrido;
Esto bien sé yo que ha sido
Culebra, y no casamiento.
Ya no se puede sufrir,
Ni entre cristianos pasar;
Y acabando de cenar,
Con los dos, mas que á dormir,
Se ha de ir tambien sin porfía
Con nosotros, y ha de ser
El llegar yo á mi muger,
Grosería, grosería.
Ya viene, no me resisto,
Aquí me quiero esconder;
Pero ya no puede ser,
Que imagino que me ha visto.

ESCENA II.

SALE DON JUAN TENORIO.

DON JUAN.
¿Patricio?

PATRICIO.
      Su señoría
¿ Qué manda?
            DON JUAN.
                  Haceros saber...
      PATRICIO.
Mas, ¿ qué ha de venir á ser?
Alguna desdicha mia.
      DON JUAN.
Que ha muchos dias, Patricio,
Que á Aminta el alma le dí,
Y he gozado.
      PATRICIO.
            ¿ Su honor?
      DON JUAN.
                  Sí.
      PATRICIO.
Manifiesto y claro indicio
De lo que he llegado á ver,
Que si bien no le quisiera,
Nunca á su casa viniera:
Al fin, al fin, es muger.
      DON JUAN.
Al fin, Aminta, zelosa,
O quizá desesperada
De verse de mí olvidada,
Y de ageno dueño esposa,
Esta carta me escribió,
Enviándome á llamar,
Y yo prometí gozar
Lo que el alma prometió :
Esto pasa desta suerte,
Dad á vuestra vida un medio,
Que le daré sin remedio,
A quien lo impida, la muerte.
      PATRICIO.
Si tú en mi eleccion lo pones,
Tu gusto pretendo hacer,
Que el honor y la muger

Son malas en opiniones.
La muger, en opinion
Siempre mas pierde que gana,
Que son como la campana
Que se estima por el son.
Y así es cosa averiguada,
Que opinion viene á perder,
Cuando cualquiera muger
Suena á campana quebrada.
No quiero, pues me reduces
El bien que mi amor ordena,
Muger entre mala y buena,
Que es moneda entre dos luces.
Gózala, señor, mil años,
Que yo quiero resistir,
Desengañar y morir,
Y no vivir con engaños. (*Vase.*)

DON JUAN.

Con el honor le venci,
Porque siempre los villanos
Tienen su honor en las manos,
Y siempre miran por sí.
Que por tantas variedades,
Es bien que se entienda y crea
Que el honor se fué al aldea,
Huyendo de las ciudades.
Pero antes de hacer el daño,
Le pretendo reparar:
A su padre voy á hablar,
Para autorizar mi engaño.
Bien lo supe negociar;
Gozarla esta noche espero,
La noche camina, y quiero
Su viejo padre llamar.
Estrellas que me alumbrais,
Dadme en este engaño suerte,
Si el galardon en la muerte,
Tan largo me lo aguardais. (*Vase.*)

ESCENA III.

SALEN AMINTA Y BELISA.

BELISA.
Mira, que vendrá tu esposo,
Entra á desnudarte, Aminta.

AMINTA.
Destas infelices bodas
No sé qué siento, Belisa;
Todo hoy mi Patricio ha estado
Bañado en melancolía,
Todo es confusion y zelos,
¡Mirad qué grande desdicha!
Di, ¿qué caballero es este,
Que de mi esposo me priva?
La desvergüenza en España
Se ha hecho caballería.
Déjame, que estoy corrida:
Mal hubiese el caballero,
Que mis contentos me priva...

BELISA.
Calla, que pienso que viene,
Que nadie en la casa pisa
De un desposado, tan recio.

AMINTA.
Queda á Dios, Belisa mia.

BELISA.
Desenójale en los brazos.

AMINTA.
Plega á los cielos que sirvan
Mis suspiros de requiebros,
Mis lágrimas de caricias. (*Vanse.*)

ESCENA IV.

SALEN DON JUAN, CATALINON Y GASENO.

DON JUAN.
Gaseno, quedad con Dios.

GASENO.
Acompañaros queria,
Por darle desta ventura
El parabien á mi hija.
DON JUAN.
Tiempo mañana nos queda.
GASENO.
Bien decis, el alma mia
En la muchacha os ofrezco.
DON JUAN.
Mi esposa decid: ensilla,
Catalinon.
CATALINON.
¿Para cuándo?
DON JUAN.
Para el alba, que de risa
Muerta, de salir mañana ha
Deste engaño.
CATALINON.
Allá en Lebrija,
Señor, nos está aguardando
Otra boda; por tu vida,
Que despaches presto en esta.
DON JUAN.
La burla mas escogida
De todas, ha de ser esta.
CATALINON.
Que saliésemos querria
De todas bien.
DON JUAN.
Si es mi padre
El dueño de la justicia,
Y es la privanza del rey,
¿Qué temes?
CATALINON.
De los que privan
Suele Dios tomar venganza,
Si delitos no castigan,

Y se suelen en el juego
Perder tambien los que miran:
Yo he sido miron del tuyo,
Y por miron no querria
Que me cogiese algun rayo,
Y me trocase en ceniza.
DON JUAN.
Vete, ensilla, que mañana
He de dormir en Sevilla.
CATALINON.
¿En Sevilla?
DON JUAN.
    Sí.
CATALINON.
    ¿Qué dices?
Mira lo que has hecho, y mira
Que hasta la muerte, señor,
Es corta la mayor vida,
Que hay tras la muerte imperio.
DON JUAN.
Si tan largo me lo fias,
Vengan engaños.
CATALINON.
    Señor.
DON JUAN.
Vete, que ya me amohinas
Con tus temores estraños. (*Vase.*)
La noche en negro silencio
Se estiende, y ya las cabrillas
Entre racimos de estrellas
El polo mas alto pisan.
Yo quiero poner mi engaño
Por obra; el amor me guia
A mi inclinacion, de quien
No hay hombre que se resista.
Quiero llegar á la cama:
Aminta.

ESCENA V.

SALE AMINTA, COMO QUE ESTABA ACOSTADA.

AMINTA.
¿Quién llama á Aminta?
¿Es mi Patricio?

DON JUAN.
No soy
Tu Patricio.

AMINTA.
¿Pues quién?

DON JUAN.
Mira
Despacio, Aminta, quién soy.

AMINTA.
¡Ay de mí! yo soy perdida,
¿En mi aposento á estas horas?

DON JUAN.
Estas son las horas mias.

AMINTA.
Volveos, que daré voces,
No escedais la cortesía
Que á mi Patricio se debe:
Ved que hay romanas Emilias
En dos hermanas tambien,
Y hay Lucrecias vengativas.

DON JUAN.
Escúchame dos palabras,
Y esconde de las mejillas
En el corazon la grana,
Por tí mas preciosa y rica.

AMINTA.
Vete, que vendrá mi esposo.

DON JUAN.
Yo lo soy, ¿de qué te admiras?

AMINTA.
¿Desde cuándo?

DON JUAN.
Desde ahora.

JORNADA III, ESCENA V.

AMINTA.
¿Quién lo ha tratado?
DON JUAN.
　　　　　　　　Mi dicha.
AMINTA.
¿Y quién nos casó?
DON JUAN.
　　　　　　　　Tus ojos.
AMINTA.
¿Con qué poder?
DON JUAN.
　　　　　　　Con la vista.
AMINTA.
¿Sábelo Patricio?
DON JUAN.
　　　　　　Sí,
Que te olvida.
AMINTA.
　　　　　¿Que me olvida?
DON JUAN.
Sí, que yo te adoro.
AMINTA.
　　　　　　　　¿Cómo?
DON JUAN.
Con mis brazos.
AMINTA.
　　　　　Desvia.
DON JUAN.
¿Cómo puedo, si es verdad
Que muero?
AMINTA.
　　　　　¡Qué gran mentira!
DON JUAN.
Aminta, escucha, y sabrás,
Si quieres que te lo diga,
La verdad, que las mugeres
Sois de verdades amigas.
Yo soy noble caballero,

Cabeza de la familia
De los Tenorios antiguos,
Ganadores de Sevilla.
Mi padre, despues del rey,
Se reverencia y estima,
Y en la corte, de sus labios
Pende la muerte ó la vida.
Corriendo el camino acaso,
Llegué á verte, que amor guia
Tal vez las cosas, de suerte
Que él mismo de ellas se olvida.
Víte, adoréte, abraséme,
Tanto que tu amor me anima
A que contigo me case :
Mira qué accion tan precisa.
Y aunque lo murmure el rey,
Y aunque el rey lo contradiga,
Y aunque mi padre enojado
Con amenazas lo impida,
Tu esposo tengo de ser :
¿Qué dices?

AMINTA.

No sé qué diga,
Que se encubren tus verdades
Con retóricas mentiras,
Porque si estoy desposada,
Como es cosa conocida,
Con Patricio, el matrimonio
No se absuelve, aunque él desista.

DON JUAN.

En no siendo consumado,
Por engaño ó por malicia,
Puede anularse.

AMINTA.

En Patricio
Todo fué verdad sencilla.

DON JUAN.

Ahora bien, dame esa mano,

Y esta voluntad confirma
Con ella.
####### AMINTA.
¿Qué? no, me engañas.
####### DON JUAN.
Mio el engaño seria.
####### AMINTA.
Pues jura que cumplirás
La palabra prometida.
####### DON JUAN.
Juro á esta mano, señora,
Infierno de nieve fria,
De cumplirte la palabra.
####### AMINTA.
Jura á Dios, que te maldiga
Si no la cumples.
####### DON JUAN.
Si acaso
La palabra y la fe mia
Te faltáre, ruego á Dios
Que á traicion y alevosía,
Me dé muerte un hombre muerto,
Que vivo, Dios no permita.
####### AMINTA.
Pues con ese juramento
Soy tu esposa.
####### DON JUAN.
El alma mia
Entre los brazos te ofrezco.
####### AMINTA.
Tuya es el alma y la vida.
####### DON JUAN.
Ay, Aminta de mis ojos,
Mañana sobre virillas
De tersa plata, estrellada
Con clavos de oro de Tíbar,
Pondrás los hermosos piés,
Y en prision de gargantillas
La alabastrina garganta,

Y los dedos en sortijas,
En cuyo engaste parezcan
Trasparentes perlas finas.

AMINTA.

A tu voluntad, esposo,
La mia desde hoy se inclina;
Tuya soy.

DON JUAN.

¡ Qué mal conoces (*Ap.*)
Al Burlador de Sevilla ! (*Vanse.*)

ESCENA VI.

SALEN ISABELA Y FABIO DE CAMINO.

ISABELA.

¡ Que me robase el dueño
La prenda que estimaba, y mas queria!
¡ O riguroso empeño
De la verdad, o máscara del dia,
Noche al fin tenebrosa,
Antípoda del sol, del sueño esposa !

FABIO.

¿ De qué sirve, Isabela,
El amor en el alma y en los ojos,
Si amor todo es cautela,
Y en campos de desdenes causa enojos?
¿ Si el que se rie ahora,
En breve espacio desventuras llora ?
El mar está alterado,
Y en grave temporal tiempo socorre,
El abrigo han tomado,
Las galeras, duquesa, de la torre
Que esta playa corona.

ISABELA.

¿ Dónde estamos ahora?

FABIO,

En Tarragona;
De aquí á poco espacio,
Daremos en Valencia, ciudad bella,

Del mismo sol palacio:
Divertiráste algunos dias en ella;
    Y despues á Sevilla
Irás á ver la octava maravilla:
    Que si á Octavio perdiste,
Mas galan es don Juan, y de Tenorio
    Solar: ¿de qué estás triste?
Conde dicen que es ya don Juan Tenorio,
    El rey con él te casa;
Y el padre es la privanza de su casa.

ISABELA.

    No nace mi tristeza
De ser esposa de don Juan, que el mundo
    Conoce su nobleza:
En la esparcida voz mi agravio fundo,
    Que esta opinion perdida,
Es de llorar mientras tuviere vida.

FABIO.

    Allí una pescadora
Tiernamente suspira, y se lamenta,
    Y dulcemente llora;
Acá viene sin duda, y verte intenta,
    Mientras llamo tu gente,
Lamentaréis las dos mas dulcemente.

(*Vase Fabio.*)

ESCENA VII.

SALE TISBEA.

TISBEA.

    Robusto mar de España,
Ondas de fuego, fugitivas ondas,
    Troya de mi cabaña,
Que ya el fuego por mares y por ondas
    En sus abismos fragua,
Y el mar forma por las llamas agua,
    Maldito el leño sea
Que á tu amargo cristal halló correra:
    Antojo de Medea,

Tu cáñamo primero, o primer lino,
        Aspado de los vientos,
    Para telas engaños é instrumentos.
            ISABELA.
        ¿ Porqué del mar te quejas
    Tan tiernamente, hermosa pescadora ?
            TISBEA.
        Al mar formo mil quejas :
    Dichosa vos, que en su tormento ahora,
        Dél os estais riendo.
            ISABELA.
    Tambien quejas del mar estoy haciendo.
        ¿ De dónde sois ?
            TISBEA.
                De aquellas
    Cabañas que mirais del viento heridas,
        Tan victoriosas entre ellas;
    Cuyas pobres paredes esparcidas
            Van en pedazos graves
    Dándoles mil graznidos á las aves.
        ¿ Sois vos la Europa hermosa,
        Que esos toros os llevan?
            ISABELA.
        Llévanme á ser esposa
    Contra mi voluntad.
            TISBEA.
                Si mi mancilla
        A lástima os provoca,
    Y si injurias del mar os tienen loca,
        En vuestra compañía,
    Para serviros como humilde esclava,
        Me llevad, que queria,
    Si el dolor ó la afrenta no me acaba,
        Pedir al rey justicia
    De un engaño cruel, de una malicia.
        Del agua derrotado
    A esta tierra llegó don Juan Tenorio,
        Difunto, y anegado,

JORNADA III, ESCENA VIII.

Amparéle, hospedéle, en tan notorio,
 Peligro, y el vil huésped
Víbora fué á mi planta, tierno césped.
 Con palabra de esposo,
La que de aquesta costa burla hacia,
 Se rindió al engañoso:
Mal haya la muger que en hombre fia.
 Fuése al fin, y dejóme:
Mira si es justo que venganza tome.

ISABELA.

Calla, muger maldita,
Vete de mi presencia, que me has muerto;
 Mas si el dolor te incita,
No tienes culpa tú, prosigue el cuento.

TISBEA.

La dicha fuera mia.

ISABELA.

Mal haya la muger que en hombre fia:
 ¿ Quién tiene de ir contigo ?

TISBEA.

Un pescador, Anfriso; un pobre padre,
 De mis males testigo.

ISABELA.

No hay venganza que á mi mal tanto le cuadre,
 Ven en mi compañía.

TISBEA.

Mal haya la muger que en hombre fia. (*Vanse.*)

ESCENA VIII.

SALEN DON JUAN Y CATALINON.

CATALINON.

Todo enmaletado está.

DON JUAN.

¿ Cómo ?

CATALINON.

 Que Octavio ha sabido
La traicion de Italia ya,

Y el de la Mota ofendido
De tí, justas quejas da;
Y dice que fué el recado
Que de su prima le diste,
Fingido y disimulado,
Y con su capa emprendiste
La traicion que le ha infamado.
Dicen que viene Isabela
A que seas su marido,
Y dicen...

DON JUAN.
Calla.

CATALINON.
Una muela
En la boca me has rompido.

DON JUAN.
Hablador, ¿quién te revela
Tanto disparate junto?

CATALINON.
Verdades son.

DON JUAN.
No pregunto
Si lo son: cuando me mate
Octavio, ¿estoy yo difunto?
¿No tengo manos tambien?
¿Dónde me tienes posada?

CATALINON.
En la calle oculta.

DON JUAN.
Bien.

CATALINON.
La iglesia es tierra sagrada.

DON JUAN.
Di que de dia me den
En ella la muerte: ¿viste
Al novio de dos hermanas?

CATALINON.
Tambien le vi ansiado y triste.

DON JUAN.
Aminta, estas dos semanas,
No ha de caer en el chiste.
CATALINON.
Tan bien engañada está,
Que se llama doña Aminta.
DON JUAN.
Graciosa burla será.
CATALINON.
Graciosa burla, y sucinta,
Mas siempre la llorará.

(*Descúbrese un sepulcro de don Gonzalo de Ulloa.*)

DON JUAN.
¿ Qué sepulcro es este ?
CATALINON.
                    Aquí
Don Gonzalo está enterrado.
DON JUAN.
¿ Este es al que muerte dí?
Gran sepulcro le han labrado.
CATALINON.
Ordenólo el rey así,
¿ Cómo dice este letrero ?
DON JUAN.
« Aquí aguarda del Señor,
El mas leal caballero,
La venganza de un traidor. »
Del mote reirme quiero.
¿ De mí os habeis de vengar,
Buen viejo, barbas de piedra ?
CATALINON.
No se las podrás pelar,
Que en barbas muy fuertes medra.
DON JUAN.
Aquesta noche á cenar
Os aguardo en mi posada,
Allí el desafío haremos,

Si la venganza os agrada,
Aunque mal reñir podremos,
Si es de piedra vuestra espada.
CATALINON.
Ya, señor, ha anochecido,
Vámonos a recoger.
DON JUAN.
Larga esta venganza ha sido,
Si es que vos la habeis de hacer,
Importa no estar dormido.
Que si á la muerte aguardais
La venganza, la esperanza
Ahora es bien que perdais,
Pues vuestro enojo y venganza
Tan largo me lo fiais. (*Vanse.*)

ESCENA IX.

SALEN DOS CRIADOS, QUE PONEN LA MESA.

CRIADO 1º.
Quiero apercibir la cena,
Que vendrá á cenar don Juan.
CRIADO 2º.
Puestas las mesas están.
¡Qué flema tiene, si empieza!
Ya tarda, como solia
Mi señor, no me contenta;
La bebida se calienta,
Y la comida se enfria:
¿Mas quién á don Juan ordena
Este desórden?

ESCENA X.

SALEN DON JUAN Y CATALINON.

DON JUAN.
¿ Cerraste ?
CATALINON.
Ya cerré, como mandaste.

JORNADA III, ESCENA X.

DON JUAN.
Ola, tráiganme la cena.
CRIADO 2°.
Ya está aquí.
DON JUAN.
Catalinon,
Siéntate.
CATALINON.
Yo soy amigo.
De cenar de espacio.
DON JUAN.
Digo
Que te sientes.
CATALINON.
La razon
Haré.
CRIADO 1°.
Tambien es camino
Este, si como con él.
DON JUAN.
Siéntate. *(Dan un golpe dentro.)*
CATALINON.
Golpe es aquel.
DON JUAN.
Que llamaron imagino :
Mira quién es.
CRIADO 1°.
Voy volando.
CATALINON.
¿ Si es la justicia, señor ?
DON JUAN.
Sea, no tengas temor.
(Vuelve el criado huyendo.)
¿ Quién es ? ¿ de qué estás temblando ?
CATALINON.
De algun mal da testimonio.
DON JUAN.
Mal mi cólera resisto :

Habla, responde, ¿ qué has visto?
¿ Asombróte algun demonio?
Ve tú, y mira aquella puerta,
Presto, acaba.

CATALINON.

¿ Yo?

DON JUAN.

Tú, pues.
Acaba, menea los piés,
¿ No vas?

CATALINON.

¿ Quién tiene las llaves
De la puerta?

CRIADO 2º.

Con la aldaba
Está cerrada no mas.

DON JUAN.

¿ Qué tienes? ¿ Porqué no vas?

CATALINON. |

Hoy Catalinon acaba :
Mas si las forzadas vienen
A vengarse de los dos.

(*Llega Catalinon á la puerta, y viene corriendo, cae y levántase.*)

DON JUAN.

¿ Qué es eso?

CATALINON.

¡ Válgame Dios!
¡ Que me matan, que me tienen!

DON JUAN.

¿ Quién te tiene, quién te tiene?
¿ Qué has visto?

CATALINON.

Señor, yo allí
Vide, cuando luego fuí,
Quien me ase, quien me arrebate,
Llegué cuando despues ciego,
Cuando ví, le juro á Dios,
Habló, y dijo : ¿ Quién sois vos?

Respondió, respondí luego,
Tope, y vide...

DON JUAN.

¿A quién?

CATALINON.

No sé.

DON JUAN.

Cómo el vino desatina:
Dame la vela, gallina,
Y yo á quien llama veré.

ESCENA XI.

Dichos, y DON GONZALO.

(*Toma la vela don Juan, y llega à la puerta, sale al encuentro don Gonzalo en la forma que estaba en el sepulcro, y don Juan se retira atras turbado, empuñando la espada, y en la otra la vela, y don Gonzalo hácia él con pasos menudos, y al compas don Juan retirándose, hasta estar en medio del teatro.*)

DON JUAN.

¿Quién va?

DON GONZALO.

Yo soy.

DON JUAN.

¿Quién sois vos?

DON GONZALO.

Soy el caballero honrado
Que á cenar has convidado.

DON JUAN.

Cena habrá para los dos,
Y si vienen mas contigo,
Para todos cena habrá;
Ya puesta la mesa está,
Siéntate.

CATALINON.

Dios sea conmigo,
San Panuncio, san Anton:

Pues ¿ los muertos comen? di.
Por señas dice que sí.
DON JUAN.
Siéntate, Catalinon.
CATALINON.
No, señor, yo lo recibo
Por cenado.
DON JUAN.
    Es concierto,
¿ Qué temor tienes á un muerto ?
¿ Qué hicieras estando vivo ?
¡ Necio y villano temor !
CATALINON.
Cena con tu convidado,
Que yo, señor, ya he cenado.
DON JUAN.
¿ He de enojarme ?
CATALINON.
     Señor,
Vive Dios, que huelo mal.
DON JUAN.
Llega, que aguardando estoy.
CATALINON.
Yo pienso que muerto soy,
Y está muerto mi arrabal.
  (*Tiemblan los criados.*)
DON JUAN.
¿ Y vosotros, qué decis ?
¿ Qué haceis ? ¡ necios, temblar !
CATALINON.
Nunca quisiera cenar
Con gente de otro pais.
¿ Yo, señor, con convidado
De piedra ?
DON JUAN.
   ¡ Necio temor !
Si es piedra, ¿ qué te ha de hacer ?
CATALINON.
Dejarme descalabrado.

JORNADA III, ESCENA XI.

DON JUAN.
Háblale con cortesía.
CATALINON.
¿Está bueno? ¿Es buena tierra
La otra vida? ¿Es llano, ó sierra?
¿Prémiase allá la poesía?
CRIADO 1º.
A todo dice que sí
Con la cabeza.
CATALINON.
¿Hay allá
Muchas tabernas? Sí habrá,
Si no se reside allí.
DON JUAN.
Ola, dadnos de beber.
CATALINON.
Señor muerto, ¿allá se bebe
Con nieve? ¿Así qué, hay nieve?
(*Baja la cabeza.*)
Buen pais.
DON JUAN.
Si oïr cantar
Quereis, cantarán. (*Baja la cabeza.*)
CRIADO 2º.
Sí, dijo.
DON JUAN.
Cantad.
CATALINON.
Tiene el señor muerto
Buen gusto.
CRIADO 1º.
Es noble por cierto,
Y amigo de regocijo.
(*Cantan dentro.*)

Si de mi amor aguardais,
Señora, de aquesta suerte,
El galardon en la muerte,
¡Qué largo me lo fiais!

CATALINON.

O es sin duda veraniego
El señor muerto, ó debe ser
Hombre de poco comer:
Temblando al plato me llego.
Poco beben por allá, (*Bebe.*)
Yo beberé por los dos:
Bríndis de piedra, por Dios,
Menos temor tengo ya.

(Cantan.)
Si ese plazo me convida,
Para que gozaros pueda,
Pues larga vida me queda,
Dejad que pase la vida.
Si de mi amor aguardais,
Señora, de aquesta suerte,
El galardon en la muerte,
¡Qué largo me lo fiais!

CATALINON.

¿Con cuál de tantas mugeres
Como has burlado, señor,
Hablan?

DON JUAN.

De todas me rio,
Amigo, en esta ocasion.
En Nápoles á Isabela...

CATALINON.

Esa, señor, ya no es
Burlada, porque se casa
Contigo, como es razon.
Burlaste á la pescadora
Que del mar te redimió,
Pagándole el hospedage
En moneda de rigor.
Burlaste á doña Ana...

DON JUAN.

Calla,
Que hay parte aquí que lastó

JORNADA III, ESCENA XI.

Por ella, y vengarse aguarda.
CATALINON.
Hombre es de mucho valor,
Que él es piedra, tú eres carne,
No es buena resolucion.

(*Hace señas que se quite la mesa y queden solos.*)
DON JUAN.
Ola, quitad esa mesa,
Que hace señas que los dos
Nos quedemos, y se vayan
Los demas.
CATALINON.
Malo; por Dios,
Ne te quedes, porque hay muerto
Que mata de un mogicon
A un gigante.
DON JUAN.
Salíos todos,
A ser yo... Catalinon,
Vete, que viene.

(*Vanse, y quedan los dos solos, y hace señas que cierre la puerta.*)
La puerta
Ya está cerrada, ya estoy
Aguardando, dí, ¿ qué quieres,
Sombra, ó fantasma, ó vision?
Si andas en pena, ó si aguardas
Alguna satisfaccion
Para tu remedio, dilo,
Que mi palabra te doy
De hacer lo que me ordonares.
¿ Estás gozando de Dios?
¿ Díte la muerte en pecado ?
Habla, que suspenso estoy.

(*Habla bajo, como cosa del otro mundo.*)
DON GONZALO.
¿ Cumplirásme una palabra

Como caballero?
DON JUAN.
Honor
Tengo, y las palabras cumplo,
Porque caballero soy.
DON GONZALO.
Dame esa mano, no temas.
DON JUAN.
¿ Eso dices? ¿ Yo temor?
Si fueras el mismo infierno,
La mano te diera yo. (*Dale la mano.*)
DON GONZALO.
Bajo esta palabra y mano,
Mañana á las diez estoy
Para cenar aguardando :
¿ Irás?
DON JUAN.
Empresa mayor
Entendí que me pedias;
Mañana tu huésped soy :
¿ Dónde he de ir ?
DON GONZALO
A mi capilla.
DON JUAN.
¿ Iré solo?
DON GONZALO.
No, los dos;
Y cúmpleme la palabra,
Como la he cumplido yo.
DON JUAN.
Digo que la cumpliré,
Que soy Tenorio.
DON GONZALO.
Yo soy
Ulloa.
DON JUAN.
Yo iré sin falta.

DON GONZALO.
Y yo lo creo, á Dios.
(*Va á la puerta.*)
DON JUAN.
Aguarda, iréte alumbrando.
DON GONZALO.
No alumbres, que en gracia estoy.

(*Vase muy poco á poco mirando á don Juan y don Juan á él, hasta que desaparece y queda don Juan con pavor.*)

DON JUAN.
¡Válgame Dios! todo el cuerpo
Se ha bañado de un sudor,
Y dentro de las entrañas
Se me hiela el corazon.
Cuando me tomó la mano,
De suerte me la apretó,
Que un infierno parecia,
Jamas vide tal calor.
Un aliento respiraba,
Organizando la voz,
Tan frio, que parecia
Infernal respiracion.
Pero todas son ideas
Que da la imaginacion,
El temor, y temer muertos
Es mas villano temor.
Que si un cuerpo noble, vivo,
Con potencias y razon,
Y con alma, no se teme,
¿Quién cuerpos muertos temió?
Mañana iré á la capilla,
Donde convidado soy,
Porque se admire y espante
Sevilla de mi valor. (*Vase.*)

ESCENA XII.

Sale el Rey, DON DIEGO TENORIO y acompañamiento.

REY.

¿Liegó al fin Isabela?

DON DIEGO.

Y disgustada.

REY.

Pues, ¿no ha tomado bien el casamiento?

DON DIEGO.

Siente, señor, el nombre de infamada.

REY.

De otra causa procede su tormento :
¿Dónde está?

DON DIEGO.

En el convento está alojada
De las Descalzas.

REY.

Salga del convento
Luego al punto, que quiero que en palacio
Asista con la reina mas de espacio.

DON DIEGO.

Si ha de ser con don Juan el desposorio,
Manda, señor, que tu presencia vea.

REY.

Véame, y galan salga, que notorio
Quiero que este placer al mundo sea :
Conde será desde hoy don Juan Tenorio
De Lebrija, él la mande y la posea;
Que si Isabela á un duque corresponde,
Ya que ha perdido un duque, gane un conde.

DON DIEGO.

Y por esta merced tus piés besamos.

REY.

Mi favor mereces dignamente,
Que si aquí los servicios ponderamos,
Me quedo atras con el favor presente.

Paréceme, don Diego, que hoy hagamos
Las bodas de doña Ana juntamente.
DON DIEGO.
¿Con Octavio?
REY.
　　　　　No es bien que el duque
Sea el restaurador de aqueste agravio.
Doña Ana, con la reina, me ha pedido.
Que perdone al marques, porque doña Ana
Ya que el padre murió, quiere marido,
Porque si le perdió, con él le gana:
Ireis con poca gente, y sin ruido,
Luego á hablarle á la fuerza de Triana,
Y por su satisfaccion, y por su abono,
De su agraviada prima le perdono.
DON DIEGO.
Ya he visto lo que tanto deseaba.
REY.
Que esta noche han de ser, podeis decirle,
Los desposorios.
DON DIEGO.
　　　　Todo en bien se acaba;
Fácil será al marques el persuadirle,
Que de su prima amartelado estaba.
REY.
Tambien podeis á Octavio prevenir le;
Desdichado es el duque con mugeres;
Son todas opinion y pareceres.
Hanme dicho que está muy enojado
Con don Juan.
DON DIEGO.
　　　　　No me espanto, si ha sabido
De don Juan el delito averiguado,
Que la causa de tanto daño ha sido:
El duque viene.
REY.
　　　　No dejeis mi lado,
Que en el delito sois comprehendido.

ESCENA XIII.

Sale el duque OCTAVIO.

OCTAVIO.

Los piés, invicto rey, me dé tu alteza.

REY.

Alzad, duque, y cubrid vuestra cabeza:
¿Qué pedis?

OCTAVIO.

Vengo á pediros,
Postrado ante vuestras plantas,
Una merced, cosa justa,
Digna de serme otorgada.

REY.

Duque, como justa sea,
Digo que os doy mi palabra
De otorgárosla; pedid.

OCTAVIO.

Ya sabes, señor, por cartas
De tu embajador, y el mundo
Por la lengua de la fama
Sabe, que don Juan Tenorio,
Con española arrogancia,
En Nápoles una noche,
Para mí noche tan mala,
Con mi nombre profanó
El sagrado de una dama.

REY.

No pases mas adelante,
Ya supe vuestra desgracia.
En efecto: ¿qué pedis?

OCTAVIO.

Licencia que en la campaña
Defienda como es traidor.

DON DIEGO.

Eso no, su sangre clara
Es tan honrada....

REY.
Don Diego.
DON DIEGO.
Señor.
OCTAVIO.
¿Quién eres, que hablas
En la presencia del rey,
De esa suerte?
DON DIEGO.
Soy quien calla,
Porque me lo manda el rey,
Que si no, con esta espada
Te respondiera.
OCTAVIO.
Eres viejo.
DON DIEGO.
Ya he sido mozo en Italia
A vuestro pesar un tiempo:
Ya conocieron mi espada
En Nápoles y en Milan.
OCTAVIO.
Tienes ya la sangre helada:
No vale fui, sino soy.
DON DIEGO.
Pues fuí, y soy.

(*Empuña la espada.*)

REY.
Tened, basta,
Bueno está, callad, don Diego,
Que á mi persona se guarda
Poco respeto; y vos, duque,
Despues que las bodas se hagan
Mas de espacio hablaréis:
Gentilhombre de mi cámara
Es don Juan, y hechura mia,
Y de aqueste tronco rama:
Mirad por él.

OCTAVIO.
Yo lo haré,
Gran señor, como lo mandas.
REY.
Venid conmigo, don Diego.
DON DIEGO.
¡Ay, hijo, qué mal me pagas
El amor que te he tenido!
REY.
¿Duque?
OCTAVIO.
Gran señor.
REY.
Mañana
Vuestras bodas se han de hacer.
OCTAVIO.
Háganse, pues tú lo mandas.
(*Vanse el rey y don Diego.*)

ESCENA XIV.

SALEN GASENO Y AMINTA.

GASENO.
Ese señor nos dirá
Dónde está don Juan Tenorio:
Señor, ¿si está por acá
Un don Juan, á quién notorio
Ya su apellido será?
OCTAVIO.
Don Juan Tenorio direis.
AMINTA.
Sí, señor, ese don Juan.
OCTAVIO.
Aquí está, ¿qué le quereis?
AMINTA.
Es mi esposo ese galan.
OCTAVIO.
¿Cómo?

JORNADA III, ESCENA XIV.

AMINTA.
¿ Pues no lo sabeis,
Siendo del alcázar vos ?

OCTAVIO.
No me ha dicho don Juan nada.

GASENO.
¿ Es posible?

OCTAVIO.
Sí, por Dios.

GASENO.
Doña Aminta es muy honrada,
Cuando se casan los dos,
Que cristiana vieja es
Hasta los huesos, y tiene
De la hacienda el interes,
Mas bien que un conde, un marques.
Casóse don Juan con ella,
Y quitósela á Patricio.

AMINTA.
Decid cómo fui dancella
A su poder.

GASENO.
No es juicio
Esto, ni aquesta querella.

OCTAVIO.
Esta es burla de don Juan,
Y para venganza mia,
Estos diciéndola están :
¿ Qué pedis, al fin ?

GASENO.
Queria,
Porque los dias se van,
Que se hiciese el casamiento,
O querellarme ante el rey.

OCTAVIO.
Digo que es justo ese intento.

GASENO.
Y razon, y justa ley.

OCTAVIO.
Medida á mi pensamiento
Ha venido la ocasion :
En el alcázar teneis
Bodas.
AMINTA.
Sí, las mias son.
OCTAVIO.
Quiero, para que acertemos,
Valerme de una intencion :
Venid donde os vestireis,
Señora, á lo cortesano,
Y á un cuarto del rey saldreis
Conmigo.
AMINTA.
Vos de la mano
A don Juan me llevaréis.
OCTAVIO.
Que desta suerte es cautela.
GASENO.
El arbitrio me consuela.
OCTAVIO.
Estos venganza me dan
De aqueste traidor don Juan,
Y el agravio de Isabela. (*Vanse.*)

ESCENA XV.

SALEN DON JUAN Y CATALINON.

CATALINON.
¿ Cómo el rey te recibió ?
DON JUAN.
Con mas amor que mi padre.
CATALINON.
¿ Viste á Isabela ?
DON JUAN.
Tambien.

CATALINON.
¿Cómo viene?
DON JUAN.
Como un ángel.
CATALINON.
¿Recibióte bien?
DON JUAN.
El rostro
Bañado de leche y sangre,
Como la rosa que al alba
Despierta la débil caña.
CATALINON.
Al fin, ¿esta noche son
Las bodas?
DON JUAN.
Sin falta.
CATALINON.
Fiambres
Hubieran sido, no hubieras,
Señor, engañado á tantas.
Pero tú tomas esposa,
Señor, con cargas muy grandes.
DON JUAN.
Di, ¿comienzas á ser necio?
CATALINON.
Y podrás muy bien casarte
Mañana, que hoy es mal dia.
DON JUAN.
Pues, ¿qué dia es hoy?
CATALINON.
Es mártes.
DON JUAN.
Mil embusteros y locos
Dan en esos disparates;
Solo aquel llamo mal dia,
Aciago y detestable,
En que no tengo dineros,
Que lo demas es donaire.

CATALINON.
Vamos, si te has de vestir,
Que te aguardan, y ya es tarde.
DON JUAN.
Otro negocio tenemos
Que hacer, aunque nos aguarden.
CATALINON.
¿Cuál es?
DON JUAN.
Cenar con el muerto.
CATALINON.
Necedad de necedades.
DON JUAN.
¿No ves que dí mi palabra?
CATALINON.
Y cuando se la quebrantes,
¿Qué importa? ¿ha de pedirte
Una figura de jaspe
La palabra?
DON JUAN.
Podrá el muerto
Llamarme á voces, infame.
CATALINON.
Ya está cerrada la iglesia.
DON JUAN.
Llama.
CATALINON.
¿Qué importa que llame?
¿Quién tiene de abrir? que están
Durmiendo los sacristanes.
DON JUAN.
Llama á este postigo.
CATALINON.
Abierto
Está.
DON JUAN.
Pues entra.
CATALINON.
Entre un fraile

Con su hisopo y estola.
DON JUAN.
Sígueme y calla.
CATALINON.
¿Que calle?
DON JUAN.
Sí.
CATALINON.
Dios en paz
De estos convites me saque.
(*Entran por una puerta, y salen por otra.*)
¡Qué oscura que está la iglesia,
Señor, para ser tan grande!
¡Ay de mí! Tenme, señor,
Porque de la capa me asen.

ESCENA XVI.

SALE DON GONZALO, COMO DE ANTES, Y ENCUÉNTRASE CON ELLOS.

DON JUAN.
¿Quién va?
DON GONZALO.
Yo soy.
CATALINON.
¡Muerto estoy!
DON GONZALO.
El muerto soy, no te espantes;
No entendí que me cumplieras
La palabra, segun haces
De todos burla.
DON JUAN.
¿Me tienes
En opinion de cobarde?
DON GONZALO.
Sí, que aquella noche huiste
De mí, cuando me mataste.

DON JUAN.
Huí de ser conocido,
Mas ya me tienes delante :
Di presto lo que me quieres.
DON GONZALO.
Quiero á cenar convidarte.
CATALINON.
Aquí escusamos la cena,
Que todo ha de ser fiambre,
Pues no parece cocina.
DON JUAN.
Cenemos.
DON GONZALO.
Para cenar
Es menester que levantes
Esa tumba.
DON JUAN.
Y si te importa,
Levantaré estos pilares.
DON GONZALO.
Valiente estás.
DON JUAN.
Tengo brio,
Y corazon en las carnes.
CATALINON.
Mesa de Guinea es esta,
Pues no hay por allá quien lave.
DON GONZALO.
Siéntate.
DON JUAN.
¿ Dónde ?
CATALINON.
Con sillas
Vienen ya dos negros pages.

(*Entran dos enlutados con sillas.*)

Tambien acá se usan lutos,
Y bayeticas de Flandes.

JORNADA III, ESCENA XVI.

DON JUAN.
Siéntate.
CATALINON.
¿ Yo, señor
He merendado esta tarde.
DON GONZALO.
No repliques.
CATALINON.
No replico,
Dios en paz de esto me saque.
¿ Qué plato es este, señor?
DON GONZALO.
Este plato es de alacranes
Y víboras.
CATALINON.
¡ Gentil plato !
DON GONZALO.
Estos son nuestros manjares ;
¿ No comes tú?
DON JUAN.
Comeré
Si me dieres áspid, y áspides
Cuantos el infierno tiene.
DON GONZALO.
Tambien quiero que te canten.
CATALINON.
¿ Qué vino beben acá?
DON GONZALO.
Pruébalo.
CATALINON.
Hiel y vinagre
Es este vino.
DON GONZALO.
. Este vino
Esprimen nuestros lagares.

(Cantan.) Adviertan los que de Dios
    Juzgan los castigos grandes,

Que no hay plazo que no llegue,
Ni deuda que no se pague

CATALINON.

Malo es esto, vive Cristo,
Que he entendido este romance,
Y que con nosotros hable.

DON JUAN.

Un hielo el pecho me abrasa.

(Cantan.) Mientras en el mundo viva,
No es justo que diga nadie:
¡Qué largo me lo fiais!
Siendo tan breve el cobrarse.

CATALINON.

¿De qué es este guisadillo?

DON GONZALO.

De uñas.

CATALINON.

De uñas de sastre
Será, si es guisado de uñas.

DON JUAN.

Ya he cenado, haz que levanten
La mesa.

DON GONZALO.

Dame esa mano,
No temas, la mano dame.

DON JUAN.

¿Eso dices? ¿Yo temor?
Que me abraso, no me abrases
Con tu fuego.

DON GONZALO.

Este es poco
Para el fuego que buscaste:
Las maravillas de Dios
Son, don Juan, investigables;
Y así quiere que tus culpas
A manos de muerto pagues.
Y si pagas desta suerte,
Esta es justicia de Dios,

Quien tal hace, que tal pague.
####### DON JUAN.
Que me abraso, no me aprietes,
Con la daga he de matarte;
Mas, ¡ay, que me canso en vano
De tirar golpes al aire!
A tu hija no ofendí,
Que vió mis engaños antes.
####### DON GONZALO.
No importa, que ya pusiste
Tu intento.
####### DON JUAN.
Deja que llame
Quien me confiese y absuelva.
####### DON GONZALO.
No hay lugar, ya acuerdas tarde.
####### DON JUAN.
Que me quemo, que me abraso,
Muerto soy.   (*Cae muerto.*)
####### CATALINON.
No hay quien se escape,
Que aquí tengo de morir
Tambien por acompañarte.
####### DON GONZALO.
Esta es justicia de Dios,
Quien tal hace, que tal pague.
(*Húndese el sepulcro con don Juan y don Gonzalo,
y sale Catalinon arrastrando.*)
####### CATALINON.
¡Válgame Dios! ¿qué es aquesto?
Toda la capilla se arde,
Y con el muerto he quedado,
Para que le vele y guarde.
Arrastrando como pueda
Iré á avisar á su padre:
San Jorge, san Agnus Dei,
Sacadme en paz á la calle. (*Vase.*)

ESCENA XVII.

SALE EL REY, DON DIEGO, Y ACOMPAÑAMIENTO.

DON DIEGO.
Ya el marques, señor, espera
Besar vuestros piés reales.
REY.
Entre luego, y avisad
Al conde, porque no aguarde.

ESCENA XVIII.

SALEN PATRICIO Y GASENO.

PATRICIO.
¿Dónde, señor, se permiten
Desenvolturas tan grandes,
Que tus criados afrenten
A los hombres miserables?
REY.
¿Qué dices?
PATRICIO.
Don Juan Tenorio,
Alevoso y detestable,
La noche del casamiento,
Antes que le consumase,
A mi muger me quitó.
Testigos tengo delante.

ESCENA XIX.

SALEN TISBEA, ISABELA Y ACOMPAÑAMIENTO.

TISBEA.
Si vuestra alteza, señor,
De don Juan Tenorio no hace
Justicia, á Dios y á los hombres,
Mientras viva, he de quejarme.
Derrotado le echó el mar,

Díle vida y hospedage,
Y pagóme esta amistad
Con mentirme y engañarme
Con nombre de mi marido.

REY.

¿ Qué dices?

ISABELA.

Dice verdad.

ESCENA XX.

Salen AMINTA y el duque OCTAVIO.

REY.

¿ Quién es?

AMINTA.

¿ Pues aun no lo sabe?
El señor don Juan Tenorio,
Con quien vengo á desposarme,
Porque me debe el honor,
Y es noble, y no ha de negarme;
Manda que nos desposemos.

ESCENA XXI.

Sale el marques de la MOTA.

MOTA.

Pues es tiempo, gran señor,
Que á luz verdades se saquen,
Sabrás que don Juan Tenorio,
La culpa que me imputaste,
Tuvo él, pues como amigo
Pudo el cruel engañarme,
De que tengo dos testigos.

REY.

¡ Hay desvergüenza tan grande !
Prendedle, y matadle luego.

DON DIEGO.

En premio de mis servicios
Haz que le prendan, y pague

Sus culpas, porque del cielo
Rayos contra mí no bajen,
Si es mi hijo tan malo.

ESCENA XXII.
SALE CATALINON.

CATALINON.
Señores, todos oid
El suceso mas notable
Que en el mundo ha sucedido,
Y en oyéndome, matadme.
Don Juan al comendador
Haciendo burla una tarde,
Despues de haberle quitado
Las dos prendas que mas valen,
Tirando al bulto de piedra
La barba, por ultrajarle,
A cenar le convidó;
Nunca fuera á convidarle.
Fué el bulto, y convidóle,
Y ahora, porque no os canse,
Acabando de cenar,
Entre mil presagios graves,
De la mano le tomó,
Y le aprieta, hasta quitarle
La vida, diciendo : Dios
Me manda que así te mate,
Castigando tus delitos.
Quien tal hace, que tal pague.

REY.
¿ Qué dices ?

CATALINON.
　　　　　Lo que es verdad,
Diciendo antes que acabase,
Que á doña Ana no debia
Honor, que lo oyeron antes
Del engaño.

MOTA.
          Por las nuevas
Mil albricias pienso darte.
     REY.
Justo castigo del cielo,
Y ahora es bien que se casen
Todos, pues la causa es muerta,
Vida de tantos desastres.
     OCTAVIO.
Pues ha enviudado Isabela,
Quiero con ella casarme.
     MOTA.
Yo con mi prima.
     PATRICIO.
               Y nosotros
Con las nuestras, porque acabe
El Convivado de piedra.
     REY.
Y el sepulcro se traslade
En San Francisco en Madrid,
Para memoria mas grande.

FIN DE EL BURLADOR DE SEVILLA

LE
FESTIN DE PIERRE

ou

LE FILS CRIMINEL

TRAGI-COMEDIE

TRADUITE DE L'ITALIEN EN FRANÇOIS

PAR

Le Sieur DE VILLIERS [1]

---

1. A Paris, chez Charles de Sercy, au Palais, dans la salle Dauphine, à la Bonne Foi couronnée. M DC LX. Avec privilège du roi.

Nous reproduisons cette pièce d'après l'édition de Sercy, qui est sans contredit l'édition originale, accompagnée de l'extrait du privilège. M. P. Lacroix, dans la *Bibliographie moliéresque*, a eu tort de dire, page 140, que « la première édition de la tragi-comédie du sieur de Villiers fut imprimée par les Elzeviers, Amsterdam, 1660 ». Il a induit ainsi en erreur M. W. Knörich, qui a choisi l'édition de Hollande pour sa récente réimpression de la pièce de de Villiers. L'édition de Hollande a été faite, au contraire, d'après l'édition de Paris, dont elle ne se distingue que par un certain nombre de fautes d'impression.

Il y a une autre édition de Paris, de 1665, chez Jean Ribou. La comédie de Molière fit réimprimer ces pièces antérieures.

EXTRAIT DU PRIVILÈGE DU ROI

Par grâce et privilège du roi, donné à Paris le dernier jour de septembre 1659, signé : par le roi en son conseil, BOUCHARD, il est permis à Charles de Sercy, marchand libraire, d'imprimer et faire imprimer, vendre et débiter une pièce de théâtre intitulée *le Festin de Pierre ou le Fils criminel,* en telle marge, en tel caractère, et autant de fois que bon lui semblera, et ce durant le temps et espace de sept ans à compter du jour que ladite pièce sera achevée d'imprimer pour la première fois ; et défenses sont faites à tous libraires et imprimeurs, et autres personnes, de l'imprimer ou faire imprimer, vendre et débiter, sans le consentement de l'exposant ou de ceux qui auront droit de lui, à peine aux contrevenants de trois mille livres d'amende, confiscation des exemplaires contrefaits, et de tous dépens, dommages et intérêts, ainsi que plus au long il est porté audit privilège.

Registré sur le livre de la communauté le 3ᵉ jour d'octobre 1659. Signé : GEORGES JOSSE, syndic.

Achevé d'imprimer pour la première fois le 4ᵉ octobre 1659.
Les exemplaires ont été fournis.

A MONSIEUR DE CORNEILLE

A SES HEURES PERDUES.

Monsieur,

Si vous jugez de moi comme vous devez, vous ne croirez jamais que je me puisse persuader qu'il y ait rien de bon goût dans ce *Festin;* ce n'est point du tout dans cette créance que je vous dédie cette pièce, c'est un hommage que je vous dois, et que je vous rends, non pas en qualité de votre confrère en Apollon, comme vous avez voulu dire par raillerie, mais en celle d'un rimailleur, qui ne devoit rien mettre au théâtre sans votre aveu. Je sais bien que j'aurois beaucoup mieux fait de supprimer cet ouvrage que de lui faire souffrir la presse, puisque si par exemple on voit des héros de roman mériter la corde pour leurs subtilités, celui de cette pièce mérite le feu, qui le foudroie pour l'expiation de ses crimes. Je l'avois caché quelque temps, sans vouloir permettre qu'il les fît paroître en public; mais enfin mes compagnons, assez médiocrement soigneux de sa réputation, l'ont souhaité de moi, dans l'opinion qu'ils ont eue que le nombre des ignorants surpassant de beaucoup celui de ceux qui se connoissent aux ouvrages de théâtre, s'attacheroient plutôt à la figure de Don Pierre et à celle de son cheval qu'aux vers ni qu'à la conduite. En effet, si je pouvois vous donner ces deux pièces, je croirois vous avoir donné quelque chose : c'est assurément ce qui a paru de plus beau dans notre représentation. Les François à la campagne, et les Italiens à Paris, qui en ont fait tant de bruit, n'en ont jamais fait voir qu'un imparfait original, que notre copie surpasse infiniment. Quoi qu'il en soit, je vous offre tout ce qui a pu contenter le public, que je n'ai pas fait; et tout ce qui l'a pu choquer, qui vient de moi : je vous supplie très humblement de l'agréer, comme s'il valoit la peine que vous y jetassiez les yeux. Si tous ceux qui m'ont précédé en ce genre d'écrire avoient eu la même reconnoissance, et qu'ils vous eussent demandé, avec autant d'affection que je le fais, que vous eussiez eu la bonté de leur en marquer les défauts, nous ne verrions pas tant d'ouvrages qui ne méritent pas plus votre approbation que celui-ci; et notre troupe n'auroit pas été réduite à faire paroître un homme et un cheval, faute de quelque chose de meilleur. Vous me direz sans doute que, connoissant comme je fais le peu d'ordre qu'il y a dans ce sujet, son irrégularité, et le peu d'invention que j'y ai apportée, je devois me contenter d'en avoir fait remarquer les défauts dans la représentation, sans l'exposer imprudemment à la lecture. Je n'ai autre chose à répondre à cette raisonnable objection, sinon que le libraire me l'est venu demander chez moi, et qu'après l'avoir vu représenter il veut voir s'il en pourra tromper quelques particuliers, comme nous en avons abusé le public. Peut-être en débitera-t-il quelqu'un, si sa bonne fortune le veut, par cette raison : *habent sua fata libelli*. Il mettra du moins mon extravagance au jour à bon marché, puisqu'il ne lui en coûtera pas un sol : il est vrai que je n'avois qu'à ne me laisser pas persuader pour m'épargner cette confusion; mais il est encore plus vrai que d'autres l'eussent fait sans m'en demander congé, et qu'après tout je suis de ceux qui poussent une faute jusqu'au bout, quand une fois ils ont été capables de la faire. Après cette déclaration n'attendez plus que je tâche à la justifier; tant s'en faut, je veux dire à présent que je sens quelque avantage à la faire connoître, puisqu'elle sert au dessein que j'ai projeté, et voici la véritable cause de cette petite démangeaison : c'est que d'abord que l'on entonnera dans le Palais : Voilà *le Festin de Pierre ou le Fils criminel*, mille personnes qui ne voudroient pas faire un pas pour prendre part à ce *Festin* dans l'hôtel de Bourgogne, en attendant leur rapporteur ou leur avocat, verront au moins, à l'ouverture de ce livret, de quelle façon je vous honore, et qu'en vous seul je révère plus qu'Aristote, plus que Sénèque, plus que Sophocle,

ÉPITRE.

plus qu'Euripide, plus que Térence, plus qu'Horace, plus que Plaute, et généralement plus que tous ceux qui se sont mêlés de donner des règles à notre théâtre. Pour moi, je puis me vanter que mon ouvrage ne tient rien d'eux, et que si j'étois capable d'en ajouter quelque autre à celui-ci, je voudrois qu'il tînt tout de vous. Cette façon de vous louer est juste et véritable, autant qu'elle est éloignée de celle de nos faiseurs d'épîtres dédicatoires, qui font faire hauts faits d'armes et gagner des batailles à des gens qui n'ont jamais vu leur épée hors du fourreau; qui pour la naissance les font sortir de la côte de saint Louis, et une infinité d'autres bagatelles qui ne sortiroient jamais du bout de leur plume s'ils n'en espéroient autre chose que ce que j'attends de mon libraire. Je sais bien faire la différence d'un auteur qui loue avec justice et savamment, à ceux qui hasardent leur réputation pour voir seulement sur du papier leurs noms écrits en lettres d'or; et comme toute l'Europe connoît le fameux et l'illustre nom de Corneille, si toute l'Europe lisoit ceci, elle verroit bien que c'est de lui de qui je veux parler : oui, savant et inimitable maître de l'art, c'est de vous de qui je parle, et pour qui j'ose dire qu'il me reste encore un petit scrupule, c'est qu'il n'y a guère d'apparence de demander la protection d'un méchant et d'un parricide à un homme d'une piété reconnue, et à celui qui a fait voir à toute la terre, par un ouvrage immortel autant qu'instructif, le chemin qu'il faut prendre pour éviter la punition de ce fils criminel. C'est pour cela que je vous demande beaucoup d'indulgence, et la bonté de ne me condamner pas tout seul, puisque je n'ai failli que par conseil, et que mes compagnons sont autant coupables que moi; mais faites-moi la grâce de croire qu'ils ne seront jamais, tant que je le suis,

MONSIEUR,

Votre très humble et très obéissant serviteur,

DE VILLIERS.

AU LECTEUR.

Si tu me demandes pourquoi j'ai fait imprimer cette pièce, je te dirai que je n'en sais pas bien la raison ; et si tu me dis que par cette réponse je te donne sujet de n'avoir pas trop bonne opinion de moi, je te répliquerai que je l'ai encore plus mauvaise que toi, qui en jugeras sur l'étiquette du sac, sans me connoître, quoiqu'il me fût assez difficile de passer pour inconnu à Paris. Je serai pourtant bien aise de te satisfaire, et de te dire le plus succinctement que je pourrai, pour t'épargner du temps qui t'est peut-être nécessaire ailleurs, que je suis un des comédiens de la seule troupe royale, et seule entretenue par Sa Majesté ; que mes compagnons, infatués de ce titre du *Festin de Pierre* ou *du Fils criminel,* après avoir vu tout Paris courir à la foule pour en voir la représentation qu'en ont faite les comédiens italiens, se sont persuadés que si ce sujet étoit mis en françois pour l'intelligence de ceux qui n'entendent pas l'italien, dont le nombre est grand à Paris, et que ce fût même en des vers tels quels, comme sont ceux-ci, cela nous attireroit un grand nombre de ceux qui ne s'attachent pas à cette régularité si recherchée, mais si peu trouvée jusqu'ici ; et que, pourvu que la figure de Don Pierre et celle de son cheval fussent bien faites et bien proportionnées, la pièce seroit dans les règles qu'ils demandent. Ce grand nombre-là apporte de l'argent, c'est cet argent en partie qui fait subsister notre théâtre : mes compagnons et moi, qui en avons besoin aussi bien que beaucoup d'autres, avons jeté les yeux sur ce sujet ; et comme ils savent que je suis extrêmement attaché à tout ce qui regarde les intérêts de notre troupe, ils ont cru que je hasarderois le paquet, et que je considérois fort peu ce que l'on pourroit dire de l'auteur si la pièce réussissoit. Ils ont eu raison, parce qu'ils ont eu ce qu'ils souhaitoient; j'en suis ravi pour l'amour d'eux, et pour l'amour de moi-même. Tu me diras que ceci ne fait que pour la représentation, et que je te dois raison de ce que je la fais imprimer, puisque moi-même j'en ai si mauvaise opinion : prends la peine de lire la lettre que j'en fais à monsieur de Corneille, tu y verras ma réponse et ta satisfaction. Ce qui me reste à te dire, c'est que si en la lisant tu la trouves bonne, tu me tromperas;* mais aussi si tu la condamnes absolument, et qu'il te prenne envie de la voir à l'hôtel de Bourgogne, tu te démentiras assurément. Ne désapprouve pas ma modestie, et mets ce livret dans ta poche; tu en as lu quelques-uns assurément moins capables de te divertir.

* VAR. *Tu te tromperas.* (Édit. Amsterdam.)

LE
FESTIN DE PIERRE
OU
LE FILS CRIMINEL
TRAGI-COMÉDIE

ACTEURS.

DON ALVAROS, père de Don Juan.
DON JUAN.
DON PHILIPPE, amant d'Amarille.
AMARILLE.
LUCIE, suivante d'Amarille.
DON PIERRE, père d'Amarille.
LE PRÉVOT.
1. ARCHER.
2. ARCHERS.
UN PÈLERIN.
ORIANE, bergère.
BELINDE, bergère.
PHILÉMON, paysan.
MACETTE, femme de Philémon.
LE MARIÉ.
LA MARIÉE.
L'OMBRE de Don Pierre.
PHILIPIN, valet de Don Juan.
VALETS de Don Pierre.

La scène est à Séville, et dans quelques lieux fort proches de la ville.

ACTE PREMIER.

SCÈNE PREMIÈRE.

AMARILLE, LUCIE.

AMARILLE.
Vraiment, vous tardez bien à me venir treuver !

LUCIE.

Don Philippe, madame...

AMARILLE.

Eh bien?

LUCIE.

Vient d'arriver.

AMARILLE.

Ah! ne me surprends point par une fausse joie.

LUCIE.

Il marche sur mes pas, et de plus il m'envoie...

AMARILLE.

Comment! il t'a parlé?

LUCIE.

Si bien que vous verrez
Si je suis véritable, et si vous me croirez.
Il m'a dit qu'il ne peut supporter votre absence,
Qu'il a quitté Madrid avecque diligence,
Que de voir sa maîtresse il veut avoir l'honneur
Avant que de parler à notre gouverneur.

AMARILLE.

Lucie, une sueur me couvre le visage,
Qui, si je ne me trompe, est de mauvais présage.

LUCIE.

Madame, laissez là la superstition,
Et songez seulement à la réception
Que vous lui devez faire; après tout, il me semble
Que vous vous préparez fort mal...

AMARILLE.

Hélas! je tremble,
Je suis tout interdite, et je ne sais comment
Je pourrai, sans rougir, l'aborder seulement.

LUCIE.

Comment? quitter la cour, venir à toute bride,
Ne prendre que l'amour pour escorte et pour guide,
A vous voir seulement borner tous ses plaisirs,
Et vous lui répondrez de pleurs et de soupirs!

AMARILLE.

Pour te dire le vrai, ton début m'a surprise;

Lucie, attends un peu que je me sois remise :
Quand je me ressouviens, quoiqu'il fût éloigné,
Que dans sa passion il n'a rien épargné,
Et que, par tant de soins et tant de bons offices,
Il m'a forcée enfin d'agréer ses services,
Qu'il a tout méprisé pour se donner à moi,
Je me sens obligée à lui donner ma foi ;
Mais mon père a pour lui quelque froideur secrète.

LUCIE.

Je m'en vais, s'il vous plaît, être son interprète.
C'est que dans l'entreprise où tous les révoltés
Attaquoient cet État presque de tous côtés,
Où Don Philippe fit des actions si belles,
Quand d'un bras indomptable il chassa les rebelles ;
Qu'au retour du combat ce vainqueur généreux
Pour la première fois vous présenta ses vœux,
Qu'en présence de tous on lui donna la gloire
D'avoir contribué lui seul à la victoire,
Votre père en conçut dans le cœur un dépit,
Présumant que par là s'abaissoit son crédit.
Je l'ai su par adresse, et que porté d'envie
Il ne l'a pu depuis revoir sans jalousie.

AMARILLE.

Hélas ! depuis ce temps nous ne l'avions pas vu ;
Mais, étant ce qu'il est, le gouverneur a cru
Qu'il ne lui pouvoit pas ravir sans injustice
L'honneur que méritoit cet important service.
Mais il ne peut aussi ravir, sans être ingrat,
La gloire que mon père acquit en ce combat,
Et qu'en la faction entièrement détruite
Il doit tout à son bras ainsi qu'à sa conduite.
Mais il tarde beaucoup !

LUCIE.

       Comment ! le cœur vous bat ?

AMARILLE.

Il ne rendit jamais un si rude combat ;
Et s'il n'est secouru...

LUCIE.

N'en soyez plus en peine,
Il vient; que votre esprit ne soit plus à la gêne :
Car nous voyons assez que ce cœur innocent
Ne sauroit plus cacher l'aise qu'il en ressent.

AMARILLE.

Hélas! parle pour moi.

LUCIE.

Vous êtes admirable !
Si j'étois à ses yeux autant que vous aimable,
Ne vous en pensez pas moquer, je sais fort bien
Qu'il ne s'ennuiroit pas dedans mon entretien.

SCÈNE II.

DON PHILIPPE, AMARILLE, LUCIE.

DON PHILIPPE.

Adorable beauté pour qui mon cœur soupire,
Incomparable objet dont j'adore l'empire,
Beaux yeux, mes seuls vainqueurs, dont les regards puissants
Ont captivé mon âme et ravi tous mes sens,
Ouvrage le plus beau qu'ait produit la nature,
Tiendrez-vous plus longtemps mon âme à la torture?
N'aurez-vous point pitié de voir à vos genoux
Un amant si fidèle, et qui se meurt pour vous?
J'ai cent fois imploré le secours de la Parque,
J'ai de mon désespoir donné plus d'une marque,
Et loin de m'affranchir de tant de maux soufferts,
Je redouble ma chaîne, et resserre mes fers :
N'avez-vous point encor assez de connoissance
De mes soumissions, de ma persévérance ?
Mes soins et mes respects vous sont-ils inconnus?

AMARILLE.

Ah! Don Philippe, au point qu'éclatent vos vertus,
Que vous avez grand tort d'accuser d'injustice
Un cœur reconnoissant, et qui hait l'artifice !
Vos services m'ont plu, je ne le puis celer,

Et sans qu'il faille ici davantage en parler,
Je les sais, je les crois, j'ai pour eux de l'estime,
Ils sont exempts de feinte, ils sont exempts de crime ;
Celui qui me les rend les grave dans mon cœur,
Par eux il s'est acquis le nom de mon vainqueur,
Ce cœur reconnoissant lui dit bien qu'il espère ;
Mais enfin je suis fille, et je dépens d'un père.
DON PHILIPPE.
Ah ! père trop cruel ! tyrannique pouvoir,
Qui va bientôt réduire une âme au désespoir !
Et quoi ! par une loi si dure et si barbare,
Faudra-t-il qu'une amour si constante et si rare...?
AMARILLE.
Arrêtez-vous, de grâce, épargnez un discours
Qui n'a rien de commun avecque vos amours :
Vous m'outragez sans doute, et vous feriez un crime
De cette passion que je crois légitime :
Réfléchissez un peu sur ces prompts mouvements,
Vous travaillez fort mal à vos contentements,
Et vous obscurcissez par cette violence..
DON PHILIPPE.
Eh bien donc, je m'impose un éternel silence,
Madame, et je suis prêt de brûler, de souffrir,
Que dis-je, de brûler ? je suis prêt à mourir ;
Oui, je mourrai plutôt qu'un insolent murmure
Choque ce que l'on doit aux lois de la nature ;
Et plutôt qu'irriter un chef-d'œuvre si beau,
A vos pieds maintenant je ferai mon tombeau.
AMARILLE.
Ah ! ne triomphez pas ici de ma foiblesse.
Mourir ! ce mot me choque, et, bien plus, il me blesse ;
Je vous aime, et mon cœur, prêt à vous secourir,
Vous défend de jamais me parler de mourir :
Cet aveu dit assez que mon âme ingénue,
En choquant mon devoir, se montre toute nue,
Et qu'enfin mon amour veut exiger de moi,
En faveur de Philippe, une sincère foi,
Et lui jurer que rien désormais n'est capable

De lui faire changer le titre d'immuable.
DON PHILIPPE.
Merveille des beautés, divin charme des yeux,
Que ces mots sont touchants ! que j'en suis glorieux !
Mais parmi tant de biens que ma peine est extrême !
Je sais, pour m'affliger, qu'un Don Juan vous aime,
Qu'il dit que vous l'aimez, qu'il a la vanité
D'assurer en tous lieux qu'il en est écouté,
Que vous prêtez l'oreille à ses discours infâmes,
Et que vous approuvez et ses soins et ses flammes ;
Mais si vous permettez que je lui fasse voir
Comme il doit, l'insolent, rentrer dans son devoir,
Quel qu'il puisse être enfin, je lui ferai connaître
Que ce discours ne part que d'un lâche et d'un traître.
AMARILLE.
Sans passion, de grâce, il n'est pas de besoin
Ni de vous emporter, ni de prendre ce soin ;
Quoi qu'il puisse arriver je vous serai fidèle :
Tous les tourments offerts, la mort la plus cruelle
Ne détourneroient pas un si juste dessein ;
A vous seul je réserve et mon cœur et ma main.
Je puis, sans m'offenser, avoir cette pensée,
Et ma vertu par là ne peut être blessée.
DON PHILIPPE.
Ah ! divine Amarille, arrêtez-vous un peu ;
Par ces mots si charmants vous augmentez mon feu ;
Et rien dorénavant ne peut être capable
D'altérer une amour qui n'a point de semblable.
Sur cette vérité puis-je espérer ce soir,
Pour vous la confirmer, le bonheur de vous voir ?
Si j'obtiens cette grâce à nulle autre seconde,
Amarille, je suis le plus heureux du monde.
AMARILLE.
Aussitôt que le jour fera place à la nuit,
Venez assurément sans escorte et sans bruit,
Je vous entretiendrai dessous cette fenêtre.

SCÈNE III.

DON JUAN, DON PHILIPPE, AMARILLE.

DON JUAN.
Je vous y préviendrai, pour vous faire connêtre
Qu'un amant méprisé méprise le danger
Quand son jaloux dépit l'oblige à se venger.
DON PHILIPPE.
J'attends ces doux moments avec impatience,
Pour montrer qu'il n'est rien d'égal à ma constance.
AMARILLE.
Et pour montrer la mienne. Adieu ; soyez certain
Qu'à vous seul je réserve et mon cœur et ma main.
DON PHILIPPE.
Ah ! que vous me livrez de sensibles atteintes!
Il faut, belle Amarille, il faut bannir les craintes,
Votre foi m'en assure, et vivre sous vos lois,
C'est être plus heureux que commander aux rois.
DON JUAN, seul.
Ne te réjouis point d'une telle promesse,
Tu ne possèdes pas encore ta maîtresse,
Et quoique mon amour ne soit pas violent,
Que je ne veuille ici passer que pour galant,
Je te veux faire voir dedans cette poursuite
Que je ne manque pas d'adresse et de conduite :
Je sais feindre des maux, et d'un ton innocent
Je fais l'extasié, je fais le languissant;
Je fais adroitement mes approches, j'assiège,
Je fais donner ainsi la beauté dans le piège;
Je jure que je suis plein de fidélité,
J'atteste tous les dieux sur cette vérité ;
Je lui dis que ses yeux ont fait naître en mon âme
Des désirs tout brûlants, des transports tout de flamme;
Et qu'au piteux état où me réduit l'amour
Il faut me secourir, ou me ravir le jour.
C'est de cette façon, c'est dessous cette feinte

Qu'on voit enfin l'amour l'emporter sur la crainte :
Amarille, c'est là que votre passion
Ne pourra l'emporter sur ma précaution,
Et que je réduirai vos projets en fumée.
Aimez, aimez Philippe, et soyez-en aimée ;
Je vais vous prévenir, et dans la fin du jour
Vous verrez si je sais contenter mon amour.
J'entends quelqu'un, sortons.

SCÈNE IV.

DON ALVAROS, PHILIPIN.

DON ALVAROS.

Ah! malheur déplorable !
Père trop malheureux d'un enfant exécrable!
De quels yeux maintenant oserai-je plus voir
Un fils qui foule aux pieds l'honneur et le devoir,
Qui n'a qu'impiétés et que fureurs dans l'âme,
Qui va porter partout et le fer et la flamme,
Et qui, sans respecter le sexe ni le rang,
Tue, enlève, assassine, et s'abreuve de sang ?
Honneur que j'emportois dedans la sépulture,
Falloit-il qu'un prodige horrible en la nature
Par des crimes si grands eût bien osé ternir
Un renom éclatant qui n'auroit pu finir ?
Hélas ! que me sert-il d'avoir porté ma gloire
Aux oreilles des rois, et jusque dans l'histoire,
Si celui qui devoit l'accroître et l'éclaircir
L'efface d'un seul trait, et s'en va l'obscurcir?
Las ! il n'est que trop vrai que les vertus des pères
Ne sont pas aux enfants des biens héréditaires,
Et que le soin qu'on prend à les bien élever
Souvent les précipite au lieu de les sauver.
Après ceux que j'ai pris, grands dieux, faites le reste,
Détournez un malheur si grand et si funeste;
Ou si vous le voulez punir de ses forfaits,
Dieux ! accordez la mort à mes justes souhaits.

ACTE I, SCÈNE IV.

PHILIPIN.

Monsieur, un tel souhait n'est pas fort raisonnable;
Si madame la Mort au cœur impitoyable
Se présentoit à vous avec son nez camus,
Vous en appelleriez, ma foi, comme d'abus.
Mais voulez-vous m'entendre, et voulez-vous me croire?
Puisqu'il n'a point de soin d'avoir place en l'histoire
Il faut présentement, et sans plus consulter,
Ne lui donner plus rien, et le déshériter;
Et s'il ne devient point par là plus raisonnable,
Il faudra le maudire, et l'envoyer au diable.

DON ALVAROS.

Taisez-vous, Philipin; vos importuns discours
Ne sont pas de saison.

PHILIPIN.

Non; mais aussi toujours:
Juste ciel! justes dieux, détournez la tempête,
Sauvez mon fils du coup qui menace sa tête;
Ou si votre bonté ne veut le secourir,
Accordez à mes vœux la grâce de mourir.
Sans les importuner de vos cris lamentables
Vaut-il pas mieux qu'il soit à tous les mille diables?

DON ALVAROS.

Une seconde fois, taisez-vous, Philipin.

PHILIPIN.

Car pour vous dire vrai, c'est un maître Gonin
Qui n'a point de repos, qui furette sans cesse,
Qui fait le langoureux auprès d'une maîtresse,
Et qui sur un refus, ou le moindre détour,
Ou de force, ou de gré, contente son amour.

DON ALVAROS.

C'est ce qui m'épouvante, et c'est ce qui me tue.

PHILIPIN.

Il n'a pas plus tôt dit que le drôle effectue.

DON ALVAROS.

C'est par là que je perds le sens et la raison.

PHILIPIN.

C'est par là que mes maux sont sans comparaison;

Car pendant sa folie, et tout ce badinage,
Je ne bois ni ne mange, et c'est de quoi j'enrage.
Le voici.
DON ALVAROS.
Prends pitié d'un père malheureux,
Ciel, et touche son cœur, en exauçant mes vœux.

SCÈNE V.

DON JUAN, DON ALVAROS, PHILIPIN.

DON JUAN.
Quoi! mon père est ici? Que je suis misérable!
Il s'en va me conter, sans doute, quelque fable;
Mais s'il nous fait encor des discours ennuyeux,
Sortons, et sans réplique abandonnons ces lieux.
DON ALVAROS.
Don Juan, aujourd'hui le sang et la nature,
Joints à l'affection sincère et toute pure
Que je vous porte encor, veut que vous écoutiez
De solides conseils, que vous en profitiez,
Et que, ne foulant pas aux pieds mes remontrances,
Vous imploriez des dieux les hautes assistances;
Que si vous ne songez, ingrat, à les fléchir,
Votre abîme est ouvert, vous n'y sauriez gauchir;
Regardez sous vos pas un gouffre épouvantable
Prêt à vous engloutir au lit comme à la table;
Pour vous en retirer je vous prête la main;
Travaillez, travaillez, sans attendre à demain;
Ne fermez pas l'oreille aux avis d'un bon père,
Servez-vous des conseils que le ciel lui suggère;
Reprenez, reprenez de meilleurs sentiments,
Étouffez pour jamais ces brutaux mouvements.
Je sais qu'il est des temps où la chaleur de l'âge
A quelques libertés peut porter un courage;*
Mais que dans celui dont vous touchez la saison
Vous perdiez lâchement le sens et la raison,

---

* VAR. *A quelques libertés pour porter un courage.* (Édit. Amst.)

C'est ce qui, sans mentir, me surprend et m'afflige ;
Voyez les sentiments à quoi l'amour m'oblige ;
Otez de votre esprit ces lâches passions
Qui ternissent l'éclat des belles actions.
DON JUAN.
Si les miennes n'étoient * sujettes à l'envie,
Vous prendriez moins de soins à censurer ma vie ;
Vous songeriez ailleurs, et n'outrageriez point
Un fils que vos discours choquent au dernier point,
Et qui n'entreprend rien que l'âge n'autorise.
DON ALVAROS.
Ce propos insolent a mon âme surprise :
Quoi ! l'âge t'autorise en tes lâches desseins ?
Que je plains ta manie ! Hélas ! que je la crains !
Esprit pernicieux, sont-ce là tes pensées ?
Des filles de maison surprises et forcées,
Mettre crime sur crime en un même moment,
L'âge te le peut-il permettre impunément ?
L'âge autorise-t-il des forfaits si damnables ?
PHILIPIN.
Il dit qu'il en a vu bien d'autres dans les fables.
DON ALVAROS.
Tu crois que l'on t'estime, et qu'on nomme valeur
D'être ainsi redoutable à tous les gens d'honneur ?
Mais viens çà, sais-tu bien jusqu'où va cette estime ?
A t'appeler impie, à détester ton crime
Comme le plus horrible et le plus odieux
Qui fut jamais commis à la face des dieux.
Sans exercer ici ta fureur et ta rage,
Va dans l'occasion signaler ton courage,
C'est là qu'il faut montrer tes inclinations,
C'est là qu'il faut borner toutes tes passions ;
Qu'il faut surprendre un fort, et forcer des murailles ;
Non pas perdre le temps à livrer des batailles
A des cœurs innocents qui n'aiment que la paix,
Et qui tremblent sans cesse au bruit de tes forfaits.

* VAR. *Si les miennes étoient.* (Édit. Amst.)

DON JUAN.

Souffrirai-je longtemps toutes vos rêveries?
De sinistres effets elles seront suivies
Si vous portez plus loin vos importunités.
Ah, dieux! que la vieillesse a d'incommodités!
De grâce, finissez ces importuns reproches,
Je sens d'une fureur les secrètes approches
Qui pourroient....

DON ALVAROS.

A ton père, esprit pernicieux!
Tu ne peux éviter la colère des dieux,
Leur justice....

DON JUAN.

Le feu de mes jeunes années
Ne peut souffrir encor mes passions bornées :
Il ne sauroit donner de règle à mes désirs,
Et je ne prescris point de borne à mes plaisirs.
Je ne vous connois plus, ni ne vous veux connaître,
Je ne veux plus souffrir de père ni de maître ;
Et si les dieux vouloient m'imposer une loi,
Je ne voudrois ni dieux, père, maître, ni roi.

DON ALVAROS.

Qu'ai-je plus à tenter sur cette âme insensée,
Dont le crime aujourd'hui fait toute la pensée?
Grands dieux, voyez ma peine, et ne permettez pas
Qu'il tombe où le démon précipite ses pas.
Ah! mon fils, par l'amour, par la bonté d'un père
Pendant à tes genoux, et qui se désespère,
Par le généreux sang de tes nobles aïeux,
Par le sacré respect que nous devons aux dieux,
Par mes sensibles maux, par ma douleur amère,
Permets que je respire, et permets que j'espère;
Dessille-toi les yeux, et n'abandonne pas
Trop inhumainement ton vieux père au trépas.
Si toujours ma tendresse excita ta colère,
Si ta main d'un soufflet a fait rougir ton père,
Et si ton cœur ne veut cesser d'être inhumain,
Et si tu l'aimes mieux, tiens, je t'ouvre mon sein :

ACTE I, SCÈNE V.

Frappe, frappe, cruel, et plonges-y tes armes ;
Un père t'en conjure avec l'eau de ses larmes.

DON JUAN.

Écoutez en deux mots ma résolution :
Mon âme condamnée aux peines d'Ixion,
Souffrir tous les tourments de l'altéré Tantale,
Et épuiser moi seul la justice infernale,
Lasser tous ses bourreaux dessus moi tour à tour,
M'exposer cent mille ans au dévorant vautour,
Tout cela dans mon cœur n'imprime aucune crainte ;
Et si d'un repentir mon âme étoit atteinte....

DON ALVAROS.

Justes dieux, épargnez à ce fils criminel,
A ma prière ardente, un supplice éternel !

DON JUAN.

Allez les invoquer, c'est ce que je désire.

DON ALVAROS.

Mon sort est malheureux, mais le tien sera pire.

DON JUAN.

Que le sort soit prospère ou qu'il soit ennuyeux,
Je suis mon roi, mon maître, et mon sort, et mes dieux.

PHILIPIN.

Monsieur.

DON JUAN.

Que me veux-tu ?

PHILIPIN.

Deux petits mots, de grâce.

DON JUAN.

Parle.

PHILIPIN.

Dites un peu ce qu'il faut que je fasse ;
Si je vous entends bien, vous renoncez à tout,
Dieux, diables, hommes, cieux, de l'un à l'autre bout ;
Et si ces messieurs-là vous renoncent de même,
Où diable aller souper ?

DON JUAN, *en lui donnant un coup de pied* [1].

O l'insolence extrême !

---

1. Dans les deux éditions de Paris et d'Amsterdam ces mots sont placés à tort près le nom du personnage suivant : Philipin.

PHILIPIN.

Ayez pitié de moi, monsieur, car je suis mort.
Je veux qu'il soit pendu, mais en dernier ressort.

DON ALVAROS.

Ah! le ciel punira ton extrême insolence.

DON JUAN.

Mais retenez la vôtre.

DON ALVAROS.

Ah, ciel! prends ma défense,
Et ne lui permets pas....

DON JUAN, lui donnant un coup de poing.

Vos cris sont superflus,
Allez, retirez-vous.

DON ALVAROS.

Hélas! je n'en puis plus.

DON JUAN.

Suis-moi.

PHILIPIN.

Pauvre valet, à quelles aventures,
Gourmades, coups de pied, coups de bâton, injures...

DON JUAN.

Quoi?

PHILIPIN.

Rien du tout. Allons, il me roueroit de coups.

DON ALVAROS, seul.

Trop pitoyable ciel, c'est maintenant à vous,
Oui, dieux, c'est maintenant à vous que je m'adresse.
Considérez mes pleurs, regardez ma tristesse,
Et si vous n'êtes pas sans armes et sans yeux,
Punissez l'attentat de ce monstre odieux.
Quoi! vous voyez un fils avec tant d'insolence
Contre son père user de tant de violence?
Quoi! vous voyez ici des coupables mortels
Avec impiété renverser vos autels,
Et vos bras sont oisifs, et retiennent la foudre
Qui dût avoir déjà réduit ce monstre en poudre?
Mais où m'emporte ici l'excès de la douleur?
Hélas! je suis aveugle en un si grand malheur;

ACTE I, SCÈNE V.

Faites plutôt, grands dieux, qu'il conçoive l'envie
De quitter pour jamais sa détestable vie;
Ou si votre bonté n'écoute pas ma voix,
Il ne faut plus languir, la mort seule est mon choix.
Oui, plutôt que de voir les maux que j'appréhende,
Dieux, donnez-moi la mort que mon cœur vous demande!

ACTE DEUXIÈME.

SCÈNE PREMIÈRE.

Dans l'entr'acte Don Juan passe dans un balcon, et laisse Philipin en sentinelle.

PHILIPIN seul.

Je voudrois bien savoir que veut dire cela?
Je voudrois bien savoir qui diable m'a mis là?
Qui m'a si bien planté sans armes, sans chandelle,
Pour épier les gens, et faire sentinelle,
Où, devant que d'avoir atteint le lendemain,
Je mourrai de frayeur si je ne meurs de faim?
Hélas! il ne faut pas attendre davantage,
Je suis mort, autant vaut, mais je me meurs de rage
De voir qu'après avoir jeûné depuis hier,
Cela n'est point marqué dedans le calendrier.
Pauvre inconsidéré! complaisance trop rude!
A quoi t'expose ici ta lâche servitude?
Et pourquoi t'attacher auprès d'un maître fou
Qui t'a plus de cent fois pensé casser le cou,
Et qui, pendant qu'il va surprendre une maîtresse,
A plus de mille coups expose ta foiblesse?
Le diable, un de ces jours, l'emportera-t-il point?
Ah! s'il ne m'en pouvoit coûter que mon pourpoint,
Que je le donnerois de bon cœur, ou je meure,
A qui voudroit ici l'assommer tout à l'heure;
Mais prenons garde à nous, et soyons diligents
En cas qu'on nous surprît; Amarille a des gens,
Don Pèdre est fort mutin; et si monsieur mon maître
Est surpris là-dedans, que dira-t-il, le traître?

Mais, juste ciel! qu'entends-je? ô pitoyables cris!
Quel vacarme est-ce là? C'en est fait, je suis pris.

SCÈNE II.

AMARILLE, DON PÈDRE, DON JUAN, PHILIPIN, VALETS

AMARILLE.
A la force, au secours, on m'enlève! on me tue!
PHILIPIN.
Il ne faut pas ici faire le pied de grue;
Dénichons vitement.
DON PÈDRE.
Quel désordre est-ce ci?
Effronté ravisseur, que viens-tu faire ici?
Jusques entre mes bras venir ravir ma fille!
S'attaquer à l'honneur d'une illustre famille!
Il faut mourir... Ah, ciel! mon unique recours.
DON JUAN, lui portant un coup d'épée.
Appelle maintenant le ciel à ton secours,
Voilà ce que mérite un insolent langage.
DON PÈDRE.
A moi, je suis blessé.
AMARILLE, aux valets.
Poursuivez-le, courage!
DON JUAN.
Insolents, le premier qui s'avance d'un pas,
Qui branle seulement, je l'envoie au trépas.
AMARILLE.
Canailles, vous fuyez, vous épargnez un traître,
Alors qu'il faut venger la mort d'un si bon maître.
DON PÈDRE.
Ma fille, je me meurs, adieu; souvenez-vous
Que Don Philippe doit être un jour votre époux :
J'avois pour cet hymen un peu de répugnance;
C'étoit, je le confesse, avec peu d'apparence,
Mais vous en étiez cause; à présent dites-lui
Que je le reconnois pour mon gendre aujourd'hui,

Comme tel qu'il se doit venger en sa colère
De l'affront de la fille, et de la mort du père ;
Et pour vous acquitter d'un si juste devoir,
Montrez ce que sur lui vous avez de pouvoir ;
Adieu, je n'en puis plus, c'en est fait, et j'expire.
AMARILLE.
Commandement funeste ! ah ! trop cruel martyre !
Mon père, mon cher père, ah ! de grâce, écoutez.
Au secours ! ah ! j'appelle en vain de tous côtés ;
Il ne respire plus, sa belle âme est partie.
Ciel, donnez à la mienne une même sortie :
C'est mon sang qui s'écoule, et qui se perd ici,
Et si mon père meurt je veux mourir aussi.
Justes dieux, à quel sort m'avez-vous réservée?
J'évite le malheur de me voir enlevée,
Mais un plus grand cent fois me fait au même pas
Perdre un père si bon, qui meurt entre mes bras ;
Mais les pleurs à nos maux donnent-ils allégeance ?
Non, non, séchons nos yeux, courons à la vengeance,
Puisqu'un père mourant nous le commande ainsi.
Plutôt qu'en ce dessein mon cœur n'ait réussi,
Perçons-le, et faisons voir par un effet visible
A quel point cette mort nous doit être sensible.
Mais je n'aperçois pas que je perds temps ici,
Tandis qu'il faut chercher...

SCÈNE III.

DON PHILIPPE, AMARILLE.

DON PHILIPPE.
Quel désordre est-ce ci ?
Amarille, d'où vient la douleur apparente...
AMARILLE.
Mon père est mort, voyez Amarille mourante.
DON PHILIPPE.
Amarille, mon âme ! ah ! je comprends assez
Combien en ce malheur mes vœux sont traversés ;

ACTE II, SCÈNE III.

Mais nommez-moi l'auteur d'un coup si plein de rage
Et quel est le démon qui fait tout ce ravage.

AMARILLE.

Hélas! c'est Don Juan.

DON PHILIPPE.

Don Juan! l'inhumain!
Quoi qu'il fasse, il ne peut se sauver de ma main;
Non, je le poursuivrai jusque dans les abîmes,
Je ne crois point d'asile au monde pour ses crimes;
Quelque part qu'il se cache, il ne peut éviter
La mort que dans le sein mon bras va lui porter.

AMARILLE.

Mais le connoissez-vous?

DON PHILIPPE.

J'ai si peu vu ce traître
Que j'aurai, sans mentir, peine à le reconnaître;
Mais avec tant de soins je m'en informerai
Qu'au bruit de ses forfaits je le découvrirai.

AMARILLE.

Il ne peut être loin, on le joindra sans doute,
Si nous mettons bientôt le prévôt sur sa route.

DON PHILIPPE.

Sa taille?

AMARILLE.

Belle et riche.

DON PHILIPPE.

Son air?

AMARILLE.

Audacieux.

DON PHILIPPE.

Et son poil?

AMARILLE.

Assez blond.

DON PHILIPPE.

Et son port?

AMARILLE.

Glorieux;
Mais au reste, un infâme, un brutal.

LE FESTIN DE PIERRE.

DON PHILIPPE.

Amarille,
Il faut faire fermer les portes de la ville;
Mais comment s'est donc fait un coup si malheureux?

AMARILLE.

Qu'un moment coûte cher souvent aux amoureux!
La nuit n'a pas plus tôt commencé de parêtre
Que je vous attendois dessous cette fenêtre,
Afin d'avoir le bien de parler avec vous :
Lui, je ne sais comment, a su le rendez-vous;
Il s'est coulé céans par quelque stratagème
Qui me met, sans mentir, dans une peine extrême.
Sur un bruit j'ai couru, croyant que c'étoit vous
Qui ponctuellement veniez au rendez-vous;
Mais, entrant au balcon, j'ai senti cet infâme
Qui m'a saisie au bras, mais qui m'a saisi l'âme
D'une frayeur si forte en cette extrémité
Qu'impuissante aux efforts de ce tigre irrité
J'eusse pu succomber à sa fureur brutale
Si mon père à mes cris n'eût sorti de la salle,
Avec quelqu'un des siens, et tâché d'arrêter
L'insolent qui vouloit notre honneur emporter :
Il le poursuit de près, il le joint dans la rue;
Mais, délaissé des siens, le scélérat le tue;
Et moi, qui vais mourir sous l'excès des ennuis,
Secourez-moi, de grâce, en l'état où je suis!

DON PHILIPPE.

Oui, je vous servirai; traître, assassin, infâme,
De ton sein criminel je veux arracher l'âme;
Et mon bras va laisser de ta brutalité
Un exemple immortel à la postérité :
Non, non, il n'est plus temps de répandre des larmes,
Vengeons la mort d'un père, allons, courons aux armes,
Et d'une même main vengeons encor l'affront
Qui, s'adressant à vous, rejaillit sur mon front.
J'aurai les yeux à tout, trop aimable Amarille,
Pour ne vous rendre pas un service inutile;
Je suis dans ce péril incapable d'effroi.

La justice et les dieux travailleront pour moi.
Adieu donc, et tenez ma parole engagée
De ne me voir jamais, ou de vous voir vengée;
Et je veux qu'aujourd'hui l'amour et le devoir
Montrent ce que sur moi vous avez de pouvoir.

SCÈNE IV.

PHILIPIN, sortant d'où il s'étoit caché.

Les tueurs sont partis, sortons de ma cachette;
Je suis presque aveuglé de faire l'échauguette,
Pour voir ce que feroit ce malheureux causeur :
Larron pris sur le fait n'eut jamais tant de peur;
Je crois que le meilleur seroit d'aller bien vite
Chercher... Ce n'est pas moi, messieurs, je cherche gîte :
Ah! par la tête-bleu, je pensois être pris;
Si je tombe au pouvoir de ces malins esprits
Qui vont rôdant de nuit, tout de bon, que dirai-je?
Je suis un pauvre hère attrapé dans le piège,
Qui sers le plus méchant, le plus capricieux
Qu'on puisse voir dessous la calotte des cieux ;
Un qui commet partout des crimes effroyables,
Qui se moque de tout, ne craint ni dieux, ni diables;
Qui tue, et qui viole; au reste, homme de bien.
Malepeste! nenni, cela ne vaudroit rien.
Qui va là? Philipin. Çà la bourse, demeure ;
Je n'en portois jamais, ni d'argent, ou je meure :
Quelqu'un vient, je suis pris, hélas! c'est tout de bon.
Par où faut-il fuir? par où se sauve-t-on?

SCÈNE V.

DON JUAN, PHILIPIN.

DON JUAN.
J'ois du bruit. Qui va là?

PHILIPIN.
Hem!
DON JUAN.
Parlez.
PHILIPIN.
La justice.
DON JUAN,
La justice! craignons ici quelque artifice.
PHILIPIN.
Ils ont peur.
DON JUAN.
Qui va là?
PHILIPIN.
Personne.
DON JUAN.
Qui?
PHILIPIN.
Moi. Toi?
DON JUAN.
La justice.
PHILIPIN.
Ah! madame, hélas! ce n'est pas moi,
Je suis fort innocent; mais Don Juan mon maître...
DON JUAN.
Au son de cette voix, c'est mon valet, le traître!
Est-ce toi, Philipin?
PHILIPIN.
Monsieur, je crois que oui;
De grâce, un peu de vin, je suis évanoui.
DON JUAN.
La peste le faquin! tu m'as mis en cervelle.
PHILIPIN.
Taisez-vous, parlez bas, je fais la sentinelle;
On vous cherche partout pour vous prendre au collet,
Et pour gripper aussi votre pauvre valet;
J'ai passé par la place où le gibet s'apprête;
Je suis aussi prié de danser à la fête;
De peur du mauvais air on vous gardera peu.

ACTE II, SCÈNE V.

DON JUAN.

Apprends que les tourments, ni le fer, ni le feu,
Ne sauroient imprimer sur ce cœur ferme et stable....

PHILIPIN.

Pas si ferme que moi quand je suis à la table.

DON JUAN.

Taisez-vous, insolent, ivrogne, et sans raison,
Vos discours effrontés ne sont pas de saison,
Vous raillez hors de temps.

PHILIPIN.

Nommez-vous raillerie
D'exposer à tous coups sa misérable vie?
Courir comme un lutin, jour et nuit, sans manger?
Si vous continuez d'être ainsi ménager,
Vous ne dépenserez rien, ou fort peu de chose,
Pour nourrir vos valets.

DON JUAN, après avoir rêvé.

Oui, la métamorphose
Sera bonne, sans doute, et nous réussira;
Sous ce déguisement vienne après qui pourra.
Donne-moi tes habits.

PHILIPIN.

Mes habits! pourquoi faire?

DON JUAN.

Mêlez-vous seulement d'obéir, et vous taire.

PHILIPIN.

Moi! mes habits, monsieur?

DON JUAN.

Oui, vous prendrez les miens.

PHILIPIN.

Vous vous moquez de moi!

DON JUAN.

Tant de sots entretiens
Me choquent, à la fin; dépêchons.

PHILIPIN.

Ah! pauvre homme!
Si je suis rencontré le premier, on m'assomme;
Et pour dire cent fois : Monsieur, ce n'est pas moi,

On me pendra, sans doute, et sans dire pourquoi.
DON JUAN.
Si vous contestez plus, insolent, je proteste....
PHILIPIN.
Ah! pauvre habit, sous qui je paroissois si leste,
Faut-il t'abandonner?
DON JUAN.
          Passe dedans ce coin,
Il nous sert de retraite en ce présent besoin.
Tu trembles? le cœur bas!
PHILIPIN.
              J'en ai plus qu'Encelade;
Je prendrois mieux que lui le ciel par escalade;
Cachons-nous, j'ois du bruit, j'entends quelqu'un marcher;
N'est-ce point le prévôt qui viendroit nous chercher?

SCÈNE VI.
AMARILLE, LE PRÉVOT, LES ARCHERS.
LE PRÉVOT.
Madame, je sais trop le sujet de vos plaintes.
Je sais avec combien de sensibles atteintes
Vous supportez la mort d'un père généreux
Qui méritoit, sans doute, un destin plus heureux;
Et je suis obligé de vous dire moi-même
Que j'en ai, sans mentir, un déplaisir extrême.
Aussi ne croyez pas qu'en cette occasion
Je ne vous fasse voir quelle est ma passion
A poursuivre un tel crime; oui, bientôt la justice
En punira l'auteur par un cruel supplice;
Modérez donc vos pleurs, et calmez vos ennuis.
AMARILLE.
Dans l'état malheureux des peines où je suis,
Je n'ai jamais douté que de votre assistance
Je ne dusse espérer une entière vengeance,
Et qu'un si déplorable et surprenant trépas
N'armât en ma faveur votre invincible bras;
Mais sachez qu'en ceci la diligence importe :

Il faut bien empêcher que l'assassin ne sorte,
Car s'il peut une fois se voir en liberté....
LE PRÉVOT.
On m'a du gouverneur l'ordre exprès apporté,
Je viens de lui parler, il a voulu m'instruire
Comment en cette affaire il falloit me conduire;
Il est sorti lui-même avec peu de ses gens,
Et des plus résolus et plus intelligents,
Pour voir s'il seroit point encore dans la ville,
Et rendre à peu de bruit sa prise plus facile.
Don Philippes encore à vous venger est prêt,
Avec beaucoup d'ardeur il prend votre intérêt,
Et je suis assuré qu'il y perdra la vie
Ou qu'il verra dans peu sa vengeance assouvie;
Pour moi, je vous promets, quoi qu'ordonne le sort,
De vous livrer ici l'assassin, vif ou mort.
AMARILLE.
Après tant de faveurs que faut-il que je fasse?
Et de quelle façon vous puis-je rendre grâce
De toutes les bontés que vous avez pour moi?
LE PRÉVOT.
Allons, reposez-vous seulement sur ma foi,
Je prends assez de part en tout ce qui vous touche.
Mon ordre est pressant, et....
AMARILLE.
              Vous me fermez la bouche.
LE PRÉVOT.
Venez, que je vous mène en votre appartement.
AMARILLE.
Non, non, songez plutôt....
LE PRÉVOT.
              Allons; dans un moment
Croyez que vous aurez des nouvelles certaines
De celui dont la mort mettra fin à vos peines.
Quoi qui puisse arriver, fidèles compagnons,
Ne mettez pas le cœur ni la force aux talons :
Car dans cette capture où je prends la conduite,
Le premier que je vois s'ébranler à la fuite,

Que la peur du péril vient saisir au collet,
Je le renverse mort d'un coup de pistolet.
Donc que chacun de vous examine, regarde,
Soyez tous attentifs, et tous sous bonne garde;
Car souvent en des coups semblables entrepris,
Tel qui croyoit surprendre a souvent été pris.
Pour ne rien hasarder, qui que ce soit qui passe,
Il faut soigneusement le remarquer en face,
Voir à son action s'il s'épouvantera;
S'il parle, remarquer comment il parlera;
Et surtout, que chacun ait la main occupée
A ne lui laisser pas d'abord tirer l'épée :
Le traître en cet état nous incommoderoit,
Et dans l'extrémité la peur le porteroit;
Soyez donc vigilants, car en pareille affaire
Vous ne savez que trop ce que la peur fait faire.

ARCHER.

Monsieur, je vous promets, quand il auroit cent bras,
Dès que je le joindrai, de le porter à bas;
Et je lui serrerai si bien la gargamelle
Qu'il n'aura pas le temps de tirer l'alumelle.

LE PRÉVOT.

Or sus, je suis ravi de vous voir résolus.
En cette affaire-ci nous sommes absolus,
Nous avons liberté de tuer, ou de prendre,
C'est pourquoi gardons bien de nous laisser surprendre.

ARCHER.

Monsieur, j'ai de bons yeux, et de meilleures mains.

LE PRÉVOT.

Mais nous avons affaire au pire des humains,
Qui, se reconnoissant chargé de tant de crimes,
Est incapable encor de remords légitimes;
Qui risque pour tout perdre, et qui va faire effort
Pour nous faire acheter bien chèrement sa mort.
J'ois du bruit, compagnons. Avance, la Montagne.

ARCHER.

Roque-taillade, avance à moi.

SCÈNE VII.

PHILIPIN, LE PRÉVOT, LES ARCHERS.

PHILIPIN.
Le ciel m'accompagne!
Je vais être pendu dedans mes beaux habits,
Si le ciel par bonté ne me garde de pis.
LE PRÉVOT.
Abordons finement, si nous le voulons prendre.
ARCHER.
Mais prenons garde aussi, monsieur, de nous méprendre.
LE PRÉVOT.
Qui va là?
PHILIPIN.
Hem! qui branle?
LE PRÉVOT.
Il faut demeurer là.
PHILIPIN.
Me voilà demeuré; quels faquins sont-ce là?
LE PRÉVOT.
Arrêtez, et sachons qui vous êtes.
PHILIPIN.
Le comte,
Qu'impunément jamais qui que ce soit n'affronte;
Vite, faites-moi largue, ou de cent mille coups....
LE PRÉVOT.
Hé, de grâce! seigneur....
PHILIPIN.
Comment?
LE PRÉVOT.
Pardonnez-nous,
Nous nous sommes mépris.
PHILIPIN.
Je vous ferai tous pendre ;
Qui vous fait si hardis d'oser ainsi surprendre

Votre seigneur et maître, alors que nuitamment....
LE PRÉVOT.
Seigneur....
PHILIPIN.
Si vous osez dire un mot seulement....
LE PRÉVOT.
Seigneur, vous savez bien ce que votre ordre porte,
Il nous défend qu'aucun ni n'entre, ni ne sorte,
Sans....
PHILIPIN.
Je le sais fort bien, mais ce n'est pas ainsi
Qu'il faut l'exécuter, retirez-vous d'ici.
LE PRÉVOT.
Enfants, retirons-nous, et craignons sa puissance.
PHILIPIN.
Ventre !
LE PRÉVOT.
Nous vous rendrons entière obéissance,
Seigneur.
PHILIPIN.
Vos compliments sont ici superflus ;
Mais que dans mon chemin je ne vous trouve plus.
Où diable ai-je donc pris ce morceau de courage ?
Mais ne demeurons pas en ce lieu davantage :
Car s'il faut par malheur que j'y sois découvert,
C'est là que je serai, sans doute, pris sans vert.
La malepeste ! ils ont diablement pris la fuite ;
De notre part aussi ménageons bien la suite.
Sortons à petit bruit, je sais certains endroits
D'un mur rompu par où j'ai passé d'autres fois,
Allons-y de ce pas, et surtout, pour bien faire,
De ces maudits habits tâchons de nous défaire ;
J'y sue à même temps et j'y transis d'effroi,
Et j'y serois pendu malgré mes dents et moi.

ACTE TROISIÈME.

SCÈNE PREMIÈRE.

UN PÈLERIN.

Cour, jadis mes plus grands délices,
Cour, le plus grand de mes supplices,
Et l'écueil d'un tas d'insensés,*
Qui d'une âme inconstante, autant qu'irrésolue,
Ont les yeux couverts d'une nue
Qui leur cache les maux dont ils sont menacés ;

Bois, antres, rochers, solitude,
Charmeurs de mon inquiétude,
O que je bénis l'heureux jour,
Qu'après toutes les mers affreuses traversées
Je puis élever mes pensées,
Sans craindre la tempête, au céleste séjour.

J'ai vu, menacé du naufrage,
Le Nil, le Jourdain et le Tage ;
Et, mille fois près du tombeau,
J'ai vu le Rhin, le Gange, et l'Euphrate, et le Tigre,
J'ai vu le Danube et le Tibre,
Enfin tout le vieux monde et le monde nouveau.

Après tant d'erreurs vagabondes,
Après des peines sans secondes,
Bienheureux, je surgis au port,
Et ravi d'échapper à tant d'écueils funestes,

---

* L'édition d'Amsterdam porte *inssencz*, que M. W. Knörich a scrupuleusement reproduit dans son texte.

Pour en consacrer les vieux restes,
Aux volontés du ciel je viens régler mon sort.

Mais insensiblement je sens sur ma paupière
Distiller des pavots qui m'ôtent la lumière,
Et m'obligent à prendre un paisible sommeil;
De peur que les passants ne causent mon réveil,
Cherchons quelque gazon de mousse ou de verdure,
Pour prendre le repos qu'on doit à la nature,
Sans qui le foible corps ne sauroit subsister,
Non plus qu'à ses travaux journaliers résister;
Ce lieu s'offre à propos, aussi bien il me semble
Entendre près d'ici des gens parler ensemble.

SCÈNE II.

DON JUAN, PHILIPIN.

PHILIPIN.
Comment! vous en doutez? dites un peu pourquoi?
DON JUAN.
Pour te croire, il faudroit ne manquer pas de foi.
PHILIPIN.
Il n'est rien de plus vrai, monsieur, ils étoient seize;
D'abord l'épée au poing j'en ai renversé treize;
Les trois qui sont restés avecque le prévôt,
Je leur ai fait gagner la guérite bientôt :
Peste! comme ils fuyoient, ces pauvres misérables!
Je vous les ai battus en trente mille diables;
Enfin treize sont morts, et pour les trois restés
Ils mourront dans demain au plus tard; écoutez.
DON JUAN.
C'est là ce grand courage? ah! le vaillant pagnotte!
PHILIPIN.
Si j'avois mon habit avec quoi je les frotte.....
DON JUAN.
Vaillance à part, dis-moi? comment m'as-tu trouvé?
PHILIPIN.
Monsieur, je suis sorti par un vieux mur crevé,

Au hasard de gâter mes habits magnifiques;
J'ai fait cent mille tours par des chemins obliques :
J'allois tantôt à gauche, et puis tantôt à droit,
Et n'espérant plus rien, je me suis trouvé droit
Au pied de ce grand chêne, au carrefour des routes:
J'ai pris celle des pins, toujours dedans mes doutes
De voir où je pourrois enfin vous attraper,
Et principalement où je pourrois souper,
Quand par bonheur j'ai vu ce malheureux village
Où je vous ai trouvé si remis et si sage.
Les dieux en soient loués! Mais dites-moi comment
Je vous ai rencontré si fortuitement;
Au moins si ce n'est pas, monsieur, faire une offense
Que de valet à maître entrer en conférence.

DON JUAN.

Le bourgeois n'étant point encores averti,
Je suis sous tes habits facilement sorti;
Et sachant qu'après moi l'on se mettoit en quête,
J'ai choisi ce hameau pour plus sûre retraite,
Certain que les prévôts cherchant en mille endroits
Me croiront moins ici qu'en l'épaisseur du bois.

PHILIPIN.

Mais à présent, monsieur, que prétendez-vous faire?

DON JUAN.

Je veux voir, si je puis, l'un et l'autre hémisphère;
Je veux chercher la guerre aux pays étrangers,
Je veux abandonner ces mouvements légers
Qui m'ont fait jusqu'ici l'horreur de tout le monde,
Et par une valeur à nulle autre seconde,
Je veux par l'avenir réparer le passé.

PHILIPIN.

O le saint homme, ô ciel! *quiescat in pace!*

DON JUAN.

Oui, je veux éloigner cette maudite terre
Où je me vois toujours menacé du tonnerre;
Peut-être qu'en quittant ce pays malheureux,
Nous trouverons ailleurs des destins plus heureux.

PHILIPIN.

Que ferez-vous tout seul?

DON JUAN.

Je veux que tu me suives.

PHILIPIN.

Moi?

DON JUAN.

Toi, sans contester.

PHILIPIN.

Ah! pointures trop vives!
Moi, quitter mon pays, et mes pauvres parents!
Si j'avois comme vous fait cent maux différents,
Déshonoré la sœur, assassiné le frère,
Renversé les autels, et fait mourir mon père.....

DON JUAN.

Mon père!

PHILIPIN.

Oui, votre père, il est mort.

DON JUAN.

Que dis-tu?

PHILIPIN.

Accablé de douleurs, et l'esprit abattu
De vos crimes fréquents dont il mouroit de honte,
Il est allé devant là-bas en rendre compte.

DON JUAN.

Comment! mon père est mort? à ce coup je connoi
Que le ciel et l'enfer sont ligués contre moi.
Mais tu m'as bien longtemps caché cette nouvelle.

PHILIPIN.

Ce malheureux prévôt, et toute sa séquelle,
Qu'à tous moments je crois me tenir au collet,
M'ont fait en ce moment oublier mon rôlet.

DON JUAN.

D'où le sais-tu?

PHILIPIN.

De gens qui passoient par la ville.
On n'a pu lui donner de secours qu'inutile,
Disoient-ils assez haut; les crimes de son fils

ACTE III, SCÈNE II.

L'ont tellement saisi, l'ont tellement surpris,
Que, succombant aux maux qu'a commis cet infâme,
Au milieu de ses gens il vient de rendre l'âme ;
Or comme je sais bien que partout recherchant
On n'en sauroit jamais trouver un si méchant,
Si les crimes d'un fils ont fait mourir un père,
Il faut que ce soit vous, ou je rêve, compère.

DON JUAN.

Ne m'importune plus ; eh bien, mon père est mort,
Voyons ce que de nous ordonnera le sort,
Et si d'autres climats nous seront plus prospères.
Philipin, un vaisseau, vite, et ne tarde guères.

PHILIPIN.

Pour vous tout seul?

DON JUAN.

Non, fat, je vous ai déjà dit
Que vous.....

PHILIPIN.

Les matelots nous feront-ils crédit ?
Car d'argent, pour celui qui tient cours dans le monde,
La pièce dessus vous, sans doute, la plus ronde,
C'est comme qui diroit.....

DON JUAN.

Effronté, que dis-tu ?

PHILIPIN.

C'est comme qui diroit.....

DON JUAN.

Eh bien?

PHILIPIN.

Lanturelu.

DON JUAN.

Tu ne sais pas encor ce qui me reste ; approche.

PHILIPIN.

Auriez-vous bien coulé quelques joyaux en poche ?
Pour comble de louange, et de gloire, et d'honneur,
Il ne vous reste plus que d'être bon voleur.

DON JUAN.

Va, nous aurons et bien et disgrâce commune.

PHILIPIN.

Je vais donc voir au port si je ferai fortune,
Et si je trouverai quelques bons matelots
Qui nous puissent bientôt abîmer sous les flots.
Mais que vois-je sortir de cette grotte obscure?

SCENE III.

UN PÈLERIN, DON JUAN, PHILIPIN.

DON JUAN.

Arrête, Philipin.

PHILIPIN.

O l'étrange aventure!

DON JUAN.

Quel homme vient ici me couper le chemin?

PHILIPIN.

Vous voilà bien troublé, c'est.....

DON JUAN.

C'est?

PHILIPIN.

Un pèlerin.

DON JUAN.

En l'état où je suis chacun me fait ombrage.
Avance, et va le voir, si tu peux, au visage.
Je roule dans l'esprit un dessein, Philipin.

PHILIPIN.

Monsieur?

DON JUAN.

Il faut avoir l'habit du pèlerin.

PHILIPIN.

O diable-zot, monsieur, croyez-vous que cet homme.....

DON JUAN.

Tu répliques toujours, à la fin je t'assomme.
Tes contestations te vaudront mille coups.

PHILIPIN.

Mais aussi tant d'habits, à quoi donc pensez-vous?
Je n'ai point encor vu de telles incartades,

ACTE III, SCÈNE III.

Vous feriez bien vous seul cinq ou six mascarades;
L'habit d'un pèlerin, l'habit de son valet,
Et tout cela, pourquoi? pour aller au gibet.

DON JUAN.

Ote-toi; ce maraud ne sert qu'à m'interrompre.

PHILIPIN.

Il aura, que je crois, grand'peine à le corrompre.

DON JUAN.

Le ciel veuille donner le repos à vos jours!

LE PÈLERIN.

Le ciel d'un œil bénin vous regarde toujours!

DON JUAN.

Que faites-vous ainsi dans cette forêt sombre?

LE PÈLERIN.

De même que le corps est suivi de son ombre,
Je suis, par des sentiers que me prescrit le sort,
L'infaillible chemin qui nous mène à la mort.

PHILIPIN.

Que parle-t-il de mort? est-ce qu'il vous annonce
Que vous serez pendu?

DON JUAN.

Non, attends sa réponse.

PHILIPIN.

Ah! point de répondant, quand il est question
De grimper au gibet; jamais de caution.

DON JUAN.

Vous avez en ces lieux beaucoup d'inquiétude?

LE PÈLERIN.

Tant s'en faut, le repos règne en ma solitude.
J'y savoure à longs traits les biens délicieux
Que verse à pleines mains la clémence des cieux;
Éloigné de la cour, du bruit et des tempêtes,
Je converse souvent avec de simples bêtes,
En qui je vois cent fois plus de raisonnement
Qu'aux hommes élevés trop délicatement.
J'y connois des instincts, j'y vois des connoissances
Que leur ont influés les célestes puissances,
Et dont ces animaux savent mieux profiter

Qu'un tas de réprouvés qu'il faudroit détester.
O honte de ce siècle! ô sources infinies
D'abominations! vous souffrez des impies,
Vous souffrez des meurtriers, vous souffrez des brutaux
S'élever tous les jours par des crimes nouveaux,
Et vous n'employez pas les carreaux de la foudre
Pour punir ces pervers, et les réduire en poudre!

PHILIPIN.

Remettez à demain la prédication,
Car aujourd'hui mon maître est sans dévotion.

LE PÈLERIN.

Apprenez, esprit foible et rempli d'ignorance,
Que votre maître et vous êtes sous la puissance
Des dieux, justes vengeurs, qui sauront bien punir
Et vos crimes passés, et ceux de l'avenir.
Peut-être approchez-vous de ce moment funeste.

DON JUAN.

Bon homme, une autre fois vous nous direz le reste.
Contentez seulement ma curiosité.

LE PÈLERIN.

Si c'est pour éclaircir quelque difficulté,
Je suis trop ignorant en semblables matières;
C'est au ciel qu'il en faut adresser les prières.

DON JUAN.

Non, c'est qu'en un dessein où le ciel me conduit
J'ai nécessairement besoin de votre habit.

LE PÈLERIN.

Mon habit? songez-vous à ce que vous me dites?

DON JUAN.

Sans employer le temps en de vaines redites,
J'en ai besoin, vous dis-je, et quoi que vous fissiez,
Vous me fâcheriez fort si vous me refusiez.

LE PÈLERIN.

Mon habit, quoi que fasse ici votre industrie,
Ne se dépouillera jamais qu'avec ma vie.

DON JUAN.

Songez que je vous l'ai demandé par douceur,
Qu'en ce moment j'en veux être le possesseur,

ACTE III, SCÈNE III.

Et qu'il n'est rien pour lui que je ne vous octroie.
LE PÈLERIN.
Monsieur, vous perdez temps, car par aucune voie
Vous ne pourrez tenter ni le cœur ni les yeux
D'un homme qui ne craint que le courroux des dieux.
DON JUAN.
Ah! c'est trop raisonner, et votre résistance....
LE PÈLERIN.
Quoi! vous me l'ôteriez avecque violence?
PHILIPIN.
Il s'en va son épée en votre sang souiller.
Ah! ne le tuez pas, il se va dépouiller.
DON JUAN.
Vite donc, autrement....
PHILIPIN.
                Dépêchez-vous, bon homme;
Vous en aurez, sans doute, une notable somme,
Mon maître est libéral.
LE PÈLERIN.
            Non, non, l'argent ni l'or
Ne m'ont jamais tenté.
DON JUAN.
           Vous résistez encor?
Je vous donne le mien.
LE PÈLERIN.
           Mais il m'est inutile.
DON JUAN.
Je suis las de vous voir faire le difficile;
Que sert de contester? car enfin je le veux.
PHILIPIN.
Mon pauvre pèlerin, répondez à ses vœux,
Au nom de Jupiter.
LE PÈLERIN.
           Souffres-tu qu'on t'affronte?
Entrons dans cette grotte, où j'aurai moins de honte.
DON JUAN.
Viens prendre mon épée, et t'en va promptement
Aussitôt que j'aurai changé d'habillement.

PHILIPIN.

Je vous attends au port avec beaucoup de joie.
Quels rubans vous faut-il pour une petite oie?
Pour cet habit de mode il en faut des plus beaux.

DON JUAN.

Je te chamarrerai le tien des plus nouveaux...

PHILIPIN.

Qui, je crois, n'auront pas coûté beaucoup à faire;
Mais par la tête-bleu, si j'étois à refaire,
Je m'empêcherois bien de servir de valet
Au plus méchant... Mais, las! ce n'est pas encor fait.
Qui diable vient ici? Fuyons, peur de surprise.

SCÈNE IV.

DON PHILIPPE.

Dans la juste fureur dont mon âme est surprise,
Je cherche, vagabond, et cours de tous côtés,
Sans pouvoir voir la fin de mes perplexités.
Le ciel dans mes erreurs, et ma peine soufferte,
Me cache l'assassin qui m'anime à sa perte,
Et me fait, en voyant mon dessein traversé,
Douter qui de nous deux l'a le plus offensé.
Quoi! vous pouvez souffrir ici des parricides,
Des lâches assassins, des cruels homicides?
Hélas! je m'extravague en ma juste douleur.
Non, les dieux en ceci n'y mêlent rien du leur,
Et s'ils ne l'ont déjà puni de tous ses crimes,
C'est qu'ils l'ont réservé pour les plus creux abîmes,
Pour le faire souffrir, le faire déchirer,
Lui faire mille morts au lieu d'une endurer.
Pardonnez, justes dieux, dans ma douleur extrême,
Si j'ose m'emporter et sortir de moi-même,
Et si je vous demande, en suivant mon dessein,
Qu'il vous plaise punir ce traître par ma main.

SCÈNE V.

DON JUAN, DON PHILIPPE.

DON JUAN.

Enfin sous cet habit on ne me peut connoître;
Mais vois-je pas là-bas Don Philippe paroître?
Oui, c'est mon ennemi.

DON PHILIPPE.

Je vois un pèlerin.
Mon ami, pourriez-vous me montrer le chemin?

DON JUAN.

Où voulez-vous aller? Me voilà sans épée,
Et je connois par là mon attente trompée;
Déguisons notre voix le mieux que nous pourrons.

DON PHILIPPE.

Vous êtes pèlerin?

DON JUAN.

Oui, grâce aux dieux tous bons.

DON PHILIPPE.

Demeurez-vous toujours en ce lieu?

DON JUAN.

D'ordinaire.

DON PHILIPPE.

Ne voyagez-vous point?

DON JUAN.

Quand je ne sais que faire.

DON PHILIPPE.

Vous vous accordez mal : courir et demeurer!

DON JUAN.

Je cherche le repos, quand je suis las d'errer.

DON PHILIPPE.

Vous visite-t-on pas quelquefois? Les visites
A des gens retirés ne sont pas interdites.

DON JUAN.

Non, monsieur.

DON PHILIPPE.

Parmi ceux qui vous sont venus voir,

S'est-il point présenté le matin, ou le soir,
Un jeune homme, à peu près....
DON JUAN.
Non, en ma conscience.
DON PHILIPPE.
Je n'ai pas achevé, donnez-vous patience ;
Un jeune homme à peu près de mon port, de mon air,
Et de teint....
DON JUAN.
Non, monsieur.
DON PHILIPPE.
Mais laissez-moi parler.
DON JUAN.
C'est, sans vous arrêter, que je n'ai vu personne.
Il faut répondre peu, de peur qu'il me soupçonne.
DON PHILIPPE.
Quoi ! je courrai toujours, et sans trêve, et sans fin ?
Je ne pourrai jamais rencontrer l'assassin
Que mon malheur soustrait à ma juste colère ?
Quoi ! les pleurs d'une fille ; et quoi ! la mort d'un père
Restera sans vengeance ? Ah ! ne permettez pas,
Destins, que l'assassin évite le trépas ;
Je dois cette victime à ma chère Amarille.
DON JUAN.
Vous en eussiez plutôt eu nouvelle à la ville.
DON PHILIPPE.
Le traître en est sorti, mais qu'il soit assuré
Avant la fin du jour que je me vengerai.
DON JUAN.
Vous savez que les dieux défendent la vengeance ;
Mais pour en obtenir une entière assistance,
Il les faut supplier avec humilité
De donner à nos vœux ce qu'ils ont souhaité.
DON PHILIPPE.
Ah ! je les en supplie, et de toute mon âme.
Grands dieux, si dans mes mains vous remettez l'infâme....
DON JUAN.
Monsieur, pardonnez-moi si je vous interromps ;

Ici vos mouvements, sans doute, sont trop prompts,
Et vous priez les dieux avec une indécence
Qui les choque sans doute, et leur fait une offense :
Il les faut supplier avec humilité,
Et ne prier jamais les armes au côté.
Posez-les.

DON PHILIPPE.

De bon cœur, mon père, et je proteste
De répandre plutôt tout le sang qui me reste,
De n'en porter jamais, si je ne suis vengé.
Faites-moi donc, grands dieux.....

DON JUAN.

Détestable enragé,
Qui viens de guet-apens assassiner un homme,
Regarde qui je suis, apprends comme on me nomme,
Je suis ce Don Juan que tu cherches partout,
Pour qui tu vas courant de l'un à l'autre bout;
Je ne me suis caché qu'à dessein de surprendre
Ce fer dont je saurai maintenant me défendre,
Et dont je t'ôterois la vie en ce moment,
Si je n'étois poussé par quelque mouvement
D'en remettre l'effet.....

DON PHILIPPE.

Assassin, traître, infâme,
Quoi! je te trouverois, et sans t'arracher l'âme?
Scélérat, parricide, effronté, suborneur,
Il faut que de ces mains.....

DON JUAN.

C'est trop, beau harangueur.
Malgré les sentiments d'une injuste colère,
Va dedans les enfers rejoindre ton beau-père.

DON PHILIPPE.

A l'aide, mes amis, au secours, je suis mort ;
Adorable Amarille, hélas! plaignez mon sort [1] !

---

1. Dans la pièce de Dorimond, Don Juan épargne Don Philippe. C'est la différence la plus notable que présentent les deux pièces. Villiers a été probablement plus fidèle au modèle italien.

ACTE QUATRIÈME.

SCÈNE PREMIÈRE.
PHILÉMON, MACETTE.

PHILÉMON.

Non, non, je ne puis pas croire que de mon âge
On ait jamais parlé d'un semblable naufrage.
Les pauvres malheureux! savez-vous bien comment
Ils ont gagné le bord si favorablement?
J'ai pris l'un sur un ais, qui respiroit à peine,
L'autre embrassoit à force un morceau de l'antenne,
A laquelle tenoit un petit bout du mâts;
Aussitôt mis à terre : « Ah! misérable! hélas!
A dit le plus petit, dieux! quelle barbarie!
J'avois tant bu de vin sans eau toute ma vie,
Et si prêt de finir par un cruel destin,
Faut-il tant boire d'eau sans y mettre de vin? »

MACETTE.

L'autre, à qui le malheur semble encore plus rude,
Témoigne, sans mentir, beaucoup d'inquiétude;
En séchant ses habits, il lâche des propos
Qui marquent que l'esprit n'est pas bien en repos :
« Quoi! faudra-t-il encor que les dieux et les hommes
Me viennent accabler dans les lieux où nous sommes! »
Disoit-il.

PHILÉMON.

En effet, depuis un certain temps
On y voit arriver d'étranges accidents.
Un certain Don Juan, d'une injuste colère,
A tué depuis peu notre seigneur Don Pierre;
Et comme c'est ici son plus proche château,

On a fait ériger en ce lieu son tombeau,
Où l'on a fait graver dessus sa sépulture
L'ouvrage le plus beau qui soit en la nature;
Sa fille et son amant sont ici dès hier,
Qui font chercher partout l'exécrable meurtrier;
Et s'il est attrapé, malgré son industrie,
Il mourra, que je pense, en bonne compagnie.

MACETTE.

Cela n'est pas nouveau, chacun le sait assez;
Allons voir si nos gens sont secs et délassés.
Les voilà bien changés qui viennent, ce me semble.

SCÈNE II.

DON JUAN, PHILIPIN.

DON JUAN.

Mon hôte, laissez-nous un peu parler ensemble.

PHILÉMON.

Volontiers, aussi bien il faut que j'aille exprès
Savoir pour le festin si tous nos gens sont prêts.

DON JUAN.

Sauvé de la tempête, échappé du naufrage,
Sorti de mille écueils au plus fort de l'orage,
Je viens, l'esprit remis, en ces aimables lieux
Rendre grâce humblement à la bonté des dieux.

PHILIPIN.

Échappé du naufrage au fort de la tempête,
Sauvé dessus un mât qui m'a cassé la tête,
O beaux lieux, où la mer m'a voulu décharger,
Ne trouverai-je point quelque chose à manger?

DON JUAN.

Tais-toi.

PHILIPIN.

Pourquoi, monsieur?

DON JUAN.

Gourmand insatiable.

PHILIPIN.

Ne me verrai-je point encore un coup à table ?

DON JUAN.

Je voudrois que la mer t'eût tantôt confondu.

PHILIPIN.

Nous pouvons bien manger, nous avons assez bu ;
A quoi tant de discours? la tempête est passée.

DON JUAN.

Hélas ! j'en tremble encore à la seule pensée.
Voir des gouffres affreux prêts à nous abîmer,
Voir dans le même temps des montagnes de mer,
Voir tomber dessus nous des vagues effroyables,
Voir les cieux entr'ouverts, des feux épouvantables,
Voir éclater la foudre, ouïr mugir les flots,
Voir la mort sur le front de tous les matelots,
Voir cette impitoyable errer de bande en bande,
La voir faucher partout, et partout qui commande ;
Enfin voir tout périr dans ces tristes moments
Par la guerre allumée entre les éléments,
Et seuls s'en garantir par la bonté céleste,
Et s'en railler après, t'en doit-on pas de reste?

PHILIPIN.

Tant s'en faut, je rends grâce à la bonté des flots
De m'avoir mis ici sain et sauf. A propos,
Avez-vous jamais mieux sauté de votre vie?
Dites-moi, songiez-vous à Chloris, à Sylvie,
A Diane, à Philis?

DON JUAN.

Non, très assurément.

PHILIPIN.

Ma foi, ni moi non plus; mais dites-moi comment
Vous nommez ce monsieur ?

DON JUAN.

Qui?

PHILIPIN.

Celui qui préside,
Avec sa grande barbe, à l'élément liquide ?

ACTE IV, SCÈNE II.

DON JUAN.

C'est Neptune.

PHILIPIN.

Neptune ! Et tous ces Mirmidons
Qui cornent devant lui, qui sont-ils ?

DON JUAN.

Des Tritons.

PHILIPIN.

La peste les étouffe avec leur cornemuse !
Ils m'ont fait enrager ; mais si je ne m'abuse,
Ces petits fripons-là savent très bien nager :
Ils vont comme sur terre au milieu du danger.

DON JUAN.

Ah ! vous en savez plus que vous n'en voulez dire :
Vous faites l'ignorant.

PHILIPIN.

Encor faut-il bien rire,
Puisque nous n'avons plus à craindre le péril.

DON JUAN.

Tu te feras frotter avecque ton babil.

PHILIPIN.

Jeûner en bien servant, faire le diable à quatre,
Et puis après cela me menacer à battre !

DON JUAN.

C'est qu'à n'en point mentir tu te rends importun.

PHILIPIN.

Servir bien, servir mal, tout cela n'est donc qu'un ?

DON JUAN.

Donne-moi, je te prie, un peu de patience.

PHILIPIN.

Vous m'en priez.

DON JUAN.

Je veux t'ouvrir ma conscience,
Te dire ma pensée en trois ou quatre mots.
Le péril que je viens de courir sur les flots
Me donne dans le cœur un repentir extrême,
Car par là je vois bien que la bonté suprême,
Loin de m'exterminer, me veut tendre la main :

Travaillons, travaillons, sans attendre à demain,
Profitons de ces mots, les derniers de mon père ;
Forçons, forçons le ciel à nous être prospère,
Et par des actions qui n'aient rien de brutal,
Faisons un peu de bien après beaucoup de mal.

PHILIPIN.
Le voilà repentant, tout de bon.

DON JUAN.
Oui, mon âme
Ne concevra jamais d'illégitime flamme ;
Et je veux désormais que les cieux ennemis
Me puissent écraser....

PHILIPIN.
S'il ne fait encor pis.

DON JUAN.
Que dis-tu ?

PHILIPIN.
Rien du tout, seulement j'examine
Le souverain pouvoir de la bonté divine,
Qui de diable vous fait ange en un seul moment,
Et qui produit en vous un si prompt changement.

DON JUAN.
Ce sont des coups du ciel qu'on ne sauroit comprendre.
Rentrons, j'entends du bruit.

PHILIPIN.
Allons-nous faire pendre.

SCÈNE III.

PHILÉMON, PHILIPIN, DON JUAN.

PHILÉMON.
Monsieur, le justaucorps que vous avez laissé....

PHILIPIN.
Notre hôte, qu'avez-vous ? vous êtes bien pressé !

PHILÉMON.
Est tout sec, vous pouvez le vêtir tout à l'heure.

PHILIPIN.
Mon castor l'est aussi?
PHILÉMON.
Tout est bien, ou je meurs
PHILIPIN.
Rentrons, en cet état ne nous laissons pas voir.

SCÈNE IV.

BELINDE, ORIANE.

BELINDE.
Ma mère, sans mentir, presse trop mon devoir.
ORIANE.
Mais l'on en pense mal.
BELINDE.
Où je suis sans offense,
Il m'importe fort peu de ce que l'on en pense.
Hé bien! j'aime Damon, et Damon m'aime aussi;
Une mère doit-elle en prendre du souci? *
J'en use comme il faut; il n'a point sur mon âme
Le crédit de m'avoir fait répondre à sa flamme.
Je règle mes désirs, et je ne sais comment
On a pu deviner qu'il étoit mon amant.
ORIANE.
Il est je ne sais quoi dans l'amoureux mystère
Qui se découvre assez, bien qu'on tâche à le taire.
Ma mère me disoit un soir auprès du feu
Que l'amour ne peut pas se cacher, ou bien peu;
Que l'amant bien souvent, lorsque moins il y pense,
N'est pas avec soi-même en bonne intelligence;
Tout le trahit, on voit en lui des mouvements
Qui ne s'accordent pas avec ses sentiments;
Il paroît interdit, ses discours sont sans suite,
Tout ce qu'il fait paroît sans ordre et sans conduite :
On le surprend souvent sur des yeux radoucis,

---

* VAR. *De souci.* (Édit. Amst.)

On lui voit des langueurs, on lui voit des soucis,
On voit couler des pleurs, il est mélancolique,
Tout objet lui déplaît, hors celui qui le pique;
Mais dès qu'il peut aussi le voir, et lui parler,
Soupirs, pleurs et soucis, s'évaporent en l'air;
Il n'en paroît pas un, et son cœur, ce lui semble,
Pâme d'aise et d'amour autant qu'ils sont ensemble;
Il voudroit expirer dans ce ravissement.
Voilà, ma chère sœur, ce qu'on dit de l'amant;
Et si l'on tient encor pour vérité constante
Que l'amant est beaucoup moins touché que l'amante.

BELINDE.

Ma compagne, vraiment, à vous ouïr parler,
A si bien de l'amour les signes étaler,
En déduire si bien toutes les circonstances,
Vous en devez avoir de grandes connoissances.

ORIANE.

Point, ce que j'en ai dit n'est qu'un discours en l'air.

BELINDE.

Sans doute vous aimez.

ORIANE.

Qui? moi? plutôt brûler.

BELINDE.

Mais de quel feu?

ORIANE.

Du ciel.

BELINDE.

Mais de celui d'Évandre.

ORIANE.

C'est donc un feu caché dessous beaucoup de cendre.

BELINDE.

Il est vrai, car il est discret au dernier point.

ORIANE.

Parlez plus clairement, je ne vous entends point.

BELINDE.

Quoi! votre âme d'amour n'est pas préoccupée?

ORIANE.

Pour Évandre? ah! ma sœur!

BELINDE.
          M'auroit-on bien dupée?
Et me prendroit-on bien pour un timbre fêlé,
A laisser échapper ce qu'on m'a révélé?
ORIANE.
Non, non, ma sœur, croyez que pour l'amour d'Évandre
Je ne m'empresserai jamais à m'en défendre;
Mais pour n'abuser pas ni du temps, ni de vous,
Il ne sauroit jamais devenir mon époux.
BELINDE.
C'est donc que vos parents y mettent quelque obstacle?
ORIANE.
C'est que pour les fléchir il faudroit un miracle.
BELINDE.
Quoi! vous faites la fine. Ah! vraiment, vous verrez
Jusqu'où va ma colère, et vous l'éprouverez.
A vous, que je croyois la meilleure du monde;
A vous, pour qui mon âme ouverte, et sans seconde,
N'avoit rien de secret, ni rien de réservé,
A qui j'ai dit d'abord ce qui m'a captivé,
Vous cachez votre cœur!
ORIANE.
          Ah! ma chère compagne,
Parmi le déplaisir qui toujours m'accompagne,
Je suis inconsolable, un père est contre moi,
Un que je n'aime point me veut faire la loi,
Et je me vois réduite à ce malheur extrême
De haïr tout le monde, et me haïr moi-même.
BELINDE.
Votre œil fripon le porte à cette extrémité.
ORIANE.
Non, non, pour lui mon œil n'a que de la fierté;
Mais parce qu'il est riche, et qu'il a force terre,
Il faut que je me livre une immortelle guerre,
Que je sois malheureuse, et me sacrifier
Pour les plaisirs d'un sot qui se veut marier.
Non, je n'en ferai rien.

BELINDE.

Hélas! ma chère amie,
On m'attache de même à mon antipathie;
Et parce que Damis a su gagner l'esprit
De ma mère, qui croit ce que ce fol lui dit,
Sans aucun contredit, sans aucune réplique,
Il faut que je l'épouse.

ORIANE.

Ah! pouvoir tyrannique!

BELINDE.

Damis est assuré pour moi qu'il ne tient rien.

ORIANE.

J'en dis autant d'Orcas, et me ris de son bien.

BELINDE.

Changeons donc de discours; Aminthe est mariée,
Je m'en vais au festin.

ORIANE.

Je n'en suis pas priée :
Car je crois qu'aujourd'hui mon tyran obtiendra
Ce qu'il veut de mon père, et qu'il m'épousera;
Et je dois, malgré moi, consentir et promettre.

BELINDE.

Mon cher Damon me donne avis par cette lettre
Qu'il espère bientôt de fléchir mes parents;
Mais je vois peu d'espoir de vaincre nos tyrans.

ORIANE.

Resserrons; j'aperçois quelqu'un qui s'achemine.

BELINDE.

C'est un monsieur fort brave, et de fort bonne mine.

SCÈNE V.

DON JUAN, PHILIPIN, BELINDE, ORIANE

DON JUAN.

Oui, mon cher Philipin, c'est un point arrêté;
Je m'impose aujourd'hui cette nécessité...

ACTE IV, SCÈNE V.

PHILIPIN.

Quelle nécessité?

DON JUAN.

De détester le vice,
De fuir la violence, abhorrer l'injustice ;
Et si la beauté même osoit en cet instant
Venir se présenter à mon cœur repentant,
Tu verrois... tu verrois si les objets me tentent...
Mais, dieux! quelles beautés à mes yeux se présentent?

PHILIPIN.

Monsieur, songez-vous bien...

DON JUAN.

Tais-toi; que fait ainsi
L'honneur de la contrée?

ORIANE.

O dieux! sortons d'ici.

DON JUAN.

Demeurez.

BELINDE.

Voulez-vous nous faire violence?

PHILIPIN.

Vous ne songez donc plus à votre repentance?

DON JUAN.

Non, je veux contenter ma curiosité.

ORIANE.

Dépêchez; notre temps, monsieur, est limité,
Il nous faut vitement retourner au village.

DON JUAN.

Ah! que facilement un pauvre cœur s'engage
A l'abord imprévu de si grandes beautés.

BELINDE.

Est-ce là tout, monsieur? Ah! vous nous en contez;
Allons, ne tardons pas en ce lieu davantage.

PHILIPIN.

Monsieur, les matelots, les écueils, le naufrage?...

DON JUAN.

Je n'ai jamais rien vu de si beau que tes yeux.

PHILIPIN.

Les vents...

DON JUAN.

Ah! que les tiens ont des traits radieux!

PHILIPIN.

La tempête...

DON JUAN.

Ta taille est charmante au possible.

PHILIPIN.

Les tonnerres...

DON JUAN.

Pour toi je suis extrêmement sensible.

PHILIPIN.

Les éléments...

DON JUAN.

Tais-toi; malepeste du sot!

ORIANE.

Il vous en faut donc bien, monsieur?

DON JUAN.

Encore un mot,
Bergères à mes yeux cent fois plus adorables...

PHILIPIN.

Est-ce craindre les dieux que d'adorer les diables?

DON JUAN.

Ah! c'est trop, souviens-toi qu'un insolent discours
Fait de ce même jour le dernier de tes jours.

BELINDE.

Mais après tout, monsieur, que voulez-vous nous dire?

DON JUAN.

Qu'il faut vous disposer à finir mon martyre,
A m'être favorable, et dans ce même jour
Payer de vos faveurs mon véritable amour.

ORIANE.

Ah! justes dieux, qu'entends-je?

BELINDE.

Ah! ciel! sois-nous prospère.

ORIANE.

Évandre!

ACTE IV, SCÈNE VI.

BELINDE.

Cher Damon !

ORIANE.

Au secours, mon cher père !
Tu n'obtiendras jamais ce que tu veux de moi.

PHILIPIN.

Tu seras donc bien fine; ah ! dieux, monsieur.

DON JUAN.

Et quoi?

PHILIPIN.

J'entends du bruit.

DON JUAN.

Comment ! vous fuyez, rigoureuses?
Mais il faut contenter mes flammes amoureuses.

PHILIPIN, seul.

Je ne sais tantôt plus de quel côté tourner.
Mais dois-je encore ici bien longtemps séjourner?
Le grand diable à son col puisse emporter le maître;
Sauvons-nous, aussi bien je vois quelqu'un paraître.
Encor ne faut-il pas ainsi l'abandonner :
Comme il est prompt à battre, il l'est à pardonner.
La voici de retour, la pauvrette éplorée,
Ne l'effarouchons point, elle est désespérée.

SCÈNE VI.

ORIANE, PHILIPIN.

ORIANE.

Ah ! ma chère compagne ! ô ciel trop rigoureux !
Tu méritois sans doute un destin plus heureux :
Hélas ! où la treuver ? sa perte est assurée,
Le malheureux qu'il est l'aura déshonorée;
Mais de peur de tomber dans des malheurs si grands,
Je vais me rassurer auprès de mes parents;
Là je ne craindrai point que sa brutale envie
Attente à notre honneur, non plus qu'à notre vie.
Mais quel est ce valet? ah ! bons dieux, c'est celui

De ce traître qui m'a voulu perdre aujourd'hui.
PHILIPIN.
Ne craignez rien.
ORIANE.
Hélas!
PHILIPIN.
Vous avez peur, peut-être?
Allez, je ne suis pas si diable que mon maître,
Il s'en faut la moitié pour le moins.
ORIANE.
Laissez-nous.
PHILIPIN.
Hé! qui diable vous tient?
ORIANE.
Enfin que voulez-vous?
PHILIPIN.
Moi, je veux compatir à vos malheurs extrêmes.
ORIANE.
Les pitoyables dieux par leurs bontés suprêmes....
PHILIPIN.
Ou bien je vais pleurer, ou bien ne pleurez pas.
ORIANE.
J'aimerois mieux souffrir mille fois le trépas.
PHILIPIN.
Mais qu'avez-vous donc fait de cette autre bergère?
ORIANE.
Ah! je crois qu'à présent elle se désespère.
Son cher Damon devoit l'épouser aujourd'hui,
Mais sachant son malheur il en mourra d'ennui.
PHILIPIN.
La consolation de tous les misérables,
Comme dit le proverbe, est d'avoir des semblables;
Si cela n'est point faux, qu'elle sèche ses pleurs,
D'autres ont eu par lui de semblables malheurs;
J'en connois plus de cent: Amarille, Céphise,
Violante, Marcelle, Amaranthe, Belise;
Lucrèce qu'il surprit par un détour bien fin,
Ce n'est pas celle-là de monseigneur Tarquin;

ACTE IV, SCÈNE VI.

Policrite, Aurélie, et la belle Joconde,
Dont l'œil sait embraser les cœurs de tout le monde;
Pasithée, Auralinde, Orante aux noirs sourcils,
Bérénice, Aréthuse, Aminthe, Anacarsis,
Nérinde, Doralis, Lucie au teint d'albâtre,
Qu'après avoir surprise il battit comme plâtre
Que vous dirai-je encor? Mélinte, Nitocris,
A qui cela coûta bien des pleurs et des cris;
Perrette la boiteuse, et Margot la camuse,
Qui se laissa tromper comme une pauvre buse;
Catin qui n'a qu'un œil, et la pauvre Alizon
Aussi belle, et du moins d'aussi bonne maison;
Claude, Fanchon, Paquette, Anne, Laure, Isabelle,
Jacqueline, Suzon, Benoîte, Péronnelle;
Et si je pouvois bien de tout me souvenir,
De quinze jours d'ici je ne pourrois finir.
(Ici il jette un papier roulé, où il y a beaucoup de noms de femmes écrits.)
Eh bien, que dites-vous maintenant de mon maître?

ORIANE.

Je dis que c'est un lâche, un scélérat, un traître.

PHILIPIN.

Mais bon aux dames.

ORIANE.

Mais un monstre en trahison,
Dont la justice enfin me va faire raison.
Je n'en puis plus; sortons de ce lieu si funeste.

PHILIPIN.

Je ne suis pas gourmand, je prendrai bien son reste.
Où diable maintenant pourra-t-il se cacher?
En quelque part qu'il aille, il faudra le chercher.
Sur l'eau? je n'en veux pas avaler davantage;
Sur la terre,? il n'est point de bourg, ni de village,
De grottes, ni de trous propres à nous sauver,
Où les chiens de prévôts ne nous viennent trouver;
Enfin point de château, de ville, de province,
Où l'on puisse éviter les recherches du prince;
Ainsi pour bien conclure, et c'est fort bien conclu,
Il ne peut éviter d'être bientôt pendu.

Le voici qui revient; quelle face effroyable !
Il porte au front la marque et la griffe du diable.

SCÈNE VII.

DON JUAN, PHILIPIN.

DON JUAN.

Philipin.
PHILIPIN.
Quoi, monsieur?
DON JUAN.
Sortons d'ici, sortons.
PHILIPIN.
J'en voudrois être hors.
DON JUAN.
Mais vite, et nous hâtons;
Nous n'avons plus affaire en ces lieux davantage.
PHILIPIN.
Vous devriez y rester, car vous y faites rage.
DON JUAN.
Tais-toi, ne me viens pas d'aujourd'hui raisonner;
Dans ce maudit climat tout me fait frissonner.
Ta raillerie enfin me mettroit en colère;
Flatte mes sens plutôt, et me dis que mon père
Étoit par trop cruel; qu'Amarille eut grand tort,
Qu'un peu de complaisance eût arrêté la mort
De son père, qui fut trop ardent à me suivre;
Ajoute que Philippe a dû cesser de vivre
Aussitôt que j'ai vu son épée en ma main,
Dis que mon mouvement a paru trop humain;
Enfin dis-moi, pour tant de beautés enlevées,
Que l'on m'auroit blâmé de les avoir sauvées;
Et si tu veux aider à mes contentements,
Approuve mes desseins, et suis mes mouvements.

SCÈNE VIII.

L'OMBRE DE DON PÈDRE à cheval sur sa sépulture, DON JUAN, PHILIPIN.

PHILIPIN.
Monsieur, voyez-vous bien?
DON JUAN.
C'est une sépulture.
PHILIPIN.
Ah! monsieur, quel fantôme!
DON JUAN.
Il faut voir la sculpture,
Voir qui c'est.
PHILIPIN.
Ah! monsieur.
DON JUAN.
Ces mots nous l'apprendront.
PHILIPIN.
Prenez garde, monsieur; il vous regarde au front.
ÉPITAPHE. (Don Juan lit.)
Don Pèdre, l'ornement et l'honneur de Séville,
Repose dessous ce tombeau,
Traîtrement massacré dans le cœur de sa ville;
Don Juan en fut le bourreau.
Passant, apprends ici que les plus creux abîmes
Sont préparés pour tous ses crimes;
Qu'il ne peut plus les éviter,
Et qu'après tant d'actes infâmes
Déjà les éternelles flammes
S'allument pour le tourmenter.
PHILIPIN.
Nous le sommes assez, nous sortons du naufrage,
D'où, si nous n'eussions su nous sauver à la nage,
Nous eussions bu, sans doute, à tous nos bons amis.
Mais, sans doute, monsieur, c'est par vos ennemis

VAR. *De naufrage.* (Édit. Amst.)

Que cette prophétie est là-dessous écrite.
DON JUAN.
Ou véritable, ou fausse, enfin je la dépite :
Fassent, fassent les dieux ce qu'ils ont décrété!
J'oppose à leurs décrets un esprit indompté,
Un cœur grand, intrépide, une âme inébranlable.
PHILIPIN.
Il fait signe, monsieur.
DON JUAN.
Fable, mon ami, fable.
PHILIPIN.
Fable, ce dites-vous; c'est une vérité.
DON JUAN.
Tes yeux sont éblouis par la timidité.
PHILIPIN.
Il recommence encore; hélas! monsieur, de grâce,
Souffrez que j'abandonne un moment cette place,
Que je ne meure pas sans revoir mes parents.
DON JUAN.
Ce sont là de ta peur des signes apparents.
PHILIPIN.
Ah! monsieur, prenez garde, il a branlé la tête.
DON JUAN.
Dis-lui qu'un cœur qui sait mépriser la tempête
Ne craint pas un esprit qui n'a plus de pouvoir :
Que s'il veut prendre un corps, s'il veut me venir voir,
Que ce soir je lui donne à souper à ma table,
Et que je lui réserve un mets fort délectable;
Qu'une seconde fois je serai son vainqueur,
Et que je suis un homme incapable de peur.
PHILIPIN.
Mon maître!
DON JUAN.
Dépêchons vitement.
PHILIPIN.
Ah! je tremble.
DON JUAN.
Faites ce que je dis.

ACTE IV, SCÈNE VIII.

PHILIPIN.
Mais raisonnons ensemble.
DON JUAN.
Raisonnement à part; faisons, car je le veux.
PHILIPIN.
Monsieur.
DON JUAN.
Quoi?
PHILIPIN.
Regardez hérisser mes cheveux.
DON JUAN.
Quand tu devrois mourir cent fois, il le faut faire.
PHILIPIN.
Eh bien, monsieur, eh bien, il vous faut satisfaire.
Esprit si bien monté dessus ton grand cheval,
Qui m'as fait jusqu'ici plus de peur que de mal,
Qui ne m'en feras pas, s'il te plaît, davantage;
Mon maître Don Juan, échappé du naufrage,
Qui depuis ce temps-là n'a ni bu, ni mangé,
Ni son valet non plus, m'a dit et m'a chargé
De te venir prier en toute révérence
De souper avec lui, je ferai la dépense;
Et si tu veux venir sans me faire de peur,
Je te ferai grand'chère, et boire du meilleur.
Il dit qu'il y viendra.
DON JUAN.
Il le dit?
PHILIPIN.
Il me semble,
Monsieur, qu'il a parlé.
DON JUAN.
Bien, nous boirons ensemble.
Portons encor la voix au fond de son cercueil.
Esprit.
PHILIPIN.
Il me regarde, il fait signe de l'œil.
Mais comment viendra-t-il? Sait-il notre demeure?
DON JUAN.
Dis-lui qu'il peut venir au plus tard dans une heure,

Dans cette hôtellerie, à deux cents pas d'ici.
PHILIPIN.
Ombre, viendrez-vous pas? dites.
L'OMBRE.
Oui.
PHILIPIN, en tombant.
Grand merci!

ACTE CINQUIÈME.

SCÈNE PREMIÈRE.
DON JUAN, PHILIPIN.

DON JUAN.

Philipin.

PHILIPIN.

Monseigneur.

DON JUAN.

Viendras-tu pas tantôt?
Voici l'heure, et notre Ombre arrivera bientôt.
Dépêchons.

PHILIPIN.

Tout est prêt, le souper est sur table,
Les verres sont lavés, le vin est délectable,
Les mets sont savoureux.

DON JUAN.

Notre esprit invité,
Penses-tu qu'il en mange?

PHILIPIN.

Il seroit bien gâté!
Mais si quelque démon affamé d'aventure,
De ce fantôme affreux revêtoit la figure,
Et qu'un mort, mort de faim, nous vînt tout avaler...

DON JUAN.

Sans perdre ici le temps à sottement parler,
Tu ferois beaucoup mieux de pourvoir à tout.

PHILIPIN.

Peste!
Vous êtes assuré que j'en aurai de reste,

Si ce que j'appréhende enfin n'arrive point.
Mais, monsieur, regardons un peu de point en point,
Et ce que vous ferez, ou ce qu'il faudra faire;
Moi, qui ne me treuvai jamais à tel mystère,
Quand cet esprit viendra, je voudrois bien savoir
Comment il faut agir pour le bien recevoir :
Car je crois qu'il faut bien avoir plus de faconde
Avec les trépassés qu'avec ceux de ce monde.

DON JUAN.

Philipin, je verrai ce fantôme odieux
Avec le même front, avec les mêmes yeux,
Que quand trop emporté de colère et de rage
Il vint à ses dépens éprouver mon courage :
Je l'envisagerai de la même façon.

PHILIPIN.

Mais, encore une fois, si c'étoit un démon
Qui d'abord de son souffle empoisonnât la viande,
Où diable en treuver d'autre?

DON JUAN.

                Agréable demande!
Conception vraiment digne de ton esprit!
Ton sot raisonnement et me choque et m'aigrit.
Tais-toi.

PHILIPIN.

      Monsieur, souffrez que je parle à cette heure,
Car je ne soufflerai pas tantôt, ou je meure.
A propos, sommes-nous céans en sûreté?
Car, monsieur, pour ne pas celer la vérité,
Dans un lieu découvert, si proche de la ville,
Il est presque impossible, ou du moins difficile,
D'y pouvoir demeurer longtemps sans être pris;
Et j'aimerois mieux être au pouvoir des esprits
Qu'en celui du prévôt et de ses satellites,
Ces valets de bourreau qui font les hypocrites,
Qui vous ont-ils posé la main sur le collet,
En disant : Je t'agrippe, adieu pauvre valet,
Grippé, pris, et conduit au haut de la potence;
Un petit saut sur rien au bout de la cadence,

ACTE V, SCÈNE I.

Voilà, si le hasard ne détourne ses coups,
Dans demain au plus tard comme on fera de nous.

DON JUAN.

Il faut bien te résoudre à trouver pis encore,
A me suivre partout, car demain dès l'aurore
Je veux être à Séville, et voir mes ennemis;
Oui, je veux dans l'état où le destin m'a mis,
Les braver tous ensemble, et leur faire connaître
Que Don Juan n'a point le visage d'un traître,
Et qu'il porte partout, sans craindre le danger,
Un cœur inébranlable, et qui ne peut changer.
Tu t'en iras devant annoncer ma venue.

PHILIPIN.

Vous rêvez tout de bon, vous avez la berlue.
A Séville, monsieur?

DON JUAN.

   A Séville, faquin!

PHILIPIN.

Et quand partir encor?

DON JUAN.

   Demain dès le matin.

PHILIPIN.

Il faut donc en ma place avertir un trompette :
Car par prédiction que l'on m'a tantôt faite,
Il est dit que je dois trépasser aujourd'hui;
Ainsi je ne crois pas pouvoir être celui
Qui doit dedans Séville annoncer...

DON JUAN.

     Comment, traître
Est-ce ainsi qu'un valet obéit à son maître?

PHILIPIN.

Un mage encor m'a dit, si j'ai bien entendu,
Si je sortois demain que je serois pendu.

DON JUAN.

Tu te plais donc bien fort céans?

PHILIPIN.

    Mieux qu'à Séville.

DON JUAN.

L'air des champs...

PHILIPIN.

Est plus doux que celui de la ville.
Mais ne voulez-vous pas manger?

DON JUAN.

Attends, gourmand.
Notre Ombre doit venir bientôt, je crois.

PHILIPIN.

Comment?
S'il ne venoit donc pas, nous aurions bel attendre!

DON JUAN.

Mais qui te presse tant? Je ne m'en puis défendre,
Pour en avoir raison il le faut contenter.

PHILIPIN.

Je me contenterai seulement d'en tâter.

DON JUAN.

Mais quoi! mangeras-tu devant que l'Ombre mange?

PHILIPIN, en voyant la table.

Ne mangerois-je point? cela seroit étrange!
Je veux manger devant : car dussé-je enrager,
Je ne toucherai pas ce qu'il voudra manger.

DON JUAN.

Mange. Que diras-tu maintenant de ton maître?
Diras-tu point qu'il est...

PHILIPIN, à table.

Le meilleur qui peut être

DON JUAN.

Me serviras-tu bien dorénavant?

PHILIPIN.

Des mieux.

DON JUAN.

T'exposeras-tu pas pour moi?

PHILIPIN.

Jusques aux yeux.

DON JUAN.

Et s'il est question...

ACTE V, SCÈNE II.

PHILIPIN.
Je ferai...
DON JUAN.
Quoi?
PHILIPIN.
Merveilles.
Mais écoutons; un bruit a frappé mes oreilles.
Quelqu'un heurte à la porte, obligez-moi de voir
Qui vient nous interrompre.
DON JUAN.
Allez, fat, le savoir.
PHILIPIN, à genoux.
Monsieur, puisque ma mort est chose indubitable,
De grâce, permettez que je meure à la table.
DON JUAN.
Prenez cette chandelle, et voyez...
PHILIPIN.
Ah! monsieur,
Quel plaisir aurez-vous quand je mourrai de peur?
DON JUAN.
Quoi! poltron, au besoin vous manquez de courage?
PHILIPIN.
J'en ai passablement; mais à présent j'enrage
D'être si négligent, et n'avoir pas le soin
D'en conserver assez pour servir au besoin.

SCÈNE II.

L'OMBRE, DON JUAN, PHILIPIN.

DON JUAN.
Suis, suis, poltron, et vois avec quelle assurance...
PHILIPIN.
Ne me battra-t-il point pour mon irrévérence ?
Pardonne, grand esprit, à l'incivilité
Qui m'a fait devant toi faire brèche au pâté.
Quelle démarche grave !

LE FESTIN DE PIERRE.

DON JUAN.
Ho! Philipin, un siège.
Tu sois le bienvenu.

PHILIPIN, en mettant le siège sous l'Ombre.
Justes dieux! que ferai-je?
L'Ombre ou moi, sentons mal.

DON JUAN.
Taisez-vous, Philipin.
Je t'attends de pied ferme, et ce petit festin
N'est pas à dire vrai comme je le souhaite :
Pour dire tout aussi, cette pauvre retraite,
Où tu vois que je suis fort mal commodément,
Fait que je ne puis pas te traiter autrement.

L'OMBRE.
Ni tes mets plus exquis, ni ta meilleure chère,
N'est pas ce que de toi présentement j'espère;
Je viens voir, sur le point de ta punition,
Si tu ne feras point quelque réflexion;
Si ta langue et ton cœur ne seront point capables
D'abjurer aujourd'hui des crimes détestables
Qui sèment la frayeur partout en ces bas lieux,
Qui font cacher d'horreur les astres dans les cieux,
Et qui ne veulent plus éclairer sur la terre
Que tu ne sois vivant écrasé du tonnerre.
Songe, enfant misérable, à tout ce que tu fais,
Songe à l'énormité de tes moindres forfaits;
Repasse en ta mémoire, ô cruel homicide!
Ce qu'est devant les dieux un sanglant parricide,
Un impie exécrable, et quel au tribunal
Doit paroître à leurs yeux un enfant si brutal.
Songes-y mûrement, car ton terme s'approche,
Je le sens, et le bras de la justice est proche,
Qui doit en un seul coup punir tous tes forfaits,
Mais d'horribles tourments à ne finir jamais.
M'entends-tu?

DON JUAN.
Je t'entends, mais pour cela mon âme
S'épouvante aussi peu des horreurs de la flamme,

De tes tourments prédits, ni du fer, ni du feu ;
En un mot, tout cela m'épouvante si peu,
Et je me sens si peu touché de ta menace
Que je le serois plus du moindre vent qui passe.
Tu crois m'intimider à force de parler,
Mais apprends que mon cœur ne se peut ébranler.

L'OMBRE.

Tu présumes peut-être, et tu te persuades
Que les esprits des morts sont des esprits malades
Qui, dépouillés des corps, le sont de la raison ;
Mais apprends, ignorant, qu'il n'est point de saison
Où l'esprit d'un mortel ait plus de connoissances :
C'est là qu'il voit d'en haut les justes récompenses
Que l'on octroie aux bons ; c'est là qu'il voit de quoi
L'on forge le supplice aux méchants comme toi.
Le tien est prêt, perfide, et mon âme affligée
Se verra dans ce jour et contente et vengée.

DON JUAN.

Vengée ou non, mon cœur, après ce qu'il t'a dit,
Ne peut jamais souffrir ni remords, ni dédit ;
J'ai contenté mes sens, et pour ne te rien taire,
Je le ferois encor s'il étoit à refaire.
Mais supprimons ici toute animosité,
Je vais prendre ce verre et boire à ta santé.
Ho, Philipin !

PHILIPIN.

    Monsieur.

DON JUAN.

    A toi, je te la porte.

PHILIPIN.

Moi, je ne boirai plus, ou le diable m'emporte !

DON JUAN.

Dis donc à notre esprit qu'il me fasse raison.

PHILIPIN.

Vous vous moquez, monsieur.

DON JUAN.

        Je parle tout de bon.

PHILIPIN.

Oui ; les morts boivent-ils ?

DON JUAN.

Eh bien, dis-lui qu'il mange,
Et puis tu chanteras des vers à sa louange.

PHILIPIN.

Ah ! vous avez dessein de me faire enrager.
A-t-on jamais vu mort ni boire ni manger ?

DON JUAN.

Eh bien, approche donc, et me tiens compagnie.

PHILIPIN.

A moi n'appartient pas tant tant de braverie.
Esprit, si vous vouliez un peu vous substanter...

L'OMBRE.

Ah ! j'ai bien d'autres mets dont je m'en vais goûter :
Ils seront éternels, mais ce bien périssable
Ne durera qu'autant que tu seras à table.

DON JUAN.

Eh bien, à ce défaut, prends ton luth, Philipin.

PHILIPIN.

Mon luth n'est pas d'accord.

DON JUAN.

Dépêchez-vous, faquin.
Il faut bien régaler l'Ombre de quelque chose.

PHILIPIN.

Dites-moi, chanterai-je en vers ou bien en prose ?

DON JUAN.

Dis ces vers que tu fis quand je me dérobai...

PHILIPIN.

Ceux qui sont sur le chant de Pyrame et Thisbé :
Je le veux bien.

DON JUAN.

Surtout, chante-lui ma victoire ;
Tu pourras à loisir après manger et boire.

PHILIPIN chante.

Ombre, écoutez, je veux chanter
Les amours de Don Juan, mon maître.
On l'a vu bien souvent monter

Par les grilles d'une fenêtre ;
De là passer dans la maison,
Non sans armes, mais sans chandelle,
Où souvent de mainte pucelle
Le drôle a bien eu la raison.

DON JUAN.

Ombre, qu'en dites-vous ? la chanson est gentille.
Chante un peu le combat gagné sur Amarille.

L'OMBRE, se relevant et se laissant rechoir.

Ah !

DON JUAN.

Quoi ! n'es-tu venu pour autre chose ici ?
Tu peux nous dire adieu bientôt, et grand merci.

PHILIPIN.

Monsieur, c'est fort bien dit, qu'il aille à tous les diables.

L'OMBRE.

Misérable valet entre les misérables.

PHILIPIN, se mettant à genoux.

Hélas ! monsieur l'esprit, je ne vous ai rien fait ;
Ayez pitié de moi.

L'OMBRE.

Malheureux en effet,
De suivre aveuglément les débauches d'un maître...

PHILIPIN.

Hélas ! vous dites vrai.

L'OMBRE.

Plus perfide et plus traître
Que tous les scélérats.

PHILIPIN.

Je lui dis tous les jours.

L'OMBRE.

Qui l'a toujours servi dans ses sales amours.

PHILIPIN.

Ombre, je vous supplie, apaisez ces reproches.
Il a le cœur plus dur mille fois que les roches ;
J'ai voulu l'attendrir, mais jamais je n'ai pu ;
J'ai beau lui remontrer, c'est un esprit perdu
Qui rit de mes leçons.

DON JUAN.

Quoi! sommes-nous ensemble
Pour t'ouïr raisonner?

PHILIPIN.

Hélas! monsieur, je tremble,
Je ne raisonne pas.

DON JUAN.

Toi, qui fais le devin,
Encore que je sois fort proche de ma fin,
Apprends que j'ai toujours, quelque mal qui m'accable,
Une âme inébranlable, et de crainte incapable;
Et quand je toucherois à mon dernier instant,
Je te crains aussi peu mort que j'ai fait vivant.

L'OMBRE.

Puisque ton âme enfin est si bien résolue,
Que sans crainte tu pus attendre ma venue,
Je suis fort satisfait de ta réception ;
Mais pour te rendre grâce en pareille action,
Je te prie à souper.

DON JUAN.

J'irai sans faute.

L'OMBRE

Espère
Qu'un mort, quoique offensé, te fera bonne chère;
Je t'ai tenu parole en me treuvant ici,
Me tiendras-tu la tienne ?

DON JUAN.

Oui, sans peur.

L'OMBRE.

Grand merci!

DON JUAN.

Mais où vas-tu m'attendre?

L'OMBRE.

Au plus tard dans une heure
Sur mon propre tombeau.

DON JUAN.

Je m'y rends, ou je meure.
Je veux, puisque le sort enfin me l'a permis,

Mettre la peur au sein de tous mes ennemis;
Et ce festin à quoi ma parole m'engage,
Ne fait que d'un moment retarder mon voyage.
PHILIPIN.
Ah! monsieur, n'allons point; nous n'en reviendrons pas.
DON JUAN.
S'il y falloit cent fois souffrir mille trépas,
J'irois, mais de façon à lui faire connaître
Que ni les dieux ni lui...
PHILIPIN.
              Hélas! mon pauvre maître.
Ah! que je vous serois maintenant obligé,
Si vous vouliez ici me donner mon congé!
DON JUAN.
Suivez, suivez, poltron; je vous ferai paraître
Quel homme vous servez, et quel est votre maître.
PHILIPIN.
J'en sers un où j'aurai bien longtemps attendu,
Ou pour aller au diable, ou pour être pendu :
Il faut pourtant songer à nous, et prendre garde...

SCÈNE III.

PHILIPIN, MACETTE, LE MARIÉ, LA MARIÉE, PHILÉMON.

PHILÉMON.
Messieurs les violons, sonnez-nous la gaillarde.
PHILIPIN.
Mais qui vient redoubler nos appréhensions?
Sommes-nous en état d'ouïr des violons?
De grâce donnez-nous un peu de patience,
Nous allons bien tantôt danser une autre danse.
PHILÉMON.
Bon courage, mon gendre; allons, c'est en ce jour
Qu'il faut montrer qu'on a du cœur et de l'amour.
Trois petits pas, un saut au bout de la carrière;
Allons, Macette, allons, vous demeurez derrière.

MACETTE.

Je ne sais qui me tient, je ne saurois marcher ;
Ce mariage ici nous coûtera bien cher,
Ou je me trompe fort.

PHILÉMON.

Vous êtes une folle.
Prenez votre maîtresse; allons, la capriole;
Sonnez, flûteurs, sonnez.

MACETTE.

Tout beau, ne flûtez pas.

PHILÉMON.

Pourquoi cela? je veux trépigner les cinq pas.
Qui de nous interrompre à présent vous oblige?
Flûtez, car je le veux.

MACETTE.

Ne flûtez pas, vous dis-je.

PHILÉMON.

Vous nous en direz donc à présent la raison.

MACETTE.

J'ai le cœur tout tremblant, il m'a pris un frisson
En entrant dans ce lieu.

PHILÉMON.

La raison est gentille!
Parbleu, je veux danser aux noces de ma fille;
Flûtez.

MACETTE.

Ne flûtez pas.

PHILÉMON.

Je vous romprai le cou.
Flûtez, ou par ma foi vous n'aurez pas un sou.

MACETTE.

Ne flûtez pas.

PHILÉMON.

Flûtez; au diable soit la bête!
Mais quelqu'un viendroit-il ici troubler la fête?

SCÈNE IV.

DON JUAN, PHILIPIN, PHILÉMON, MACETTE,
LE MARIÉ, LA MARIÉE.

DON JUAN, en prenant la mariée.

C'est à moi que le sort vous destine aujourd'hui.

PHILÉMON.

Vous en aurez menti,* voilà mon gendre.

DON JUAN.

Lui?

PHILÉMON.

Lui-même.

DON JUAN, en faisant tomber Philémon et le marié d'un coup de pied.

Je le veux, mais c'est ici ma femme.

PHILÉMON.

A l'aide, au ravisseur! courons après l'infâme.

PHILIPIN.

Voilà pis que jamais. Quoi! faire tant d'efforts?
Pour moi, je ne crois pas qu'il n'ait le diable au corps.

SCÈNE V.

PHILÉMON, MACETTE, PHILIPIN.

PHILÉMON.

Ah! le démon l'emporte; adieu, ma pauvre fille,
Adieu tout l'ornement de ma pauvre famille.
Hélas! je croyois bien m'égaudir aujourd'hui,
Et me voilà comblé de malheur et d'ennui.
Allons, Macette, allons, courons à la justice :
Il faut absolument que le traître périsse;
Allons ensemble, et tous d'une commune voix
Aux pieds du gouverneur....

MACETTE.

Eh bien, je radotois?

* VAR. *Auiez menti.* (Édit. Amst.)

J'étois une insensée, et vous m'appeliez folle,
Quand ce malheur prévu me coupoit la parole.
Hélas! qu'il valoit mieux se passer de danser,
Et pour ce mariage un peu moins s'avancer.
Eh bien! vous le voyez, voilà ma prophétie :
Elle n'est de tout point que trop bien réussie;
Mais ce n'est pas aux pleurs qu'il faut avoir recours,
Allons sans plus tarder implorer du secours.
Il faut tout employer en cette conjoncture.
Mon gendre, vous avez tant de part à l'injure,
Et je vous vois surpris d'un tel étonnement
Que vous ne sauriez pas dire un mot seulement.

PHILIPIN.

Sans doute, la justice un peu tard avertie
Aura donné du temps d'achever la partie;
Et je prévois qu'après un pareil accident
Ton gendre n'aura pas besoin de cure-dent.
Mais voici revenir notre enragé de maître.

SCÈNE VI.

DON JUAN, PHILIPIN.

PHILIPIN.

Vous pouvez bien chercher quelque trou pour vous mettre :
Le prévôt, les archers, et dix mille sergents,
Le gouverneur, sa garde, et cent mille paysans,
Dans un petit moment s'en vont tous ici fondre;
Et comme en ce cas-là c'est à vous à répondre,
Et que je sais fort bien que vous les tuerez tous
Sans le secours d'autrui, je prends congé de vous.

DON JUAN.

Arrêtez là, poltron; il faut pousser l'affaire
Jusques au bout, et voir ce que le sort peut faire.
Voici l'heure de voir notre Ombre, et de savoir
Si le souper est prêt.

PHILIPIN.

Eh bien, allez-y voir.

ACTE V, SCÈNE VI.

DON JUAN.

Quoi! tu ne viendras pas?

PHILIPIN.

Vous n'avez là que faire
De valet.

DON JUAN.

Insolent, je vous ferai bien taire.

PHILIPIN.

Les diables seront là payés pour vous servir.

DON JUAN.

Je m'en vais vous sonder les côtes à ravir,
Si vous contestez plus.

PHILIPIN.

Voilà ma prophétie,
Je pensois me moquer, mais elle est réussie.
Hélas! je vais mourir dans un petit moment,
Pour suivre un malheureux qui perd le jugement.

DON JUAN.

Approche. Est-ce pas là?

PHILIPIN.

Moi, je n'en sais rien.

DON JUAN.

Frappe.

PHILIPIN.

A quel propos frapper? et si l'esprit m'attrape....

DON JUAN.

Frappe.

PHILIPIN.

Pourquoi? l'esprit ne me demande pas.

DON JUAN.

Frappe, c'est trop parler.

PHILIPIN.

Ah! misérable, hélas!
Tu t'en vas, malheureux, en ce péril extrême,
En dépit de la mort, chercher la mort toi-même.

La sépulture s'ouvre, et l'on voit la table garnie de crapeaux, de serpents, et tout le service noir.

SCÈNE VII.

L'OMBRE, DON JUAN, PHILIPIN.

L'OMBRE.

Il ne faut point heurter, je t'ai bien entendu.

PHILIPIN, tombant par terre.

Ah! je suis mort.

DON JUAN.

Tu vois que je me suis rendu
A l'assignation, et tenu ma parole.

L'OMBRE.

Écoute donc la mienne, elle n'est pas frivole,
Et sans doute elle doit t'imprimer dans le cœur
Des repentirs cuisants pour ton proche malheur.
Mais d'attendre de toi quelque résipiscence,
C'est une erreur insigne, une folle créance,
Un abus manifeste, et ton esprit pervers
Détruiroit, s'il pouvoit, l'ordre de l'univers;
Mais apprends, malheureux, qu'aujourd'hui les supplices
Mettront fin à ta vie, ainsi qu'à tous tes vices;
Le terme en est fort proche, et le ciel qui te voit
En marque le moment avec le bout du doigt.

DON JUAN.

Est-ce là le festin que tu me voulois faire?
Est-ce de la façon que tu me voulois plaire?
Et n'as-tu souhaité de me voir en ces lieux
Que pour m'entretenir du pouvoir de tes dieux?
Si tu veux conférer de chose plus plaisante,
De matière agréable et plus divertissante,
Je demeure; sinon je vais prendre congé.
A bien d'autres plaisirs je me suis engagé.

L'OMBRE.

Je sais bien que ton corps tient beaucoup à la terre,
Malheureux; mais bientôt les éclats du tonnerre
Le vont réduire en poudre; et ton âme aux enfers,
Au milieu des tourments, des flammes et des fers,
Maudira mille fois et mille la journée

ACTE V, SCÈNE VII.

De ton irrévocable et triste destinée.
C'est un décret du ciel qui ne sauroit changer.
Manges en attendant.

DON JUAN.
Et que diable manger?
Quels mets me sers-tu là?

L'OMBRE.
Nous n'en avons point d'autres;
Je sais très bien qu'ils sont fort différents des vôtres;
Mais je te donne ici ce qu'on sert chez les morts.

PHILIPIN.
Monsieur.

DON JUAN.
Eh bien?

PHILIPIN.
Quelqu'un m'appelle là dehors.
Irai-je voir qui c'est?

DON JUAN.
Nenni, poltron; demeure.

PHILIPIN.
Adieu donc, Philipin, dans un demi-quart d'heure.

DON JUAN.
Meurs si tu veux; pour moi, je ne veux pas mourir.

L'OMBRE.
Et qui crois-tu, méchant, qui te pût secourir?
Tous les dieux ont juré ta perte inévitable,
Tout l'univers la veut, elle est indubitable :
Dis-moi? de quel côté peux-tu tourner tes pas
Si la terre et le ciel demandent ton trépas?
Vois, tous les éléments te déclarent la guerre,
Tu n'as pas pour retraite un seul pouce de terre;
C'est ici ton *plus outre,* et rien n'est plus certain
Que tu ne reverras jamais un lendemain.

PHILIPIN, en tombant par terre.
Miséricorde!

L'OMBRE.
Au ciel crois-tu tant d'injustice
Qu'il voulût d'un moment différer ton supplice?

Quoi! ton père meurtri, moi-même assassiné,
L'un traîtrement surpris, et l'autre empoisonné,
Celle-ci violée, et cette autre enlevée,
L'une perdue, et l'autre à la mort réservée,
Après ces beaux effets de ta brutalité,
Tout cela se feroit avec impunité?
Ne le présume pas, ô cœur que rien ne touche!
C'est un arrêt du ciel prononcé par ma bouche.

DON JUAN.

Auras-tu bientôt fait? te veux-tu dépêcher?
Certes, je suis bien las de t'entendre prêcher;
Trop ennuyeux esprit, aussi bien qu'hypocrite,
A quoi bon entasser redite sur redite?
Ne t'ai-je pas fait voir quels sont mes sentiments?
Penses-tu par tes vains et sots raisonnements
Que Don Juan soit jamais capable de foiblesse,
Et qu'il se laisse aller à la moindre bassesse?
Non, non, ce parler grave, et cet air, et ce ton,
Ne sont bons qu'à prêcher les esprits de Pluton :
Apprends, apprends, esprit ignorant et timide,
Que le feu, le viol, le fer, le parricide,
Et tout ce dont tu m'as si bien entretenu,
Passe dans mon esprit comme non advenu;
S'il en reste, ce n'est qu'une idée agréable.
Quiconque vit ainsi ne peut être blâmable,
Il suit les sentiments de la nature; enfin
Soit que je sois ou loin ou proche de ma fin,
Sache que ni l'enfer, ni le ciel ne me touche,
Et que c'est un arrêt prononcé par ma bouche.

L'OMBRE.

C'en est trop, exécrable, et le ciel irrité
Va prescrire le terme à ton impiété,
Et ton âme exposée aux tourments légitimes
S'en va dans les enfers expier tous tes crimes,
Et ton corps malheureux aura pour ses bourreaux
Et les loups dévorants, les chiens et les corbeaux.
Trébuche, malheureux, dans la nuit éternelle.

Ici l'on entend un grand coup de tonnerre, et des éclairs, qui foudroient Don Juan.

PHILIPIN, tombant du coup de tonnerre.

Ah! grands dieux, je suis mort.

SCÈNE DERNIÈRE.

PHILÉMON, MACETTE, PHILIPIN.

PHILÉMON.
      Enfilons la venelle,
Macette, dépêchons.
    MACETTE.
     Regagnons la maison,
Quel temps prodigieux, et contre la saison!
    PHILIPIN.
Ah! ciel, qu'ai-je entendu? quel éclat de tonnerre
M'engloutit tout vivant au centre de la terre!
    PHILÉMON.
Mais quel homme paroît tout étendu là-bas.
Approchons-nous, Macette.
    PHILIPIN.
      Ah! la tête, ah! les bras.
    MACETTE.
Ah! ciel, que voyons-nous? c'est le valet du traître.
    PHILIPIN.
Hélas! je n'ai rien fait, chers esprits, c'est mon maître.
Ayez pitié de moi, je suis pauvre garçon;
Madame Proserpine, et vous, monsieur Pluton,
Le pauvre Philipin humblement vous conjure
D'avoir pitié de lui dans cette conjoncture.
    MACETTE.
Rappelle tes esprits, et nous dis promptement
Qu'est devenu ton maître, et sans déguisement.
    PHILIPIN.
Hélas! il est au diable, et le seigneur Don Pierre
Qu'il avoit massacré, non pas à coups de pierre,
Mais d'un grand coup d'estoc tout au travers du corps,
L'est venu prendre ici, l'a mené chez les morts;
Il l'a fait trébucher d'un saut épouvantable,

Après l'avoir prié de manger à sa table ;
Et moi, qui n'ai rien fait, qui n'ai mangé ni bu,
Le tonnerre d'un coup aussi m'a confondu.

MACETTE.

La mort enfin nous rend les plus heureux du monde.

PHILIPIN.

Moi, je souffre une perte à nulle autre seconde :
Que je suis malheureux ! ah ! pauvre Philipin,
Voilà, voilà l'effet de ton cruel destin.
Enfants qui maudissez souvent et père et mère,
Regardez ce que c'est de bien vivre et bien faire ;
N'imitez pas Don Juan, nous vous en prions tous,
Car voici, sans mentir, un beau miroir pour vous.

FIN DU FESTIN DE PIERRE OU LE FILS CRIMINEL.

LE FESTIN DE PIERRE

(CONVITATO DI PIETRA)

SCÉNARIO DE DOMINIQUE, TRADUIT PAR GUEULETTE [1].

---

1. Bibliothèque nationale, collection de Soleinne, 87; mss. fr. 9328.

NOTE DE M. GUEULETTE

Le Festin de Pierre des Italiens doit avoir été joué par la troupe de Locatelli en l'année 1658, et il eut un succès prodigieux. Les comédiens de l'hôtel de Bourgogne engagèrent de Villiers, leur camarade, de la traduire en françois : il la donna en vers (suivant l'*Histoire du théâtre françois*) en 1659; selon les mémoires de la nouvelle Vie de Molière[1], en 1660, etc.

Lettre de Robinet du 27 novembre[2] 1669, au sujet du *Festin de Pierre*[3], etc.

Lettre du 4 février 1673, au sujet de la *Suite du Festin de Pierre*, etc.[4].

Cette pièce, c'est-à-dire *le Festin de Pierre*, qui est ici indiquée (par Robinet) pour le 30 novembre 1669[5], doit avoir été représentée bien auparavant, et cette indication n'est qu'une reprise de cette pièce (*sic*), puisque *le Régal des dames*, qui est du 5 mai 1668, est marqué sur le scénario longtemps après, au fol. 72, et qu'il y a près de vingt pièces de théâtre, de cette date du *Festin de Pierre* à celle de la fin de novembre 1669, lesquelles sont détaillées dans le scénario[6].

1. Attribuée à Bruzen de La Martinière.
2. Du 30 novembre (samedi).
3. Voyez, à la suite de la Notice préliminaire, l'extrait de cette lettre.
4. Voyez, à la suite de la Notice préliminaire, l'extrait de cette autre lettre.
5. La représentation qu'il signale est du mercredi 27 novembre.
6. Gueulette ne fait pas de distinction entre *le Festin de Pierre* que les Italiens représentaient en 1658, et celui qu'ils représentaient en 1669. Nous avons dit, dans la Notice préliminaire, que les Italiens ont joué à ces dates diverses deux pièces différentes, et que la pièce dont fait partie le canevas de Dominique est celle de Jacinto-Andrea Cicognini, dont on peut voir l'analyse tome VI, pages 278 et suivantes. C'est le rôle de Passarino que Dominique a arrangé à sa façon.

LE FESTIN DE PIERRE

(CONVITATO DI PIETRA)

Dans la première scène j'arrive[1] avec le roi, qui me parle du libertinage de Don Juan. Je lui dis : « Il faut, sire, avoir patience ; quand les jeunes gens deviennent un peu plus âgés, ils changent de conduite : il faut espérer que cela arrivera à Don Juan. » Le roi m'ordonne de lui raconter quelque histoire pour l'amuser. Je prends un siège, et je viens m'asseoir à côté de lui ; alors je lui fais le récit de la reine Jeanne. On entend du tumulte en dedans, je me sauve.

Cette scène est de nuit. J'arrive seul, et je m'entretiens de la débauche de mon maître, qui ne songe qu'à déshonorer les femmes ou les filles qu'il trouve sous sa main, etc. Don Juan, qui m'écoute, met l'épée à la main, et demande : « Qui va là ? » Je dis que je suis Arlequin, valet de Don Juan. Il dit du mal de lui-même ; je conviens qu'il a raison, ensuite je me repens d'avoir ainsi parlé, et je dis que je veux soutenir l'honneur de mon maître ; il me répond que, cela étant, il va me faire raison. Après plusieurs lazzi de frayeur, j'y consens ; mais je me jette à terre sur le dos[2], tenant mon épée à deux mains, et je la remue de façon qu'il la trouve toujours ; enfin je la baisse en disant : « Ah ! je suis mort. » Don Juan, très fâché de m'avoir blessé, se nomme, m'appelle par mon nom, et me demande si effectivement je suis mort. Je réponds que si véritablement il est Don Juan, je suis en vie ; mais que, s'il ne l'est pas, je suis trépassé ; enfin je me lève de terre, et nous faisons le lazzi des archers qui le poursuivent, et de la bourse qu'ils m'offrent pour découvrir Don Juan.

---

1. Dans ces canevas, Dominique, écrivant pour lui-même, parle toujours à la première personne : Je vais, je viens, je dis, je fais ceci.
2. Ici en marge : « La botte de nuit ».

Quand mon maître est à table, je lui dis que j'ai servi un médecin qui m'a appris qu'un tel plat étoit de dure digestion. Il me le donne, je mange goulûment ; il me représente ce que mon médecin m'a dit, je lui réponds que c'est le plat qui est de dure digestion, et non ce qui est dedans.

Dans la scène du naufrage, je suis en chemise dans l'eau avec dix ou douze vessies ; je me hausse et je me baisse comme si je nageois, et j'arrive sur le théâtre en disant : « Plus d'eau, plus d'eau ; du vin tant que l'on voudra. » J'aperçois Don Juan entre les bras d'une jeune fille de pêcheur ; je dis alors : « Si jamais je tombe dans la mer, je voudrois bien me sauver dans une pareille barque. » Puis je tords ma chemise, et crie : « Ohimé ! voilà un brochet qui s'est attaché à mon ventre. » Je remercie Neptune de m'avoir sauvé de la mort, et, regardant la gorge de la pêcheuse, je dis : « Si j'avois eu deux pareilles calebasses, je n'aurois pas craint de me noyer. » Mon maître sort de son évanouissement, et pendant qu'il s'entretient avec la jeune fille, je fais le lazzi de crever une de ces vessies en tombant sur le cul : cela fait du bruit, je dis que c'est le canon que je tire en réjouissance de nous être sauvés ; lorsque mon maître s'en va avec la pêcheuse, je la plains, et je dis : « Mon maître est si libertin que s'il va jamais aux enfers, ce qui ne peut lui manquer, il voudra débaucher Proserpine. »

La pêcheuse, dans cette scène, dit à Don Juan qu'elle compte qu'il lui tiendra la parole qu'il lui a donnée de l'épouser ; il lui répond qu'il ne le peut, et que je lui en dirai la raison. Il s'en va, et cette fille se désespère. Alors je lui remontre qu'elle n'est pas la centième qu'il a promis d'épouser : « Tenez, lui dis-je, voilà la liste de toutes celles qui sont dans le même cas que vous, et je vais y ajouter votre nom. » Je jette alors cette liste roulée au parterre, et j'en retiens un bout en disant : « Voyez, messieurs, si vous n'y trouverez pas quelqu'une de vos parentes. »

Nous arrivons sur la scène, mon maître et moi, et nous y trouvons le duc Octavio et Pantalon ; après les premiers compliments, je me mets à côté de Pantalon, et à chaque fois qu'il me regarde, je lui fais une profonde révérence. Ce lazzi, répété plusieurs fois, l'impatiente ; il passe de l'autre côté ; j'y passe aussi, et recommence ce lazzi. Comme j'ai mon manteau, je l'ôte de dessus mes épaules, j'en joue comme on feroit du drapeau, et je donne à Pantalon un coup dans l'estomac dont nous tombons tous deux par terre; ensuite je me mouche au mouchoir de Pantalon : il s'en aperçoit, me donne des coups de poing; je les lui rends. Don Juan propose au duc de changer avec lui de manteau pour aller en bonne fortune; il l'accepte; je fais la même chose avec Pantalon. Ils quittent la scène, j'y reste avec Don Juan, qui me raconte qu'il veut aller chez Donna Anna, la maîtresse d'Octave; je m'y oppose, et lui parle du ciel; il me donne un soufflet, je dis alors : « Allons donc, puisqu'il le faut », et nous sortons.

Don Juan s'introduit chez le commandeur Don Pierre, père de Donna Anna, qu'il a voulu déshonorer. A ses cris, le commandeur arrive, poursuit Don Juan, qui le tue. Je fais alors des scènes de frayeur. Je veux me sauver; je tombe sur le mort, je me relève et je m'enfuis.

Dans cette scène, les manteaux troqués se rendent, avec plusieurs lazzi de ma part en rendant la robe de Pantalon.

Dans cette scène, je fais mes réflexions sur le cri public, qui promet dix mille écus et la grâce de quatre bandits à qui découvrira l'auteur de la mort du commandeur. Pendant que je discours en moi-même sur cette aventure, arrive Don Juan. Je lui apprends ce qui a été publié de la part du roi; après quelques lazzi de frayeur au sujet des archers, Don Juan, qui se méfie de moi, met l'épée à la main, et me menace de me tuer si je parle. Je lui jure que je ne dirai mot. « Mais, me dit-il, si l'on te donnoit la question? — Cela ne me fera pas parler. — Voyons cela. » Il feint alors de me donner la question et d'être le barigel; j'avoue tout : il devient furieux, redouble ses menaces, veut changer d'habit avec moi, et m'emmène pour cela, et me disant qu'il faut avoir du courage, je le lui promets; il feint que les archers sont à nos trousses : je m'épouvante et me sauve, il court après moi.

Dans cette scène qui se passe à la campagne, je badine avec les villageoises, et je dis au mari de l'une d'elles : « Si vous n'êtes pas le seigneur Cornelio, vous le serez bientôt. » Et quand elles dansent, je dis : « Mon maître leur fera tantôt danser un autre branle; » ensuite nous les enlevons.

Dans la scène où paroît le tombeau du commandeur, Don Juan lit l'inscription qui est sur le piédestal, et feint de craindre la foudre dont il est menacé. Ensuite il rit de la vanité des hommes, au sujet des épitaphes. Je lis à mon tour ce qui est écrit, et, me rappelant que j'ai eu, pour ainsi dire, part à toutes les débauches de mon maître, je commence à en craindre la juste punition. Mon maître, pour se réjouir, m'ordonne d'aller inviter la statue du commandeur à souper pour ce soir; je ris de cette folie, cependant je vais l'inviter à souper : la statue me répond par une inclination de tête. Je tombe de frayeur, et je dis à mon maître ce que j'ai vu : il n'en veut rien croire, la prie lui-même; elle lui fait pareille inclination, il en est étonné, nous rentrons.

Pantalon dans cette scène veut m'interroger, et me dit que l'on donnera les dix mille écus à celui qui nommera le meurtrier du commandeur. Comme il me presse à ce sujet, je lui dis que si j'étois bien sûr de la récompense je le nommerois. Après plusieurs lazzi, je lui dis que je ne le connois pas. « Imagine-toi, me dit-il, que je sois le roi, et que je t'interroge : Bonjour, Arlequin. — Serviteur à Votre Majesté, lui réponds-je. — Sais-tu qui est le meurtrier en question? — Oui, sire. — Nomme-le, et tu auras la somme promise. — Eh bien ! sire, c'est... c'est... c'est Pantalon. » Alors Pantalon m'envoie au diable, me menace de me faire pendre, et sort, furieux contre moi. Je quitte aussi la scène.

Dans celle-ci, je veux reprendre Don Juan de ses vices; je lui raconte la fable de l'âne chargé de sel et ensuite d'éponges; je lui en fais l'application. Il feint d'être sensible à mes remontrances; je me jette à ses genoux; il s'y met aussi, feint d'implorer Jupiter. Je rends grâce au ciel de sa conversion; il se lève, me donne un coup de pied au cul, et se moque de moi. Alors je me relève et dis : « Andiamo al bordello. » Il demande à souper; après tous les lazzi pour mettre le couvert, pour escroquer quelques morceaux de dessus la table, celui de la mouche que je veux tuer sur son visage, je dérobe un morceau de dessus la table; un des valets me l'arrache; je donne un soufflet à un autre que je crois être mon escroc. J'essuie une assiette à mon derrière, puis je la présente à Don Juan; ensuite je lui parle d'une jeune veuve très jolie qui m'a tenu des discours très flatteurs sur son compte. Alors il m'ordonne de me mettre à table avec lui; j'obéis de grand cœur : « Allons, canailles, dis-je, que l'on m'apporte un couvert. » Je dis à mon maître de ne pas aller si vite; je me lave les mains, je les essuie à la nappe. Embarrassé de mon chapeau, je le lui mets sur la tête; je retourne la salade avec ma batte; je coupe une poularde; je renverse la lumière; je me mouche avec la nappe, et l'on heurte à la porte. Un valet y va, et revient très effrayé, et me culbute; je me relève; je prends un poulet d'une main, et un chandelier de l'autre, et je vais à la porte. J'en reviens très épouvanté, et faisant tomber trois ou quatre valets, et je dis à Don Juan que celui qui a fait ainsi (je baisse la tête) est à la porte. Il prend un chandelier, va le recevoir. Pendant ce temps, je me cache sous la table, et comme je sors la tête de dessous pour voir la statue, Don Juan m'appelle et me menace de m'assommer si je ne reviens me mettre à table; je lui réponds que je jeûne; ensuite, obéissant à ses ordres réitérés, je me mets à table, et je me couvre la tête avec la nappe. Mon maître m'ordonne de manger, je prends un morceau, et dans le moment que je le porte à la bouche, la statue me regarde et fait un mouvement de tête qui m'effraye; Don Juan m'ordonne de chanter, je lui dis que j'ai perdu la voix; enfin je chante, et, en suivant l'ordre de mon maître, je bois à la santé de la statue, qui me répond d'un signe de tête; je fais la culbute le verre à la main, et me relève (Thomassin Visentini[1] faisoit cette culbute sans répandre son vin). Enfin après que la statue a invité à son tour Don Juan à souper, et qu'il l'a accepté, elle se retire. Don Juan la reconduit; pendant ce temps je mange goulûment; il rentre, je veux le dissuader d'aller souper avec la statue, et nous sortons ensemble.

[2]Dans le repas, au commencement, je viens dire que le feu a pris dans la cuisine. Don Juan et tous les valets y courent; pendant ce temps je me mets à table, et je mange goulûment; Don Juan revient, et je me sauve.

[3]Pendant le repas, il me demande des nouvelles de la signora

---

1. Le fameux arlequin de la nouvelle troupe italienne de 1716. Cette parenthèse est du traducteur Gueulette.
2. On lit en marge : « A placer dans le détail du repas. »
3. En marge : « A joindre encore au repas. »

Lizetta ; je lui dis que j'ai été chez elle, et qu'elle n'y étoit pas. Il me reproche que je mens : « Si cela n'est pas, lui réponds-je, que ce morceau puisse m'étrangler! (Je prends un morceau de viande sur la table.) — Et la suivante? ajoute-t-il. — Elle étoit sortie. — Cela est faux. — Si je mens, lui dis-je, que cet autre morceau puisse m'empoisonner! » Alors il me dit : « Ne jure plus ; j'aime mieux te croire. »

Dans la dernière scène, je dis « qu'il faut que la blanchisseuse de cette maison soit morte, car tout est ici bien noir ». Il s'approche de la table où est la statue, et prend un serpent dans un plat en disant : « J'en mangerai, fût-ce le diable (il mord à même), et je veux te charger de ses cornes. » La statue lui conseille de se repentir ; je dis : *Amen!* Il n'y veut pas entendre. Il abîme sous terre ; je m'écrie : « Mes gages! mes gages! Il faut donc que j'envoie un huissier chez le diable pour avoir mes gages. »

Dans la dernière scène (elle est supprimée), quand le roi vient sur le théâtre, je me mets à genoux devant lui et je lui dis : « O roi, vous saurez que mon maître est à tous les diables, où vous autres grands seigneurs irez aussi quelque jour ; faites donc réflexion sur ce qui vient de lui arriver. »

Dans la scène du repas, je vole un chapon sur la table avec un hameçon.

Dans la scène du naufrage, j'arrive dans un baril sans fond ; je fais une culbute, en sorte que je me trouve debout et hors du baril.

Quand je suis à table et que je mange, je ne réponds à Don Juan que par monosyllabes. « De quelle taille est-elle? — Courte. — Où demeure-t-elle? — Près. — Comment l'appelle-t-on? — Anne. — A-t-elle père et mère? — Oui. — Tu dis qu'elle m'aime? — Fort. — Où l'ai-je vue la première fois? — Au bal. — Quel âge a-t-elle? » Je montre deux fois mes mains pour marquer qu'elle a vingt ans.

Je dis ensuite : « C'est une chose bien inconstante que la fortune. Imaginez-vous que ce friand morceau est un homme au haut de la roue des grandeurs ; la roue vient à tourner, comme ce plat : cet homme tombe tout d'un coup au plus bas de la roue, et dans le néant. » Alors je mange ce friand morceau.

Dans la scène des remontrances, je lui dis : « Je me souviens d'avoir lu dans Homère, au traité *pour empêcher que les grenouilles ne s'enrhument,* que, dans Athènes, un père de famille ayant acheté un jeune cochon de lait, bien fait, et d'une physionomie si douce qu'il en fut charmé, il conçut tant d'amitié pour lui qu'au lieu de le faire mettre en broche il l'éleva avec toute l'attention et le soin possible. Un jour, cet animal, qui étoit devenu d'une figure extrêmement avenante, oubliant tous les bienfaits de son maître, entra dans le jardin aux fleurs, et avec son grouin en déracina les oignons, qu'il mangea. Le jardinier alla s'en plaindre au maître, lequel, aimant tendrement son cochon, dit : « Il faut lui pardonner pour cette fois. » Quinze jours après il entra dans la cuisine, renversa la marmite, mangea la viande, et mit tout sens dessus dessous. La cuisinière courut en avertir le maître, lequel eut tant de bonté pour son cochon qu'il défendit qu'on lui fît aucun mal. Il ne se passa pas un mois que l'insolent cochon, abusant de la bonté de son maître, entra dans la salle et y cassa tous les pots, assiettes et verres de faïence, porcelaine et cristal ; quand le maître vit cela, sa patience étant épuisée, que fit-il ? Il fit sur-le-champ tuer le cochon, dont il fit des côtelettes, des saucisses et du petit lard pour toute sa famille. A l'application : ce père de famille, c'est Jupiter ; ce cochon, c'est vous, mon cher maître ; ce jardinier, cette cuisinière, ce sont ceux auxquels vous avez fait toutes sortes d'insultes. Vous tuez le mari d'une pauvre femme ; vous enlevez la fille d'un autre ; vous débauchez celle-ci à son mari ; tous en portent leurs plaintes à Jupiter. La première fois, il vous pardonne ; la seconde fois, il veut bien encore être sourd à leurs prières ; mais enfin vous en ferez tant que ce dieu, prenant le couteau de son foudre, fondra sur le cochon bien-aimé, qui est vous, mon cher maître ; le tuera, et en fera des saucisses et des côtelettes pour tous les diables.

LA SUITE DU FESTIN DE PIERRE[1]

(AGIUNTA AL CONVITATO DI PIETRA)

Dans ma première scène, quand mon maître a donné la sérénade et s'est retiré, je dis que la nuit est bien obscure, et qu'il ne faut pas parler, parce que si mes paroles étoient perdues je ne pourrois plus les retrouver dans l'obscurité. Je dis ensuite que je vais chercher une échelle, suivant les ordres de mon maître, et je dis que par le moyen de cette échelle je verrai Diamantine, laquelle est cause que je ne repose ni nuit ni jour : « Le soleil a éteint le flambeau de sa lumière dans le pot de chambre de l'Océan, pour aller dormir. Tout repose dans la nature, et, hors mon maître, je suis peut-être le seul qui veille. Heureux cochon, que j'envie votre sort! Sur le lit mollet que l'on vous a fait sous votre toit, vous passez une nuit tranquille auprès de l'aimable truie que vous aimez, et qui vous adore; et si de temps en temps vous vous réveillez en grognant, ce n'est que par le désir que vous avez de savoir des nouvelles de votre maîtresse, qui par un tendre « hon! hon! hon! » vous fait entendre qu'elle est à vos côtés, toujours prête à recevoir vos tendres embrassements. Le coq, animal aussi vigilant que brave, dort à présent au milieu de ses poules, qui sont, comme les sultanes du Grand Seigneur, enfermées dans le sérail de son poulailler ; ses petits poulets, avant de se coucher, lui ont dit mille fois : « Pio! pio! pio! pio! » c'est-à-dire : Mon papa, dormez tranquillement; vous êtes en sûreté des griffes et des dents du renard et

---

1. Cette traduction de Gueulette n'est pas exacte; il faudrait : *Additions ou accroissements au Festin de Pierre*. La *Suite du Festin de Pierre*, c'est autre chose, comme on le voit dans la lettre de Robinet du 4 février 1673.

de la belette. Enfin toutes les bêtes de l'univers reposent actuellement, et il n'y a que moi qui veille, comme un pauvre chat amoureux qui se dispose à courir les gouttières pour voir son aimable chatte. Oui, Diamantine, tu es une chatte qui a su prendre les souris de mon cœur et dévorer les tripes de ma liberté ; c'est pour toi que je vais chercher une échelle et faire : Gnao, gnao, gnao. » Je sors.

[1] Dans la scène qui suit, je viens avec une échelle, que j'appuie contre le mur ; quand je suis prêt à monter, arrive Scaramouche, qui fait la scène du petit enfant perdu, qui dit qu'il s'appelle Guillaume ; ensuite il fait le père qui le veut battre ; je lui dis de demander pardon à son père ; il le fait et feint de pleurer ; ensuite, feignant de le battre, il m'assomme de coups, quoique je lui répète trois ou quatre fois : « Mais, monsieur Guillaume, vous estropiez cet enfant. » Ensuite nous faisons la scène de monter à l'échelle.

Cette scène se passe à la campagne. Je fais tomber aux pieds de Spezzafer le cor de chasse dont il sonne ; ensuite en courant je culbute Pierrot[2], puis je trouve un aveugle avec lequel j'ai une scène de lazzi, et auquel je demande s'il n'a pas vu Diamantine. Je parle de nuit avec Don Juan, au sujet de son rival ; Scaramouche, qui nous écoute, parle haut ; je dis que c'est l'écho. Le maître sort, je reste seul, j'entends du bruit. Je demande : « Qui est là ? » Scaramouche répond : « Guillaume. » A ce nom, de peur des coups de bâton, je me sauve et je culbute Scaramouche.

Quand je fuis les archers, je me suis déguisé en philosophe ; j'ai une scène d'imbroglio avec Cinthio, auquel je dis qu'il y avoit un philosophe appelé Diogène, qui la lanterne à la main cherchoit un homme après midi. Cinthio me dit qu'il y en avoit un autre qui, la nuit, sans lumière, cherchoit son rival pour l'assommer. Je lui demande comment il s'appeloit ; il me répond qu'il se nommoit Guillaume. A ce nom formidable pour moi, je jette par terre mon chapeau, ma robe de philosophe, et je me sauve.

1. En marge : « Voyez la parade... du Dictionnaire. »
2. Pierrot nommé pour la première fois. C'était Giaraton, gagiste.

FIN DU SCÉNARIO DE DOMINIQUE.

LE FESTIN DE PIERRE

COMÉDIE

(PAR THOMAS CORNEILLE)

1677

AVIS

Cette pièce, dont les comédiens donnent tous les ans plusieurs représentations, est la même que feu M. de Molière fit jouer en prose peu de temps avant sa mort. Quelques personnes qui ont tout pouvoir sur moi m'ayant engagé à la mettre en vers, je me réservai la liberté d'adoucir certaines expressions qui avoient blessé les scrupuleux. J'ai suivi la prose assez exactement dans tout le reste, à l'exception des scènes du troisième et du cinquième acte, où j'ai fait parler des femmes. Ce sont scènes ajoutées à cet excellent original, et dont les défauts ne doivent point être imputés au célèbre auteur sous le nom duquel cette comédie est toujours représentée[1].

---

1. Délibération de la troupe de l'hôtel Guénégaud sur le payement des droits dus à Mlle Molière et à Thomas Corneille :

Cejourd'hui lundi 8e mars 1677, la troupe s'est assemblée à la chambre commune dans la résolution d'achever de payer *le Festin de Pierre*, qu'elle a acheté de la veuve du sieur P. de Mollière et du sieur de Corneille, qui l'a mise en vers : cet achat fait moyennant deux cents louis d'or. A cause que ledit *Festin de Pierre* n'a pu être représenté que le 12 février de ladite année, quoiqu'il le dût être six semaines entières auparavant, ce que la troupe a trouvé avantageux à l'occasion de la concurrence des deux *Phèdres* et d'autant qu'il n'a été payé sur les représentations dudit *Festin de Pierre* que neuf cent douze livres douze sous, ainsi qu'il se voit par le registre, la troupe a délibéré de payer des deniers qui sont entre les mains du sieur La Grange, à elle appartenant, la somme de douze cent quatre-vingt-sept livres huit sous, pour parfaire lesdits deux cents louis d'or, lequel sieur de La Grange a désiré pour sa décharge que la présente délibération fût écrite sur le présent registre.

De La Grange, d'Auvilliers, Guérin, Rosimond, Hubert.
(*Extrait du registre de la Comédie française.*)

Quittance de Mme Molière :

Je soussignée confesse avoir reçu de la troupe, en deux payements, la somme de deux mille deux cents livres, tant pour moi que pour M. de Corneille, de laquelle somme je suis convenue avec ladite troupe, et dont elle est demeurée d'accord pour l'achat de la pièce du *Festin de Pierre*, qui m'appartenoit, que j'ai fait mettre en vers par ledit sieur de Corneille... dont je quitte la troupe et tous autres. Fait à Paris, ce 3e juillet 1677.

Armande-Grésinde-Claire-Élisabeth Béjart.
(*Archives de la Comédie française.*)

LE FESTIN DE PIERRE

COMÉDIE

PERSONNAGES.

DON LOUIS, père de Don Juan.
DON JUAN.
ELVIRE, ayant épousé Don Juan.
DON CARLOS, frère d'Elvire.
ALONZE, ami de Don Carlos.
THÉRÈSE, tante de Léonor.
LÉONOR, demoiselle de campagne.
PASCALE, nourrice de Léonor.
CHARLOTTE, paysanne.
MATHURINE, autre paysanne.
PIERROT, paysan.
M. DIMANCHE, marchand.
LA RAMÉE, valet de chambre de Don Juan.
GUSMAN, domestique d'Elvire.
SGANARELLE, valet de Don Juan.
LA VIOLETTE, laquais.
LA STATUE DU COMMANDEUR.

ACTE PREMIER.

SCÈNE PREMIÈRE.

SGANARELLE, GUSMAN.

SGANARELLE, prenant du tabac, et en offrant à Gusman.
Quoi qu'en dise Aristote, et sa digne cabale,
Le tabac est divin, il n'est rien qui l'égale;
Et par les fainéants, pour fuir l'oisiveté,

Jamais amusement ne fut mieux inventé.
Ne sauroit-on que dire, on prend la tabatière ;
Soudain à gauche, à droit, par devant, par derrière,
Gens de toutes façons, connus et non connus,
Pour y demander part sont les très bien venus.
Mais c'est peu qu'à donner instruisant la jeunesse
Le tabac l'accoutume à faire ainsi largesse,
C'est dans la médecine un remède nouveau ;
Il purge, réjouit, conforte le cerveau ;
De toute noire humeur promptement le délivre ;
Et qui vit sans tabac n'est pas digne de vivre.
O tabac! ô tabac ! mes plus chères amours!...
Mais reprenons un peu notre premier discours.
Si bien, mon cher Gusman, qu'Elvire ta maîtresse
Pour Don Juan mon maître a pris tant de tendresse
Qu'apprenant son départ, l'excès de son ennui
L'a fait mettre en campagne et courir après lui.
Le soin de le chercher est obligeant, sans doute :
C'est aimer fortement; mais tout voyage coûte,
Et j'ai peur, s'il te faut expliquer mon souci,
Qu'on l'indemnise mal des frais de celui-ci.

GUSMAN.

Et la raison encor ? Dis-moi, je te conjure,
D'où te vient une peur de si mauvais augure ?
Ton maître là-dessus t'a-t-il ouvert son cœur ?
T'a-t-il fait remarquer pour nous quelque froideur
Qui d'un départ si prompt...

SGANARELLE.

Je n'en sais point les causes.
Mais, Gusman, à peu près je vois le train des choses,
Et, sans que Don Juan m'ait rien dit de cela,
Tout franc je gagerois que l'affaire va là.
Je pourrois me tromper; mais j'ai peine à le croire.

GUSMAN.

Quoi! ton maître feroit cette tache à sa gloire ?
Il trahiroit Elvire! et d'un crime si bas...

SGANARELLE.

Il est trop jeune encore ; il n'oseroit !

ACTE I, SCÈNE I.

GUSMAN.

Hélas !
Ni d'un si lâche tour l'infamie éternelle,
Ni de sa qualité...

SGANARELLE.

La raison en est belle !
Sa qualité ! C'est là ce qui l'arrêteroit !

GUSMAN.

Tant de vœux...

SGANARELLE.

Rien pour lui n'est trop chaud ni trop froid.
Vœux, serments, sans scrupule il met tout en usage.

GUSMAN.

Mais ne songe-t-il pas à l'hymen qui l'engage ?
Croit-il le pouvoir rompre ?

SGANARELLE.

Eh ! mon pauvre Gusman,
Tu ne sais pas encor quel homme est Don Juan.

GUSMAN.

S'il est ce que tu dis, le moyen de connoître
De tous les scélérats le plus grand, le plus traître ?
Le moyen de penser qu'après tant de serments,
Tant de transports d'amour, d'ardeur, d'empressements,
De protestations des plus passionnées,
De larmes, de soupirs, d'assurances données,
Il ait réduit Elvire à sortir du couvent,
A venir l'épouser; et tout cela, du vent ?

SGANARELLE.

Il s'embarrasse peu de pareilles affaires,
Ce sont des tours d'esprit qui lui sont ordinaires,
Et si tu connoissois le pèlerin, crois-moi,
Tu ferois peu de fond sur le don de sa foi.
Ce n'est pas que je sache avec pleine assurance
Que déjà pour Elvire il soit ce que je pense :
Pour un dessein secret en ces lieux appelé,
Depuis son arrivée il ne m'a point parlé.
Mais, par précaution, je puis ici te dire
Qu'il n'est devoirs si saints dont il ne s'ose rire;

Que c'est un endurci dans la fange plongé,
Un chien, un hérétique, un Turc, un enragé;
Qu'il n'a ni foi ni loi; que tout ce qui le tente...

GUSMAN.

Quoi! le ciel ni l'enfer n'ont rien qui l'épouvante?

SGANARELLE.

Bon! parlez-lui du ciel, il répond d'un souris;
Parlez-lui de l'enfer, il met le diable au pis;
Et, parce qu'il est jeune, il croit qu'il est en âge
Où la vertu sied moins que le libertinage.
Remontrance, reproche, autant de temps perdu.
Il cherche avec ardeur ce qu'il voit défendu;
Et, ne refusant rien à madame Nature,
Il est ce qu'on appelle un pourceau d'Épicure.
Ainsi ne me dis point sur sa légèreté
Qu'Elvire par l'hymen se trouve en sûreté.
C'est peu par bon contrat qu'il en ait fait sa femme;
Pour en venir à bout, et contenter sa flamme,
Avec elle, au besoin, par ce même contrat,
Il auroit épousé toi, son chien et son chat.
C'est un piège qu'il tend partout à chaque belle :
Paysanne, bourgeoise, et dame, et demoiselle,
Tout le charme; et d'abord, pour leur donner leçon,
Un mariage fait lui semble une chanson.
Toujours objets nouveaux, toujours nouvelles flammes;
Et si je te disois combien il a de femmes,
Tu serois convaincu que ce n'est point en vain
Qu'on le croit l'épouseur de tout le genre humain.

GUSMAN.

Quel abominable homme!

SGANARELLE.

Et plus qu'abominable.
Il se moque de tout, ne craint ni Dieu ni diable;
Et je ne doute point, comme il est sans retour,
Qu'il ne soit par la foudre écrasé quelque jour.
Il le mérite bien; et s'il te faut tout dire,
Depuis qu'en le servant je souffre le martyre,
J'en ai vu tant d'horreurs que j'avoue aujourd'hui

Qu'il vaudroit mieux cent fois être au diable qu'à lui.
GUSMAN.
Que ne le quittes-tu ?
SGANARELLE.
Le quitter ! comment faire ?
Un grand seigneur méchant est une étrange affaire.
Vois-tu, si j'avois fui, j'aurois beau me cacher,
Jusque dans l'enfer même il viendroit me chercher.
La crainte me retient ; et, ce qui me désole,
C'est qu'il faut avec lui faire souvent l'idole,
Louer ce qu'on déteste, et, de peur du bâton,
Approuver ce qu'il fait, et chanter sur son ton.
Je crois dans ce palais le voir qui se promène :
C'est lui. Prends garde, au moins...
GUSMAN.
Ne t'en mets point en peine.
SGANARELLE.
Je t'ai conté sa vie un peu légèrement ;
C'est à toi là-dessus de te taire : autrement...
GUSMAN, s'en allant.
Ne crains rien.

SCÈNE II.

DON JUAN, SGANARELLE.

DON JUAN.
Avec qui parlois-tu ? pourroit-ce être
Le bon homme Gusman ? J'ai cru le reconnaître.
SGANARELLE.
Vous avez fort bien cru ; c'étoit lui-même.
DON JUAN.
Il vient
Demander quelle affaire en ces lieux nous retient.
SGANARELLE.
Il est un peu surpris de ce que, sans rien dire,
Vous avez pu sitôt abandonner Elvire.
DON JUAN.
Que lui fais-tu penser d'un départ si prompt ?

SGANARELLE.

Moi?
Rien du tout; ce n'est pas mon affaire.
DON JUAN.

Mais toi,
Qu'en penses-tu?
SGANARELLE.

Je crois, sans trop juger en bête,
Que vous avez encor quelque amourette en tête.
DON JUAN.

Tu le crois?
SGANARELLE.

Oui.
DON JUAN.

Ma foi! tu crois juste; et mon cœur
Pour un objet nouveau sent la plus forte ardeur.
SGANARELLE.

Eh! mon Dieu, j'entrevois d'abord ce qui s'y passe.
Votre cœur n'aime point à demeurer en place;
Et, sans lui faire tort sur la fidélité,
C'est le plus grand coureur qui jamais ait été.
Tout est de votre goût; brune ou blonde, n'importe.
DON JUAN.

Et n'ai-je pas raison d'en user de la sorte?
SGANARELLE.

Eh! monsieur...
DON JUAN.

Quoi?
SGANARELLE.

Sans doute, il est aisé de voir
Que vous avez raison, si vous voulez l'avoir;
Mais si, comme on n'est pas bon juge dans sa cause,
Vous ne le vouliez pas, ce seroit autre chose.
DON JUAN.

Hé bien, je te permets de parler librement.
SGANARELLE.

En ce cas, je vous dis très sérieusement
Qu'on trouve fort vilain qu'allant de belle en belle,

Vous fassiez vanité partout d'être infidèle.
DON JUAN.
Quoi! si d'un bel objet je suis d'abord touché,
Tu veux que pour toujours j'y demeure attaché;
Qu'un éternel amour de ma foi lui réponde,
Et me laisse sans yeux pour le reste du monde!
Le rare et doux plaisir qui se trouve en aimant,
S'il faut s'ensevelir dans un attachement,
Renoncer pour lui seul à toute autre tendresse,
Et vouloir sottement mourir dès sa jeunesse!
Va, crois-moi, la constance étoit bonne jadis,
Où les leçons d'aimer venoient des Amadis;
Mais à présent on suit des lois plus naturelles;
On aime sans façon tout ce qu'on voit de belles;
Et l'amour qu'en nos cœurs la première a produit
N'ôte rien aux appas de celle qui la suit.
Pour moi, qui ne saurois faire l'inexorable,
Je me donne partout où je trouve l'aimable;
Et tout ce qu'une belle a sur moi de pouvoir
Ne me rend point ailleurs incapable de voir.
Sans me vouloir piquer du nom d'amant fidèle,
J'ai des yeux pour une autre aussi bien que pour elle;
Et, dès qu'un beau visage a demandé mon cœur,
Je ne puis me résoudre à l'armer de rigueur.
Ravi de voir qu'il cède à la douce contrainte
Qui d'abord laisse en lui toute autre flamme éteinte,
Je l'abandonne aux traits dont il aime les coups;
Et si j'en avois cent, je les donnerois tous.
SGANARELLE.
Vous êtes libéral.
DON JUAN.
Que de douceurs charmantes
Font goûter aux amants les passions naissantes!
Si pour chaque beauté je m'enflamme aisément,
Le vrai plaisir d'aimer est dans le changement :
Il consiste à pouvoir, par d'empressés hommages,
Forcer d'un jeune cœur les scrupuleux ombrages,
A désarmer sa crainte, à voir, de jour en jour,

Par cent petits progrès avancer notre amour ;
A vaincre doucement la pudeur innocente
Qu'oppose à nos désirs une âme chancelante,
Et la réduire enfin, à force de parler,
A se laisser conduire où nous voulons aller.
Mais, quand on a vaincu, la passion expire ;
Ne souhaitant plus rien, on n'a plus rien à dire ;
A l'amour satisfait tout son charme est ôté ;
Et nous nous endormons dans sa tranquillité,
Si quelque objet nouveau, par sa conquête à faire,
Ne réveille en nos cœurs l'ambition de plaire.
Enfin, j'aime en amour les exploits différents,
Et j'ai sur ce sujet l'ardeur des conquérants,
Qui, sans cesse courant de victoire en victoire,
Ne peuvent se résoudre à voir borner leur gloire.
De mes vastes désirs le vol précipité
Par cent objets vaincus ne peut être arrêté :
Je sens mon cœur plus loin capable de s'étendre ;
Et je souhaiterois, comme fit Alexandre,
Qu'il fût un autre monde encore à découvrir,
Où je pusse en amour chercher à conquérir.

SGANARELLE.

Comme vous débitez ! ma foi, je vous admire !
Votre langue...

DON JUAN.

Qu'as-tu là-dessus à me dire ?

SGANARELLE.

A vous dire, moi ? J'ai... Mais que dirois-je ? Rien ;
Car, quoi que vous disiez, vous le tournez si bien
Que, sans avoir raison, il semble, à vous entendre,
Qu'on soit, quand vous parlez, obligé de se rendre.
J'avois, pour disputer, des raisons dans l'esprit...
Je veux une autre fois les mettre par écrit :
Avec vous, sans cela, je n'aurois qu'à me taire,
Vous me brouilleriez tout.

DON JUAN.

Tu ne saurois mieux faire.

ACTE I, SCÈNE II.

SGANARELLE.

Mais, monsieur, par hasard, me seroit-il permis
De vous dire qu'à moi, comme à tous vos amis,
Votre genre de vie un tant soit peu fait peine ?

DON JUAN.

Le fat ! Et quelle vie est-ce donc que je mène ?

SGANARELLE.

Fort bonne assurément; mais enfin... quelquefois...
Par exemple, vous voir marier tous les mois !

DON JUAN.

Est-il rien de plus doux, rien qui soit plus capable...

SGANARELLE.

Il est vrai, je conçois cela fort agréable ;
Et c'est, si sans péché j'en avois le pouvoir,
Un divertissement que je voudrois avoir ;
Mais, sans aucun respect pour les plus saints mystères...

DON JUAN.

Ne t'embarrasse point, ce sont là mes affaires.

SGANARELLE.

On doit craindre le ciel; et jamais libertin
N'a fait encor, dit-on, qu'une méchante fin.

DON JUAN.

Je hais la remontrance; et, quand on s'y hasarde...

SGANARELLE.

Oh ! ce n'est pas à vous que j'en fais : Dieu m'en garde !
J'aurois tort de vouloir vous donner des leçons :
Si vous vous égarez, vous avez vos raisons;
Et quand vous faites mal, comme c'est l'ordinaire,
Du moins vous savez bien qu'il vous plaît de le faire.
Bon cela; mais il est certains impertinents,
Adroits, de fort esprit, hardis, entreprenants,
Qui, sans savoir pourquoi, traitent de ridicules
Les plus justes motifs des plus sages scrupules;
Et qui font vanité de ne trembler de rien,
Par l'entêtement seul que cela leur sied bien.
Si j'avois, par malheur, un tel maître : « Ame crasse,
Lui dirois-je tout net, le regardant en face,
Osez-vous bien ainsi braver à tous moments

Ce que l'enfer pour vous amasse de tourments?
Un rien, un mirmidon, un petit ver de terre,
Au ciel impunément croit déclarer la guerre!
Allez, malheur cent fois à qui vous applaudit!
C'est bien à vous (je parle au maître que j'ai dit)
A vouloir vous railler des choses les plus saintes;
A secouer le joug des plus louables craintes!
Pour avoir de grands biens et de la qualité,
Une perruque blonde, être propre, ajusté,
Tout en couleur de feu, pensez-vous... (Prenez garde,
Ce n'est pas vous, au moins, que tout ceci regarde.)
Pensez-vous en avoir plus de droit d'éclater
Contre les vérités dont vous osez douter?
De moi, votre valet, apprenez, je vous prie,
Qu'en vain les libertins de tout font raillerie;
Que le ciel tôt ou tard, pour leur punition... »

DON JUAN.

Paix.

SGANARELLE.

Çà, voyons : de quoi seroit-il question?

DON JUAN.

De te dire en deux mots qu'une flamme nouvelle
Ici, sans t'en parler, m'a fait suivre une belle.

SGANARELLE.

Et n'y craignez-vous rien pour ce Commandeur mort?

DON JUAN.

Je l'ai si bien tué! chacun le sait.

SGANARELLE.

D'accord,
On ne peut rien de mieux, et, s'il osoit s'en plaindre,
Il auroit tort; mais...

DON JUAN.

Quoi?

SGANARELLE.

Ses parents sont à craindre.

DON JUAN.

Laissons là tes frayeurs, et songeons seulement
A ce qui me peut faire un destin tout charmant.

Celle qui me réduit à soupirer pour elle
Est une fiancée aimable, jeune, belle,
Et conduite en ces lieux, où j'ai suivi ses pas,
Par l'heureux à qui sont destinés tant d'appas.
Je la vis par hasard, et j'eus cet avantage
Dans le temps qu'ils songeoient à faire leur voyage.
Il faut te l'avouer, jamais jusqu'à ce jour
Je n'ai vu deux amants se montrer tant d'amour.
De leurs cœurs trop unis la tendresse visible,
Me frappant tout à coup, rendit le mien sensible;
Et, les voyant céder aux transports les plus doux,
Si je devins amant, je fus amant jaloux.
Oui, je ne pus souffrir, sans un dépit extrême,
Qu'ils s'aimassent autant que l'un et l'autre s'aime.
Ce bizarre chagrin alluma mes désirs :
Je me fis un plaisir de troubler leurs plaisirs,
De rompre adroitement l'étroite intelligence
Dont mon cœur délicat se faisoit une offense.
N'ayant pu réussir, plus amoureux toujours,
C'est au dernier remède, enfin, que j'ai recours :
Cet époux prétendu, dont le bonheur me blesse,
Doit aujourd'hui sur mer régaler sa maîtresse;
Sans t'en avoir rien dit, j'ai dans mes intérêts
Quelques gens qu'au besoin nous trouverons tout prêts;
Ils auront une barque où la belle enlevée
Rendra de mon amour la victoire achevée.

SGANARELLE.

Ah! monsieur!

DON JUAN.

Hé?

SGANARELLE.

C'est là le prendre comme il faut :
Vous faites bien.

DON JUAN.

L'amour n'est pas un grand défaut.

SGANARELLE.

Sottise! il n'est rien tel que de se satisfaire.
(A part.)
La méchante âme!

DON JUAN.

Allons songer à cette affaire :
Voici l'heure à peu près où ceux.... Mais qu'est-ce ci?
Tu ne m'avois pas dit qu'Elvire étoit ici !
SGANARELLE.
Savois-je que sitôt vous la verriez paroître?

SCÈNE III.

ELVIRE, DON JUAN, SGANARELLE, GUSMAN.

ELVIRE.

Don Juan voudra-t-il encor me reconnoître?
Et puis-je me flatter que le soin que j'ai pris...
DON JUAN.
Madame, à dire vrai, j'en suis un peu surpris ;
Rien ne devoit ici presser votre voyage.
ELVIRE.
J'y viens faire, sans doute, un méchant personnage ;
Et, par ce froid accueil, je commence de voir
L'erreur où m'avoit mise un trop crédule espoir.
J'admire ma foiblesse, et l'imprudence extrême
Qui m'a fait consentir à me tromper moi-même,
A démentir mes yeux sur une trahison
Où mon cœur refusoit de croire ma raison.
Oui, pour vous, contre moi, ma tendresse séduite,
Quoi qu'on pût m'opposer, excusoit votre fuite :
Cent soupçons, qui devoient alarmer mon amour,
Avoient beau contre vous me parler chaque jour,
A vous justifier toujours trop favorable,
J'en rejetois la voix qui vous rendoit coupable
Et je ne regardois, dans ce trouble odieux,
Que ce qui vous peignoit innocent à mes yeux.
Mais un accueil si froid et si plein de surprise
M'apprend trop ce qu'il faut que pour vous je me dise ;
Je n'ai plus à douter qu'un honteux repentir
Ne vous ait, sans rien dire, obligé de partir.
J'en veux pourtant, j'en veux, dans mon malheur extrême,

Entendre les raisons de votre bouche même.
Parlez donc, et sachons par où j'ai mérité
Ce qu'ose contre moi votre infidélité.
DON JUAN.
Si mon éloignement m'a fait croire infidèle,
J'ai mes raisons, madame, et voilà Sganarelle
Qui vous dira pourquoi....
SGANARELLE.
Je le dirai? Fort bien!
DON JUAN.
Il sait....
SGANARELLE.
Moi? s'il vous plaît, monsieur, je ne sais rien.
ELVIRE.
Eh bien, qu'il parle; il faut souffrir tout pour vous plaire.
DON JUAN.
Allons, parle à madame; il ne faut point se taire.
SGANARELLE.
Vous vous moquez, monsieur.
ELVIRE, à Sganarelle.
Puisqu'on le veut ainsi,
Approchez, et voyons ce mystère éclairci.
Quoi! tous deux interdits! Est-ce là pour confondre....
DON JUAN.
Tu ne répondras pas?
SGANARELLE.
Je n'ai rien à répondre.
DON JUAN.
Veux-tu parler? te dis-je.
SGANARELLE.
Eh bien, allons, tout doux.
Madame....
ELVIRE.
Quoi?
SGANARELLE, à Don Juan.
Monsieur....
DON JUAN.
Redoute mon courroux.

SGANARELLE.

Madame, un autre monde, avec quelque autre chose,
Comme les conquérants, Alexandre est la cause
Qui nous a fait en hâte, et sans vous dire adieu,
Décamper l'un et l'autre, et venir en ce lieu.
Voilà pour vous, monsieur, tout ce que je puis faire.

ELVIRE.

Vous plaît-il, Don Juan, m'éclaircir ce mystère?

DON JUAN.

Madame, à dire vrai, pour ne pas abuser...

ELVIRE.

Ah! que vous savez peu l'art de vous déguiser!
Pour un homme de cour, qui doit, avec étude,
De feindre, de tromper, avoir pris l'habitude.
Demeurer interdit, c'est mal faire valoir
La noble effronterie où je vous devrois voir.
Que ne me jurez-vous que vous êtes le même,
Que vous m'aimez toujours autant que je vous aime;
Et que la seule mort, dégageant votre foi,
Rompra l'attachement que vous avez pour moi?
Que ne me dites-vous qu'une affaire importante
A causé le départ dont j'ai pris l'épouvante;
Que, si de son secret j'ai lieu de m'offenser,
Vous avez craint les pleurs qu'il m'auroit fait verser,
Qu'ici d'un long séjour ne pouvant vous défendre
Je n'ai qu'à vous quitter, et vous aller attendre;
Que vous me rejoindrez avec l'empressement
Qu'a pour ce qu'il adore un véritable amant;
Et qu'éloigné de moi, l'ardeur qui vous enflamme
Vous rend ce qu'est un corps séparé de son âme?
Voilà par où du moins vous me feriez douter
D'un oubli que mes feux devroient peu redouter.

DON JUAN.

Madame, puisqu'il faut parler avec franchise,
Apprenez ce qu'en vain mon trouble vous déguise.
Je ne vous dirai point que mes empressements
Vous conservent toujours les mêmes sentiments,
Et que, loin de vos yeux, ma juste impatience

Pour le plus grand des maux me fait compter l'absence.
Si j'ai pu me résoudre à fuir, à vous quitter,
Je n'ai pris ce dessein que pour vous éviter.
Non que mon cœur encor, trop touché de vos charmes,
N'ait le même penchant à vous rendre les armes;
Mais un pressant scrupule, à qui j'ai dû céder,
M'ouvrant les yeux de l'âme, a su m'intimider,
Et fait voir qu'avec vous, quelque amour qui m'engage,
Je ne puis, sans péché, demeurer davantage.
J'ai fait réflexion que, pour vous épouser,
Moi-même trop longtemps j'ai voulu m'abuser;
Que je vous ai forcée à faire au ciel l'injure
De rompre en ma faveur une sainte clôture,
Où par des vœux sacrés vous aviez entrepris
De garder pour le monde un éternel mépris.
Sur ces réflexions, un repentir sincère
M'a fait appréhender la céleste colère :
J'ai cru que votre hymen, trop mal autorisé,
N'étoit pour tous les deux qu'un crime déguisé;
Et que je ne pouvois en éviter les peines
Qu'en tâchant de vous rendre à vos premières chaînes.
N'en doutez point : voilà, quoique avec mille ennuis,
Et pourquoi je m'éloigne, et pourquoi je vous fuis.
Par un frivole amour voudriez-vous, madame,
Combattre le remords qui déchire mon âme,
Et qu'en vous retenant j'attirasse sur nous
Du ciel toujours vengeur l'implacable courroux?

ELVIRE.

Ah! scélérat, ton cœur, aussi lâche que traître,
Commence tout entier à se faire connoître;
Et, ce qui me confond dans tout ce que j'attends [1],
Je le connois enfin lorsqu'il n'en est plus temps.
Mais sache, à me tromper quand ce cœur s'étudie,
Que ta perte suivra ta noire perfidie;
Et que ce même ciel, dont tu t'oses railler,
A me venger de toi voudra bien travailler

---

1. Les éditions modernes portent :
  Dans tout ce que j'entends.

SGANARELLE, bas.

Se peut-il qu'il résiste, et que rien ne l'étonne?
(Haut.)
Monsieur...

DON JUAN.

De fausseté je vois qu'on me soupçonne ;
Mais, madame...

ELVIRE.

Il suffit; je t'ai trop écouté;
En ouïr davantage est une lâcheté :
Et, quoi qu'on ait à dire, il faut qu'on se surmonte,
Pour ne se faire pas trop expliquer sa honte.
Ne te figure point qu'en reproches en l'air
Mon courroux contre toi veuille ici s'exhaler ;
Tout ce qu'il peut avoir d'ardeur, de violence,
Se réserve à mieux faire éclater ma vengeance.
Je te le dis encor, le ciel, armé pour moi,
Punira tôt ou tard ton manquement de foi ;
Et, si tu ne crains point sa justice blessée,
Crains du moins la fureur d'une femme offensée.

(Elle sort, et Don Juan la regarde partir.)

SGANARELLE.

Il ne dit mot, il rêve; et les yeux sur les siens...
Hélas! si le remords le pouvoit prendre!

DON JUAN.

Viens ;
Il est temps d'achever l'amoureuse entreprise
Qui me livre l'objet dont mon âme est éprise.
Suis-moi.

SGANARELLE, à part.

Le détestable! A quel maître maudit,
Malgré moi, si longtemps mon malheur m'asservit!

ACTE DEUXIÈME.

SCÈNE PREMIÈRE.
CHARLOTTE, PIERROT.

CHARLOTTE.
Notre dinse, Piarrot, pour les tirer de peine
Tu t'es là rencontré bian à point.
PIERROT.
Oh! marguienne,
Sans nous, c'en étoit fait.
CHARLOTTE.
Je le crois bian.
PIERROT.
Vois-tu?
Il ne s'en falloit pas l'époisseur d'un fétu,
Tou deux de se nayer eussiont fait la sottise.
CHARLOTTE.
C'est don l'vent d'à matin...
PIERROT.
Aga, quien, sans feintise,
Je te vas tout fin drait conter par le menu
Comme, en n'y pensant pas, le hasard est venu.
Il aviont bian besoin d'un œil comme le nôtre,
Qui les vit de tout loin; car c'est moi, com' s' dit l'autre,
Qui les ai le premier avisés. Tanquia don,
Sur le bord de la mar bian leu prend que j'équion,
Où de tarre Gros-Jean me jetoit une motte,
Tout en batifolant; car, com' tu sais, Charlotte,
Pour v'nir batifoler Gros-Jean ne charche qu'où;
Et moi, par fouas aussi, je batifole itou.

En batifolant don, j'ai fait l'apercevance
D'un grouillement su gliau, sans voir la différence
De c' qui pouvoit grouiller : ça grouilloit à tous coups,
Et, grouillant par secousse, alloit comme envars nous.
J'étas embarrassé; c' n'étoit point stratagème,
Et, tout com' je te vois, je voyas ça de même,
Aussi fixiblement ; et pis tout d'un coup, quien,
Je voyas qu'après ça je ne voyas plus rien.
« Hé, Gros-Jean, ç'ai-je fait, stanpendant que je somme
A niaiser parmi nous, je pens' que v'là de zomme
Qui nagiant tout là-bas. — Bon, c' m'a-t-i fait, vrament,
T'auras de queuque chat vu le trépassement;
T'as la veu' trouble. — Oh bien, ç'ai-je fait, t'as biau dire,
Je n'ai point la veu' trouble, et c' n'est point jeu pour rire.
C'est là de zomme. — Point, c' m'a-t-i fait, c' n'en est pas,
Piarrot, t'as la barlue. — Oh ! j'ai c' que tu voudras,
Ç'ai-je fait ; mais gageons que j' n'ai point la barlue,
Et qu' ça qu'en voit là-bas, ç'ai-je fait, qui remue,
C'est de zomme, vois-tu, qui nageont vars ici.
— Gag' que non, c' m'a-t-i fait. — Oh! margué, gag' que si.
Dix sous. — Oh! c' m'a t-i fait, je le veux bian, marguienne ;
Quien, mets argent su jeu, v'là le mien. » Palsanguienne,
Je n'ai fait là-dessus l'étourdi, ni le fou;
J'ai bravement bouté par tarre mé dix sou,
Quatre pièce tapée, et le restant en double :
« Jarnigué, je varron si j'avon la veu' trouble, »
Ç'ai-je fait, les boutant... plus hardiment enfin
Que si j'eusse avalé queuque varre de vin ;
Car j' sis hasardeux, moi : qu'en me mette en boutade,
Je vas, sans tant d' raisons, tout à la débandade.
Je savas bian pourtant c' que j' faisas d'en par là :
Queuque niais ! Enfin don, j' n'on pas putôt mis, v'là
Que j' voyons tout à plain com' deu zomme à la nage
Nous faision signe; et moi, sans rien dir' davantage,
De prendre le zenjeux. « Allon, Gros-Jean, allon,
Ç'ai-je fait, vois-tu pas comme i nou zappelon?
I s' vont nayer. — Tant mieux, c' m'a-t-i fait, je m'en gausse,
I m'ant fait pardre. » Adon, le tirant par lé chausse,

J' l'ai si bian sarmoné, qu'à la parfin vars eux
J'avon dans une barque avironné tou deux;
Et pis, cahin caha, j'on tant fait que je somme
Venus tout contre; et pis j' les avons tirés, comme
Ils avoint quasi bu déjà pu que de jeu.
Et pis j' le zon cheu nous menés auprès du feu.
Où je l' zon vus tou nus sécher leu zoupelande;
Et pis il en est v'nu deux autres de leu bande,
Qui s'équian, vois-tu bian, sauvés tous seuls; et pis
Mathurine est venue à voir leu biau zabits;
Et pis i liont conté qu'al n'étoit pas tant sotte,
Qu'al avoit du malin dans l'œil; et pis, Charlotte,
V'là tout com' ça s'est fait pour te l' dire en un mot.

CHARLOTTE.

Et ne m' disois-tu pas qu' glien avoit un, Piarrot,
Qu'étoit bian pu mieux fait que tretous?

PIERROT.

C'est le maître,
Queuque bian gros monsieur, dé pu gros qui puisse être;
Car i n'a que du dor par ilà, par ici;
Et ceux qui le sarvont son dé monsieus aussi.
Stanpandant, si je n'eûme été là, palsanguienne,
Il en tenoit.

CHARLOTTE.

Ardez un peu.

PIERROT.

Jamais, marguienne,
Tout gros monsieu qu'il est, il n'en fût revenu.

CHARLOTTE.

Et cheu toi, dis, Piarrot, est-il encor tout nu?

PIERROT.

Nannain : tou devant nou, qui le regardion faire,
I l'avon rhabillé. Monguieu, combian d'affaire!
J' n'avois vu s'habiller jamais de courtisans,
Ni leu zangingorniaux : je me pardrois dedans.
Pour lé zy faire entré, comme n'en lé ballotte!
J'étas tout ébobi de voir çà. Quien, Charlotte,
Quand i sont zabillés, y vous zan tout à point

De grands cheveux touffus, mais qui ne tenont point
A leu tête, et pis v'là tout d'un coup qui l'y passe :
I boutont ça tout comme un bonnet de filasse.
Leu chemise, qu'à voir j'étas tout étourdi,
Ant dé manche, où tou deux j'entrerions tout brandi.
En de glieu d'haut de chausse ils ant sartaine histoire
Qui ne leu vient que là. J'auras bian de quoi boire,
Si j'avas tout l'argent dé lisets de dessu.
Glien a tan, glien a tant, qu'an n'en sauroit voir pu.
I n'ant jusqu'au collet, qui n' va point en darrière,
Et qui leu pen devant, bâti d'une manière
Que je n' te l' saurois dire, et si j' lai vu de près.
Il ant au bout de bras d'autres petits collets,
Aveu dé passements faits de dentale blanche,
Qui, veniant par le bout, faison le tour dé manche.

CHARLOTTE.

I faut que j'aille voir, Piarrot.

PIERROT.

Oh ! si te plaît,
J'ai queuq' chose à te dire.

CHARLOTTE.

Eh bian, dis quesque c'est?

PIERROT.

Vois-tu, Charlotte, i faut qu'aveu toi, com' s' dit l'autre,
Je débonde mon cœur. Il iroit trop du nôtre,
Quand je somme pour être à nou deux tou de bon,
Si je n' me plaignas pas.

CHARLOTTE.

Quement? Quesqu'iglia don?

PIERROT.

Iglia que franchement tu me chagraignes l'âme.

CHARLOTTE.

Et d'où vient?

PIERROT.

Tatigué, tu dois être ma femme,
Et tu ne m'aimes pas.

CHARLOTTE.

Ah! ah! n'est-ce que ça?

PIERROT.

Non, c' n'est qu' ça; stanpendant c'est bian assez. Vien çà.

CHARLOTTE.

Monguieu! toujou, Piarrot, tu m' dis la même chose.

PIERROT.

Si j' te la dis toujou, c'est toi qu'en es la cause;
Et, si tu me faisois queuquefouas autrement,
J' te diras autre chose.

CHARLOTTE.

Appren-moi donc quement
Tu voudrois que j' te fisse.

PIERROT.

Oh! je veux que tu m'aime.

CHARLOTTE.

Esque je n' t'aime pas?

PIERROT.

Non, tu fais tou de même
Que si j' n'avion point fait no zacordaille; et si
J' n'ai rien à me r'procher là-dessus, Dieu marci.
Das qu'i passe un marcier, tout aussitôt j' t'ajette
Lé pu jolis lacets qui soient dans sa banette;
Pour t'aller dénicher dé marle, j' ne sai zou,
Tou les jours je m'azarde à me rompre le cou;
Je fais jouer pour toi lé vielleu zà ta fête :
Et tout ça, contre un mur c'est me cogné la tête;
J' n'y gagne rien. Vois-tu? ça n'est ni biau ni bon,
De n' vouloir pas aimer les gens qui nou zamon.

CHARLOTTE.

Monguieu! je t'aime aussi; de quoi te mettre en peine?

PIERROT.

Oui, tu m'aimes; mais c'est d'une belle déguaine.

CHARLOTTE.

Qu'es don qu' tu veux qu'en fasse?

PIERROT.

Oh! je veux que tout haut
L'en fasse ce qu'en fait pour aimer comme i faut.

CHARLOTTE.

J' t'aime aussi comme i faut; pourquoi don qu' tu t'étonne?

PIERROT.

Non, ça s' voit quand il est ; et toujou zau parsonne,
Quand c'est tout d' bon qu'on aime, en leu fait en passant
Mil' p'tite singerie. Hé! sis-je un innocent?
Margué, j' ne veux que voir com' la grosse Thomasse
Fait au jeune Robain ; al' n' tien jamais en place,
Tant al' n'est assotée ; et dès qu'al' l' voit passer,
Al' n'attend point qu'i vienne, al' s'en court l'agacer,
Li jett' son chapiau bas, et toujou, sans reproche,
Li fait exprès queuqu' niche, ou baille une taloche :
Et darrainment encor que su zun escabiau
Il regardoit danser, al' s'en fut bian et biau
Li tirer de dessous, et l' mit à la renvarse.
Jarni, v'là c' qu' c'est qu'aimer ; mais, margué, l'en me barce.
Quand dret comme un piquet j' voi que tu viens te parcher,
Tu n' me dis jamais mot ; et j'ai biau t'entincher,
En glieu de m' faire présent d'un' bonne égratignure,
De m' bailler queuque coup, ou d' voir par avanture
Si j' sis point chatouilleux, tu te grates les doigts ;
Et t'es là toujou comme un' vrai souche de bois.
T'est trop fraide, vois-tu : ventregué ! ça me choque.

CHARLOTTE.

C'est mon imeur, Piarrot ; que veux-tu?

PIERROT.

                                      Tu te moque!
Quand l'en aime les gens, l'en en baille toujou
Queuqu' petit' signifiance.

CHARLOTTE.

                      Oh! cherche donc par où.
S' tu penses qu'à t'aimer queuque autre soit pu prompte,
Va l'aimer, j' te l'accorde.

PIERROT.

                     Hé bian, v'là pas mon compte?
Tatigué, s' tu m'aimois, m' dirois-tu ça?

CHARLOTTE.

                              Pourquoi
M' viens-tu tarabuster toujou l'esprit?

PIERROT.
                    Dis-moi,
Queu mal t' fais-je à vouloir que tu m' fasses paraître
Un peu pu d'amiquié?
            CHARLOTTE.
                Va, ça m' viendra peut-être :
Ne me presse point tant, et laisse faire.
            PIERROT.
                            Hé bian,
Touche don là, Charlotte, et d' bon cœur.
            CHARLOTTE.
                        Hé bian! quian.
            PIERROT.
Promets qu' tu tâchera zà m'aimer davantage.
            CHARLOTTE.
Est-ce là ce monsieu?
            PIERROT.
                Oui, le v'là.
            CHARLOTTE.
                        Queu dommage
Qu'il eût été nayé! qu'il est genti!
            PIERROT.
                            Je vas
Boire chopeine : agieu, je ne tarderai pas.

SCÈNE II.

DON JUAN, SGANARELLE, CHARLOTTE.

            DON JUAN.
Il n'y faut plus penser, c'en est fait, Sganarelle;
La force entre mes bras alloit mettre la belle,
Lorsque ce coup de vent, difficile à prévoir,
Renversant notre barque, a trompé mon espoir.
Si par là de mon feu l'espérance est frivole,
L'aimable paysanne aisément m'en console;
Et c'est une conquête assez pleine d'appas,
Qui dans l'occasion ne m'échappera pas.

Déjà par cent douceurs j'ai jeté dans son âme
Des dispositions à bien traiter ma flamme :
On se plaît à m'entendre, et je puis espérer
Qu'ici je n'aurai pas longtemps à soupirer.
SGANARELLE.
Ah! monsieur, je frémis à vous entendre dire.
Quoi! des bras de la mort quand le ciel nous retire,
Au lieu de mériter, par quelque amendement,
Les bontés qu'il répand sur nous incessamment ;
Au lieu de renoncer aux folles amourettes,
Qui déjà tant de fois... Paix, coquin que vous êtes!
Monsieur sait ce qu'il fait; et vous ne savez, vous,
Ce que vous dites.
DON JUAN.
Ah! que vois-je auprès de nous?
SGANARELLE.
Qu'est-ce?
DON JUAN.
Tourne les yeux, Sganarelle, et condamne
La surprise où me met cette autre paysanne.
D'où sort-elle? peut-on rien voir de plus charmant?
Celle-ci vaut bien l'autre, et mieux.
SGANARELLE.
Assurément.
DON JUAN.
Il faut que je lui parle.
SGANARELLE.
Autre pièce nouvelle.
DON JUAN.
L'agréable rencontre! Et d'où me vient, la belle,
L'inespéré bonheur de trouver en ces lieux,
Sous cet habit rustique, un chef-d'œuvre des cieux?
CHARLOTTE.
Hé! monsieu...
DON JUAN.
Il n'est point un plus joli visage.
CHARLOTTE.
Monsieu...

DON JUAN.
Demeurez-vous, ma belle, en ce village?
CHARLOTTE.
Oui, monsieu.
DON JUAN.
Votre nom?
CHARLOTTE.
Charlotte, à vous servir,
Si j'en étois capable.
DON JUAN.
Ah! je me sens ravir.
Qu'elle est belle, et qu'au cœur sa vue est dangereuse!
Pour moi...
CHARLOTTE.
Vous me rendez, monsieur, toute honteuse.
DON JUAN.
Honteuse d'ouïr dire ici vos vérités?
Sganarelle, as-tu vu jamais tant de beautés?
Tournez-vous, s'il vous plaît. Que sa taille est mignonne!
Haussez un peu la tête. Ah! l'aimable personne!
Cette bouche, ces yeux!... Ouvrez-les tout à fait.
Qu'ils sont beaux! Et vos dents? Il n'est rien si parfait.
Ces lèvres ont surtout un vermeil que j'admire.
J'en suis charmé.
CHARLOTTE.
Monsieu, cela vous plaît à dire :
Et je ne sais si c'est pour vous railler de moi.
DON JUAN.
Me railler de vous? Non, j'ai trop de bonne foi.
Regarde cette main plus blanche que l'ivoire,
Sganarelle; peut-on...
CHARLOTTE.
Fi, monsieu! al est noire
Tout comme je n' sais quoi.
DON JUAN.
Laissez-la-moi baiser.
CHARLOTTE.
C'est trop d'honneur pour moi; j' n'os'rois vous refuser;

Mais si j'eus' su tout ça devant votre arrivée,
Exprès aveu du son je m' la serois lavée.
DON JUAN.
Vous n'êtes point encor mariée?
CHARLOTTE.
Oh! non pas;
Mais je dois bientôt l'être au fils du grand Lucas :
Il se nomme Piarrot. C'est ma tante Phlipotte
Qui nous fait marier.
DON JUAN.
Quoi! vous, belle Charlotte,
D'un simple paysan être la femme? Non :
Il vous faut autre chose; et je crois tout de bon
Que le ciel m'a conduit exprès dans ce village
Pour rompre cet injuste et honteux mariage :
Car enfin je vous aime; et malgré les jaloux,
Pourvu que je vous plaise, il ne tiendra qu'à vous
Qu'on ne trouve moyen de vous faire paraître
Dans l'éclat des honneurs où vous méritez d'être.
Cet amour est bien prompt, je l'avouerai; mais, quoi!
Vos beautés tout d'un coup ont triomphé de moi;
Et je vous aime autant, Charlotte, en un quart d'heure
Qu'on aimeroit une autre en six mois.
CHARLOTTE.
Oui?
DON JUAN.
Je meure
S'il est rien de plus vrai!
CHARLOTTE.
Monsieu, je voudrois bien
Que ça fût tout comm' ça : car vous ne m' dites rien
Qui ne m' fasse assé zaise, et j'aurois bian envie
De n' vous mécroire point; mais j'ai toute ma vie
Entendu dire à ceux qui savon bian c' que c'est,
Qu'i n'est point de monsieu qui ne soit toujou prêt
A tromper queuque fille, à moins qu'al' n'y regarde.
DON JUAN.
Suis-je de ces gens-là? Non, Charlotte.

SGANARELLE.
Il n'a garde.
DON JUAN.
Le temps vous fera voir comme j'en veux user.
CHARLOTTE.
Aussi je n' voudrois pas me laisser abuser,
Voyez-vou : si j' sis pauvre, et native au village,
J'ai d' l'honneur tout autant qu'on en ait à mon âge :
Et pour tout l'or du monde on n' me pourroit tenter,
Si j' pensois qu'en m'aimant l'en me l' voulût ôter.
DON JUAN.
Je voudrois vous l'ôter, moi? ce soupçon m'offense.
Croyez que pour cela j'ai trop de conscience;
Et que, si vos appas m'ont su d'abord charmer,
Ce n'est qu'en tout honneur que je vous veux aimer.
Pour vous le faire voir, apprenez que dans l'âme
J'ai formé le dessein de vous faire ma femme :
J'en donne ma parole; et pour vous, au besoin,
L'homme que vous voyez en sera le témoin.
CHARLOTTE.
Vous m' vouriez épouser, moi?
DON JUAN.
Cela vous étonne?
Demandez au témoin que mon amour vous donne :
Il me connoît.
SGANARELLE.
Très fort. Ne craignez rien : allez,
Il vous épousera cent fois, si vous voulez;
J'en réponds.
DON JUAN.
Eh bien donc, pour le prix de ma flamme,
Ne consentez-vous pas à devenir ma femme?
CHARLOTTE.
I faudroit à ma tante en dire un petit mot,
Pour qu'al' en fût contente : al' aime bian Piarrot.
DON JUAN.
Je dirai ce qu'il faut, et m'en rendrai le maître.
Touchez là seulement, pour me faire connaître
Que de votre côté vous voulez bien de moi.

CHARLOTTE.

J' n'en veux que trop; mais vous?

DON JUAN.

Je vous donne ma foi
Et deux petits baisers vont vous servir de gage...

CHARLOTTE.

Oh! monsieur, attendez qu' j'ons fait le mariage;
Après ça, voyez-vous, je vous baiserai tant
Que vous n'erez qu'à dire.

DON JUAN.

Ah! me voilà content.
Tout ce que vous voulez, je le veux pour vous plaire;
Donnez-moi seulement votre main.

CHARLOTTE.

Pourquoi faire?

DON JUAN.

Il faut que cent baisers vous marquent l'intérêt...

SCÈNE III.

DON JUAN, CHARLOTTE, PIERROT, SGANARELLE.

PIERROT.

Tout doucement, monsieu, tenez-vous, si vous plaît;
Vous pourriez, v's échauffant, gagner la purésie.

DON JUAN.

D'où cet impertinent nous vient-il?

PIERROT.

Oh! jarnie!
J' vous dis qu'ou vous tegniois, et qu'i n'est pas besoin
Qu'ou vegniois courtisé nos femmes de si loin.

DON JUAN, le poussant.

Ah! que de bruit!

PIERROT.

Margué! je n' nou zémouvon guère
Pour cé pousseu de gens!

CHARLOTTE.

Piarrot, laisse-le faire.

ACTE II, SCÈNE III.

PIERROT.

Quement! que j' le laiss' faire? Et je ne l' veux pas, moi.

DON JUAN.

Ah!

PIERROT.

Parc' qu'il est monsieu, i s'en viendra, je croi,
Caresser à not' barbe ici nos zaccordées!
Pargué! j'en sis d'avis que j' vous l' zayon gardées!
Allez-v's-en caresser lé vôtre.

DON JUAN, lui donnant plusieurs soufflets.

Hé!

PIERROT.

Hé! margué,
N' vous avisé pas trop de m' frapper : jarnigué!
Ventregué! tatigué! voyez un peu la chance
D' venir battre les gens! c' n'est pas la récompense
D' vous être allé tantôt sauvé d'être nayé!
J' vous devions laisser boire. Il est bien employé!

CHARLOTTE.

Va, ne te fâche point, Piarrot.

PIERROT.

Oh! palsanguienne!
I m' plaît de me fâcher, et t'es une vilaine
D'endurer qu'en t' cajole.

CHARLOTTE.

Il me veut épouser,
Et tu n' te devrois pas si fort colériser.
C' n'est pas c' qu' tu penses, da.

PIERROT.

Jarni, tu m'es promise.

CHARLOTTE.

Ça n'y fait rian, Piarrot; tu n' m'as pas encor prise.
S' tu m'aimes comme i faut, s'ras-tu pas tout joyeux
De m' voir madame?

PIERROT.

Non, j'aimerois cent fois mieux
Te voir crever qu' non pas qu'un autre t'eût. Marguenne...

CHARLOTTE.

Laiss'-moi que je la sois, et n' te mets point en peine :
Je te ferai cheux nous apporter des œufs frais,
Du beurre...

PIERROT.

Palsangué! je gnien port'rai jamais,
Quand tu m'en ferois payer deux fois autant. Acoute :
C'est donc com' ça qu' tu fais? Si j'en eusse eu queuqu' doute,
Je m' s'ras bian empêché de le tirer de gliau,
Et j' gli aurois baillé putôt un chinfreniau
D'un bon coup d'aviron sur la tête.

DON JUAN.

Hé?

PIERROT, s'éloignant.

Personne
N' me fait peur.

DON JUAN.

Attendez, j'aime assez qu'on raisonne!

PIERROT, s'éloignant toujours.

Je m' gobarg' de tout, moi.

DON JUAN.

Voyons un peu cela.

PIERROT.

J'en avon bien vu d'autre.

DON JUAN.

Ouais!

SGANARELLE.

Monsieur, laissez là
Ce pauvre diable : à quoi peut servir de le battre?
Vous voyez bien qu'il est obstiné comme quatre.
Va, mon pauvre garçon, va-t'en, retire-toi,
Et ne lui dis plus rien.

PIERROT.

Et j' li veux dire, moi.

DON JUAN, donnant un soufflet à Sganarelle, croyant le donner à Pierrot, qui se baisse.

Ah! je vous apprendrai...

SGANARELLE.

Peste soit du maroufle!

DON JUAN.

Voilà ta charité.

PIERROT.

Je m' ris d' queuqu' vent qui souffle,
Et j' m'en vas à ta tante en lâcher quatre mots;
Laisse faire.

(Il s'en va.)

DON JUAN.

A la fin il nous laisse en repos,
Et je puis à la joie abandonner mon âme.
Que de ravissements quand vous serez ma femme!
Sera-t-il un bonheur égal au mien?

SGANARELLE, voyant Mathurine.

Ah! ah!

Voici l'autre.

SCÈNE IV.

DON JUAN, CHARLOTTE, MATHURINE, SGANARELLE.

MATHURINE.

Monsieu, qu'es' don q'ou faites là?
Es' q'ou parlez d'amour à Charlotte?

DON JUAN, à Mathurine.

Au contraire,
C'est qu'elle m'aime; et moi, comme je suis sincère,
Je lui dis que déjà vous possédez mon cœur.

CHARLOTTE.

Qu'es' don que vous veut là Mathurine?

DON JUAN, à Charlotte.

Elle a peur
Que je ne vous épouse; et je viens de lui dire
Que je vous l'ai promis.

MATHURINE.

Quoi! Charlotte, es' pour rire?

DON JUAN, à Mathurine.

Tout ce que vous direz ne servira de rien:
Elle me veut aimer.

CHARLOTTE.
Mathurine, est-il bien
D'empêcher que monsieu...

DON JUAN, à Charlotte.
Vous voyez qu'elle enrage.

MATHURINE.
Oh! je n'empêche rien, il m'a déjà...

DON JUAN, à Charlotte.
Je gage
Qu'elle vous soutiendra qu'elle a reçu ma foi.

CHARLOTTE.
Je n' pensois pas...

DON JUAN, à Mathurine.
Gageons qu'elle dira de moi
Que j'aurai fait serment de la prendre pour femme.

MATHURINE.
Vous v'nez un peu trop tard.

CHARLOTTE.
Vous le dites.

MATHURINE.
Tredame!
Pourquoi me disputer?

CHARLOTTE.
Pisqu' monsieu me veut bien!

MATHURINE.
C'est moi qu'i veut putôt.

CHARLOTTE.
Oh! pourtant j' n'en crois rien.

MATHURINE.
I m'a vu la première, et m' l'a dit : qu'i réponde!

CHARLOTTE.
Si v' sa vu la première, i m'a vu la seconde,
Et m' veut épouser.

MATHURINE.
Bon!...

DON JUAN, à Mathurine.
Hé! que vous ai-je dit?

MATHURINE.
C'est moi qu'il épous'ra. Voyez le bel esprit!

DON JUAN, à Charlotte.

N'ai-je pas deviné? La folle! je l'admire.

CHARLOTTE.

Si j' n'avons pas raison, le v'là qu'est pour le dire :
I sait notre querelle.

MATHURINE.

Oui, puisqu'i sait c' qu'en est,
Qu'i nous juge!

CHARLOTTE.

Monsieu, jugé-nous, s'i vous plaît :
Laqueule est parmi nous...

MATHURINE.

Gageons q' c'est moi qu'il aime.
Vous zallez voir.

CHARLOTTE.

Tant mieux : vou zallez voir vou-même.

MATHURINE.

Dites.

CHARLOTTE.

Parlez.

DON JUAN.

Comment! est-ce pour vous moquer?
Quel besoin avez-vous de me faire expliquer?
A l'une de vous deux j'ai promis mariage;
J'en demeure d'accord : en faut-il davantage?
Et chacune de vous, dans un débat si prompt,
Ne sait-elle pas bien comme les choses vont?
Celle à qui je me suis engagé doit peu craindre
Ce que, pour l'étonner, l'autre s'obstine à feindre;
Et tous ces vains propos ne sont qu'à mépriser,
Pourvu que je sois prêt toujours à l'épouser.
Qui va de bonne foi hait les discours frivoles;
J'ai promis des effets, laissons là les paroles.
C'est par eux que je songe à vous mettre d'accord;
Et l'on saura bientôt qui de vous deux a tort,
Puisqu'en me mariant je dois faire connaître
Pour laquelle l'amour dans mon cœur a su naître.

(A Mathurine.)

Laissez-la se flatter, je n'adore que vous.

(A Charlotte.)
Ne la détrompez point, je serai votre époux.
(A Mathurine.)
Il n'est charmes si vifs que n'effacent les vôtres.
(A Charlotte.)
Quand on a vu vos yeux, on n'en peut souffrir d'autres.
Une affaire me presse, et je cours l'achever;
Adieu : dans un moment je viens vous retrouver.

CHARLOTTE.

C'est moi qui li plaît mieux, au moins.

MATHURINE.

Pourtant je pense
Que je l'épouseron.

SGANARELLE.

Je plains votre innocence,
Pauvres jeunes brebis, qui pour trop croire un fou,
Vous-mêmes vous jetez dans la gueule du loup!
Croyez-moi toutes deux, ne soyez pas si promptes
A vous laisser ainsi duper par de beaux contes.
Songez à vos oisons, c'est le plus assuré.

DON JUAN, revenant.

D'où vient que Sganarelle est ici demeuré?

SGANARELLE.

Mon maître n'est qu'un fourbe, et tout ce qu'il débite
Fadaise; il ne promet que pour aller plus vite.
Parlant de mariage, il cherche à vous tromper.
Il en épouse autant qu'il en peut attraper;
(Il aperçoit Don Juan qui l'écoute.)
Et... Cela n'est pas vrai : si l'on vient vous le dire,
Répondez hardiment qu'on se plaît à médire;
Que mon maître n'est fourbe en aucune action,
Qu'il n'épouse jamais qu'à bonne intention,
Qu'il n'abuse personne, et que s'il dit qu'il aime...
Ah! tenez, le voilà; sachez-le de lui-même.

DON JUAN, à Sganarelle.

Oui!

SGANARELLE.

Le monde est si plein, monsieur, de médisants,

Que, comme on parle mal surtout des courtisans,
Je leur faisois entendre à toutes deux, pour cause,
Que si quelqu'un de vous leur disoit quelque chose,
Il falloit n'en rien croire; et que de suborneur...

DON JUAN.

Sganarelle !...

SGANARELLE.

Oui, mon maître est un homme d'honneur,
Je le garantis tel.

DON JUAN.

Hom !

SGANARELLE.

Ce seront des bêtes,
Ceux qui tiendront de lui des discours malhonnêtes.

SCÈNE V.

DON JUAN, LA RAMÉE, CHARLOTTE, MATHURINE,
SGANARELLE.

LA RAMÉE.

Je viens vous avertir, monsieur, qu'ici pour vous
Il ne fait pas fort bon.

SGANARELLE.

Ah ! monsieur, sauvons-nous.

DON JUAN.

Qu'est-ce ?

LA RAMÉE.

Dans un moment doivent ici descendre
Douze hommes à cheval commandés pour vous prendre;
Ils ont dépeint vos traits à ceux qui me l'ont dit
Songez à vous.

SGANARELLE.

Pourquoi s'aller perdre à crédit?
Tirons-nous promptement, monsieur.

DON JUAN.

Adieu, les belles;
Celle que j'aime aura demain de mes nouvelles.

MATHURINE, s'en allant.

C'est à moi qu'i promet, Charlotte.

CHARLOTTE, s'en allant.

Oh! c'est à moi.

DON JUAN.

Il faut céder : la force est une étrange loi.
Viens; pour ne risquer rien, usons de stratagème;
Tu prendras mes habits.

SGANARELLE.

Moi, monsieur?

DON JUAN.

Oui, toi-même.

SGANARELLE.

Monsieur, vous vous moquez. Comment! sous vos habits
M'aller faire tuer?

DON JUAN.

Tu mets la chose au pis.
Mais, dis-moi, lâche, dis, quand cela devroit être,
N'est-on pas glorieux de mourir pour son maître?

SGANARELLE.

(A part.)

Serviteur à la gloire... O ciel! fais qu'aujourd'hui
Sganarelle, en fuyant, ne soit pas pris pour lui!

ACTE TROISIÈME.

SCÈNE PREMIÈRE.
DON JUAN, SGANARELLE, habillé en médecin.

SGANARELLE.
Avouez qu'au besoin j'ai l'imaginative
Aussi prompte d'aller que personne qui vive.
Votre premier dessein n'étoit point à propos.
Sous ce déguisement j'ai l'esprit en repos.
Après tout, ces habits nous cachent l'un et l'autre
Beaucoup mieux qu'on n'eût pu me cacher sous le vôtre ;
J'en regardois le risque avec quelque souci.
Tout franc, il me choquoit.

DON JUAN.
Te voilà bien ainsi.
Où diable as-tu donc pris ce grotesque équipage ?

SGANARELLE.
Il vient d'un médecin qui l'avoit mis en gage :
Quoique vieux, j'ai donné de l'argent pour l'avoir.
Mais, monsieur, savez-vous quel en est le pouvoir ;
Il me fait saluer des gens que je rencontre,
Et passer pour docteur partout où je me montre :
Ainsi qu'un habile homme on me vient consulter.

DON JUAN.
Comment donc ?

SGANARELLE.
Mon savoir va bientôt éclater.
Déjà six paysans, autant de paysannes,
Accoutumés sans doute à parler à des ânes,
M'ont sur différents maux demandé mon avis.

DON JUAN.

Et qu'as-tu répondu?

SGANARELLE.

Moi?

DON JUAN.

Tu t'es trouvé pris?

SGANARELLE.

Pas trop. Sans m'étonner, de l'habit que je porte
J'ai soutenu l'honneur, et raisonné de sorte
Que, sur mon ordonnance, aucun d'eux n'a douté
Qu'il n'eût entre les mains un trésor de santé.

DON JUAN.

Et comment as-tu pu bâtir tes ordonnances?

SGANARELLE.

Ma foi! j'ai ramassé beaucoup d'impertinences,
Mêlé casse, opium, rhubarbe, *et cœtera,*
Tout par drachme : et le mal aille comme il pourra,
Que m'importe?

DON JUAN.

Fort bien. Ce que tu viens de dire
Me réjouit.

SGANARELLE.

Et si, pour vous faire mieux rire,
Par hasard (car enfin quelquefois que sait-on?)
Mes malades venoient à guérir?

DON JUAN.

Pourquoi non?
Les autres médecins, que les sages méprisent,
Dupent-ils moins que toi dans tout ce qu'ils nous disent?
Et, pour quelques grands mots que nous n'entendons pas,
Ont-ils aux guérisons plus de part que tu n'as?
Crois-moi, tu peux comme eux, quoi qu'on s'en persuade,
Profiter, s'il avient, du bonheur du malade,
Et voir attribuer au seul pouvoir de l'art
Ce qu'avec la nature aura fait le hasard.

SGANARELLE.

Oh! jusqu'où vous poussez votre humeur libertine!
Je ne vous croyois pas impie en médecine.

ACTE III, SCÈNE I.

DON JUAN.

Il n'est point parmi nous d'erreur plus grande.

SGANARELLE.

Quoi!
Pour un art tout divin vous n'avez point de foi!
La casse, le séné, ni le vin émétique...

DON JUAN.

La peste soit le fou!

SGANARELLE.

Vous êtes hérétique,
Monsieur. Songez-vous bien quel bruit, depuis un temps,
Fait le vin émétique?

DON JUAN.

Oui, pour certaines gens.

SGANARELLE.

Ses miracles partout ont vaincu les scrupules ;
Leur force a converti jusqu'aux plus incrédules :
Et, sans aller plus loin, moi qui vous parle, moi,
J'en ai vu des effets si surprenants...

DON JUAN.

En quoi?

SGANARELLE.

Tout peut être nié si sa vertu se nie.
Depuis six jours un homme étoit à l'agonie,
Les plus experts docteurs n'y connoissoient plus rien ;
Il avoit mis à bout la médecine.

DON JUAN.

Eh bien?

SGANARELLE.

Recours à l'émétique. Il en prend pour leur plaire :
Soudain...

DON JUAN.

Le grand miracle! il réchappe?

SGANARELLE.

Au contraire,
Il en meurt.

DON JUAN.

Merveilleux moyen de le guérir!

SGANARELLE.

Comment! depuis six jours il ne pouvoit mourir;
Et, dès qu'il en a pris, le voilà qui trépasse!
Vit-on jamais remède avoir plus d'efficace?

DON JUAN.

Tu raisonnes fort juste.

SGANARELLE.

Il est vrai, cet habit
Sur le raisonnement m'inspire de l'esprit;
Et si, sur certains points où je voudrois vous mettre,
La dispute...

DON JUAN.

Une fois je veux te la permettre.

SGANARELLE.

Errez en médecine autant qu'il vous plaira,
La seule Faculté s'en scandalisera;
Mais sur le reste, là, que le cœur se déploie :
Que croyez-vous?

DON JUAN.

Je crois ce qu'il faut que je croie.

SGANARELLE.

Bon. Parlons doucement et sans nous échauffer.
Le ciel...

DON JUAN.

Laissons cela.

SGANARELLE.

C'est fort bien dit. L'enfer..

DON JUAN.

Laissons cela, te dis-je.

SGANARELLE.

Il n'est pas nécessaire
De vous expliquer mieux ; votre réponse est claire.
Malheur si l'esprit fort s'y trouvoit oublié!
Voilà ce que vous sert d'avoir étudié;
Temps perdu. Quant à moi, personne ne peut dire
Que l'on m'ait rien appris : je sais à peine lire,
Et j'ai de l'ignorance à fond; mais, franchement,
Avec mon petit sens, mon petit jugement,

ACTE III, SCÈNE I.

Je vois, je comprends mieux ce que je dois comprendre
Que vos livres jamais ne pourroient me l'apprendre.
Ce monde où je me trouve, et ce soleil qui luit,
Sont-ce des champignons venus en une nuit?
Se sont-ils faits tout seuls? Cette masse de pierre
Qui s'élève en rochers, ces arbres, cette terre,
Ce ciel planté là-haut, est-ce que tout cela
S'est bâti de soi-même? et vous, seriez-vous là
Sans votre père, à qui le sien fut nécessaire
Pour devenir le vôtre? Ainsi, de père en père,
Allant jusqu'au premier, qui veut-on qui l'ait fait,
Ce premier? Et dans l'homme, ouvrage si parfait,
Tous ces os agencés l'un dans l'autre, cette âme,
Ces veines, ce poumon, ce cœur, ce foie... Oh! dame,
Parlez à votre tour, comme les autres font;
Je ne puis disputer, si l'on ne m'interrompt.
Vous vous taisez exprès, et c'est belle malice.

DON JUAN.

Ton raisonnement charme, et j'attends qu'il finisse.

SGANARELLE.

Mon raisonnement est, monsieur, quoi qu'il en soit,
Que l'homme est admirable en tout, et qu'on y voit
Certains ingrédients que plus on les contemple,
Moins on peut expliquer... D'où vient que... Par exemple,
N'est-il pas merveilleux que je sois ici, moi,
Et qu'en la tête, là, j'aie un je ne sais quoi
Qui fait qu'en un moment, sans en savoir les causes,
Je pense, s'il le faut, cent différentes choses,
Et ne me mêle point d'ajuster les ressorts
Que ce je ne sais quoi fait mouvoir dans mon corps?
Je veux lever un doigt, deux, trois, la main entière.
Aller à droit, à gauche, en avant, en arrière...

DON JUAN, apercevant Léonor.

Ah! Sganarelle, vois. Peut-on, sans s'étonner...

SGANARELLE.

Voilà ce qu'il vous faut, monsieur, pour raisonner.
Vous n'êtes point muet en voyant une belle.

DON JUAN.

Celle-ci me ravit.

SGANARELLE.

Vraiment!

DON JUAN.

Que cherche-t-elle?

SGANARELLE.

Vous devriez déjà l'être allé demander.

SCÈNE II.

DON JUAN, LÉONOR, SGANARELLE.

DON JUAN.

Quel bien plus grand le ciel pouvoit-il m'accorder?
Présenter à mes yeux, dans un lieu si sauvage,
La plus belle personne...

LÉONOR.

Oh! point, monsieur.

DON JUAN.

Je gage
Que vous n'avez encor que quatorze ans au plus.

SGANARELLE, à Don Juan.

C'est comme il vous les faut.

LÉONOR.

Quatorze ans? je les eus
Le dernier de juillet.

SGANARELLE, bas.

O ma pauvre innocente!

DON JUAN.

Mais que cherchiez-vous là?

LÉONOR.

Des herbes pour ma tante.
C'est pour faire un remède; elle en prend très souvent.

DON JUAN.

Veut-elle consulter un homme fort savant?
Monsieur est médecin.

ACTE III, SCÈNE II.

LÉONOR.
Ce seroit là sa joie.

SGANARELLE, d'un ton grave.
Où son mal lui tient-il? est-ce à la rate, au foie?

LÉONOR.
Sous des arbres assise, elle prend l'air là-bas;
Allons le savoir d'elle.

DON JUAN.
Hé, ne nous pressons pas.

(A Sganarelle.)
Qu'elle est propre à causer une flamme amoureuse!

LÉONOR.
Il faudra que je sois pourtant religieuse.

DON JUAN.
Ah! quel meurtre! Et d'où vient? Est-ce que vous avez
Tant de vocation...

LÉONOR.
Pas trop; mais vous savez
Qu'on menace une fille; et qu'il faut, sans murmure...

DON JUAN.
C'est cela qui vous tient?

LÉONOR.
Et puis ma tante assure
Que je ne suis point propre au mariage.

DON JUAN.
Vous?
Elle se moque. Allez, faites choix d'un époux :
Je vous garantis, moi, s'il faut que j'en réponde,
Propre à vous marier plus que fille du monde
Monsieur le médecin s'y connoît; et je veux
Que lui-même...

SGANARELLE, lui tâtant le pouls.
Voyons. Le cas n'est point douteux,
Mariez-vous; il faut vous mettre deux ensemble,
Sinon il vous viendra malencombre.

LÉONOR.
Ah! je tremble.
Et quel mal est-ce là que vous nommez?

SGANARELLE.

Un mal
Qui consume en six mois l'humide radical;
Mal terrible, astringent, vaporeux...
LÉONOR.

Je suis morte.
SGANARELLE.
Mal surtout qui s'augmente au couvent.
LÉONOR.

Il n'importe.
On ne laissera pas de m'y mettre.
DON JUAN.

Et pourquoi?
LÉONOR.
A cause de ma sœur qu'on aime plus que moi;
On la mariera mieux, quand on n'aura plus qu'elle.
DON JUAN.
Vous êtes pour cela trop aimable et trop belle.
Non, je ne puis souffrir cet excès de rigueur;
Et dès demain, pour faire enrager votre sœur,
Je veux vous épouser : en serez-vous contente?
LÉONOR.
Eh, mon Dieu! n'allez pas en rien dire à ma tante.
Sitôt que du couvent elle voit que je ris,
Deux soufflets me sont sûrs; et ce seroit bien pis,
Si vous alliez pour moi parler de mariage.
DON JUAN.
Hé bien, marions-nous en secret : je m'engage,
Puisqu'elle vous maltraite, à vous mettre en état
De ne rien craindre d'elle.

SGANARELLE.

Et par un bon contrat :
Ce n'est point à demi que monsieur fait les choses.
DON JUAN.
J'avois, pour fuir l'hymen, d'assez puissantes causes;
Mais, pour vous faire entrer au couvent malgré vous,
Savoir qu'à la menace on ajoute les coups,
C'est un acte inhumain, dont je me rends coupable

Si je ne vous épouse.
SGANARELLE.
Il est fort charitable :
Voyez! se marier pour vous ôter l'ennui
D'être religieuse! Attendez tout de lui.
LÉONOR.
Si j'osois m'assurer...
SGANARELLE.
C'est une bagatelle
Que ce qu'il vous promet. Sa bonté naturelle
Va si loin qu'il est prêt, pour faire trêve aux coups,
D'épouser, s'il le faut, votre tante avec vous.
LÉONOR.
Ah! qu'il n'en fasse rien! elle est si dégoûtante...
Mais, moi, suis-je assez belle...
DON JUAN.
Ah ciel! toute charmante.
Quelle douceur pour moi de vivre sous vos lois!
Non, ce qui fait l'hymen n'est pas de notre choix,
J'en suis trop convaincu; je vous connois à peine,
Et tout à coup je cède à l'amour qui m'entraîne.
LÉONOR.
Je voudrois qu'il fût vrai; car ma tante, et la peur
Que me fait le couvent...
DON JUAN.
Ah! connoissez mon cœur.
Voulez-vous que ma foi, pour preuve indubitable,
Vous fasse le serment le plus épouvantable?
Que le ciel...
LÉONOR.
Je vous crois, ne jurez point.
DON JUAN.
Eh bien?
LÉONOR.
Mais pour nous marier sans que l'on en sût rien,
Si la chose pressoit, comment faudroit-il faire?
DON JUAN.
Il faudroit avec moi venir chez un notaire,

Signer le mariage; et quand tout seroit fait,
Nous laisserions gronder votre tante.
SGANARELLE.
En effet,
Quand une chose est faite elle n'est pas à faire.
LÉONOR.
Oh! ma tante et ma sœur seront bien en colère:
Car j'aurai, pour ma part, plus de vingt mille écus;
Bien des gens me l'ont dit.
DON JUAN.
Vous me rendez confus.
Pensez-vous que ce soit votre bien qui m'engage?
Ce sont les agréments de ce charmant visage,
Cette bouche, ces yeux; enfin, soyez à moi,
Et je renonce au reste.
SGANARELLE.
Il est de bonne foi.
Vos écus sont pour lui des beautés peu touchantes.
LÉONOR.
J'ai dans le bourg voisin une de mes parentes
Qui veut qu'on me marie, et qui m'a toujours dit
Que, si quelqu'un m'aimoit...
DON JUAN.
C'est avoir de l'esprit.
LÉONOR.
Elle enverroit chercher de bon cœur le notaire.
Si nous allions chez elle?
DON JUAN.
Eh bien, il le faut faire.
Me voilà prêt, allons.
LÉONOR.
Mais quoi! seule avec vous?
DON JUAN.
Venir avecque moi, c'est suivre votre époux.
Est-ce un scrupule à faire après la foi promise?
LÉONOR.
Pas trop; mais j'ai toujours..

ACTE III, SCÈNE III.

DON JUAN.

Vous verrez ma franchise.

LÉONOR.

Du moins...

DON JUAN.

Par où faut-il vous mener?

LÉONOR.

Par ici.
Mais quel malheur!

DON JUAN.

Comment?

LÉONOR.

Ma tante que voici...

DON JUAN, à part.

Le fâcheux contre-temps! Qui diable nous l'amène?

SGANARELLE, à part.

Ma foi! c'en étoit fait sans cela.

DON JUAN.

Quelle peine!

LÉONOR.

Sans rien dire venez m'attendre ici ce soir;
Je m'y rendrai.

SCÈNE III.

THÉRÈSE, LÉONOR, DON JUAN, SGANARELLE.

THÉRÈSE, à Léonor.

Vraiment! j'aime assez à vous voir,
Impudente! Il vous faut parler avec des hommes!

SGANARELLE, à Thérèse.

Vous ne savez pas bien, madame, qui nous sommes.

LÉONOR.

Est-ce faire du mal, quand c'est à bonne fin?
Ce monsieur-là m'a dit qu'il étoit médecin;
Et je lui demandois si, pour guérir votre asthme,
Il ne savoit pas...

SGANARELLE.

Oui, j'ai certain cataplasme
Qui, posé lorsqu'on tombe en suffocation,
Facilite aussitôt la respiration.

THÉRÈSE.

Hé, mon Dieu! là-dessus j'ai vu les plus habiles :
Leurs remèdes me sont remèdes inutiles.

SGANARELLE.

Je le crois. La plupart des plus grands médecins
Ne sont bons qu'à venir visiter des bassins;
Mais pour moi, qui vais droit au souverain dictame,
Je guéris de tous maux; et je voudrois, madame,
Que votre asthme vous tînt du haut jusques au bas :
Trois jours mon cataplasme, il n'y paroîtroit pas.

THÉRÈSE.

Hélas! que vous feriez une admirable cure!

SGANARELLE.

Je parle hardiment, mais ma parole est sûre.
Demandez à monsieur. Outre l'asthme, il avoit
Un bolus au côté, qui toujours s'élevoit.
Du diaphragme impur l'humeur trop réunie
Le mettoit tous les ans dix fois à l'agonie;
En huit jours je vous ai balayé tout cela,
Nettoyé l'impur, et... Regardez, le voilà
Aussi frais, aussi plein de vigueur énergique
Que s'il n'avoit jamais eu tache d'asthmatique.

THÉRÈSE.

Son teint est frais, sans doute, et d'un vif éclatant.

SGANARELLE.

Çà, voyons votre pouls. Il est intermittent,
La palpitation du poumon s'y dénote.

THÉRÈSE.

Quelquefois...

SGANARELLE.

Votre langue? Elle n'est pas tant sotte.
En dessous? levez-la. L'asthme y paroît marqué.
Ah! si mon cataplasme étoit vite appliqué...

ACTE III, SCÈNE III.

THÉRÈSE.

Où donc l'applique-t-on?

SGANARELLE, lui parlant avec action, pour l'empêcher de voir que Don Juan entretient tout bas Léonor.

Tout droit sur la partie
Où la force de l'asthme est le plus départie.
Comme l'obstruction se fait de ce côté,
Il faut, autant qu'on peut, la mettre en liberté :
Car, selon que d'abord la chaleur restringente
A pu se ramasser, la partie est souffrante,
Et laisse à respirer le conduit plus étroit.
Or est-il que le chaud ne vient jamais du froid :
Par conséquent, sitôt que dans une famille
Vous voyez que le mal prend cours...

THÉRÈSE, à Léonor.

Petite fille,
Passez de ce côté.

SGANARELLE, continuant.

Ne différez jamais.

DON JUAN, bas, à Léonor.

Vous viendrez donc ce soir?

LÉONOR.

Oui, je vous le promets.

SGANARELLE.

A vous cataplasmer commencez de bonne heure.
En quel lieu faites-vous ici votre demeure?

THÉRÈSE.

Vous voyez ma maison.

SGANARELLE, tirant sa tabatière.

Dans trois heures d'ici,
Prenez dans un œuf frais de cette poudre-ci;
Et du reste du jour ne parlez à personne.
Voilà, jusqu'à demain, ce que je vous ordonne :
Je ne manquerai pas à me rendre chez vous.

THÉRÈSE.

Venez : vous faites seul mon espoir le plus doux.
Allons, petite fille, aidez-moi.

LÉONOR.

Çà, ma tante.

SCÈNE IV.

DON JUAN, SGANARELLE.

SGANARELLE.

Qu'en dites-vous, monsieur ?

DON JUAN.

La rencontre est plaisante!

SGANARELLE.

M'érigeant en docteur, j'ai là, fort à propos,
Pour amuser la tante, étalé de grands mots.

DON JUAN.

Où diable as-tu pêché ce jargon?

SGANARELLE.

Laissez faire;
J'ai servi quelque temps chez un apothicaire :
S'il faut jaser encor, je suis médecin né.
Mais ce tabac en poudre à la vieille donné?

DON JUAN.

Sa nièce est fort aimable, et doit ici se rendre
Quand le jour...

SGANARELLE.

Quoi! monsieur, vous l'y viendrez attendre

DON JUAN.

Oui, sans doute.

SGANARELLE.

Et de là, vous, l'épouseur banal,
Vous irez lui passer un écrit nuptial ?

DON JUAN.

Souffrir, faute d'un mot, qu'elle échappe à ma flamme !

SGANARELLE.

Quel diable de métier ! toujours femme sur femme !

DON JUAN.

En vain pour moi ton zèle y voit de l'embarras.
Les femmes n'en font point.

SGANARELLE.

Je ne vous comprends pas

ACTE III, SCÈNE V.

Mille gens, dont je vois partout qu'on se contente,
En ont souvent trop d'une, et vous en prenez trente.
####### DON JUAN.
Je ne me pique pas aussi de les garder :
Le grand nombre, en ce cas, pourroit m'incommoder.
####### SGANARELLE.
Pourquoi? Vous en feriez un sérail... Mais je tremble!
Quel cliquetis, monsieur! Ah!
####### DON JUAN.
Trois hommes ensemble
En attaquent un seul! Il faut le secourir.
####### SGANARELLE, seul sur le théâtre.
Voilà l'humeur de l'homme. Où s'en va-t-il courir?
S'aller faire échiner, sans qu'il soit nécessaire !
Quels grands coups il allonge! Il faut le laisser faire.
Le plus sûr cependant est de m'aller cacher;
S'il a besoin de moi, qu'il vienne me chercher.

SCÈNE V.

DON CARLOS, DON JUAN.

####### DON CARLOS.
Ces voleurs, par leur fuite, ont fait assez connoître
Qu'où votre bras se montre on n'ose plus paroître;
Et je ne puis nier qu'à cet heureux secours,
Si je respire encor, je ne doive mes jours :
Ainsi, monsieur, souffrez que, pour vous rendre grâce...
####### DON JUAN.
J'ai fait ce que vous-même auriez fait en ma place;
Et prendre ce parti contre leur lâcheté
Étoit plutôt devoir que générosité.
Mais d'où vous êtes-vous attiré leur poursuite?
####### DON CARLOS.
Je m'étois, par malheur, écarté de ma suite;
Ils m'ont rencontré seul, et mon cheval tué
A leur infâme audace a fort contribué.
Sans vous, j'étois perdu.

DON JUAN.
Vous allez à la ville?
DON CARLOS.
Non; certains intérêts...
DON JUAN.
Vous peut-on être utile?
DON CARLOS.
Cette offre met le comble à ce que je vous doi.
Une affaire d'honneur, très sensible pour moi,
M'oblige dans ces lieux à tenir la campagne.
DON JUAN.
Je suis à vous; souffrez que je vous accompagne.
Mais puis-je demander, sans me rendre indiscret.
Quel outrage reçu...
DON CARLOS.
Ce n'est plus un secret;
Et je ne dois songer, dans le bruit de l'offense,
Qu'à faire promptement éclater ma vengeance.
Une sœur, qu'au couvent j'avois fait élever,
Depuis quatre ou cinq jours s'est laissée enlever.
Un Don Juan Giron est l'auteur de l'injure :
Il a pris cette route, au moins on m'en assure;
Et je viens l'y chercher, sur ce que j'en ai su.
DON JUAN.
Et le connoissez-vous?
DON CARLOS.
Je ne l'ai jamais vu,
Mais j'amène avec moi des gens qui le connoissent;
Et par ses actions, telles qu'elles paroissent,
Je crois, sans passion, qu'il peut être permis...
DON JUAN.
N'en dites point de mal, il est de mes amis.
DON CARLOS.
Après un tel aveu, j'aurois tort d'en rien dire;
Mais lorsque mon honneur à la vengeance aspire,
Malgré cette amitié, j'ose espérer de vous...
DON JUAN.
Je sais ce que se doit un si juste courroux;

Et, pour vous épargner des peines inutiles,
Quels que soient vos desseins, je les rendrai faciles.
Si d'aimer Don Juan je ne puis m'empêcher,
C'est sans avoir servi jamais à le cacher :
D'un enlèvement fait avecque trop d'audace
Vous demandez raison, il faut qu'il vous la fasse.

DON CARLOS.

Et comment me la faire ?

DON JUAN.

Il est homme de cœur :
Vous pouvez là-dessus consulter votre honneur ;
Pour se battre avec vous, quand vous aurez su prendre
Le lieu, l'heure et le jour, il viendra vous attendre.
Vous répondre de lui, c'est vous en dire assez.

DON CARLOS.

Cette assurance est douce à des cœurs offensés ;
Mais je vous avouerai que, vous devant la vie,
Je ne puis, sans douleur, vous voir de la partie.

DON JUAN.

Une telle amitié nous a joints jusqu'ici
Que, s'il se bat, il faut que je me batte aussi :
Notre union le veut.

DON CARLOS.

Et c'est dont je soupire.
Faut-il, quand je vous dois le jour que je respire,
Que j'aie à me venger, et qu'il vous soit permis
D'aimer le plus mortel de tous mes ennemis !

SCÈNE VI.

DON CARLOS, DON JUAN, ALONZE.

ALONZE, à un valet.

Fais boire nos chevaux, et que l'on nous attende.
Par où donc... Mais, ô ciel ! que ma surprise est grande !

DON CARLOS, à Alonze.

D'où vient qu'ainsi sur nous vos regards attachés...

ALONZE.

Voilà votre ennemi, celui que vous cherchez,
Don Juan.

DON CARLOS.

Don Juan !

DON JUAN.

Oui, je renonce à feindre ;
L'avantage du nombre est peu pour m'y contraindre.
Je suis ce Don Juan dont le trépas juré...

ALONZE, à Don Carlos.

Voulez-vous...

DON CARLOS.

Arrêtez ! M'étant seul égaré,
Des lâches m'ont surpris, et je lui dois la vie,
Qui par eux, sans son bras, m'auroit été ravie.
Don Juan, vous voyez, malgré tout mon courroux,
Que je vous rends le bien que j'ai reçu de vous :
Jugez par là du reste ; et si de mon offense,
Pour payer un bienfait, je suspens la vengeance,
Croyez que ce délai ne fera qu'augmenter
Le vif ressentiment que j'ai fait éclater.
Je ne demande point qu'ici, sans plus attendre,
Vous preniez le parti que vous avez à prendre :
Pour m'acquitter vers vous, je veux bien vous laisser,
Quoi que vous résolviez, le loisir d'y penser.
Sur l'outrage reçu, qu'en vain on voudroit taire,
Vous savez quels moyens peuvent me satisfaire :
Il en est de sanglants, il en est de plus doux.
Voyez-les, consultez ; le choix dépend de vous.
Mais enfin, quel qu'il soit, souvenez-vous, de grâce,
Qu'il faut que mon affront par Don Juan s'efface,
Que ce seul intérêt m'a conduit en ce lieu,
Que vous m'avez pour lui donné parole. Adieu.

ALONZE.

Quoi ! monsieur...

DON CARLOS.

Suivez-moi.

ALONZE.

Faut-il...

DON CARLOS.

                      Notre querelle
Se doit vider ailleurs.

SCÈNE VII.

DON JUAN, SGANARELLE.

DON JUAN.

        Holà, ho, Sganarelle!

SGANARELLE, *derrière le théâtre.*

Qui va là?

DON JUAN.

    Viendras-tu?

SGANARELLE.

        Tout à l'heure. Ah! c'est vous?

DON JUAN.

Coquin, quand je me bats, tu te sauves des coups?

SGANARELLE.

J'étois allé, monsieur, ici près, d'où j'arrive :
Cet habit est, je crois, de vertu purgative;
Le porter, c'est autant qu'avoir pris...

DON JUAN.

                            Effronté!
D'un voile honnête, au moins, couvre ta lâcheté.

SGANARELLE.

D'un vaillant homme mort la gloire se publie;
Mais j'en fais moins de cas que d'un poltron en vie.

DON JUAN.

Sais-tu pour qui mon bras vient de s'employer?

SGANARELLE.

                            Non.

DON JUAN.

Pour un frère d'Elvire.

SGANARELLE.

       Un frère? tout de bon?

DON JUAN.

J'ai regret de nous voir ainsi brouillés ensemble;
Il paroît honnête homme.

SGANARELLE.

Ah! monsieur, il me semble
Qu'en rendant un peu plus de justice à sa sœur...

DON JUAN.

Ma passion pour elle est usée en mon cœur,
Et les objets nouveaux le rendent si sensible
Qu'avec l'engagement il est incompatible.
D'ailleurs, ayant pris femme en vingt lieux différents,
Tu sais pour le secret les détours que je prends :
A ne point éclater toutes je les engage ;
Et si l'une en public avoit quelque avantage,
Les autres parleroient, et tout seroit perdu.

SGANARELLE.

Vous pourriez bien alors, monsieur, être pendu.

DON JUAN.

Maraud!

SGANARELLE.

Je vous entends ; il seroit plus honnête,
Pour mieux vous ennoblir, qu'on vous coupât la tête
Mais c'est toujours mourir.

DON JUAN, *voyant un tombeau sur lequel est une statue.*

Quel ouvrage nouveau
Vois-je paroître ici ?

SGANARELLE.

Bon! Eh! c'est le tombeau
Où votre Commandeur, qui pour lui le fit faire,
Grâce à vous, gît plus tôt qu'il n'étoit nécessaire.

DON JUAN.

On ne m'avoit pas dit qu'il fût de ce côté.
Allons le voir.

SGANARELLE.

Pourquoi cette civilité?
Laissons-le là, monsieur ; aussi bien il me semble
Que vous ne devez pas être trop bien ensemble.

DON JUAN.

C'est pour faire la paix que je cherche à le voir :
Et, s'il est galant homme, il doit nous recevoir.
Entrons.

ACTE III, SCÈNE VII.

SGANARELLE.

Ah! que ce marbre est beau! Ne lui déplaise,
Il s'est là, pour un mort, logé fort à son aise.

DON JUAN.

J'admire cette aveugle et sotte vanité.
Un homme, en son vivant, se sera contenté
D'un bâtiment fort simple; et le visionnaire
En veut un tout pompeux quand il n'en a que faire.

SGANARELLE.

Voyez-vous sa statue, et comme il tient sa main?

DON JUAN.

Parbleu! le voilà bien en empereur romain.

SGANARELLE.

Il me fait quasi peur. Quels regards il nous jette!
C'est pour nous obliger, je pense, à la retraite;
Sans doute qu'à nous voir il prend peu de plaisir.

DON JUAN.

Si de venir dîner il avoit le loisir,
Je le régalerois. De ma part, Sganarelle,
Va l'en prier.

SGANARELLE.

Lui?

DON JUAN.

Cours.

SGANARELLE.

La prière est nouvelle!
Un mort! Vous moquez-vous?

DON JUAN.

Fais ce que je t'ai dit.

SGANARELLE.

Le pauvre homme, monsieur, a perdu l'appétit.

DON JUAN.

Si tu n'y vas...

SGANARELLE.

J'y vais... Que faut-il que je dise?

DON JUAN.

Que je l'attends chez moi.

SGANARELLE.

Je ris de ma sottise ;
Mais mon maître le veut. Monsieur le Commandeur,
Don Juan voudroit bien avoir chez lui l'honneur
De vous faire un régal. Y viendrez-vous ?

(La statue baisse la tête ; et Sganarelle, tombant sur les genoux, s'écrie :)

A l'aide !

DON JUAN.

Qu'est-ce ? qu'as-tu ? Dis donc.

SGANARELLE.

Je suis mort, sans remède.
La statue...

DON JUAN.

Eh bien, quoi ? Que veux-tu dire ?

SGANARELLE.

Hélas !
La statue...

DON JUAN.

Enfin donc tu ne parleras pas ?

SGANARELLE.

Je parle ; et je vous dis, monsieur, que la statue...

DON JUAN.

Encor ?

SGANARELLE.

Sa tête...

DON JUAN.

Eh bien ?

SGANARELLE.

Vers moi s'est abattue.
Elle m'a fait...

DON JUAN.

Coquin !

SGANARELLE.

Si je ne vous dis vrai,
Vous pouvez lui parler, pour en faire l'essai :
Peut-être...

DON JUAN.

Viens, maraud, puisqu'il faut que j'en rie,
Viens être convaincu de ta poltronnerie :

Prends garde. Commandeur, te rendras-tu chez moi?
Je t'attends à dîner.
(La statue baisse encore la tête.)

SGANARELLE.
Vous en tenez, ma foi!
Voilà mes esprits forts, qui ne veulent rien croire.
Disputons à présent, j'ai gagné la victoire.
DON JUAN, après avoir rêvé un moment.
Allons, sortons d'ici.
SGANARELLE.

Sortons. Je vous promets,
Quand j'en serai dehors, de n'y rentrer jamais.

ACTE QUATRIÈME.

SCÈNE PREMIÈRE.
DON JUAN, SGANARELLE.

DON JUAN.

Cesse de raisonner sur une bagatelle :
Un faux rapport des yeux n'est pas chose nouvelle ;
Et souvent il ne faut qu'une simple vapeur
Pour faire ce qu'en toi j'imputois à la peur.
La vue en est troublée, et je tiens ridicule...

SGANARELLE.

Quoi ! là-dessus encor vous êtes incrédule ?
Et ce que de nos yeux, de ces yeux que voilà,
Tous deux nous avons vu, vous le démentez ? Là,
Traitez-moi d'ignorant, d'impertinent, de bête,
Il n'est rien de plus vrai que ce signe de tête ;
Et je ne doute point que, pour vous convertir,
Le ciel, qui de l'enfer cherche à vous garantir,
N'ait rendu tout exprès ce dernier témoignage.

DON JUAN.

Écoute. S'il t'échappe un seul mot davantage
Sur tes moralités, je vais faire venir
Quatre hommes des plus forts, te bien faire tenir,
Afin qu'un nerf de bœuf à loisir te réponde.
M'entends-tu ? dis.

SGANARELLE.

        Fort bien, monsieur, le mieux du monde.
Vous vous expliquez net ; c'est là ce qui me plaît.
D'autres ont des détours, qu'on ne sait ce que c'est ;
Mais vous, en quatre mots vous vous faites entendre,

ACTE IV, SCÈNE II.

Vous dites tout ; rien n'est si facile à comprendre.
DON JUAN.
Qu'on me fasse dîner le plus tôt qu'on pourra.
Un siège.
SGANARELLE, à la Violette.
Va savoir quand monsieur dînera ;
Dépêche.

SCÈNE II.

DON LOUIS, DON JUAN, SGANARELLE, LA VIOLETTE.

DON JUAN.
Que veut-on ?
LA VIOLETTE.
C'est monsieur votre père.
DON JUAN.
Ah ! que cette visite étoit peu nécessaire !
Quels contes de nouveau me vient-il débiter ?
Qu'il a de temps à perdre !
SGANARELLE.
Il le faut écouter.
DON LOUIS.
Ma présence vous choque, et je vois que sans peine
Vous pourriez vous passer d'un père qui vous gêne.
Tous deux, à dire vrai, par plus d'une raison,
Nous nous incommodons d'une étrange façon :
Et, si vous êtes las d'ouïr mes remontrances,
Je suis bien las aussi de vos extravagances.
Ah ! que d'aveuglement, quand, raisonnant en fous,
Nous voulons que le ciel soit moins sage que nous ;
Quand, sur ce qu'il connoît qui nous est nécessaire,
Nos imprudents désirs ne le laissent pas faire,
Et qu'à force de vœux nous tâchons d'obtenir
Ce qui nous est donné souvent pour nous punir !
La naissance d'un fils fut ma plus forte envie ;
Mes souhaits en faisoient tout le bien de ma vie ;
Et ce fils que j'obtiens est fléau rigoureux

De ces jours que par lui je croyois rendre heureux.
De quel œil, dites-moi, pensez-vous que je voie
Ces commerces honteux qui seuls font votre joie ;
Ce scandaleux amas de viles actions
Qu'entassent chaque jour vos folles passions ;
Ce long enchaînement de méchantes affaires
Où du prince pour vous les grâces nécessaires
Ont épuisé déjà tout ce qu'auprès de lui
Mes services pouvoient m'avoir acquis d'appui ?
Ah! fils, indigne fils, quelle est votre bassesse
D'avoir de vos aïeux démenti la noblesse ;
D'avoir osé ternir, par tant de lâchetés,
Le glorieux éclat du sang dont vous sortez,
De ce sang que l'histoire en mille endroits renomme !
Et qu'avez-vous donc fait pour être gentilhomme ?
Si ce titre ne peut vous être contesté,
Pensez-vous avoir droit d'en tirer vanité,
Et qu'il ait rien en vous qui puisse être estimable,
Quand vos dérèglements l'y rendent méprisable ?
Non, non, de nos aïeux on a beau faire cas,
La naissance n'est rien où la vertu n'est pas ;
Aussi ne pouvons-nous avoir part à leur gloire
Qu'autant que nous faisons honneur à leur mémoire.
L'éclat que leur conduite a répandu sur nous
Des mêmes sentiments nous doit rendre jaloux ;
C'est un engagement dont rien ne nous dispense
De marcher sur les pas qu'a tracés leur prudence,
D'être à les imiter attachés, prompts, ardents,
Si nous voulons passer pour leurs vrais descendants.
Ainsi de ces héros que nos histoires louent
Vous descendez en vain, lorsqu'ils vous désavouent,
Et que ce qu'ils ont fait et d'illustre et de grand
N'a pu de votre cœur leur être un sûr garant.
Loin d'être de leur sang, loin que l'on vous en compte,
L'éclat n'en rejaillit sur vous qu'à votre honte ;
Et c'est comme un flambeau qui, devant vous porté,
Fait de vos actions mieux voir l'indignité.
Enfin, si la noblesse est un précieux titre,

Sachez que la vertu doit en être l'arbitre ;
Qu'il n'est point de grands noms qui, sans elle obscurcis...
DON JUAN.
Monsieur, vous seriez mieux si vous parliez assis.
DON LOUIS.
Je ne veux pas m'asseoir, insolent. J'ai beau dire,
Ma remontrance est vaine, et tu n'en fais que rire.
C'est trop : si jusqu'ici, dans mon cœur, malgré moi,
La tendresse de père a combattu pour toi,
Je l'étouffe ; aussi bien il est temps que j'efface
La honte de te voir déshonorer ma race,
Et qu'arrêtant le cours de tes dérèglements,
Je prévienne du ciel les justes châtiments :
J'en mourrai ; mais je dois mon bras à sa colère.

SCÈNE III.

DON JUAN, SGANARELLE.

DON JUAN.
Mourez quand vous voudrez, il ne m'importe guère.
Ah ! que sur ce jargon, qu'à toute heure j'entends,
Les pères sont fâcheux qui vivent trop longtemps !
SGANARELLE.
Monsieur...
DON JUAN.
Quelle sottise à moi, quand je l'écoute !
SGANARELLE.
Vous avez tort.
DON JUAN.
J'ai tort ?
SGANARELLE.
Eh !
DON JUAN.
J'ai tort ?
SGANARELLE.
Oui sans doute.
Vous avez très grand tort de l'avoir écouté

Avec tant de douceur et tant d'honnêteté.
Le chassant au milieu de sa sotte harangue,
Vous lui deviez apprendre à mieux régler sa langue.
A-t-on jamais rien vu de plus impertinent?
Un père contre un fils faire l'entreprenant!
Lui venir dire au nez que l'honneur le convie.
A mener dans le monde une louable vie!
Le faire souvenir qu'étant d'un noble sang,
Il ne devroit rien faire indigne de son rang!
Les beaux enseignements! C'est bien ce que doit suivre
Un homme tel que vous, qui sait comme il faut vivre!
De votre patience on se doit étonner.
Pour moi, je vous l'aurois envoyé promener.

SCÈNE IV.

DON JUAN, LA VIOLETTE, SGANARELLE.

LA VIOLETTE.

Votre marchand est là, monsieur.

DON JUAN.

Qui?

LA VIOLETTE.

Ce grand homme...
Monsieur Dimanche.

SGANARELLE.

Peste! un créancier assomme.
De quoi s'avise-t-il d'être si diligent
A venir chez les gens demander de l'argent?
Que ne lui disois-tu que monsieur dîne en ville?

LA VIOLETTE.

Vraiment oui, c'est un homme à croire bien facile.
Malgré ce que j'ai dit, il a voulu s'asseoir
Là-dedans pour l'attendre.

SGANARELLE.

Eh bien, jusques au soir
Qu'il y demeure.

ACTE IV, SCÈNE V.

DON JUAN.

Non ; fais qu'il entre, au contraire.
Je ne tarderai pas longtemps à m'en défaire.
Lorsque des créanciers cherchent à nous parler,
Je trouve qu'il est mal de se faire celer.
Leurs visites ayant une fort juste cause,
Il les faut, tout au moins, payer de quelque chose ;
Et, sans leur rien donner, je ne manque jamais
A les faire de moi retourner satisfaits.

SCÈNE V.

DON JUAN, M. DIMANCHE, SGANARELLE.

DON JUAN.

Bonjour, monsieur Dimanche. Eh ! que ce m'est de joie
De pouvoir... Ne souffrez jamais qu'on vous renvoie.
J'ai bien grondé mes gens, qui, sans doute, ont eu tort
De n'avoir pas voulu vous faire entrer d'abord.
Ils ont ordre aujourd'hui de n'ouvrir à personne ;
Mais ce n'est pas pour vous que cet ordre se donne,
Et vous êtes en droit, quand vous venez chez moi,
De n'y trouver jamais rien de fermé.

M. DIMANCHE.

Je croi,
Monsieur, qu'il...

DON JUAN.

Les coquins ! Voyez, laisser attendre
Monsieur Dimanche seul ! Oh ! je leur veux apprendre
A connoître les gens.

M. DIMANCHE.

Cela n'est rien.

DON JUAN.

Comment !
Quand je suis dans ma chambre, oser effrontément
Dire à monsieur Dimanche, au meilleur...

M. DIMANCHE.

Sans colère,

Monsieur; une autre fois ils craindront de le faire.
J'étois venu...
DON JUAN.
Jamais ils ne font autrement.
Çà, pour monsieur Dimanche un siège promptement!
M. DIMANCHE.
Je suis dans mon devoir.
DON JUAN.
Debout! Que je l'endure?
Non, vous serez assis.
M. DIMANCHE.
Monsieur, je vous conjure...
DON JUAN.
Apportez. Je vous aime, et je vous vois d'un œil...
Otez-moi ce pliant, et donnez un fauteuil.
M. DIMANCHE.
Je n'ai garde, monsieur, de...
DON JUAN.
Je le dis encore,
Au point que je vous aime et que je vous honore,
Je ne souffrirai point qu'on mette entre nous deux
Aucune différence.
M. DIMANCHE.
Ah, monsieur!
DON JUAN.
Je le veux.
Allons, asseyez-vous.
M. DIMANCHE.
Comme le temps empire...
DON JUAN.
Mettez-vous là.
M. DIMANCHE.
Monsieur, je n'ai qu'un mot à dire.
J'étois...
DON JUAN.
·Mettez-vous là, vous dis-je.
M. DIMANCHE.
Je suis bien.

ACTE IV, SCÈNE V.

DON JUAN.
Non, si vous n'êtes là, je n'écouterai rien.

M. DIMANCHE, s'asseyant dans un fauteuil.
C'est pour vous obéir. Sans le besoin extrême...

DON JUAN.
Parbleu! monsieur Dimanche, avouez-le vous-même,
Vous vous portez bien.

M. DIMANCHE.
Oui, mieux, depuis quelques mois,
Que je n'avois pas fait. Je suis...

DON JUAN.
Plus je vous vois,
Plus j'admire sur vous certain vif qui s'épanche.
Quel teint!

M. DIMANCHE.
Je viens, monsieur...

DON JUAN.
Et madame Dimanche,
Comment se porte-t-elle?

M. DIMANCHE.
Assez bien, Dieu merci.
Je viens vous...

DON JUAN.
Du ménage elle a tout le souci.
C'est une brave femme.

M. DIMANCHE.
Elle est votre servante.
J'étois...

DON JUAN.
Elle a bien lieu d'avoir l'âme contente.
Que ses enfants sont beaux! La petite Louison,
Hé...

M. DIMANCHE.
C'est l'enfant gâté, monsieur, de la maison.
Je...

DON JUAN.
Rien n'est si joli.

M. DIMANCHE.
Monsieur, je...

DON JUAN.

                         Que je l'aime!
Et le petit Colin, est-il encor de même?
Fait-il toujours grand bruit avecque son tambour?

M. DIMANCHE.

Oui, monsieur; on en est étourdi tout le jour.
Je venois...

DON JUAN.

            Et Brusquet, est-ce à son ordinaire?
L'aimable petit chien pour ne pouvoir se taire!
Mord-il toujours les gens aux jambes?

M. DIMANCHE.

                                    A ravir.
C'est pis que ce n'étoit, nous n'en saurions chevir [1];
Et quand il ne voit pas notre petite fille...

DON JUAN.

Je prends tant d'intérêt à toute la famille
Qu'on doit peu s'étonner si je m'informe ainsi
De tous l'un après l'autre.

M. DIMANCHE.

                      Oh! je vous compte aussi
Parmi ceux qui nous font...

DON JUAN.

                          Allons donc, je vous prie,
Touchez, monsieur Dimanche.

M. DIMANCHE.

                      Ah!

DON JUAN.

                           Mais, sans raillerie,
M'aimez-vous un peu? Là.

M. DIMANCHE.

                    Très humble serviteur.

DON JUAN.

Parbleu! je suis à vous aussi de tout mon cœur.

M. DIMANCHE.

Vous me rendez confus. Je...

---

1. Venir à *chef*, venir à bout de quelque chose.

ACTE IV, SCÈNE V.

DON JUAN.
          Pour votre service
Il n'est rien qu'avec joie en tout temps je ne fisse.
          M. DIMANCHE.
C'est trop d'honneur pour moi; mais, monsieur, s'il vous plaît,
Je viens pour...
          DON JUAN.
     Et cela, sans aucun intérêt;
Croyez-le.
          M. DIMANCHE.
     Je n'ai point mérité cette grâce.
Mais...
          DON JUAN.
     Servir mes amis n'a rien qui m'embarrasse.
          M. DIMANCHE.
Si vous...
          DON JUAN, se levant.
     Monsieur Dimanche, ho çà, de bonne foi,
Vous n'avez point dîné; dînez avecque moi.
Vous voilà tout porté.
          M. DIMANCHE.
          Non, monsieur, une affaire
Me rappelle chez nous, et m'y rend nécessaire.
          DON JUAN.
Vite, allons, ma calèche.
          M. DIMANCHE.
          Ah! c'est trop de moitié.
          DON JUAN.
Dépêchons.
          M. DIMANCHE.
          Non, monsieur.
          DON JUAN.
               Vous n'irez point à pié.
          M. DIMANCHE.
Monsieur, j'y vais toujours.
          DON JUAN.
          La résistance est vaine.
Vous m'êtes venu voir, je veux qu'on vous remène.

M. DIMANCHE.

J'avois là...

DON JUAN.

Tenez-moi pour votre serviteur.

M. DIMANCHE.

Je voulois...

DON JUAN.

Je le suis, et votre débiteur.

M. DIMANCHE.

Ah, monsieur!

DON JUAN.

Je n'en fais un secret à personne ;
Et de ce que je dois j'ai la mémoire bonne.

M. DIMANCHE.

Si vous me...

DON JUAN.

Voulez-vous que je descende en bas,
Que je vous reconduise?

M. DIMANCHE.

Ah! je ne le veux pas.
Mais...

DON JUAN.

Embrassez-moi donc; c'est d'une amitié pure
Qu'une seconde fois ici je vous conjure
D'être persuadé qu'envers et contre tous
Il n'est rien qu'au besoin je ne fisse pour vous.

(Don Juan se retire.)

SGANARELLE, reconduisant M. Dimanche.

Vous avez en monsieur un ami véritable,
Un...

M. DIMANCHE.

De civilités il est vrai qu'il m'accable ;
Et j'en suis si confus que je ne sais comment
Lui pouvoir demander ce qu'il me doit.

SGANARELLE.

Vraiment,
Quand on parle de vous, il ne faut que l'entendre !
Comme lui tous ses gens ont pour vous le cœur tendre ;

ACTE IV, SCÈNE V.

Et pour vous le montrer, ah! que ne vous vient-on
Donner quelque nasarde, ou des coups de bâton!
Vous verriez de quel air...

M. DIMANCHE.

Je le crois, Sganarelle.
Mais, pour lui, mille écus sont une bagatelle;
Et deux mots dits par vous...

SGANARELLE.

Allez, ne craignez rien;
Vous en dût-il vingt mille, il vous les pairoit bien.

M. DIMANCHE.

Mais vous, vous me devez aussi, pour votre compte...

SGANARELLE.

Fi! parler de cela! N'avez-vous point de honte?

M. DIMANCHE.

Comment?

SGANARELLE.

Ne sais-je pas que je vous dois?

M. DIMANCHE.

Si tous...

SGANARELLE.

Allez, monsieur Dimanche, on vous attend chez vous.

M. DIMANCHE.

Mais mon argent?

SGANARELLE.

Eh bien, je dois : qui doit s'oblige

M. DIMANCHE.

Je veux...

SGANARELLE.

Ah!

M. DIMANCHE.

J'entends...

SGANARELLE.

Bon!

M. DIMANCHE.

Mais...

SGANARELLE.

Fi!

M. DIMANCHE.

Je...

SGANARELLE.

Fi! vous dis-je.

SCÈNE VI.

DON JUAN, SGANARELLE, ELVIRE.

SGANARELLE.

Nous en voilà défaits.

DON JUAN.

Et fort civilement.
A-t-il lieu de s'en plaindre ?

SGANARELLE.

Il auroit tort. Comment !

DON JUAN.

N'ai-je pas...

SGANARELLE.

Ceux qui font les fautes, qu'ils les boivent.
Est-ce aux gens comme vous à payer ce qu'ils doivent?

DON JUAN.

Qu'on sache si bientôt le dîner sera prêt.

(A Elvire, qu'il voit entrer.)

Quoi! vous encor, madame! En deux mots, s'il vous plaît,
J'ai hâte.

ELVIRE.

Dans l'ennui dont mon âme est atteinte,
Vous craignez ma douleur; mais perdez cette crainte.
Je ne viens pas ici pleine de ce courroux
Que je n'ai que trop fait éclater devant vous.
Par un premier hymen une autre vous possède;
On m'a tout éclairci : c'est un mal sans remède;
Et je me ferois tort de vouloir disputer
Ce que contre les lois je ne puis emporter.
J'ai sans doute à rougir, malgré mon innocence,
D'avoir cru mon amour avec tant d'imprudence,
Qu'en vous donnant la main j'ai reçu votre foi,

Sans voir si vous étiez en pouvoir d'être à moi.
Ce dessein avoit beau me sembler téméraire,
Je cherchois le secret par la crainte d'un frère ;
Et le tendre penchant qui me fit tout oser,
Sur vos serments trompeurs servit à m'abuser.
Le crime est pour vous seul, puisque enfin éclaircie
Je songe à satisfaire à ma gloire noircie,
Et que, ne vous pouvant conserver pour époux,
J'éteins la folle ardeur qui m'attachoit à vous.
Non qu'un juste remords l'étouffe dans mon âme
Jusques à n'y laisser aucun reste de flamme ;
Mais ce reste n'est plus qu'un amour épuré :
C'est un feu dont pour vous mon cœur est éclairé,
Un feu purgé de tout, une sainte tendresse,
Qu'au commerce des sens nul désir n'intéresse,
Qui n'agit que pour vous.

SGANARELLE.

Ah !

DON JUAN.

Tu pleures, je croi ;
Ton cœur est attendri.

SGANARELLE.

Monsieur, pardonnez-moi.

ELVIRE.

C'est ce parfait amour qui m'engage à vous dire
Ce qu'aujourd'hui le ciel pour votre bien m'inspire,
Le ciel, dont la bonté cherche à vous secourir,
Prêt à choir dans l'abîme où je vous vois courir.
Oui, Don Juan, je sais par quel amas de crimes
Vos peines, qu'il résout, lui semblent légitimes ;
Et je viens de sa part vous dire que pour vous
Sa clémence a fait place à son juste courroux ;
Que, las de vous attendre, il tient la foudre prête
Qui, depuis si longtemps, menace votre tête ;
Qu'il est encore en vous, par un prompt repentir,
De trouver les moyens de vous en garantir ;
Et que, pour éviter un malheur si funeste,
Ce jour, ce jour peut-être est le seul qui vous reste.

SGANARELLE.

Monsieur!

ELVIRE.

Pour moi, qui sors de mon aveuglement,
Je n'ai plus à la terre aucun attachement :
Ma retraite est conclue; et c'est là que sans cesse
Mes larmes tâcheront d'effacer ma foiblesse.
Heureuse si je puis, par mon austérité,
Obtenir le pardon de ma crédulité!
Mais dans cette retraite, où l'on meurt à soi-même,
J'aurois, je vous l'avoue, une douleur extrême
Qu'un homme à qui j'ai cru pouvoir innocemment
De mes plus tendres vœux donner l'empressement,
Devînt, par un revers aux méchants redoutable,
Des vengeances du ciel l'exemple épouvantable.

SGANARELLE.

Monsieur, encore un coup...

ELVIRE.

De grâce, accordez-moi
Ce que doit mériter l'état où je me voi.
Votre salut fait seul mes plus fortes alarmes :
Ne le refusez point à mes vœux, à mes larmes;
Et, si votre intérêt ne vous sauroit toucher,
Au crime, en ma faveur, daignez vous arracher,
Et m'épargner l'ennui d'avoir pour vous à craindre
Le courroux que jamais le ciel ne laisse éteindre.

SGANARELLE.

La pauvre femme!

ELVIRE.

Enfin, si le faux nom d'époux
M'a fait tout oublier pour vivre tout à vous;
Si je vous ai fait voir la plus forte tendresse
Qui jamais d'un cœur noble ait été la maîtresse,
Tout le prix que j'en veux, c'est de vous voir songer
Au bonheur que pour vous je tâche à ménager.

SGANARELLE.

Cœur de tigre!

ELVIRE.

Voyez que tout est périssable;

Examinez la peine infaillible au coupable;
Et de votre salut faites-vous une loi,
Ou pour l'amour de vous, ou pour l'amour de moi.
C'est à ce but qu'il faut que tous vos désirs tendent,
Et ce que de nouveau mes larmes vous demandent.
Si ces larmes sont peu, j'ose vous en presser
Par tout ce qui jamais vous put intéresser.
Après cette prière, adieu, je me retire.
Songez à vous : c'est tout ce que j'avois à dire.
DON JUAN.
J'ai fort prêté l'oreille à ce pieux discours,
Madame; avecque moi demeurez quelques jours :
Peut-être, en me parlant, vous me toucherez l'âme.
ELVIRE.
Demeurer avec vous, n'étant point votre femme!
Je vous ai découvert de grandes vérités.
Don Juan, craignez tout si vous n'en profitez.

SCÈNE VII.

DON JUAN, SGANARELLE, SUITE

SGANARELLE.
La laisser partir sans...
DON JUAN.
Sais-tu bien, Sganarelle,
Que mon cœur s'est encor presque senti pour elle?
Ses larmes, son chagrin, sa résolution,
Tout cela m'a fait naître un peu d'émotion.
Dans son air languissant je l'ai trouvée aimable.
SGANARELLE.
Et tout ce qu'elle a dit n'a point été capable...
DON JUAN.
Vite, à dîner.
SGANARELLE.
Fort bien.
DON JUAN.
Pourquoi me regarder?

Va va, je vais bientôt songer à m'amender.
SGANARELLE.
Ma foi! n'en riez point; rien n'est si nécessaire
Que de se convertir.
DON JUAN.
C'est ce que je veux faire.
Encor vingt ou trente ans des plaisirs les plus doux,
Toujours en joie; et puis nous penserons à nous.
SGANARELLE.
Voilà des libertins l'ordinaire langage;
Mais la mort...
DON JUAN.
Hem?
SGANARELLE.
Qu'on serve! Ah, bon! monsieur, courage!
Grande chère, tandis que nous nous portons bien!

(Il prend un morceau dans un des plats qu'on apporte, et le met dans sa bouche.)

DON JUAN.
Quelle enflure est-ce là? Parle, dis, qu'as-tu?
SGANARELLE.
Rien.
DON JUAN.
Attends, montre. Sa joue est toute contrefaite :
C'est une fluxion; qu'on cherche une lancette.
Le pauvre garçon! Vite : il le faut secourir.
Si cet abcès rentroit, il en pourroit mourir.
Qu'on le perce; il est mûr. Ah! coquin que vous êtes,
Vous osez donc...
SGANARELLE.
Ma foi, sans chercher de défaites,
Je voulois voir, monsieur, si votre cuisinier
N'avoit point trop poivré ce ragoût : le dernier
L'étoit en diable; aussi vous n'en mangeâtes guère.
DON JUAN.
Puisque la faim te presse, il faut la satisfaire.
Fais-toi donner un siège, et mange avecque moi;
Aussi bien, cela fait, j'aurai besoin de toi.
Mets-toi là.

ACTE IV, SCÈNE VII.

SGANARELLE, prenant un siège.
Volontiers; j'y tiendrai bien ma place.
DON JUAN.
Mange donc.
SGANARELLE.
Vous serez content. De votre grâce,
Vous m'avez fait partir sans déjeuner; ainsi
J'ai l'appétit, monsieur, bien ouvert, Dieu merci.
DON JUAN.
Je le vois.
SGANARELLE.
Quand j'ai faim, je mange comme trente.
Tâtez-moi de cela, la sauce est excellente.
Si j'avois ce chapon, je le mènerois loin.
(A la Violette, qui lui veut donner une assiette blanche.)
Tout doux, petit compère, il n'en est pas besoin;
Rengainez. Vertubleu ! pour lever les assiettes,
Vous êtes bien soigneux d'en présenter de nettes.
Et vous, monsieur Picard, trêve de compliment :
Je n'ai point encor soif.
DON JUAN.
Va, dîne posément.
SGANARELLE.
C'est bien dit.
DON JUAN.
Chante-moi quelque chanson à boire.
SGANARELLE.
Bientôt, monsieur; laissons travailler la mâchoire.
Quand j'aurai dit trois mots à chacun de ces plats...
Qui diable frappe ainsi ?
DON JUAN, à un laquais.
Dis que je n'y suis pas.
SGANARELLE.
Attendez, j'aime mieux l'aller dire moi-même.
Ah! monsieur.
DON JUAN.
D'où te vient cette frayeur extrême ?
SGANARELLE, baissant la tête.
C'est le...

DON JUAN.
Quoi ?
SGANARELLE.
Je suis mort.
DON JUAN.
Veux-tu pas t'expliquer ?
SGANARELLE.
Du faiseur de... tantôt vous pensiez vous moquer :
Avancez, il est là ; c'est lui qui vous demande.
DON JUAN.
Allons le recevoir.
SGANARELLE.
Si j'y vais, qu'on me pende.
DON JUAN.
Quoi ! d'un rien ton courage est sitôt abattu ?
SGANARELLE.
Ah ! pauvre Sganarelle, où te cacheras-tu ?

SCÈNE VIII.

DON JUAN, LA STATUE DU COMMANDEUR,
SGANARELLE, SUITE.

DON JUAN.
Une chaise, un couvert. Je te suis redevable
(A Sganarelle.)
D'être si ponctuel. Viens te remettre à table.
SGANARELLE.
J'ai mangé comme un chancre, et je n'ai plus de faim.
DON JUAN, au Commandeur.
Si de t'avoir ici j'eusse été plus certain,
Un repas mieux réglé t'auroit marqué mon zèle.
A boire. A ta santé, Commandeur. Sganarelle,
Je te la porte. Allons, qu'on lui donne du vin.
Bois.
SGANARELLE.
Je ne bois jamais quand il est si matin.

DON JUAN.
Chante; le Commandeur te voudra bien entendre.
SGANARELLE.
Je suis trop enrhumé.
LA STATUE.
Laisse-le s'en défendre.
C'en est assez, je suis content de ton repas.
Le temps fuit, la mort vient, et tu n'y penses pas.
DON JUAN.
Ces avertissements me sont peu nécessaires.
Chantons; une autre fois nous parlerons d'affaires.
LA STATUE.
Peut-être une autre fois tu le voudras trop tard;
Mais, puisque tu veux bien en courir le hasard,
Dans mon tombeau, ce soir, à souper je t'engage.
Promets-moi d'y venir; auras-tu ce courage?
DON JUAN.
Oui; Sganarelle et moi, nous irons.
SGANARELLE.
Moi? non pas.
DON JUAN.
Poltron!
SGANARELLE.
Jamais par jour je ne fais qu'un repas.
LA STATUE.
Adieu.
DON JUAN.
Jusqu'à ce soir.
LA STATUE.
Je t'attends.
SGANARELLE.
Misérable!
Où me veut-il mener?
DON JUAN.
J'irai, fût-ce le diable.
Je veux voir comme on est régalé chez les morts.
SGANARELLE.
Pour cent coups de bâton que n'en suis-je dehors?

ACTE CINQUIÈME.

SCÈNE PREMIÈRE.
DON LOUIS, DON JUAN, SGANARELLE.

DON LOUIS.

Ne m'abusez-vous point? et seroit-il possible
Que votre cœur, ce cœur si longtemps inflexible,
Si longtemps en aveugle au crime abandonné,
Eût rompu les liens dont il fut enchaîné?
Qu'un pareil changement me va causer de joie!
Mais, encore une fois, faut-il que je le croie?
Et se peut-il qu'enfin le ciel m'ait accordé
Ce qu'avec tant d'ardeur j'ai toujours demandé?

DON JUAN.

Oui, monsieur; ce retour dont j'étois si peu digne
Nous est de ses bontés un témoignage insigne.
Je ne suis plus ce fils dont les lâches désirs
N'eurent pour seul objet que d'infâmes plaisirs;
Le ciel, dont la clémence est pour moi sans seconde,
M'a fait voir tout à coup les vains abus du monde;
Tout à coup de sa voix l'attrait victorieux
A pénétré mon âme et dessillé mes yeux;
Et je vois, par l'effet dont sa grâce est suivie,
Avec autant d'horreur les taches de ma vie
Que j'eus d'emportement pour tout ce que mes sens
Trouvoient à me flatter d'appas éblouissants.
Quand j'ose rappeler l'excès abominable
Des désordres honteux dont je me sens coupable,
Je frémis, et m'étonne, en m'y voyant courir,

Comme le ciel a pu si longtemps me souffrir;
Comme cent et cent fois il n'a pas sur ma tête
Lancé l'affreux carreau qu'aux méchants il apprête.
L'amour, qui tint pour moi son courroux suspendu,
M'apprend à ses bontés quel sacrifice est dû.
Il l'attend, et ne veut que ce cœur infidèle,
Ce cœur jusqu'à ce jour à ses ordres rebelle.
Enfin, et vos soupirs l'ont sans doute obtenu,
De mes égarements me voilà revenu.
Plus de remise. Il faut qu'aux yeux de tout le monde
A mes folles erreurs mon repentir réponde;
Que j'efface, en changeant mes criminels désirs,
L'empressement fatal que j'eus pour les plaisirs,
Et tâche à réparer, par une ardeur égale,
Ce que mes passions ont causé de scandale.
C'est à quoi tous mes vœux aujourd'hui sont portés
Et je devrai beaucoup, monsieur, à vos bontés
Si, dans le changement où ce retour m'engage,
Vous me daignez choisir quelque saint personnage
Qui, me servant de guide, ait soin de me montrer
A bien suivre la route où je m'en vais entrer.

DON LOUIS.

Ah! qu'aisément un fils trouve le cœur d'un père
Prêt, au moindre remords, à calmer sa colère!
Quels que soient les chagrins que par vous j'ai reçus,
Vous vous en repentez, je ne m'en souviens plus.
Tout vous porte à gagner cette grande victoire :
L'intérêt du salut, celui de votre gloire.
Combattez, et surtout ne vous relâchez pas.
Mais, dans cette campagne, où s'adressent vos pas?
J'ai sorti de la ville exprès pour une affaire
Où dès hier ma présence étoit fort nécessaire,
Et j'ai voulu marcher un moment au retour;
Mon carrosse m'attend à ce premier détour :
Venez.

DON JUAN.

Non; aujourd'hui souffrez-moi l'avantage
D'un peu de solitude au prochain ermitage.

C'est là que, retiré, loin du monde et du bruit,
Pour m'offrir mieux au ciel, je veux passer la nuit.
Ma peine y finira. Tout ce qui m'en peut faire
Dans ce détachement qui m'est si nécessaire,
C'est que, pour mes plaisirs, je me suis fait prêter
Des sommes que je suis hors d'état d'acquitter.
Faute de rendre, il est des gens qui me maudissent,
Qui font...

DON LOUIS.

Que là-dessus vos scrupules finissent.
Je paîrai tout, mon fils, et prétends de mon bien
Vous donner...

DON JUAN.

Ah! pour moi je ne demande rien :
Pourvu que par mes pleurs mes fautes réparées...

DON LOUIS.

O consolations! douceurs inespérées!
Tous mes vœux sont enfin heureusement remplis;
Grâce aux bontés du ciel, j'ai retrouvé mon fils;
Il se rend à la voix qui vers lui le rappelle.
Je cours à votre mère en porter la nouvelle.
Adieu, prenez courage; et, si vous persistez,
N'attendez plus que joie et que prospérités.

SCÈNE II.

DON JUAN, SGANARELLE.

SGANARELLE, en pleurant.

Monsieur.

DON JUAN.

Qu'est-ce?

SGANARELLE.

Ah!

DON JUAN.

Comment! tu pleures?

SGANARELLE.

C'est de joie

De vous voir embrasser enfin la bonne voie;
Jamais encor, je crois, je n'en ai tant senti.
Ah! quel plaisir ce m'est de vous voir converti!
Le ciel a bien pour vous exaucé mon envie.
Franchement, vous meniez une diable de vie.
Mais à tout péché grâce; il n'en faut plus parler.
L'ermitage est-il loin où vous voulez aller?

DON JUAN.

Hé?

SGANARELLE.

Seroit-ce là-bas vers cet endroit sauvage?

DON JUAN.

Peste soit du benêt avec son ermitage!

SGANARELLE.

Pourquoi? Frère Pacôme est un homme de bien;
Et je crois qu'avec lui vous ne perdriez rien.

DON JUAN

Parbleu! tu me ravis. Quoi! tu me crois sincère
Dans un conte forgé pour attraper mon père?

SGANARELLE.

Comment! vous ne... Monsieur, c'est... Où donc allons-nous?

DON JUAN.

La belle de tantôt m'a donné rendez-vous.
Voici l'heure, et j'y vais; c'est là mon ermitage.

SGANARELLE.

La retraite sera méritoire. Ah! j'enrage.

DON JUAN.

Elle est jolie, oui.

SGANARELLE.

Mais l'aller chercher si loin?

DON JUAN.

Elle m'a touché l'âme; et s'il étoit besoin,
Pour ne la manquer pas, j'irois jusques à Rome.

SGANARELLE.

Belle conversion! Ah, quel homme! quel homme!
Vous l'attendrez en vain, elle ne viendra pas.

DON JUAN.

Je crois qu'elle viendra, moi.

SGANARELLE.
Tant pis.
DON JUAN.
En tout cas,
Ma peine au rendez-vous ne sera point perdue :
C'est où du Commandeur on a mis la statue ;
Il nous a conviés à souper : on verra
Comment, s'il nous reçoit, il s'en acquittera.
SGANARELLE.
Souper avec un mort tué par vous ?
DON JUAN.
N'importe ;
J'ai promis : sur la peur ma promesse l'emporte.
SGANARELLE.
Et si la belle vient, et se laisse emmener ?
DON JUAN.
Oh ! ma foi, la statue ira se promener :
Je préfère à tout mort une jeune vivante.
SGANARELLE.
Mais voir une statue et mouvante et parlante,
N'est-ce pas...
DON JUAN.
Il est vrai, c'est quelque chose ; en vain
Je ferois là-dessus un jugement certain :
Pour ne s'y point méprendre, il en faut voir la suite.
Cependant, si j'ai feint de changer de conduite,
Si j'ai dit que j'allois me déchirer le cœur,
D'une vie exemplaire embrasser la rigueur,
C'est un pur stratagème, un ressort nécessaire,
Par où ma politique, éblouissant mon père,
Me va mettre à couvert de divers embarras
Dont, sans lui, mes amis ne me tireroient pas.
Si l'on m'en inquiète, il obtiendra ma grâce.
Tu vois comme déjà ma première grimace
L'a porté de lui-même à se vouloir charger
Des dettes dont par lui je me vais dégager.
SGANARELLE.
Mais, n'étant point dévot, par quelle effronterie

De la dévotion faire une momerie?
DON JUAN.
Il est des gens de bien, et vraiment vertueux :
Tout méchant que je suis, j'ai du respect pour eux;
Mais si l'on n'en peut trop élever les mérites,
Parmi ces gens de bien il est mille hypocrites
Qui ne se contrefont que pour en profiter;
Et pour mes intérêts je veux les imiter.
SGANARELLE.
Ah, quel homme! quel homme!
DON JUAN.
Il n'est rien si commode,
Vois-tu. L'hypocrisie est un vice à la mode;
Et quand de ses couleurs un vice est revêtu,
Sous l'appui de la mode, il passe pour vertu.
Sur tout ce qu'à jouer il est de personnages,
Celui d'homme de bien a de grands avantages :
C'est un art grimacier dont les détours flatteurs
Cachent sous un beau voile un amas d'imposteurs.
On a beau découvrir que ce n'est qu'un faux zèle,
L'imposture est reçue, on ne peut rien contre elle;
La censure voudroit y mordre vainement.
Contre tout autre vice on parle hautement,
Chacun a liberté d'en faire voir le piège;
Mais, pour l'hypocrisie, elle a son privilège,
Qui, sous le masque adroit d'un visage emprunté,
Lui fait tout entreprendre avec impunité.
Flattant ceux du parti plus qu'aucun redoutable,
On se fait d'un grand corps le membre inséparable
C'est alors qu'on est sûr de ne succomber pas.
Quiconque en blesse l'un, les a tous sur les bras :
Et ceux même qu'on sait que le ciel seul occupe,
Des singes de leurs mœurs sont l'ordinaire dupe :
A quoi que leur malice ait pu se dispenser,
Leur appui leur est sûr s'ils l'ont vu grimacer.
Ah! combien j'en connois qui, par ce stratagème,
Après avoir vécu dans un désordre extrême,
S'armant du bouclier de la religion,

Ont rhabillé sans bruit leur dépravation,
Et pris droit, au milieu de tout ce que nous sommes,
D'être sous ce manteau les plus méchants des hommes!
On a beau les connoître et savoir ce qu'ils sont,
Trouver lieu de scandale aux intrigues qu'ils ont,
Toujours même crédit : un maintien doux, honnête,
Quelques roulements d'yeux, des baissements de tête,
Trois ou quatre soupirs mêlés dans un discours,
Sont, pour tout rajuster, d'un merveilleux secours.
C'est sous un tel abri qu'assurant mes affaires,
Je veux de mes censeurs duper les plus sévères ;
Je ne quitterai point mes pratiques d'amour,
J'aurai soin seulement d'éviter le grand jour,
Et saurai, ne voyant en public que des prudes,
Garder à petit bruit mes douces habitudes.
Si je suis découvert dans mes plaisirs secrets,
Tout le corps en chaleur prendra mes intérêts ;
Et, sans me remuer, je verrai la cabale
Me mettre hautement à couvert du scandale.
C'est là le vrai moyen d'oser impunément
Permettre à mes désirs un plein emportement :
Des actions d'autrui je serai le critique,
Médirai saintement, et, d'un ton pacifique
Applaudissant à tout ce qui sera blâmé,
Ne croirai que moi seul digne d'être estimé.
S'il faut que d'intérêt quelque affaire se passe,
Fût-ce veuve, orphelin, point d'accord, point de grâce ;
Et, pour peu qu'on me choque, ardent à me venger,
Jamais rien au pardon ne pourra m'obliger.
J'aurai tout doucement le zèle charitable
De nourrir une haine irréconciliable :
Et quand on me viendra porter à la douceur,
Des intérêts du ciel je serai le vengeur ;
Le prenant pour garant du soin de sa querelle,
J'appuierai de mon cœur la malice infidèle ;
Et, selon qu'on m'aura plus ou moins respecté,
Je damnerai les gens de mon autorité.
C'est ainsi que l'on peut, dans le siècle où nous sommes,

Profiter sagement des faiblesses des hommes,
Et qu'un esprit bien fait, s'il craint les mécontents,
Se doit accommoder aux vices de son temps.
SGANARELLE.
Qu'entends-je? C'en est fait, monsieur, et je le quitte;
Il ne vous manquoit plus que vous faire hypocrite :
Vous êtes de tout point achevé, je le voi.
Assommez-moi de coups, percez-moi, tuez-moi,
Il faut que je vous parle, il faut que je vous dise :
« Tant va la cruche à l'eau, qu'enfin elle se brise. »
Et, comme dit fort bien en moindre ou pareil cas
Un auteur renommé que je ne connois pas,
Un oiseau sur la branche est proprement l'exemple
De l'homme qu'en pécheur ici-bas je contemple.
La branche est attachée à l'arbre, qui produit,
Selon qu'il est planté, de bon ou mauvais fruit.
Le fruit, s'il est mauvais, nuit plus qu'il ne profite;
Ce qui nuit vers la mort nous fait aller plus vite :
La mort est une loi d'un usage important;
Qui peut vivre sans loi vit en brute; et partant
Ramassez : ce sont là preuves indubitables
Qui font que vous irez, monsieur, à tous les diables.
DON JUAN.
Le beau raisonnement!
SGANARELLE.
Ne vous rendez donc pas;
Soyez damné tout seul, car, pour moi, je suis las...
DON JUAN, apercevant Léonor.
N'avois-je pas raison? Regarde, Sganarelle;
Vient-on au rendez-vous?

SCÈNE III.

DON JUAN, LÉONOR, PASCALE, SGANARELLE.

DON JUAN.
Que de joie! Ah! ma belle,
Vous voilà! Je tremblois que, par quelque embarras,

Vous ne pussiez sortir.
LÉONOR.
Oh! point. Mais n'est-ce pas
Monsieur le médecin que je vois là?
DON JUAN.
Lui-même.
Il a pris cet habit, mais c'est par stratagème,
Pour certain langoureux chez qui je l'ai mené,
Contre les médecins de tout temps déchaîné :
Il n'en veut voir aucun; et monsieur, sans rien dire,
A reconnu son mal, dont il ne fait que rire.
Certaine herbe déjà l'a fort diminué.
LÉONOR.
Ma tante a pris sa poudre.
SGANARELLE, gravement, à Léonor.
A-t-elle éternué?
LÉONOR.
Je ne sais, car soudain, sans vouloir voir personne,
Elle s'est mise au lit.
SGANARELLE.
La chaleur est fort bonne
Pour ces sortes de maux.
LÉONOR.
Oh! je crois bien cela.
DON JUAN.
Et qui donc avec vous nous amenez-vous là?
LÉONOR.
C'est ma nourrice. Ah! si vous saviez, elle m'aime....
DON JUAN.
Vous avez fort bien fait, et ma joie est extrême
Que, quand je vous épouse, elle soit caution...
PASCALE.
Vous faites là, monsieur, une bonne action.
Pour entrer au couvent, la pauvre créature
Tous les jours de soufflets avoit pleine mesure;
C'étoit pitié...
DON JUAN.
Bientôt, Dieu merci, la voilà

ACTE V, SCÈNE III.

Exempte, en m'épousant, de tous ces chagrins-là.

LÉONOR.

Monsieur...

DON JUAN.

C'est à mes yeux la plus aimable fille...

PASCALE.

Jamais vous n'en pouviez prendre une plus gentille,
Qui vous pût mieux... Enfin, traitez-la doucement,
Vous en aurez, monsieur, bien du contentement.

DON JUAN.

Je le crois. Mais allons, sans tarder davantage,
Dresser tout ce qu'il faut pour notre mariage :
Je veux le faire en forme, et qu'il n'y manque rien.

PASCALE.

Eh ! vous n'y perdrez pas; ma fille a de bon bien.
Quand son père mourut, il avoit des pistoles
Plus gros...

DON JUAN.

Ne perdons point le temps à des paroles.
Allons, venez, ma belle. Ah ! que j'ai de bonheur !
Vous allez être à moi.

LÉONOR.

Ce m'est beaucoup d'honneur.

SGANARELLE, bas, à Pascale.

Il cherche à la duper; gardez qu'il ne l'emmène.
C'est un fourbe.

PASCALE.

Comment ?

SGANARELLE, bas.

A plus d'une douzaine...

(Haut, se voyant observé par Don Juan.)

Ah ! l'honnête homme ! Allez, votre fille aujourd'hui
Auroit eu beau chercher pour trouver mieux que lui.
Il a de l'amitié... Croyez-moi, qu'une femme
Sera la bien... Et puis il la fera grand'dame.

DON JUAN, à Léonor.

Ne nous arrêtons point, ma belle; j'aurois peur
Que quelqu'un ne survînt.

SGANARELLE, bas, à Pascale.
C'est le plus grand trompeur...
PASCALE, à Don Juan.
Où donc nous menez-vous?
DON JUAN.
Tout droit chez un notaire.
PASCALE.
Non, monsieur; dans le bourg il seroit nécessaire
D'aller chez sa cousine, afin qu'étant témoin
De votre foi donnée...
DON JUAN.
Il n'en est pas besoin;
Monsieur le médecin, et vous, devez suffire.
LÉONOR, à Pascale.
Sommes-nous pas d'accord?
DON JUAN.
Il ne faut plus qu'écrire.
Quand ils auront signé tous deux avecque nous,
C'est comme si...
PASCALE.
Non, non, sa cousine y doit être.
SGANARELLE, bas, à Pascale.
Fort bien.
LÉONOR.
Quelque amitié qu'elle m'ait fait parêtre,
Si chez elle il n'est pas nécessaire d'aller,
Ne disons rien : peut-être elle voudroit parler.
DON JUAN.
Oui, quand on veut tenir une affaire secrète,
Moins on a de témoins, plus la chose est bien faite.
PASCALE.
Mon Dieu! tout comme ailleurs, chez elle, sans éclat,
Les notaires du bourg dresseront le contrat.
SGANARELLE.
Pourquoi vous défier? Monsieur a-t-il la mine
(Bas, à Pascale.)
D'être un fourbe? Voyez... Ferme, chez la cousine!
DON JUAN, à Léonor.
Au hasard de l'entendre enfin nous quereller,

Avançons.

PASCALE, arrêtant Léonor.

Ce n'est point par là qu'il faut aller.
Vous n'êtes pas encore où vous pensez, beau sire.

DON JUAN, à Léonor.

Doublons le pas ensemble : il faut la laisser dire.

SCÈNE IV.

LA STATUE DU COMMANDEUR, DON JUAN, LÉONOR, PASCALE, SGANARELLE.

LA STATUE, prenant Don Juan par le bras.

Arrête, Don Juan...

LÉONOR.

Ah ! qu'est-ce que je vois ?
Sauvons-nous vite, hélas !

DON JUAN, tâchant à se défaire de la statue.

Ma belle, attendez-moi,
Je ne vous quitte point.

LA STATUE.

Encore un coup, demeure;
Tu résistes en vain.

SGANARELLE.

Voici ma dernière heure;
C'en est fait.

DON JUAN, à la statue.

Laisse-moi.

SGANARELLE.

Je suis à vos genoux,
Madame la statue : ayez pitié de nous.

LA STATUE.

Je t'attendois ce soir à souper.

DON JUAN.

Je t'en quitte :
On me demande ailleurs.

LA STATUE.

Tu n'iras pas si vite;

L'arrêt en est donné ; tu touches au moment
Où le ciel va punir ton endurcissement.
Tremble.

SGANARELLE.

DON JUAN.

Tu me fais tort quand tu m'en crois capable :
Je ne sais ce que c'est que trembler.

SGANARELLE.

Détestable !

LA STATUE.

Je t'ai dit, dès tantôt, que tu ne songeois pas
Que la mort chaque jour s'avançoit à grands pas.
Au lieu d'y réfléchir, tu retournes au crime,
Et t'ouvres à toute heure abîme sur abîme.
Après avoir en vain si longtemps attendu,
Le ciel se lasse : prends, voilà ce qui t'est dû.

(La statue embrasse Don Juan ; et, un moment après, tous deux sont abîmés.)

DON JUAN.

Je brûle, et c'est trop tard que mon âme interdite...
Ciel !

SGANARELLE.

Il est englouti ! je cours me rendre ermite.
L'exemple est étonnant pour tous les scélérats :
Malheur à qui le voit, et n'en profite pas !

FIN DU FESTIN DE PIERRE.

L'AMOUR MÉDECIN

COMÉDIE-BALLET EN TROIS ACTES

15 septembre 1665

NOTICE PRÉLIMINAIRE.

Le 15 septembre 1665[1], fut représenté à Versailles un impromptu « mêlé d'airs, de symphonies, de voix et de danses », que Molière avait intitulé *l'Amour Médecin*. « Molière, dit M. Bazin, y paraissait de nouveau dans le caractère de Sganarelle, cette fois père de famille, malin, entêté, et pourtant crédule... » Ce qui donne une véritable importance à ce simple crayon, c'est qu'il commence réellement la guerre de l'auteur comique contre la médecine et les médecins. *Le Médecin volant* ne saurait être en effet considéré comme une attaque sérieuse. Les railleries que contenait *le Festin de Pierre* venaient de Don Juan, impie en médecine comme en tout le reste, et d'un valet qui ne savait que compromettre les causes qu'il essayait de défendre. Mais cette fois le coup était directement et vigoureusement porté. « Toute superstition, toute profession, dit Auger, dont les succès se fondent sur la faiblesse et la crédulité des hommes, est bien plus gravement compromise par l'indiscrétion de ceux qui en vivent que par la sottise de ceux qui en sont dupes ou par la malignité de ceux qui s'en moquent. Quel tort

---

1. Peut-être le 14. La date du 15 est donnée par l'édition de 1682; celle du 14 par la *Gazette*. Le registre de La Grange contient cette mention : « La troupe est partie pour Versailles le dimanche 13 septembre, est revenue le jeudi 17e. On a joué *l'École des Maris* avec *l'Impromptu*, et *l'Amour médecin* trois fois, avec musique et ballet. » Cette mention semblerait plus favorable à la date du 14, puisqu'il est peu vraisemblable qu'on ait donné la troisième représentation de *l'Amour médecin* le 17, jour même du retour à Paris.

fait à la médecine la ridicule infatuation d'un vieillard qui se croit malade comme Argan ; quel tort lui font les raisonnements et les railleries d'un homme qui se porte bien comme Béralde, si on les compare à cette fameuse scène où quatre médecins, consultant à huis clos, parlent de tout, excepté de la maladie pour laquelle ils sont appelés, et à cette autre scène où M. Filerin vient gourmander ses confrères, qui, au lieu de s'entendre aux dépens des malades, se querellent et, par leurs dissensions imprudentes, découvrent au peuple la forfanterie de leur art? »

Il paraît certain que dans cette comédie Molière attaqua non seulement les médecins en général, mais tels médecins déterminés, connus, indiqués par l'imitation de leurs gestes, de leur langage, de leurs habitudes. Guy Patin, médecin lui-même, mais médecin frondeur, écrit à la date du 22 septembre : « On a joué depuis peu à Versailles une comédie des médecins de la cour, où ils ont été traités de ridicules devant le roi, qui en a bien ri. On y met en premier chef les cinq premiers médecins, et, par-dessus le marché, notre maître Élie Béda, autrement le sieur Des Fougerais, qui est un grand homme de probité et fort digne de louanges, si l'on croit ce qu'il en voudroit persuader. » A la date du 25 septembre, Guy Patin écrit encore : « On joue présentement à l'hôtel de Bourgogne *l'Amour malade*. Tout Paris y va en foule pour voir représenter les médecins de la cour, et principalement Esprit et Guénaut, avec des masques faits tout exprès. On y a ajouté Des Fougerais, etc. Ainsi on se moque de ceux qui tuent le monde impunément. » Guy Patin était sans doute à l'affût de tout ce qui se faisait et se disait à l'égard des médecins, mais il fréquentait peu le théâtre, et il est clair qu'il ne parle ici que par ouï-dire ; il se trompe sur quelques circonstances du fait qu'il raconte ; il met six médecins au lieu de cinq, il prend l'hôtel de Bourgogne pour le Palais-Royal ; de *l'Amour médecin* il fait *l'Amour malade*[1]. On tient aussi pour suspecte son assertion relative aux masques ressemblants qu'il prête aux acteurs, quoique cette circonstance ne puisse être considérée comme absolument impossible.

---

1. Guy Patin fait sans doute confusion avec le ballet de *l'Amour malade,* de Benserade et de Lulli, exécuté à la cour le 17 janvier 1657.

Mais ce qui ressort clairement de ce témoignage, c'est que la voix publique désignait les personnages mis en scène par Molière. Les « cinq premiers médecins » étaient en effet cinq personnes de cette profession, ayant chacun le titre de « premier médecin » dans les maisons royales; et il n'y en avait réellement ni plus ni moins, savoir : pour le roi, Vallot; pour la reine mère, Seguin; pour la reine, Guénaut; pour Monsieur, Esprit; et pour Madame, Yvelin. Des Fougerais n'étant pas de ce nombre et figurant dans la consultation comique, il s'ensuit que deux des cinq ont été épargnés, puisque quatre médecins ridicules seulement y prennent part.

Voici, si l'on en croit Brossette et Cizeron-Rival, quels étaient les véritables personnages. Boileau aurait composé les noms grecs destinés à couvrir des allusions transparentes. *Des Fonandrès* (autrement dit *tueur d'hommes*), c'était Des Fougerais; *Bahys* (jappant, aboyant) désignait Esprit, qui bredouillait; *Macroton* était le pseudonyme de Guénaut, qui parlait avec une extrême lenteur; enfin *Tomès* (l'homme aux incisions, le saigneur) représentait Daquin. « *Des Fonandrès,* du grec φένω, *occido,* et de ἀνδρός, génitif de ἀνήρ, *vir* : ἀνδροφόνος, *homicida.* — *Bahys,* de βαύζω, *vocem caninam edo, latro.* — *Macroton,* de μακρός, *longus,* et de τόνος, *tonus.* — *Tomès,* de τομή, *sectio,* ou bien de τομός, *scindens.* » (*Note de Brossette*).

Quant à M. Filerin, d'après une autre note qu'on trouve dans les manuscrits de Brossette, c'est Yvelin, le médecin de Madame. L'étymologie du nom semble être φιλεῖν, aimer, ἔριν, la dispute, par antiphrase, car M. Filerin, dans la pièce, blâme toute querelle. D'autres ont fait venir son nom des mots grecs φίλος ἐρέβεος, qui veulent dire ami de la mort. M. Soulié, qui a rencontré, dans ses recherches parmi les actes notariés du temps, le nom d'un André Filerin, maître d'armes, serait porté à croire que Molière a plutôt emprunté le nom de son personnage à un artiste apprenant aussi, de son côté, à « tuer son homme par raison démonstrative ». Ces deux dernières explications sont cherchées à peu près aussi loin l'une que l'autre, et doivent être écartées.

Des Fougerais, en 1665, était un vieillard d'environ soixante-dix ans, car sa réception au doctorat date de 1621. Il se nommait Élie Béda, de son véritable nom, auquel, de son autorité privée, il ajouta celui de Des Fougerais. Il comptait dans sa clientèle les plus grandes familles de l'aristocratie et de la haute magistrature. Né protestant, il se convertit en 1648, avec un certain éclat qui put faire douter de sa sincérité : « Je pense, disait Guy Patin, que si cet homme croyoit qu'il y eût au monde un plus grand charlatan que lui, il le feroit empoisonner. Il a dans sa poche de la poudre blanche, de la rouge et de la jaune. Il fait rage de promettre : il assure de guérir tout le monde; que tel et tel ne savent que saigner et purger, mais que lui a de grands secrets. Vénérable et détestable charlatan, s'il en fut jamais; mais il est homme de bien, à ce qu'il dit, et n'a jamais changé de religion que pour faire fortune et mieux avancer ses enfants. »

Esprit, après avoir été l'un des médecins de Richelieu, devint celui de Mazarin et de toute sa famille; lors de la consultation pour le roi en 1658, il se trouvait attaché à la personne de Monsieur. Ce serait lui, d'après Guy Patin, qui aurait ouvert l'avis de donner de l'émétique au roi : « Voyez la belle politique de notre siècle! dit son hargneux confrère. Le médecin du prochain héritier de la couronne et successeur immédiat *adhibetur in consilium pro rege, et venenatum stibium audet præscribere.* S'il en eût été cru, et que le roi fût mort, son maître eût été roi et lui premier médecin du roi! *Non sic erat in principio :* autrefois on n'appeloit jamais chez le roi malade les médecins des princes du sang, pour des raisons politiques très fortes. Mais aujourd'hui tout est renversé. »

Guénaut était assurément le plus célèbre et le plus répandu des médecins de l'époque. La cour et la ville ne juraient que par lui. Devenu successivement premier médecin du prince de Condé, puis de la reine, il avait souvent, dans sa longue pratique, été appelé à donner des soins soit au roi, soit à presque tous les princes du sang. Un homme de qualité ne pouvait décemment être malade sans l'appeler au moins une fois. A lui seul, il avait fait les trois quarts de la fortune de l'antimoine; l'antimoine et lui, c'était tout un :

> On compteroit plutôt combien, en un printemps,
> Guénaut et l'antimoine ont fait mourir de gens.

Il y avait fait fortune, d'autant mieux qu'il savait le prix de son temps. Tous les contemporains, qui en ont beaucoup parlé, s'accordent à nous montrer en lui un homme fort âpre au gain. On lui prêtait là-dessus toutes sortes de bons mots. Ses hautes influences en faisaient une manière de grand seigneur, qu'il y avait du courage à attaquer de front.

Daquin n'était encore à cette époque que médecin par quartier. Né à Paris vers 1620, son grand-père, savant rabbin de Carpentras du nom de Mardochée, fut obligé de quitter Carpentras en 1610 à cause du penchant qu'il montrait pour le christianisme. Il alla dans le royaume de Naples, et se fit baptiser à *Aquino,* dont il prit le nom. A son retour en France, il supprima la terminaison et se fit appeler d'Aquin. Son petit-fils étudia la médecine à Montpellier, et fut reçu docteur en 1648. Revenu à Paris après ses études, il se lia avec Vallot, le premier médecin du roi, et épousa la nièce de sa femme. Ce mariage lui ouvrit le chemin de la fortune.

M. Raynaud[1] serait tenté de voir dans le Tomès de Molière Vallot plutôt que Daquin. Mais, tout bien considéré, il est préférable de n'essayer pas de corriger à distance ces traditions qui remontent jusqu'à Boileau. Ou il faut les présenter telles quelles, ou il faut se contenter de dire avec M. Daremberg, que Molière a pris ses originaux un peu partout, dans la vie, dans la pratique, et dans les écrits des médecins de son temps.

M. P. Mesnard, sur une indication trouvée dans l'*Histoire de la littérature et de l'art dramatiques en Espagne* par M. de Schack, a signalé dans un drame biblique de Tirso de Molina, *la Venganza de Tamar,* une scène ou plutôt un récit qui a pu fournir à Molière la principale situation de sa pièce. Il est à remarquer que Molière avait été naturellement amené à feuilleter les œuvres de ce dramaturge espagnol lorsqu'il avait écrit son *Don Juan.* Dans *la Vengeance de Tamar,* acte II, scène I, deux des personnages viennent à parler des médecins, et l'un d'eux nommé Éliacer raconte ce qui suit : « Hier, six docteurs se réunirent en conférence dans la maison de Débora, fort malade depuis quelque temps, pour consulter entre eux sur la maladie et y appliquer quelque remède efficace. Ils se retirèrent dans une salle dont

---

1. *Les Médecins au temps de Molière;* Paris, 1862.

ils éloignèrent le monde. Il prit envie à une servante (pour cela il suffisait qu'elle fût femme) d'écouter ce qu'ils disaient; et tandis qu'elle tenait pour assuré qu'ils allaient disserter sur l'état de la malade et mettre en discussion ce que la pratique leur avait appris à ce sujet, elle entendit un d'eux faire cette question : « Seigneur docteur, quels sont par semaine, l'un por« tant l'autre, les profits de Votre Honneur? » La réponse fut : « Cinquante écus; j'ai pu acheter ainsi une ferme, un vignoble « de vingt arpents, et un pâturage où j'ai des vaches; mais je ne « laisse pas d'apprécier le bon goût des maisons que possède « Votre Honneur. » L'autre dit : « On en parle; je ne sais que « faire de l'argent que je gagne. Chose étrange de voir que, « sans être des bourreaux, nous sommes payés pour tuer ! — « Laissons cela, dit un autre, et dites-moi quelle a été votre « fortune au jeu cette nuit. — J'ai perdu : les chances sont « variables. — Mais avez-vous beaucoup de livres? — Deux « cents volumes, ce n'est pas dire assez, avec quatre doigts de « poussière : car ils ne m'adressent jamais une parole; et moi, je « ne vais pas voir ce qu'ils renferment. Charlatanisme et igno« rance nous donnent de quoi manger... Cependant nous avons « suffisamment parlé. Allons voir notre malade, qui a grande « confiance dans notre consultation. » Ils allèrent; et celui qui portait la plus respectable barbe dit : « Notre conclusion est « qu'à l'instant même on lui frictionne les jambes, que sur tout « le dos on lui applique quatorze ventouses, et qu'on fasse trois « ou quatre incisions; qu'on lui mette sur le cœur un emplâtre, « et qu'on l'oigne d'eau de fleur d'orange; puis qu'elle espère « du ciel que la consultation d'aujourd'hui lui rendra bientôt « parfaite santé. » On leur donna deux cents réaux; et ils s'en retournèrent chez eux ayant tiré de leur conférence le bon parti que je viens de vous conter. »

L'idée si heureuse de la consultation du deuxième acte de *l'Amour médecin* est là tout entière; mais Molière l'a mise en action, et il en a pris les détails dans les mœurs de son temps.

Le dénoûment a rappelé celui du *Pédant joué*, de Cyrano de Bergerac; mais on a dit avec raison que ce devait être une sorte de lieu commun dans les farces populaires, et que de telles inventions sont de plein droit du domaine public.

On a cherché les motifs qui avaient provoqué les attaques de Molière contre la médecine et les médecins. On a prétendu les trouver dans une contestation que Mlle Molière aurait eue avec la femme d'un médecin. On trouve cette anecdote rapportée tout au long dans *Élomire hypocondre,* où Le Boulanger de Chalussay fait ainsi parler Élomire, c'est-à-dire Molière lui-même :

> Mon *Amour médecin,* cette illustre satire
> Qui plut tant à la cour, et qui la fit tant rire,
> Ce chef-d'œuvre qui fut le fleau[1] des médecins,
> Me fit des ennemis de tous ces assassins ;
> Et du depuis leur haine à ma perte obstinée
> A toujours conspiré contre ma destinée...
> Écoutez. L'un d'entre eux, dont je tiens ma maison,
> Sans vouloir m'alléguer prétexte ni raison,
> Dit qu'il veut que j'en sorte et me le signifie.
> Mais n'en pouvant sortir ainsi sans infamie,
> Et d'ailleurs ne voulant m'éloigner du quartier,
> Je pare cette insulte, augmentant mon loyer !
> Dieu sait si cette dent que mon hôte m'arrache
> Excite mon courroux ! Toutefois je le cache ;
> Mais quelque temps après que tout fut terminé,
> Quand mon bail fut refait, quand nous l'eûmes signé,
> Je cherche à me venger, et ma bonne fortune
> M'en fait trouver d'abord la rencontre opportune.

Élomire raconte comment sa femme, ayant aperçu un jour celle du médecin, qui était venue à la comédie, la fit mettre à la porte par les employés du théâtre ; comment le mari, irrité de ce procédé, monta une cabale, et se fit rendre justice :

> Car par un dur arrêt, qui fut irrévocable,
> On nous ordonna presque une amende honorable.
> Je vais, je viens, je cours ; mais j'ai beau tempêter,
> On me ferma la bouche, et loin de m'écouter :
> « Taisez-vous, me dit-on, petit vendeur de baume,
> Et croyez qu'Esculape est plus grand dieu que Môme. »
> Après ce coup de foudre, il fallut tout souffrir ;
> Ma femme en enragea, je faillis d'en mourir ;
> Et ce qui fut le pis, pendant ma maladie,
> Fallut de mes bourreaux souffrir la tyrannie...

1. Nous avons déjà rencontré ce mot formant une seule syllabe dans *l'Impromptu de l'Hôtel de Condé,* tome V, page 197.

Ainsi, d'après Le Boulanger de Chalussay, dont le récit a été, avec quelques variantes, répété par Grimarest, une querelle entre propriétaire et locataire fut la cause de la guerre que l'auteur comique déclara à la Faculté. Mais personne n'a attaché la moindre importance à cette explication. Il en est en effet une beaucoup meilleure dans le triste spectacle qu'offrait la médecine à cette époque, dans le formalisme étroit et intolérant, la routine aveugle, la fausse érudition, la pédanterie scolastique, la jalousie et l'arrogance des médecins. Molière, d'ailleurs, ne fut pas l'auteur de cette guerre, il n'en fut que le continuateur le plus vigoureux et le plus acharné. Sans remonter jusqu'à Rabelais ni jusqu'à Montaigne, on peut voir l'*Euphormion* de Barclay, la lettre de Cyrano de Bergerac *contre les médecins, le Mariage de rien,* comédie de Montfleury (scène XI), plusieurs passages du *Roman comique* de Scarron, la lettre de Boursault en tête du *Médecin volant,* etc. Citons l'épigramme suivante, que recommande au moins sa brièveté :

> Affecter un air pédantesque,
> Cracher du grec et du latin,
> Longue perruque, habit grotesque,
> De la fourrure et du satin,
> Tout cela réuni fait presque
> Ce qu'on appelle un médecin.

Depuis Molière, la médecine n'a plus été attaquée que rarement sur le théâtre. Après lui, en effet, on ne peut recommencer la guerre qu'à la condition de faire des chefs-d'œuvre ; ce qui met l'art des modernes Vallot presque à l'abri de la raillerie comique. C'est là un des nombreux et éminents services que Molière a rendus au corps médical.

Notre petite comédie fut plus habituellement désignée en son temps sous le titre de *les Médecins* que sous celui que Molière lui avait donné. La Grange, à partir de la cinquième représentation (2 octobre 1665), n'inscrit plus que *les Médecins* sur son registre. La partie épisodique prévalait sur la donnée principale.

La satire des médecins n'est pas tout ce qu'il faut signaler dans ce « petit impromptu ». Il s'ouvre par une scène excellente qui est le pendant de la non moins excellente scène par laquelle commence *le Mariage forcé.* Les deux scènes, avons-nous dit, renferment tout ce qu'on peut étaler de faiblesse ou de ridicule, soit qu'on demande des conseils, soit qu'on en donne. M. Bazin a fait remarquer que, dans cette première scène de *l'Amour médecin,* Molière jette un trait plaisant sur la profession de son père : « Vous êtes orfèvre, monsieur Josse ! » mot devenu proverbial, n'est que la moitié de la leçon comique adressée aux donneurs d'avis ; l'autre regarde « monsieur Guillaume, qui vend des tapisseries ».

Le personnage de Sganarelle est digne d'une attention particulière. Lui, qui saisit si bien le travers des gens qui donnent des avis intéressés, il sollicite, comme le Sganarelle du *Mariage forcé,* des conseils pour ne pas les suivre : c'est-à-dire que d'avance il a excepté dans son âme la seule chose qu'il soit raisonnable de lui conseiller, le mariage de sa fille ; et, après qu'il a promis par serment à la pauvre Lucinde de lui accorder tout ce qu'elle pourrait demander, la chose qu'elle demande est précisément celle qu'il refuse. Cependant il aime tendrement sa fille ; il perd la tête de douleur en apprenant qu'elle est malade ; mais il s'aime encore plus lui-même ; il trouve ridicule de se priver d'une partie de ses biens et des soins d'une enfant chérie en faveur d'un étranger ; et rien ne lui semble « plus tyrannique que cette coutume où l'on veut assujettir les pères ». Étrange préoccupation de l'égoïsme, qui a été bien souvent mise au théâtre depuis Molière, sous toutes les formes de la comédie ou du drame.

L'Amour médecin eut trois représentations à Versailles ; puis il fut joué, le 22 septembre, à la ville, et eut vingt-six représentations consécutives. Il fut joué soixante-trois fois du vivant de Molière. Le rôle de Sganarelle était, selon toute vraisemblance, tenu par Molière à l'origine. Béjart, le boiteux, jouait Des Fougerais, ainsi que Guéret le constate dans la *Promenade de Saint-Cloud.* On cite encore La Grange et Guérin, sans spécifier leur rôle. M. Livet a relevé dans une nouvelle, *Araspe et Simande,* imprimée chez Cl. Barbin en 1672, ce passage : « Me regardant comme une statue qui rendroit des oracles, et droite comme un piquet, sans mouvoir les yeux ni aucune partie du corps, elle (la dame Picarde) me répondit comme La Torillière à la comédie des *Médecins :* « Je vous remerchie grandement de chette bonne volonté[1]. » Ce qui donne à penser que La Thorillière était un des médecins, et peut être Macroton, l'homme qui parle lentement.

L'Amour médecin n'est plus représenté que de loin en loin sur nos scènes classiques. On ne sait pourquoi, car la petite pièce, bien qu'elle n'ait plus le piquant attrait des allusions personnelles, est encore charmante, et, bien jouée, elle plaira toujours.

Nous sommes obligé de nous en tenir à mentionner la reprise du 20 septembre 1861 au Théâtre-Français; *l'Amour médecin*, réduit en deux actes, y fut interprété par les artistes suivants :

SGANARELLE.	M. Talbot.
LUCINDE	Mlle Ponsin.
CLITANDRE.	M. Laroche.
AMINTE.	Mmes J. Boudois.
LUCRÈCE.	Rosa Didier.
LISETTE.	Bonval.
GUILLAUME.	MM. Montet.
JOSSE.	Tronchet.
TOMÈS	Barré.
DÈS FONANDRÈS.	Chéry.
MACROTON.	Coquelin.
BAHYS.	Eug. Provost.
UN NOTAIRE.	Masquillier.

En revanche, l'Opéra-Comique s'est emparé de la petite pièce de Molière, et *l'Amour médecin*, arrangé par M. Ch. Monselet et mis en musique par M. Ferd. Poise, fut représenté à ce théâtre le 20 décembre 1880.

Les personnages de M. Filerin, de Lucrèce et d'Aminte étant supprimés, voici quelle y était la distribution des rôles :

SGANARELLE.	M. Fugère.
LUCINDE	Mlle Molé.
CLITANDRE.	M. Nicot.
LISETTE.	Mlle Thuillier.
GUILLAUME	MM. Teste.
JOSSE.	Davoust.

---

1. *Le Moliériste*, tome Ier, page 307.

NOTICE PRÉLIMINAIRE.

TOMÈS.............................	Maris.
DES FONANDRÈS...............	Barnolt.
MACROTON......................	E. Gourdon.
BAHYS..............................	Grivot.

Comédie, musique et ballet, reçurent le meilleur accueil, et ils ont maintenant une place d'honneur dans le répertoire de ce théâtre.

L'Amour médecin fut publié au commencement de l'année 1666 : « *L'Amour médecin,* comédie, par J.-B. P. Molière. A Paris, chez Pierre Trabouillet, au Palais, dans la salle Dauphine près la porte, à la Fortune. 1666. Avec privilège du roi. » Le privilège porte la date du 30 décembre 1665. Il est cédé à Pierre Trabouillet, Nicolas Legras et Théodore Girard. L'achevé d'imprimer est du 15 janvier 1666.

Une deuxième édition fut faite deux ans plus tard. L'achevé d'imprimer pour la seconde fois est du 20 novembre 1668; le frontispice porte la date de 1669. C'est ce texte qui a été inséré dans l'édition de 1673.

Cette pièce figure enfin dans l'édition de 1682 avec cette mention : « Représentée pour la première fois à Versailles, par ordre du roi, le 15 septembre 1665, et donnée depuis au public, à Paris, sur le théâtre du Palais-Royal, le 22 du même mois de septembre 1665, par la troupe du roi. »

Nous suivons l'édition *princeps*, et nous donnons les variantes des deux autres éditions.

AU LECTEUR.

Ce n'est ici qu'un simple crayon, un petit impromptu dont le roi a voulu se faire un divertissement. Il est le plus précipité de tous ceux que Sa Majesté m'ait commandés; et, lorsque je dirai qu'il a été proposé, fait, appris et représenté en cinq jours, je ne dirai que ce qui est vrai. Il n'est pas nécessaire de vous avertir qu'il y a beaucoup de choses qui dépendent de l'action. On sait bien que les comédies ne sont faites que pour être jouées; et je ne conseille de lire celle-ci qu'aux personnes qui ont des yeux pour découvrir, dans la lecture, tout le jeu du théâtre. Ce que je vous dirai, c'est qu'il seroit à souhaiter que ces sortes d'ouvrages pussent toujours se montrer à vous avec les ornements qui les accompagnent chez le roi. Vous les verriez dans un état beaucoup plus supportable; et les airs et les symphonies de l'incomparable M. Lulli, mêlés à la beauté des voix et à l'adresse des danseurs, leur donnent sans doute des grâces dont ils ont toutes les peines du monde à se passer.

PERSONNAGES DU PROLOGUE :

LA COMÉDIE.
LA MUSIQUE.
LE BALLET.

PERSONNAGES DE LA COMÉDIE.

SGANARELLE, père de Lucinde.
LUCINDE, fille de Sganarelle.
CLITANDRE, amant de Lucinde.
AMINTE, voisine de Sganarelle.
LUCRÈCE, nièce de Sganarelle.
LISETTE, suivante de Lucinde.
M. GUILLAUME, marchand de tapisseries.
M. JOSSE, orfèvre.
M. TOMÈS, \
M. DES FONANDRÈS, |
M. MACROTON, } médecins.
M. BAHYS, |
M. FILERIN, /
UN NOTAIRE.
CHAMPAGNE, valet de Sganarelle.

PERSONNAGES DU BALLET.

PREMIÈRE ENTRÉE.

CHAMPAGNE, valet de Sganarelle, dansant.
QUATRE MÉDECINS, dansants.

DEUXIÈME ENTRÉE.

UN OPÉRATEUR, chantant.
TRIVELINS ET SCARAMOUCHES, dansants, de la suite de l'Opérateur.

TROISIÈME ENTRÉE.

LA COMÉDIE.
LA MUSIQUE.
LE BALLET.
JEUX, RIS, PLAISIRS, dansants.

La scène est à Paris, dans une salle de la maison de Sganarelle[2].

1. On a manqué des éléments nécessaires pour dresser la liste des acteurs qui se partagèrent à l'origine les rôles de cette comédie. Voyez, sur ce qu'on en connaît, la Notice préliminaire, page 319.
2. Le manuscrit de Mahelot énumère pour les Médecins les accessoires suivants : « Une écritoire, du papier, une bague, des jetons, une bourse, quatre chaises. » Les jetons remplissaient sans doute la bourse, au lieu d'écus.

L'AMOUR MÉDECIN

COMÉDIE-BALLET

PROLOGUE.

LA COMÉDIE, LA MUSIQUE, LE BALLET.

LA COMÉDIE.
Quittons, quittons notre vaine querelle,
Ne nous disputons point nos talents tour à tour ;
Et d'une gloire plus belle
Piquons-nous en ce jour.
Unissons-nous tous trois d'une ardeur sans seconde
Pour donner du plaisir au plus grand roi du monde.

TOUS TROIS ENSEMBLE.
Unissons-nous tous trois d'une ardeur sans seconde
Pour donner du plaisir au plus grand roi du monde.

LA COMÉDIE.
De ses travaux, plus grands qu'on ne peut croire,
Il se vient quelquefois délasser parmi nous.
Est-il de plus grande gloire ?
Est-il bonheur plus doux ?

TOUS TROIS ENSEMBLE.
Unissons-nous tous trois d'une ardeur sans seconde
Pour donner du plaisir au plus grand roi du monde.

ACTE PREMIER.

SCÈNE PREMIÈRE.
SGANARELLE, AMINTE, LUCRÈCE. M. GUILLAUME, M. JOSSE.

SGANARELLE.

Ah! l'étrange chose que la vie! et que je puis bien dire, avec ce grand philosophe de l'antiquité, que qui terre a guerre a[1], et qu'un malheur ne vient jamais sans l'autre! Je n'avois qu'une seule femme, qui est morte.*

MONSIEUR GUILLAUME.

Et combien donc en voulez-vous avoir?**

SGANARELLE.

Elle est morte, monsieur mon ami.*** Cette perte m'est très sensible, et je ne puis m'en ressouvenir sans pleurer. Je n'étois pas fort satisfait de sa conduite, et nous avions le plus souvent dispute ensemble; mais enfin la mort rajuste toutes choses. Elle est morte; je la pleure. Si elle

---

* VAR. *Je n'avois qu'une femme qui est morte* (1682).
** VAR. *Et combien donc en vouliez-vous avoir?* (1682).
*** VAR. *Elle est morte, monsieur Guillaume mon ami.* (1682, exemplaires non cartonnés.)

1. Ce que Sganarelle donne pour une sentence de quelque grand philosophe de l'antiquité, dont il ne dit pas le nom, est tout simplement un dicton du moyen âge, commun aux Français et aux Italiens; ceux-ci disent : *Chi compra terra, compra guerra.*

étoit en vie, nous nous querellerions. De tous les enfants que le ciel m'avoit donnés, il ne m'a laissé qu'une fille, et cette fille est toute ma peine : car enfin je la vois dans une mélancolie la plus sombre du monde, dans une tristesse épouvantable, dont il n'y a pas moyen de la retirer, et dont je ne saurois même apprendre la cause. Pour moi, j'en perds l'esprit, et j'aurois besoin d'un bon conseil sur cette matière. (A Lucrèce.) Vous êtes ma nièce; (A Aminte.) vous, ma voisine; (A monsieur Guillaume et à monsieur Josse.) et vous, mes compères et mes amis : je vous prie de me conseiller tous ce que je dois faire. *

MONSIEUR JOSSE.

Pour moi, je tiens que la braverie et l'ajustement est la chose** qui réjouit le plus les filles; et, si j'étois que de vous[1], je lui achèterois, dès aujourd'hui, une belle garniture de diamants, ou de rubis, ou d'émeraudes.

MONSIEUR GUILLAUME.

Et moi, si j'étois en votre place, j'achèterois une belle tenture de tapisserie de verdure[2], ou à personnages, que je ferois mettre dans sa chambre, pour lui réjouir l'esprit et la vue.

* Var. *Tout ce que je dois faire* (1682).
** Var. *Que la braverie, que l'ajustement est la chose* (1682).

1. Dans un bureau de l'Académie française, on examinait cette locution : *si j'étais que de vous*. « Il faut, messieurs, dit le président Rose, que je vous fasse à ce propos une petite historiette. Au voyage de la paix des Pyrénées, un jour le maréchal de Clérambault, le duc de Créquy et M. de Lionne causaient, moi présent, dans la chambre du cardinal Mazarin. Le duc de Créquy, en parlant au maréchal de Clérambault, lui dit dans la chaleur de la conversation : « Monsieur le maréchal, *si j'étais que de vous*, « je m'irais pendre tout à l'heure. — Hé bien! répliqua le maréchal, *soyez* « *que de moi.* » Le petit conte fut applaudi, et puis on décida que, dans le discours familier, on peut dire *si j'étais que de vous*. (Auger.)
2. *Une tapisserie de verdure* se disait d'une tapisserie représentant des arbres, un paysage.

AMINTE.

Pour moi, je ne ferois pas tant de façons, et je la marierois fort bien et le plus tôt que je pourrois, avec cette personne qui vous la fit, dit-on, demander il y a quelque temps.

LUCRÈCE.

Et moi, je tiens que votre fille n'est point du tout propre pour le mariage. Elle est d'une complexion trop délicate et trop peu saine, et c'est la vouloir envoyer bientôt en l'autre monde que de l'exposer, comme elle est, à faire des enfants. Le monde n'est point du tout son fait; et je vous conseille de la mettre dans un couvent, où elle trouvera des divertissements qui seront mieux de son humeur.

SGANARELLE.

Tous ces conseils sont admirables assurément; mais je les tiens un peu intéressés, et trouve que vous me conseillez fort bien pour vous. Vous êtes orfèvre, monsieur Josse[1], et votre conseil sent son homme qui a envie de se défaire de sa marchandise. Vous vendez des tapisseries, monsieur Guillaume, et vous avez la mine d'avoir quelque tenture qui vous incommode. Celui que vous aimez, ma voisine, a, dit-on, quelque inclination pour ma fille; et vous ne seriez pas fâchée de la voir la femme d'un autre. Et quant à vous, ma chère nièce, ce n'est pas mon dessein, comme on sait, de marier ma fille avec qui que ce

---

1. Voilà une phrase devenue proverbe. D'où vient cette fortune extraordinaire d'un mot qui ne peut passer ni pour un trait d'esprit, ni pour une réflexion profonde? De ce qu'il jaillit naturellement de la situation, de ce qu'il est à la fois tout ce qu'il y a de plus précis, de plus simple, de plus fort; surtout de ce qu'il joint, au sens étendu d'une moralité, le sel piquant d'une épigramme. (AUGER.)

soit, et j'ai mes raisons pour cela; mais le conseil que vous me donnez de la faire religieuse est d'une femme qui pourroit bien souhaiter charitablement d'être mon héritière universelle. Ainsi, messieurs et mesdames, quoique tous vos conseils soient les meilleurs du monde, vous trouverez bon, s'il vous plaît, que je n'en suive aucun. (Seul.) Voilà de mes donneurs de conseils à la mode.

SCÈNE II.

LUCINDE, SGANARELLE.

SGANARELLE.

Ah! voilà ma fille qui prend l'air. Elle ne me voit pas. Elle soupire; elle lève les yeux au ciel. (A Lucinde.) Dieu vous gard! Bonjour, ma mie. Hé bien! qu'est-ce? Comme vous en va? Hé quoi! toujours triste et mélancolique comme cela, et tu ne veux pas me dire ce que tu as? Allons donc, découvre-moi ton petit cœur. Là, ma pauvre mie, dis, dis, dis tes petites pensées à ton petit papa mignon. Courage! Veux-tu que je te baise? Viens. (A part.) J'enrage de la voir de cette humeur-là. (A Lucinde.) Mais, dis-moi, me veux-tu faire mourir de déplaisir; et ne puis-je savoir d'où vient cette grande langueur? découvre-m'en la cause, et je te promets que je ferai toutes choses pour toi. Oui, tu n'as qu'à me dire le sujet de ta tristesse; je t'assure ici et te fais serment qu'il n'y a rien que je ne fasse pour te satisfaire; c'est tout dire. Est-ce que tu es jalouse de quelqu'une de tes compagnes que tu voies plus brave que toi? et seroit-il quelque étoffe nouvelle dont tu voulusses avoir un habit? Non. Est-ce que ta chambre ne te semble pas assez parée, et que tu souhaiterois quelque cabinet[1] de la foire Saint-Laurent. Ce n'est pas cela. Aurois-tu envie d'apprendre quelque chose, et veux-tu que je te donne un maître pour te montrer à jouer du clavecin? Nenni. Aimerois-tu quelqu'un, et souhaiterois-tu d'être mariée? (Lucinde lui fait signe que c'est cela.)

SCÈNE III.
SGANARELLE, LUCINDE, LISETTE.

LISETTE.

Hé bien, monsieur, vous venez d'entretenir votre fille. Avez-vous su la cause de sa mélancolie?

SGANARELLE.

Non. C'est une coquine qui me fait enrager.

LISETTE.

Monsieur, laissez-moi faire, je m'en vais la sonder un peu.

SGANARELLE.

Il n'est pas nécessaire; et, puisqu'elle veut être de cette humeur, je suis d'avis qu'on l'y laisse.

LISETTE.

Laissez-moi faire, vous dis-je. Peut-être qu'elle se découvrira plus librement à moi qu'à vous. Quoi? madame, vous ne nous direz point ce que vous avez, et vous voulez affliger ainsi tout le monde? Il me semble qu'on n'agit point comme vous faites, et que, si vous avez quelque répugnance à vous expliquer à un père, vous n'en devez avoir aucune à me découvrir votre cœur. Dites-moi, souhaitez-vous quelque chose de lui? Il nous a dit plus

---

1. On appelait *cabinet* une espèce de buffet monté sur des pieds, et fermé de deux volets, derrière lesquels étaient des tiroirs ou layettes. Ce meuble, que l'on faisait en bois précieux ou en marqueterie, servait à renfermer de l'argent, des bijoux et des colifichets à l'usage des femmes.

d'une fois qu'il n'épargneroit rien pour vous contenter. Est-ce qu'il ne vous donne pas toute la liberté que vous souhaiteriez? Et les promenades et les cadeaux ne tenteroient-ils point votre âme? Heu. Avez-vous reçu quelque déplaisir de quelqu'un? Heu[1]. N'auriez-vous point quelque secrète inclination avec qui vous souhaiteriez que votre père vous mariât? Ah! je vous entends. Voilà l'affaire. Que diable! pourquoi tant de façons? Monsieur, le mystère est découvert; et...

SGANARELLE, l'interrompant.

Va, fille ingrate, je ne te veux plus parler, et je te laisse dans ton obstination.

LUCINDE.

Mon père, puisque vous voulez que je vous dise la chose...

SGANARELLE.

Oui, je perds toute l'amitié que j'avois pour toi.

LISETTE.

Monsieur, sa tristesse...

SGANARELLE.

C'est une coquine qui me veut faire mourir.

LUCINDE.

Mon père, je veux bien...

SGANARELLE.

Ce n'est pas la récompense de t'avoir élevée comme j'ai fait.

LISETTE.

Mais, monsieur...

SGANARELLE.

Non, je suis contre elle dans une colère épouvantable.

---

1. Heu. Cela signifie, d'après le geste de Lucinde : « Non, ce n'est pas cela. »

LUCINDE.

Mais, mon père.

SGANARELLE.

Je n'ai plus aucune tendresse pour toi.

LISETTE.

Mais...

SGANARELLE.

C'est une friponne.

LUCINDE.

Mais...

SGANARELLE.

Une ingrate.

LISETTE.

Mais...

SGANARELLE.

Une coquine qui ne me veut pas dire ce qu'elle a.

LISETTE.

C'est un mari qu'elle veut.

SGANARELLE, faisant semblant de ne pas entendre.

Je l'abandonne.

LISETTE.

Un mari.

SGANARELLE.

Je la déteste.

LISETTE.

Un mari.

SGANARELLE.

Et la renonce pour ma fille.

LISETTE.

Un mari.

SGANARELLE.

Non, ne m'en parlez point.

LISETTE.

Un mari.

SGANARELLE.

Ne m'en parlez point.

LISETTE.

Un mari.

SGANARELLE.

Ne m'en parlez point.

LISETTE.

Un mari, un mari, un mari[1].

SCÈNE IV.

LUCINDE, LISETTE.

LISETTE.

On dit bien vrai qu'il n'y a point de pires sourds que ceux qui ne veulent point entendre.*

LUCINDE.

Hé bien! Lisette, j'avois tort de cacher mon déplaisir, et je n'avois qu'à parler pour avoir tout ce que je souhaitois de mon père! Tu le vois.

---

* VAR. *Qui ne veulent pas entendre* (1682).

1. Quoique fort égoïste, il aime tendrement sa fille. Comment concilier deux penchants si opposés? Il n'appartenait qu'à un grand maître de montrer qu'ils s'unissent souvent dans le cœur des hommes. Sganarelle fera tout pour Lucinde, mais il ne la mariera pas. Il lui faut quelqu'un qui gouverne sa maison, qui supporte son humeur, qui partage sa solitude. Où trouvera-t-il cette personne, s'il consent à l'éloignement de sa fille? D'ailleurs il n'est pas exempt d'un peu d'avarice; nouvelle raison de ne pas marier Lucinde. Ainsi dans ce rôle, qui malheureusement n'est qu'esquissé, on voit pourquoi Sganarelle évite d'entendre Lucinde et Lisette lorsqu'elles lui parlent de mariage; et pourquoi, lorsqu'il croit sa fille malade, il témoigne toute l'inquiétude d'un bon père. Cette combinaison est aussi vraie que comique. (PETITOT.)

LISETTE.

Par ma foi, voilà un vilain homme; et je vous avoue que j'aurois un plaisir extrême à lui jouer quelque tour. Mais d'où vient donc, madame, que jusqu'ici vous m'avez caché votre mal?

LUCINDE.

Hélas! de quoi m'auroit servi de te le découvrir plus tôt? et n'aurois-je pas autant gagné à le tenir caché toute ma vie? Crois-tu que je n'aie pas bien prévu tout ce que tu vois maintenant, que je ne susse pas à fond tous les sentiments de mon père, et que le refus qu'il a fait porter à celui qui m'a demandée par un ami, n'ait pas étouffé dans mon âme toute sorte d'espoir?

LISETTE.

Quoi! c'est cet inconnu qui vous a fait demander, pour qui vous...?

LUCINDE.

Peut-être n'est-il pas honnête à une fille de s'expliquer si librement; mais enfin je t'avoue que, s'il m'étoit permis de vouloir quelque chose, ce seroit lui que je voudrois. Nous n'avons eu ensemble aucune conversation, et sa bouche ne m'a point déclaré la passion qu'il a pour moi; mais dans tous les lieux où il m'a pu voir, ses regards et ses actions m'ont toujours parlé si tendrement, et la demande qu'il a fait faire de moi m'a paru d'un si honnête homme, que mon cœur n'a pu s'empêcher d'être sensible à ses ardeurs; et cependant tu vois où la dureté de mon père réduit toute cette tendresse.

LISETTE.

Allez, laissez-moi faire. Quelque sujet que j'aie de me plaindre de vous du secret que vous m'avez fait, je ne veux pas laisser de servir votre amour; et, pourvu que vous ayez assez de résolution...

LUCINDE.

Mais que veux-tu que je fasse contre l'autorité d'un père? Et, s'il est inexorable à mes vœux...

LISETTE.

Allez, allez, il ne faut pas se laisser mener comme un oison; et pourvu que l'honneur n'y soit pas offensé, on peut se libérer un peu* de la tyrannie d'un père. Que prétend-il que vous fassiez? N'êtes-vous pas en âge d'être mariée? et croit-il que vous soyez de marbre? Allez, encore un coup, je veux servir votre passion : je prends dès à présent sur moi tout le soin de ses intérêts, et vous verrez que je sais des détours... Mais je vois votre père. Rentrons, et me laissez agir.

SCÈNE V.

SGANARELLE, seul.

Il est bon quelquefois de ne point faire semblant d'entendre les choses qu'on n'entend que trop bien; et j'ai fait sagement de parer la déclaration d'un désir que je ne suis pas résolu de contenter. A-t-on jamais rien vu de plus tyrannique que cette coutume où l'on veut assujettir les pères, rien de plus impertinent et de plus ridicule que d'amasser du bien avec de grands travaux, et d'élever une fille avec beaucoup de soin et de tendresse, pour se dépouiller de l'un et de l'autre entre les mains d'un homme qui ne nous touche de rien? Non, non, je me moque de cet usage, et je veux garder mon bien et ma fille pour moi.

* VAR. *On se peut libérer un peu* (1682).

SCÈNE VI.

SGANARELLE, LISETTE.

LISETTE, courant sur le théâtre, et feignant de ne pas voir Sganarelle.

Ah! malheur! ah! disgrâce! ah! pauvre seigneur Sganarelle, où pourrai-je te rencontrer?

SGANARELLE, à part.

Que dit-elle là?

LISETTE, courant toujours.

Ah! misérable père! que feras-tu quand tu sauras cette nouvelle?

SGANARELLE, à part.

Que sera-ce?

LISETTE.

Ma pauvre maîtresse!

SGANARELLE.

Je suis perdu!

LISETTE.

Ah!

SGANARELLE, courant après Lisette.

Lisette!

LISETTE.

Quelle infortune!

SGANARELLE.

Lisette!

LISETTE.

Quel accident!

SGANARELLE.

Lisette!

LISETTE.

Quelle fatalité!

ACTE I, SCÈNE VI.

SGANARELLE.

Lisette!

LISETTE, s'arrêtant.

Ah! monsieur.

SGANARELLE.

Qu'est-ce?

LISETTE.

Monsieur!

SGANARELLE.

Qu'y a-t-il?

LISETTE.

Votre fille...

SGANARELLE.

Ah! ah![1]

LISETTE.

Monsieur, ne pleurez donc point comme cela, car vous me feriez rire.

SGANARELLE.

Dis donc vite.

LISETTE.

Votre fille, toute saisie des paroles que vous lui avez dites, et de la colère effroyable où elle vous a vu contre elle, est montée vite dans sa chambre, et, pleine de désespoir, a ouvert la fenêtre qui regarde sur la rivière.

SGANARELLE.

Hé bien?

LISETTE.

Alors, levant les yeux au ciel : « Non, a-t-elle dit, il m'est impossible de vivre avec le courroux de mon père; et puisqu'il me renonce pour sa fille, je veux mourir. »

---

1. Molière a répété ce commencement de scène dans les *Fourberies de Scapin*.

SGANARELLE.

Elle s'est jetée?

LISETTE.

Non, monsieur. Elle a fermé tout doucement la fenêtre, et s'est allée mettre sur son lit.* Là, elle s'est prise à pleurer amèrement; et tout d'un coup son visage a pâli, ses yeux se sont tournés, le cœur lui a manqué, et elle m'est demeurée entre les bras.**

SGANARELLE.

Ah! ma fille! [Elle est morte?

LISETTE.

Non, monsieur.]*** A force de la tourmenter, je l'ai fait revenir; mais cela lui reprend de moment en moment, et je crois qu'elle ne passera pas la journée.

SGANARELLE.

Champagne! Champagne! Champagne!

SCÈNE VII.
SGANARELLE, CHAMPAGNE, LISETTE.

SGANARELLE.

Vite, qu'on m'aille quérir des médecins, et en quantité. On n'en peut trop avoir dans une pareille aventure. Ah! ma fille! ma pauvre fille!

PREMIER ENTR'ACTE.

Champagne, valet de Sganarelle, frappe, en dansant, aux portes de quatre médecins.

Les quatre médecins dansent, et entrent avec cérémonie chez le père de la malade.

* Var. *Sur le lit* (1682).
** Var. *Et elle est demeurée entre nos bras* (1682).
*** L'édition de 1682 ajoute quelques mots au texte original dans plusieurs passages de cette comédie. Nous plaçons ces additions entre crochets.

ACTE DEUXIÈME.

SCÈNE PREMIÈRE.
SGANARELLE, LISETTE.

LISETTE.

Que voulez-vous donc faire, monsieur, de quatre médecins? N'est-ce pas assez d'un pour tuer une personne?

SGANARELLE.

Taisez-vous. Quatre conseils valent mieux qu'un.

LISETTE.

Est-ce que votre fille ne peut pas bien mourir sans le secours de ces messieurs-là?

SGANARELLE.

Est-ce que les médecins font mourir?

LISETTE.

Sans doute; et j'ai connu un homme qui prouvoit, par bonnes raisons, qu'il ne faut jamais dire : Une telle personne est morte d'une fièvre et d'une fluxion sur la poitrine; mais : Elle est morte de quatre médecins et de deux apothicaires [1].

SGANARELLE.

Chut! N'offensez pas ces messieurs-là.

---

1. Lisette traduit ici librement l'épitaphe de l'empereur Adrien : *Turba medicorum perii,* la foule des médecins m'a tué. (Voyez Dion Cassius sur Adrien, et Pline, liv. XXIX, ch. 1er.)

LISETTE.

Ma foi, monsieur, notre chat est réchappé depuis peu d'un saut qu'il fit du haut de la maison dans la rue, et il fut trois jours sans manger et sans pouvoir remuer ni pied ni patte ; mais il est bien heureux de ce qu'il n'y a point de chats médecins, car ses affaires étoient faites, et ils n'auroient pas manqué de le purger et de le saigner.

SGANARELLE.

Voulez-vous vous taire ? vous dis-je. Mais voyez quelle impertinence ! Les voici.

LISETTE.

Prenez garde, vous allez être bien édifié. Ils vous diront en latin que votre fille est malade.

SCÈNE II.

MM. TOMÈS, DES FONANDRÈS, MACROTON, BAHYS, MÉDECINS; SGANARELLE, LISETTE.

SGANARELLE.

Hé bien ! messieurs ?

MONSIEUR TOMÈS.

Nous avons vu suffisamment la malade, et sans doute qu'il y a beaucoup d'impureté en elle.

SGANARELLE.

Ma fille est impure ?

MONSIEUR TOMÈS.

Je veux dire qu'il y a beaucoup d'impureté dans son corps, quantité d'humeurs corrompues.

SGANARELLE.

Ah ! je vous entends.

MONSIEUR TOMÈS.

Mais nous allons consulter ensemble.

SGANARELLE.

Allons, faites donner des sièges.

LISETTE, à M. Tomès.

Ah! monsieur, vous en êtes!

SGANARELLE, à Lisette.

De quoi donc connoissez-vous monsieur?

LISETTE.

De l'avoir vu l'autre jour chez la bonne amie de madame votre nièce.

MONSIEUR TOMÈS.

Comment se porte son cocher?

LISETTE.

Fort bien. Il est mort.

MONSIEUR TOMÈS,

Mort?

LISETTE.

Oui.

MONSIEUR TOMÈS.

Cela ne se peut.

LISETTE.

Je ne sais pas si cela se peut; mais je sais bien que cela est.

MONSIEUR TOMÈS.

Il ne peut pas être mort, vous dis-je.

LISETTE.

Et moi, je vous dis qu'il est mort et enterré.

MONSIEUR TOMÈS.

Vous vous trompez.

LISETTE.

Je l'ai vu.

MONSIEUR TOMÈS.

Cela est impossible. Hippocrate dit que ces sortes de maladies ne se terminent qu'au quatorze ou au vingt-un; et il n'y a que six jours qu'il est tombé malade.

LISETTE.

Hippocrate dira ce qu'il lui plaira; mais le cocher est mort.

SGANARELLE.

Paix, discoureuse. Allons, sortons d'ici. Messieurs, je vous supplie de consulter de la bonne manière. Quoique ce ne soit pas la coutume de payer auparavant, toutefois, de peur que je l'oublie,* et afin que ce soit une affaire faite, voici... (Il les paye, et chacun, en recevant l'argent, fait un geste différent.)

SCÈNE III.

MM. DES FONANDRÈS, TOMÈS, MACROTON, BAHYS. (Ils s'asseyent et toussent.)

MONSIEUR DES FONANDRÈS.

Paris est étrangement grand, et il faut faire de longs trajets quand la pratique donne un peu.

MONSIEUR TOMÈS.

Il faut avouer que j'ai une mule admirable pour cela, et qu'on a peine à croire le chemin que je lui fais faire tous les jours.

MONSIEUR DES FONANDRÈS.

J'ai un cheval merveilleux, et c'est un animal infatigable.

MONSIEUR TOMÈS.

Savez-vous le chemin que ma mule a fait aujourd'hui? J'ai été, premièrement, tout contre l'Arsenal; de l'Arsenal,

---

* VAR. *De peur que je ne l'oublie* (1682).

ACTE II, SCÈNE III. 343

au bout du faubourg Saint-Germain; du faubourg Saint-Germain, au fond du Marais; du fond du Marais, à la Porte Saint-Honoré[1]; de la Porte Saint-Honoré, au faubourg Saint-Jacques; du faubourg Saint-Jacques, à la Porte de Richelieu[2]; de la Porte de Richelieu, ici; et d'ici je dois aller encore à la Place Royale.

MONSIEUR DES FONANDRÈS.

Mon cheval a fait tout cela aujourd'hui; et de plus j'ai été à Ruel[3] voir un malade.

MONSIEUR TOMÈS.

Mais, à propos, quel parti prenez-vous dans la querelle des deux médecins Théophraste et Artémius? Car c'est une affaire qui partage tout notre corps.

MONSIEUR DES FONANDRÈS.

Moi, je suis pour Artémius.

MONSIEUR TOMÈS.

Et moi aussi. Ce n'est pas que son avis, comme on a vu, n'ait tué le malade, et que celui de Théophraste ne fût beaucoup meilleur, assurément; mais enfin il a tort dans les circonstances, et il ne devoit pas être d'un autre avis que son ancien. Qu'en dites-vous?

MONSIEUR DES FONANDRÈS.

Sans doute. Il faut toujours garder les formalités, quoi qu'il puisse arriver.

1. La Porte Saint-Honoré, qui était placée anciennement dans la rue du même nom, vis-à-vis la boucherie des Quinze-Vingts, avait été transportée à l'endroit où commence la rue du Faubourg-Saint-Honoré : c'est là qu'elle était à l'époque où fut joué l'*Amour médecin*. Elle a été démolie le 15 juin 1733.

2. La Porte de Richelieu fut bâtie, vers 1633, par Barbier, intendant des finances, au bout de la rue de Richelieu. Elle fut démolie en 1701.

3. Ruel était alors un village très habité, très fréquenté, très célèbre. Il est situé sur la route de Saint-Germain, où la cour faisait sa résidence ordinaire; et, de plus, le cardinal de Richelieu y avait eu longtemps une maison de campagne.

MONSIEUR TOMÈS.

Pour moi, j'y suis sévère en diable, à moins que ce soit entre amis; et l'on nous assembla un jour, trois de nous autres, avec un médecin de dehors[1], pour une consultation où j'arrêtai toute l'affaire, et ne voulus point endurer qu'on opinât si les choses n'alloient dans l'ordre. Les gens de la maison faisoient ce qu'ils pouvoient, et la maladie pressoit; mais je n'en voulus point démordre, et la malade mourut bravement pendant cette contestation.

MONSIEUR DES FONANDRÈS.

C'est fort bien fait d'apprendre aux gens à vivre, et de leur montrer leur bec jaune[2].

MONSIEUR TOMÈS.

Un homme mort n'est qu'un homme mort, et ne fait point de conséquence; mais une formalité négligée porte un notable préjudice à tout le corps des médecins.

SCÈNE IV.

SGANARELLE, MM. TOMÈS, DES FONANDRÈS, MACROTON, BAHYS.

SGANARELLE.

Messieurs, l'oppression de ma fille augmente; je vous prie de me dire vite ce que vous avez résolu.

MONSIEUR TOMÈS, à M. Des Fonandrès.

Allons, monsieur.

---

1. Un médecin de dehors était un médecin d'une autre Faculté que la Faculté de Paris. On appelait ainsi, par exemple, les docteurs de Montpellier.

2. Nous avons déjà rencontré cette expression dans *le Festin de Pierre*, acte II, scène v.

MONSIEUR DES FONANDRÈS.

Non, monsieur, parlez, s'il vous plaît.

MONSIEUR TOMÈS.

Vous vous moquez.

MONSIEUR DES FONANDRÈS.

Je ne parlerai pas le premier.

MONSIEUR TOMÈS.

Monsieur.

MONSIEUR DES FONANDRÈS.

Monsieur.

SGANARELLE.

Hé! de grâce, messieurs, laissez toutes ces cérémonies, et songez que les choses pressent.

(Ils parlent tous quatre à la fois.)

MONSIEUR TOMÈS.

La maladie de votre fille...

MONSIEUR DES FONANDRÈS.

L'avis de tous ces messieurs tous ensemble...

MONSIEUR MACROTON.

A-près a-voir bi-en con-sul-té...

MONSIEUR BAHYS.

Pour raisonner...

SGANARELLE.

Hé! messieurs, parlez l'un après l'autre, de grâce.

MONSIEUR TOMÈS.

Monsieur, nous avons raisonné sur la maladie de votre fille, et mon avis, à moi, est que cela procède d'une grande chaleur de sang; ainsi je conclus à la saigner le plus tôt que vous pourrez.

MONSIEUR DES FONANDRÈS.

Et moi, je dis que sa maladie est une pourriture d'humeur causée par une trop grande réplétion ; ainsi je conclus à lui donner de l'émétique.

MONSIEUR TOMÈS.

Je soutiens que l'émétique la tuera.

MONSIEUR DES FONANDRÈS.

Et moi, que la saignée la fera mourir.

MONSIEUR TOMÈS.

C'est bien à vous de faire l'habile homme !

MONSIEUR DES FONANDRÈS.

Oui, c'est à moi ; et je vous prêterai le collet en tout genre d'érudition.

MONSIEUR TOMÈS.

Souvenez-vous de l'homme que vous fîtes crever ces jours passés.

MONSIEUR DES FONANDRÈS.

Souvenez-vous de la dame que vous avez envoyée en l'autre monde il y a trois jours.

MONSIEUR TOMÈS, à Sganarelle.

Je vous ai dit mon avis.

MONSIEUR DES FONANDRÈS, à Sganarelle.

Je vous ai dit ma pensée.

MONSIEUR TOMÈS.

Si vous ne faites saigner tout à l'heure votre fille, c'est une personne morte. (Il sort.)

MONSIEUR DES FONANDRÈS.

Si vous la faites saigner, elle ne sera pas en vie dans un quart d'heure[1]. (Il sort.)

---

1. Cette scène avait dû se répéter des milliers de fois dans la pratique, depuis que la saignée et l'antimoine étaient aux prises, et il faut avouer que MM. Des Fonandrès et Tomès sont des modèles de convenance et de modération, en comparaison de tout ce que l'on connaît des démêlés des novateurs et des orthodoxes.

SCÈNE V.

SGANARELLE, MM. MACROTON et BAHYS.

SGANARELLE.

A qui croire des deux? et quelle résolution prendre sur des avis si opposés? Messieurs, je vous conjure de déterminer mon esprit, et de me dire, sans passion, ce que vous croyez le plus propre à soulager ma fille.

MONSIEUR MACROTON, il parle en allongeant ses mots.

Mon-si-eur, dans ces ma-ti-è-res-là, il faut pro-cé-der a-vec-que cir-con-spec-tion, et ne ri-en fai-re, com-me on dit, à la vo-lée ; d'au-tant que les fau-tes qu'on y peut fai-re sont, se-lon no-tre maî-tre Hip-po-cra-te, d'u-ne dan-ge-reu-se con-sé-quen-ce.

MONSIEUR BAHYS, celui-ci parle toujours en bredouillant.

Il est vrai, il faut bien prendre garde à ce qu'on fait : car ce ne sont pas ici des jeux d'enfant, et, quand on a failli, il n'est pas aisé de réparer le manquement, et de rétablir ce qu'on a gâté : *experimentum periculosum*. C'est pourquoi il s'agit de raisonner auparavant comme il faut, de peser mûrement les choses, de regarder le tempérament des gens, d'examiner les causes de la maladie, et de voir les remèdes qu'on y doit apporter.

SGANARELLE, à part.

L'un va en tortue, et l'autre court la poste.

MONSIEUR MACROTON.

Or, mon-si-eur, pour ve-nir au fait, je trou-ve que vo-tre fil-le a u-ne ma-la-di-e chro-ni-que, et qu'el-le peut pé-ri-cli-ter, si on ne lui don-ne du se-cours, d'au-tant que les symp-tô-mes qu'el-le a sont in-di-ca-tifs d'u-ne va-peur fu-li-gi-neu-se et mor-di-can-te qui lui pi-co-te les mem-bra-nes du cer-veau. Or, cet-te va-peur, que nous nom-mons en grec *at-mos*, est cau-sée par des hu-meurs pu-tri-des, te-na-ces et con-glu-ti-neu-ses, qui sont con-te-nu-es dans le bas-ven-tre[1].

MONSIEUR BAHYS.

Et comme ces humeurs ont été là engendrées par une longue succession de temps, elles s'y sont recuites, et ont acquis cette malignité qui fume vers la région du cerveau.

MONSIEUR MACROTON.

Si bi-en donc que, pour ti-rer, dé-ta-cher, ar-ra-cher, ex-pul-ser, é-va-cu-er les-di-tes hu-meurs, il fau-dra une pur-ga-ti-on vi-gou-reu-se. Mais, au pré-a-la-ble, je trou-ve à pro-pos, et il n'y a pas d'in-con-vé-ni-ent, d'u-ser de pe-tits re-mè-des a-no-dins, c'est-à-di-re de pe-tits la-ve-ments re-mol-li-ents et dé-ter-sifs, de ju-leps et de si-rops ra-fraî-chis-sants, qu'on mê-le-ra dans sa pti-sa-ne.

MONSIEUR BAHYS.

Après, nous en viendrons à la purgation, et à la sai-gnée, que nous réitérerons, s'il en est besoin.

MONSIEUR MACROTON.

Ce n'est pas qu'a-vec-que tout ce-la vo-tre fil-le ne puis-se mou-rir; mais au moins vous au-rez fait quel-que cho-se, et vous au-rez la con-so-la-ti-on qu'el-le se-ra mor-te dans les for-mes.

---

1. Cette théorie est bien celle de l'*humorisme*, qui régnait dans les écoles et qui a laissé tant de traces dans le langage populaire. Toute maladie, suivant la médecine de cette époque, provient d'une surabon-dance d'humeurs. Ces humeurs peuvent pécher par quantité et par qua-lité : s'il y a simplement excès, c'est alors la pléthore; si les humeurs sont plus ou moins viciées, il y a cacochymie. D'où cette règle générale qui dominait la thérapeutique : que la pléthore se combat par la saignée, et la cacochymie par la purgation. (MAURICE RAYNAUD.)

MONSIEUR BAHYS.

Il vaut mieux mourir selon les règles que de réchapper contre les règles.

MONSIEUR MACROTON.

Nous vous di-sons sin-cè-re-ment no-tre pen-sé-e.

MONSIEUR BAHYS.

Et vous avons parlé comme nous parlerions à notre propre frère.

SGANARELLE, à M. Macroton, en allongeant ses mots.

Je vous rends très-hum-bles grâ-ces. (A M. Bahys, en bredouillant.) Et vous suis infiniment obligé de la peine que vous avez prise.

SCÈNE VI.

SGANARELLE, seul.

Me voilà justement un peu plus incertain que je n'étois auparavant[1]. Morbleu! il me vient une fantaisie. Il faut que j'aille acheter de l'orviétan, et que je lui en fasse prendre; l'orviétan est un remède dont beaucoup de gens se sont bien trouvés.

1. Le résultat de la consultation des médecins est le même pour Sganarelle que pour Démiphon, dans le *Phormion* de Térence, celui de la consultation des trois avocats : Cratinus, Hégion, Criton.

Incertior sum multo quam dudum...

« Me voilà beaucoup plus incertain qu'auparavant. » (*Phormion*, acte II, scène IV.)

SCÈNE VII.

SGANARELLE, UN OPÉRATEUR.

SGANARELLE.

Holà! monsieur, je vous prie de me donner une boîte de votre orviétan[1], que je m'en vais vous payer.

L'OPÉRATEUR chante.

L'or de tous les climats qu'entoure l'Océan
Peut-il jamais payer ce secret d'importance?
Mon remède guérit, par sa rare excellence,
Plus de maux qu'on n'en peut nombrer dans tout un an :

> La gale,
> La rogne,
> La teigne,
> La fièvre,
> La peste,
> La goutte,
> Vérole,
> Descente,
> Rougeole.

---

1. Au commencement du XVIIe siècle, un charlatan d'Orviète, ville d'Italie, vint à Paris et se mit à vendre sur le Pont-Neuf une espèce de thériaque propre, suivant lui, à guérir toute sorte de maladie, et particulièrement à servir d'antidote. Cet homme fut d'abord appelé *l'Orviétan;* et bientôt ce nom passa du marchand à la drogue même. On appelle aujourd'hui *marchand d'orviétan* tout charlatan, tout vendeur de drogues réprouvées par la véritable pharmaceutique. Guy Patin, dans une de ses lettres, raconte comment, en 1647, le charlatan d'Orviète obtint, à prix d'argent, de douze médecins de la Faculté de Paris, l'approbation de son remède. Ces médecins, dont il donne les noms, et parmi lesquels figurent Guénaut et Des Fougerais, furent chassés de la compagnie par décret, et ensuite rétablis à la condition de demander pardon en pleine assemblée. (AUGER.)

ACTE II, SCÈNE VII.

O grande puissance de l'orviétan[1] !
SGANARELLE.
Monsieur, je crois que tout l'or du monde n'est pas capable de payer votre remède ; mais pourtant voici une pièce de trente sous que vous prendrez, s'il vous plaît.
L'OPÉRATEUR chante.
Admirez mes bontés, et le peu qu'on vous vend
Ce trésor merveilleux que ma main vous dispense.
Vous pouvez, avec lui, braver en assurance
Tous les maux que sur nous l'ire du ciel répand :
    La gale,
    La rogne,
    La teigne,
    La fièvre,
    La peste,
    La goutte,
    Vérole,
    Descente,
    Rougeole,
O grande puissance de l'orviétan[2] !

DEUXIÈME ENTR'ACTE.

Plusieurs Trivelins et plusieurs Scaramouches, valets de l'opérateur, se réjouissent en dansant.

1. Ce refrain devait être probablement coupé en deux lignes :
    O grande puissance
    De l'orviétan,
rappelant ainsi les deux rimes du quatrain.
2. Même observation qu'au couplet précédent.

ACTE TROISIÈME.

SCÈNE PREMIÈRE.
MM. FILERIN, TOMÈS, DES FONANDRÈS.

MONSIEUR FILERIN.

N'avez-vous point de honte, messieurs, de montrer si peu de prudence, pour des gens de votre âge, et de vous être querellés comme de jeunes étourdis! Ne voyez-vous pas bien quel tort ces sortes de querelles nous font parmi le monde? et n'est-ce pas assez que les savants voient les contrariétés et les dissensions qui sont entre nos auteurs et nos anciens maîtres, sans découvrir encore au peuple, par nos débats et nos querelles, la forfanterie de notre art[1]? Pour moi, je ne comprends rien du tout à cette méchante politique de quelques-uns de nos gens, et il faut confesser que toutes ces contestations nous ont décriés depuis peu d'une étrange manière; et que, si nous n'y prenons garde, nous allons nous ruiner nous-mêmes. Je n'en parle pas pour mon intérêt : car, Dieu merci, j'ai déjà établi mes petites affaires. Qu'il vente, qu'il pleuve, qu'il

---

1. Cette phrase est tout entière dans Montaigne : « Les médecins se devroient contenter du perpétuel désaccord qui se trouve ès opinions des principaux maistres et aucteurs anciens de cette science, lequel n'est cogneu que des hommes versez aux livres, sans faire voir encore au peuple les controverses et inconstances de jugement qu'ils nourrissent et continuent entre eux. » (*Essais de Montaigne*, livre II, chapitre XXXVII.)

grêle, ceux qui sont morts sont morts, et j'ai de quoi me passer des vivants; mais enfin toutes ces disputes ne valent rien pour la médecine. Puisque le ciel nous fait la grâce que, depuis tant de siècles, on demeure infatué de nous, ne désabusons point les hommes avec nos cabales extravagantes, et profitons de leurs sottises le plus doucement que nous pourrons. Nous ne sommes pas les seuls, comme vous savez, qui tâchons à nous prévaloir de la foiblesse humaine. C'est là que va l'étude de la plupart du monde, et chacun s'efforce de prendre les hommes par leur foible, pour en tirer quelque profit[1]. Les flatteurs, par exemple, cherchent à profiter de l'amour que les hommes ont pour les louanges, en leur donnant tout le vain encens qu'ils souhaitent; et c'est un art où l'on fait, comme on voit, des fortunes considérables. Les alchimistes tâchent à profiter de la passion que l'on a pour les richesses, en promettant des montagnes d'or à ceux qui les écoutent; et les diseurs d'horoscopes, par leurs prédictions trompeuses, profitent de la vanité et de l'ambition des crédules esprits. Mais le plus grand foible des hommes, c'est l'amour qu'ils ont pour la vie; et nous en profitons, nous autres, par notre pompeux galimatias, et savons prendre nos avantages de cette vénération que la peur de mourir leur donne pour notre métier[2]. Conservons-nous donc dans le degré d'estime où leur foiblesse nous a

---

1. Montaigne dit aussi : « Ce n'est pas à eux (aux médecins) que j'en veulx, c'est à leur art, et ne leur donne pas grand blâme de faire leur profit de notre foiblesse : car la plupart du monde fait ainsi. Plusieurs vacations, et moindres et plus dignes que la leur, n'ont fondement et appui qu'aux abus publics. »
2. Montaigne attribue aux mêmes motifs l'empire que la médecine exerce sur les esprits : « C'est la crainte de la douleur, l'impatience du mal, une furieuse et indiscrète soif de la guérison, qui nous aveugle ainsi. »

mis, et soyons de concert auprès des malades pour nous attribuer les heureux succès de la maladie, et rejeter sur la nature toutes les bévues de notre art[1]. N'allons point, dis-je, détruire sottement les heureuses préventions d'une erreur qui donne du pain à tant de personnes, [et, de l'argent de ceux que nous mettons en terre, nous fait élever de tous côtés de beaux héritages.]

MONSIEUR TOMÈS.

Vous avez raison en tout ce que vous dites, mais ce sont chaleurs de sang dont parfois on n'est pas le maître.

MONSIEUR FILERIN.

Allons donc, messieurs, mettez bas toute rancune, et faisons ici votre accommodement.

MONSIEUR DES FONANDRÈS.

J'y consens. Qu'il me passe mon émétique pour la malade dont il s'agit, et je lui passerai tout ce qu'il voudra pour le premier malade dont il sera question.

MONSIEUR FILERIN.

On ne peut pas mieux dire, et voilà se mettre à la raison.

MONSIEUR DES FONANDRÈS.

Cela est fait.

---

1. On retrouve encore ici les idées de Montaigne. « Ce que la fortune, a-t-il dit, ce que la nature, ou quelque autre cause estrangière (desquelles le nombre est infini), produict en nous de bon et de salutaire, c'est le privilège de la médecine de se l'attribuer. Touts les heureux succez qui arrivent au patient qui est sous son régime, c'est d'elle qu'il les tient. Et, quant aux mauvais accidents, ou les médecins les désavouent tout à faict, en attribuant la coulpe au patient... ou, s'il leur plaist, ils se servent encores de cet empirement, et en font leurs affaires par cet aultre moyen qui ne leur peut jamais faillir, c'est de nous payer, lorsque la maladie se treuve reschauffée par leurs applications, de l'asseurance qu'ils nous donnent qu'elle seroit bien aultrement empirée sans leurs remèdes. »

MONSIEUR FILERIN.

Touchez donc là. Adieu. Une autre fois, montrez plus de prudence.

SCÈNE II.

M. TOMÈS, M. DES FONANDRÈS, LISETTE.

LISETTE.

Quoi ! messieurs, vous voilà, et vous ne songez pas à réparer le tort qu'on vient de faire à la médecine?

MONSIEUR TOMÈS.

Comment ! qu'est-ce ?

LISETTE.

Un insolent, qui a eu l'effronterie d'entreprendre sur votre métier, et qui, sans votre ordonnance, vient de tuer un homme d'un grand coup d'épée au travers du corps.

MONSIEUR TOMÈS.

Écoutez, vous faites la railleuse; mais vous passerez par nos mains quelque jour.

LISETTE.

Je vous permets de me tuer lorsque j'aurai recours à vous.

SCÈNE III.

CLITANDRE, en habit de médecin; LISETTE.

CLITANDRE.

Hé bien! Lisette, [que dis-tu de mon équipage? Crois-tu qu'avec cet habit je puisse duper le bon homme?] Me trouves-tu bien ainsi?

LISETTE.

Le mieux du monde; et je vous attendois avec impatience. Enfin, le ciel m'a faite d'un naturel le plus humain du monde, et je ne puis voir deux amants soupirer l'un pour l'autre qu'il ne me prenne une tendresse charitable, et un désir ardent de soulager les maux qu'ils souffrent. Je veux, à quelque prix que ce soit, tirer Lucinde de la tyrannie où elle est, et la mettre en votre pouvoir. Vous m'avez plu d'abord; je me connois en gens, et elle ne peut pas mieux choisir. L'amour risque des choses extraordinaires; et nous avons concerté ensemble une manière de stratagème qui pourra peut-être nous réussir. Toutes nos mesures sont déjà prises. L'homme à qui nous avons affaire n'est pas des plus fins de ce monde; et si cette aventure nous manque, nous trouverons mille autres voies pour arriver à notre but. Attendez-moi là seulement, je reviens vous quérir.

(Clitandre se retire dans le fond du théâtre.)

SCÈNE IV.

SGANARELLE, LISETTE.

LISETTE.

Monsieur, allégresse! allégresse!

SGANARELLE.

Qu'est-ce?

LISETTE.

Réjouissez-vous.

SGANARELLE.

De quoi?

LISETTE.

Réjouissez-vous, vous dis-je.

SGANARELLE.

Dis-moi donc ce que c'est, et puis je me réjouirai peut-être.

LISETTE.

Non, je veux que vous vous réjouissiez auparavant, que vous chantiez, que vous dansiez.

SGANARELLE.

Sur quoi?

LISETTE.

Sur ma parole.

SGANARELLE.

Allons donc. (Il chante et danse.) La, lera, la, la; la, lera la. Que diable!

LISETTE.

Monsieur, votre fille est guérie!

SGANARELLE.

Ma fille est guérie?

LISETTE.

Oui. Je vous amène un médecin, mais un médecin d'importance, qui fait des cures merveilleuses et qui se moque des autres médecins.

SGANARELLE.

Où est-il?

LISETTE.

Je vais le faire entrer.

SGANARELLE, seul.

Il faut voir si celui-ci fera plus que les autres.

SCÈNE V.

CLITANDRE, en habit de médecin; SGANARELLE, LISETTE.

LISETTE, amenant Clitandre.

Le voici.

SGANARELLE.

Voilà un médecin qui a la barbe bien jeune.

LISETTE.

La science ne se mesure pas à la barbe, et ce n'est pas par le menton qu'il est habile.

SGANARELLE.

Monsieur, on m'a dit que vous aviez des remèdes admirables pour faire aller à la selle.

CLITANDRE.

Monsieur, mes remèdes sont différents de ceux des autres. Ils ont l'émétique, les saignées, les médecines, et les lavements; mais moi, je guéris par des paroles, par des sons, par des lettres, par des talismans, et par des anneaux constellés.

LISETTE.

Que vous ai-je dit?

SGANARELLE.

Voilà un grand homme!

LISETTE.

Monsieur, comme votre fille est là tout habillée dans une chaise, je vais la faire passer ici.

SGANARELLE.

Oui, fais.

CLITANDRE, tâtant le pouls à Sganarelle.

Votre fille est bien malade.

SGANARELLE.

Vous connoissez cela ici?

CLITANDRE.

Oui, par la sympathie qu'il y a entre le père et la fille[1].

---

1. Molière a emprunté ce trait de la farce italienne intitulée *il Medico volante*. Arlequin tâte le pouls de Pantalon :

« ARLEQUIN. Monsieur, vous me paraissez très mal.

« PANTALON. Vous vous trompez, monsieur le médecin; c'est ma fille qui est malade, et non pas moi.

« ARLEQUIN. N'avez-vous jamais lu la loi Scotia sur la puissance pater-

SCÈNE VI.

SGANARELLE, LUCINDE, CLITANDRE, LISETTE.

LISETTE, à Clitandre.

Tenez, monsieur, voilà une chaise auprès d'elle. (A Sganarelle.) Allons, laissez-les là tous deux.

SGANARELLE.

Pourquoi? je veux demeurer là.

LISETTE.

Vous moquez-vous? Il faut s'éloigner. Un médecin a cent choses à demander qu'il n'est pas honnête qu'un homme entende.

(Sganarelle et Lisette s'éloignent.)

CLITANDRE, parlant à Lucinde à part.

Ah! madame, que le ravissement où je me trouve est

---

nelle, qui dit : Tel est le père, tels sont les enfants? Votre fille n'est-elle pas votre chair et votre sang?

« PANTALON. Oui, monsieur.

« ARLEQUIN. Eh bien! le sang de votre fille étant échauffé, altéré, le vôtre doit l'être aussi.

« PANTALON. Le raisonnement est spécieux; mais...

« ARLEQUIN. Mais enfin, seigneur Pantalon, votre fille est-elle légitime ou bâtarde? »

Molière, dans l'imitation qu'il a faite de la farce italienne, avait déjà employé ce trait facétieux. Dans le même canevas rimé par Boursault, Crispin traduit ainsi cette explication burlesque :

CRISPIN.

Et cela vous étonne? Une tendresse extrême
Rend la fille le père, et le père elle-même
Entre eux deux la nature est propice à tel point
Que le sort les sépare, et le sang les rejoint;
Étant vrai que l'enfant est l'ouvrage du père,
Sa douleur sur lui-même aisément réverbère;
Et le sang l'un de l'autre est si fort dépendant
Que l'enfant met le père en un trouble évident.

(Acte I, scène XI.)

grand! et que je sais peu par où vous commencer mon discours! Tant que je ne vous ai parlé que des yeux, j'avois, ce me sembloit,* cent choses à vous dire; et maintenant que j'ai la liberté de vous parler de la façon que je souhaitois, je demeure interdit, et la grande joie où je suis étouffe toutes mes paroles.

LUCINDE.

Je puis vous dire la même chose; et je sens, comme vous, des mouvements de joie qui m'empêchent de pouvoir parler.

CLITANDRE.

Ah! madame, que je serois heureux s'il étoit vrai que vous sentissiez tout ce que je sens, et qu'il me fût permis de juger de votre âme par la mienne! Mais, madame, puis-je au moins croire que ce soit à vous à qui je doive la pensée de cet heureux stratagème qui me fait jouir de votre présence?

LUCINDE.

Si vous ne m'en devez pas la pensée, vous m'êtes redevable au moins d'en avoir approuvé la proposition avec beaucoup de joie.

SGANARELLE, à Lisette.

Il me semble qu'il lui parle de bien près.

LISETTE, à Sganarelle.

C'est qu'il observe sa physionomie et tous les traits de son visage.

CLITANDRE, à Lucinde.

Serez-vous constante, madame, dans ces bontés que vous me témoignez?

* VAR. *Ce semble* (1682).

LUCINDE.

Mais vous, serez-vous ferme dans les résolutions que vous avez montrées?

CLITANDRE.

Ah! madame, jusqu'à la mort. Je n'ai point de plus forte envie que d'être à vous, et je vais le faire paroître dans tout ce que vous m'allez voir faire.

SGANARELLE, à Clitandre.

Hé bien! notre malade? Elle me semble un peu plus gaie.

CLITANDRE.

C'est que j'ai déjà fait agir sur elle un de ces remèdes que mon art m'enseigne. Comme l'esprit a grand empire sur le corps, et que c'est de lui bien souvent que procèdent les maladies, ma coutume est de courir à guérir les esprits avant que de venir aux corps. J'ai donc observé ses regards, les traits de son visage et les lignes de ses deux mains; et, par la science que le ciel m'a donnée, j'ai reconnu que c'étoit de l'esprit qu'elle étoit malade, et que tout son mal ne venoit que d'une imagination déréglée, d'un désir dépravé de vouloir être mariée. Pour moi, je ne vois rien de plus extravagant et de plus ridicule que cette envie qu'on a du mariage.

SGANARELLE, à part.

Voilà un habile homme!

CLITANDRE.

Et j'ai eu et aurai pour lui toute ma vie une aversion effroyable.

SGANARELLE, à part.

Voilà un grand médecin!

CLITANDRE.

Mais, comme il faut flatter l'imagination des malades,

et que j'ai vu en elle de l'aliénation d'esprit, et même qu'il y avoit du péril à ne lui pas donner un prompt secours, je l'ai prise par son foible, et lui ai dit que j'étois venu ici pour vous la demander en mariage. Soudain son visage a changé, son teint s'est éclairci, ses yeux se sont animés ; et, si vous voulez, pour quelques jours, l'entretenir dans cette erreur, vous verrez que nous la tirerons d'où elle est.

SGANARELLE.

Oui-da, je le veux bien.

CLITANDRE.

Après, nous ferons agir d'autres remèdes pour la guérir entièrement de cette fantaisie.

SGANARELLE.

Oui, cela est le mieux du monde. Hé bien ! ma fille, voilà monsieur qui a envie de t'épouser, et je lui ai dit que je le voulois bien.

LUCINDE.

Hélas ! est-il possible ?

SGANARELLE.

Oui.

LUCINDE.

Mais, tout de bon ?

SGANARELLE.

Oui, oui.

LUCINDE, à Clitandre.

Quoi ! vous êtes dans les sentiments d'être mon mari ?

CLITANDRE.

Oui, madame.

LUCINDE.

Et mon père y consent ?

SGANARELLE.

Oui, ma fille.

####### LUCINDE.

Ah ! que je suis heureuse, si cela est véritable !

####### CLITANDRE.

N'en doutez point, madame. Ce n'est pas d'aujourd'hui que je vous aime, et que je brûle de me voir votre mari. Je ne suis venu ici que pour cela ; et, si vous voulez que je vous dise nettement les choses comme elles sont, cet habit n'est qu'un pur prétexte inventé, et je n'ai fait le médecin que pour m'approcher de vous, et obtenir [plus facilement] ce que je souhaite.

####### LUCINDE.

C'est me donner des marques d'un amour bien tendre, et j'y suis sensible autant que je puis.

####### SGANARELLE, à part.

Oh, la folle ! oh, la folle ! oh, la folle !

####### LUCINDE.

Vous voulez donc bien, mon père, me donner monsieur pour époux ?

####### SGANARELLE.

Oui. Çà, donne-moi ta main. Donnez-moi un peu aussi la vôtre, pour voir.

####### CLITANDRE.

Mais, monsieur...

####### SGANARELLE, s'étouffant de rire.

Non, non, c'est pour... pour lui contenter l'esprit. Touchez là. Voilà qui est fait.

####### CLITANDRE.

Acceptez, pour gage de ma foi, cet anneau que je vous donne. (Bas, à Sganarelle.) C'est un anneau constellé, qui guérit les égarements d'esprit.

####### LUCINDE.

Faisons donc le contrat, afin que rien n'y manque.

CLITANDRE.

Hélas! je le veux bien, madame. (Bas, à Sganarelle.) Je vais faire monter l'homme qui écrit mes remèdes, et lui faire croire que c'est un notaire[1].

SGANARELLE.

Fort bien.

CLITANDRE.

Holà! faites monter le notaire que j'ai amené avec moi.

LUCINDE.

Quoi! vous aviez amené un notaire?

CLITANDRE.

Oui, madame.

LUCINDE.

J'en suis ravie.

SGANARELLE.

Oh, la folle! oh, la folle!

SCÈNE VII.

LE NOTAIRE, CLITANDRE, SGANARELLE, LUCINDE, LISETTE.

(Clitandre parle à l'oreille au notaire.)

SGANARELLE, au notaire.

Oui, monsieur, il faut faire un contrat pour ces deux

---

[1]. Il est tout à fait ingénieux, de la part de Clitandre, de faire passer pour un homme qui écrit ses ordonnances le notaire qui doit faire son contrat, et pour des hommes qu'il emploie au soulagement moral de ses malades les musiciens et les danseurs qui doivent célébrer la fête de son mariage, et surtout empêcher que Sganarelle ne s'aperçoive tout de suite de la disparition des deux époux. En tout, il y a, dans l'exécution, dans les détails du stratagème, tout ce qu'il faut d'adresse, moins pour tromper Sganarelle, avec qui tant de précautions ne sont pas nécessaires, que pour contenter le spectateur, qui n'aime pas qu'un personnage, si simple qu'on l'ait annoncé, soit la dupe de moyens trop grossiers. (AUGER.)

personnes-là. Écrivez. (Le notaire écrit. — A Lucinde.) Voilà le contrat qu'on fait. (Au notaire.) Je lui donne vingt mille écus en mariage. Écrivez.

LUCINDE.

Je vous suis bien obligée, mon père.

LE NOTAIRE.

Voilà qui est fait. Vous n'avez qu'à venir signer.

SGANARELLE.

Voilà un contrat bientôt bâti.

CLITANDRE, à Sganarelle.

[Mais] au moins, [monsieur...]

SGANARELLE.

Hé! non, vous dis-je. Sait-on pas bien?... (Au notaire.) Allons, donnez-lui la plume pour signer. (A Lucinde.) Allons, signé, signé, signé.* Va, va, je signerai tantôt, moi.

LUCINDE.

Non, non, je veux avoir le contrat entre mes mains.

SGANARELLE.

Hé bien! tiens. (Après avoir signé.) Es-tu contente?

LUCINDE.

Plus qu'on ne peut s'imaginer.

SGANARELLE.

Voilà qui est bien, voilà qui est bien.

CLITANDRE.

Au reste, je n'ai pas eu seulement la précaution d'amener un notaire; j'ai eu celle encore de faire venir des voix et des instruments [et des danseurs] pour célébrer la fête, et pour nous réjouir. Qu'on les fasse venir. Ce sont des gens que je mène avec moi, et dont je me sers tous les jours pour pacifier avec leur harmonie [et leurs danses] les troubles de l'esprit.

* Var. *Signe, signe, signe* (1673, 1682).

SCÈNE VIII.

LA COMÉDIE, LE BALLET ET LA MUSIQUE.

TOUS TROIS ENSEMBLE.

Sans nous tous les hommes
Deviendroient malsains,
Et c'est nous qui sommes
Leurs grands médecins.

LA COMÉDIE.

Veut-on qu'on rabatte,
Par des moyens doux,
Les vapeurs de rate
Qui vous minent tous?
Qu'on laisse Hippocrate,
Et qu'on vienne à nous.

TOUS TROIS ENSEMBLE.

Sans nous tous les hommes
Deviendroient malsains,
Et c'est nous qui sommes
Leurs grands médecins[1].

(Durant qu'ils chantent et que les Jeux, les Ris et les Plaisirs dansent, Clitandre emmène Lucinde.)

---

1. Après ce second ensemble, la partition conservée dans un manuscrit de Philidor donne un autre couplet, qui avait été dit à la cour, mais que Molière ne fit pas imprimer; le voici :

> A moins que de suivre
> Notre art plein d'appas,
> Le chagrin vous livre
> Aux mains du trépas,
> Et rien ne fait vivre,
> Que les doux ébats,
> Et rien ne fait vivre (bis)
> Que les doux ébats.
> TOUS TROIS ENSEMBLE.
> Sans nous les hommes, etc.
>
> (P. MESNARD.)

SCÈNE IX.

SGANARELLE, LISETTE,
LA COMÉDIE, LA MUSIQUE, LE BALLET, JEUX,
RIS, PLAISIRS.

SGANARELLE.

Voilà une plaisante façon de guérir! Où est donc ma fille et le médecin?

LISETTE.

Ils sont allés achever le reste du mariage.

SGANARELLE.

Comment, le mariage?

LISETTE.

Ma foi, monsieur, la bécasse est bridée[1]; et vous avez cru faire un jeu, qui demeure une vérité.

SGANARELLE.

Comment diable! (Il veut aller après Clitandre et Lucinde, les danseurs le retiennent.) Laissez-moi aller, laissez-moi aller, vous dis-je. (Les danseurs le retiennent toujours.) Encore? (Ils veulent faire danser Sganarelle de force.) Peste des gens[2]!

---

1. On tend aux bécasses des lacets ou collets avec lesquels elles se brident elles-mêmes.
2. Ce dénoûment est imité du *Pédant joué*, de Cyrano de Bergerac. Dans cette pièce, le père, amoureux de la maîtresse de son fils, refuse de consentir à leur mariage; mais on lui persuade de leur laisser jouer une petite comédie; lui-même se charge d'un rôle, et il signe le contrat des deux amants. C'est alors qu'on lui apprend qu'il est victime d'un stratagème, et qu'il vient de marier son fils. Ce dénoûment a servi de modèle à Molière; cependant il est mauvais, et celui de *l'Amour médecin* est excellent. Pourquoi cela? C'est que le père qui, dans *le Pédant joué*, connaît l'amour de son fils, doit nécessairement se douter du tour qu'on lui joue, et qu'il n'est pas naturel qu'il signe réellement lorsqu'il pouvait se contenter de le feindre. Au lieu que Sganarelle, ignorant que le faux médecin est l'amant

de sa fille, ne doit pas se méfier de lui : remarquez qu'il ne signe réellement que lorsque sa fille l'a pressé de signer. (CAILHAVA.)

Clitandre est un spirituel mystificateur qui, pour mieux duper Sganarelle, le met hardiment dans son jeu et ne fait rien dont il ne l'avertisse. Sganarelle une fois convaincu que le moyen de guérir Lucinde est d'entrer dans ses visions de mariage et de l'amuser avec un mariage simulé, c'est Clitandre qui refuse de mettre sa main dans la main de la malade, et c'est Sganarelle qui l'en presse. C'est Clitandre qui se défend de signer le contrat, et Sganarelle qui signe le premier pour lui donner l'exemple. Sganarelle reste son compère jusqu'au bout, jusqu'au moment où les deux époux ont disparu, et où Lisette déclare au bonhomme que le jeu qu'il a cru faire n'est rien moins qu'une vérité. Le dénoûment de *l'Amour médecin* rachète à lui seul tous les dénoûments négligés de Molière. (ÉD. THIERRY.)

FIN DE L'AMOUR MÉDECIN.

LE MISANTHROPE

COMÉDIE EN CINQ ACTES

4 juin 1666

NOTICE PRÉLIMINAIRE.

L'ouvrage que, suivant l'expression de Voltaire, l'Europe regarde comme le chef-d'œuvre du haut comique, *le Misanthrope,* fut représenté sur le théâtre du Palais-Royal le 4 juin de l'année 1666. Il eut seul, et sans petite pièce qui l'accompagnât, vingt et une représentations consécutives, dont dix-sept procurèrent au théâtre des recettes productives, et quatre des recettes moins satisfaisantes. Après une courte interruption, il fut joué cinq fois encore avec *le Médecin malgré lui,* à partir de la douzième représentation de cette dernière comédie.

Ce n'était donc pas une chute, comme longtemps on s'est plu à le dire; c'était même un succès pour l'époque, mais un succès moins vif, moins bruyant, moins général que n'en obtiendra en tous les temps une farce animée d'une franche gaieté. *Le Cocu imaginaire* avait eu deux fois plus de représentations que n'en eut *le Misanthrope* à l'origine, et il ne faut pas s'en étonner; le nombre de ceux qui peuvent apprécier l'un est bien plus grand que le nombre de ceux qui peuvent apprécier l'autre : l'élévation de la pensée, la perfection du langage, les qualités exquises ne frappent et ne séduisent que l'élite des esprits cultivés. Pour ceux-ci, leur admiration ne se fit pas attendre; ils furent tous de l'avis de Subligny, qui, le 17 juin, écrivait dans sa *Muse dauphine* :

> Une chose de fort grand cours
> Et de beauté très singulière
> Est une pièce de Molière.
> Toute la cour en dit du bien.
> Après son *Misanthrope*, il ne faut plus voir rien.
> C'est un chef d'œuvre inimitable.

Ce sentiment des gens de goût ne fut même pas, comme on l'a dit, sans s'imposer assez efficacement au public. Citons encore les rimes prosaïques que le successeur de Loret consacra au *Misanthrope* dans sa lettre du 12 juin 1666 :

> *Le Misanthrope* enfin se joue;
> Je le vis dimanche, et j'avoue
> Que de Molière, son auteur,
> N'a rien fait de cette hauteur.
> Les expressions en sont belles,
> Et vigoureuses et nouvelles;
> Le plaisant et le sérieux
> Y sont assaisonnés des mieux;
> Et ce misanthrope est si sage
> En frondant les mœurs de notre âge,
> Que l'on diroit, benoît lecteur,
> Qu'on entend un prédicateur.
> Aucune morale chrétienne
> N'est plus louable que la sienne,
> Et l'on connoît évidemment
> Que, dans son noble emportement,
> Le vice est l'objet de sa haine,
> Et nullement la race humaine,
> Comme elle étoit à ce Timon,
> Dont l'histoire a gardé le nom
> Comme d'un monstre de nature.
> Chacun voit donc là sa peinture,
> Mais de qui tous les traits censeurs,
> Le rendant confus de ses mœurs,
> Le piquent d'une belle envie
> De mener toute une autre vie.
> Au reste, chacun des acteurs
> Charme et ravit les spectateurs;
> Et l'on y peut voir les trois Grâces
> Menant les Amours sur leurs traces
> Sous le visage et les attraits
> De trois objets jeunes et frais :

Molière, Duparc et Debrie ;
Allez voir si c'est menterie.

Le sujet du *Misanthrope* a été traité dans presque toutes les littératures. L'antiquité avait un misanthrope proverbial : l'Athénien Timon. Voici ce que Plutarque nous apprend sur ce personnage : « Quant à Antonius, dit-il dans la vie d'Antoine[1], il laissa la ville et la conversation de ses amis, et fit bastir une maison dedans la mer, près de l'île de Pharos, sur certaines chaussées et levées qu'il fit jeter à la mer ; et se tenoit léans, comme se bannissant de la compagnie des hommes, et disoit qu'il vouloit mener une telle vie comme Timon, pour autant qu'on lui avoit fait le semblable qu'à lui ; et, pour l'ingratitude et le grand tort que lui tenoient ceux à qui il avoit bien fait et qu'il estimoit ses amis, il se desfioit et se mescontentoit de tous les autres.

« Ce Timon estoit un citoyen d'Athènes, lequel avoit vescu environ la guerre du Péloponèse, comme l'on peut juger par les comédies de Platon et d'Aristophanes, esquelles il est moqué et touché comme malvueillant et ennemi du genre humain, refuyant et abhorrissant toute compagnie et communication des autres hommes fors que d'Alcibiades, jeune, audacieux et insolent, auquel faisoit bonne chère, et l'embrassoit et baisoit volontiers ; de quoi s'esbahissant Apémantus, et lui en demandant la cause, pourquoi il chérissoit ainsi ce jeune homme-là seul, et abominoit tous les autres : « Je l'aime, respondit-il, pour autant que je sçay « bien et suis seur qu'un jour il sera cause de grands maux aux « Athéniens. » Ce Timon recevoit aussi quelquefois Apémantus en sa compagnie, pour autant qu'il estoit semblable de mœurs à lui, et qu'il imitoit fort sa manière de vivre. Un jour donc que l'on célébroit en Athènes la solennité que l'on appelle Choès, c'est-à-dire la feste des morts, là où l'on fait des effusions et des sacrifices pour les trespassez, ils se festoyoient eux deux ensemble tout seuls, et se prit Apémantus à dire : « Que voici un beau « banquet, Timon ! » Et Timon lui respondit : « Oui bien, si tu « n'y estois point. »

« L'on dit qu'un jour, comme le peuple estoit assemblé sur la place pour ordonner de quelque affaire, il monta en la tribune

---

1. Nous nous servons de la traduction d'Amyot.

aux harangues, comme faisoient ordinairement les orateurs quand ils vouloient haranguer et prescher le peuple ; si y eut un grand silence, et estoit chacun très attentif à ouïr ce qu'il voudroit dire, à cause que c'estoit une chose bien nouvelle et bien estrange que de le voir en chaire. A la fin, il commença à dire : « Seigneurs « Athéniens, j'ai en ma maison une petite place où il y a un « figuier auquel plusieurs se sont desjà pendus et estranglés, et « pour autant que je veux y faire bastir, je vous ai bien voulu « advertir devant que de faire couper le figuier, à celle fin que si « quelques-uns d'entre vous se veulent pendre, qu'ils se despes- « chent! » Il mourut en la ville d'Hales, et là fut inhumé sur le bord de la mer. Si advint que, tout alentour de sa sépulture, le rivage s'esboula, tellement que la mer qui alloit flottant à l'environ gardoit qu'on n'eust sceu approcher du tombeau, sur lequel il y avoit des vers engravés de telle substance :

> Ayant fini ma vie malheureuse
> En ce lieu-ci, on m'y a inhumé.
> Mourez, méchants, de mort malencontreuse,
> Sans demander comme je fus nommé.

On dit que lui-mesme fit ce bel épitaphe, car celui que l'on allègue communément n'est pas de lui, ains est du poète Callimachus :

> Ici je fais pour toujours ma demeure,
> Timon encor les humains haïssant.
> Passe, lecteur, en me donnant male heure,
> Seulement passe, et me va maudissant.

Nous pourrions escrire beaucoup d'autres choses dudit Timon, mais ce peu que nous avons dit est assez pour le présent. »

Lucien a fait de ce Timon le héros d'un de ses meilleurs dialogues : c'était déjà, peu s'en fallait, en faire un personnage de comédie.

Le moyen âge ne connut pas ce caractère. La misanthropie, à cette époque, se perdait dans l'ascétisme, et par là même se transformait complètement. Il eût fallu chercher les misanthropes dans les thébaïdes et dans les cloîtres ; et il eût été difficile de les reconnaître, tant leurs rancunes étaient primées par d'autres sentiments.

Shakespeare ressuscita le personnage de Timon ; il composa avec ce type un drame énergique et bizarre, où il peignit un grand seigneur que ses amis abandonnent en même temps que son opulence s'écroule, et qui, après avoir été follement prodigue et magnifique, devient le plus sauvage et le plus atrabilaire des hommes.

Le misanthrope de Molière se sépare de toute cette tradition antérieure. Le sort ni les événements n'ont rien à voir dans l'état moral que Molière décrit. Il se borne à tracer un caractère et à lui rendre impossibles quelques-unes des plus simples exigences de la vie sociale. La conception est absolument nouvelle, et l'on peut affirmer que cette pièce admirable est celle de ses œuvres qu'il a créée le plus spontanément, celle pour laquelle il a contracté le moins de dettes envers les anciens ou les modernes.

Molière, élargissant la scène de manière à y transporter tout un monde varié de personnages, jette au milieu d'eux un censeur atteint lui-même d'une manie qui l'expose justement à la risée de ceux dont il condamne le plus légitimement la conduite et les discours. A côté d'Alceste, qui gourmande éloquemment les vices qui excitent sa colère, Molière place une coquette, railleuse et médisante, qui fronde gaiement les ridicules qui sont à la portée de sa malice. Ainsi ces deux protagonistes de la grande comédie se partagent la satire de tout ce qui existe ; ce qui échappe à l'un ne peut échapper à l'autre ; eux-mêmes, du reste, réservent, pour les coups qu'ils s'adressent réciproquement, leurs traits les plus redoutables. Au second plan, figurent deux êtres complaisants, inoffensifs et estimables, lesquels se tirent seuls à peu près sains et saufs du champ de bataille, protégés par leur insignifiance même. « Un chasseur, disait Piron, qui se trouve, en automne, au lever d'une belle aurore, dans une plaine ou dans une forêt fertile en gibier, ne se sent pas le cœur plus réjoui que dut l'être l'esprit de Molière quand, après avoir fait le plan du *Misanthrope,* il entra dans ce champ vaste où tous les ridicules du monde venoient se présenter en foule et comme d'eux-mêmes aux traits qu'il savoit si bien lancer. La belle journée du philosophe pouvoit-elle manquer d'être l'époque du chef-d'œuvre de notre théâtre ? »

Comme il s'agit ici de la comédie classique par excellence, il nous paraît utile de donner quelques-unes des principales observations critiques dont elle a été l'objet depuis qu'elle a paru. Le premier jugement motivé qui ait été porté sur cette comédie le fut, au lendemain de sa représentation, par Donneau de Vizé. Ce publiciste, qui, si nous devons continuer de voir en lui l'auteur des *Nouvelles nouvelles,* ne fut pas, d'abord, favorable à Molière, avait bien changé d'opinion[1] : il était au mieux maintenant avec la troupe du Palais-Royal, qui, le 5 octobre précédent, avait joué une pièce de sa composition intitulée *la Mère coquette.* Il lança un manifeste en faveur du *Misanthrope.* Cette lettre est intéressante comme monument d'appréciation immédiate; elle fut imprimée en tête de l'édition originale du *Misanthrope,* qui parut au commencement de l'année suivante (1667), et, depuis lors, elle a presque toujours eu l'honneur d'accompagner le chef-d'œuvre. Nous ne dérogerons pas à la coutume, et l'on trouvera plus loin l'examen apologétique de Donneau de Vizé; toutefois non avant, mais après la pièce, où il nous paraît mieux placé.

Nous emprunterons aux deux écrivains les plus considérables du xviiie siècle, à Voltaire et à J.-J.-Rousseau, tout ce qui, en divers sens, a été opposé au *Misanthrope.* Voltaire a résumé en quelques lignes les objections littéraires : « C'est un ouvrage, dit-il, plus fait pour les gens d'esprit que pour la multitude, et plus propre encore à être lu qu'à être joué... Il n'attire pas un grand concours... Ce peu d'empressement qu'on a, d'un côté, pour *le Misanthrope,* et, de l'autre, la juste admiration qu'on a pour lui, prouvent, peut-être plus qu'on ne pense, que le public n'est point injuste. Il court en foule à des comédies gaies et amusantes, mais qu'il n'estime guère, et ce qu'il admire n'est pas toujours réjouissant. Il en est des comédies comme des jeux : il y en a que tout le monde joue; il y en a qui ne sont faits que pour les esprits les plus fins et les plus appliqués.

---

1. Ce changement n'aurait eu rien, du reste, qui pût l'embarrasser. Il donna plus d'une preuve de la facilité avec laquelle il exécutait ces sortes de conversions; ainsi, après avoir critiqué la tragédie de *Sophonisbe* de Pierre Corneille, il s'était ravisé subitement et avait pris sa défense contre l'abbé Daubignac, se contentant de prévenir le reproche de contradiction ou de versatilité par ces simples mots : « Je n'avois été voir *Sophonisbe* que pour y trouver des défauts; mais l'ayant été voir depuis en disposition de l'admirer, et n'y ayant découvert que des beautés, j'ai cru que je n'aurois pas de gloire à paroître opiniâtre et à soutenir mes erreurs. »

« Si on osait encore chercher dans le cœur humain la raison de cette tiédeur du public aux représentations du *Misanthrope,* peut-être les trouverait-on dans l'intrigue de la pièce, dont les beautés, ingénieuses et fines, ne sont pas également vives et intéressantes, dans ces conversations mêmes qui sont des morceaux inimitables, mais qui, n'étant pas toujours nécessaires à la pièce, peut-être refroidissent un peu l'action, pendant qu'elles font admirer l'auteur; enfin, dans le dénoûment, qui, tout bien amené et tout sage qu'il est, semble être attendu du public sans inquiétude, et qui, venant après une intrigue peu attachante, ne peut avoir rien de piquant. En effet, le spectateur ne souhaite point que le misanthrope épouse la coquette, et ne s'inquiète pas beaucoup s'il se détachera d'elle. Enfin, on prendrait la liberté de dire que *le Misanthrope* est une satire plus sage et plus fine que celles d'Horace et de Boileau, et pour le moins aussi bien écrite; mais qu'il y a des comédies plus intéressantes, et que *le Tartuffe,* par exemple, réunit les beautés du style du *Misanthrope* avec un intérêt plus marqué. »

Jean-Jacques Rousseau s'est placé à un autre point de vue : c'est l'intention morale de l'œuvre qu'il a attaquée et incriminée.

« Vous ne sauriez, dit-il dans sa lettre à d'Alembert, me nier deux choses : qu'Alceste, dans cette pièce, est un homme droit, sincère, estimable, un véritable homme de bien; l'autre, que l'auteur lui donne un personnage ridicule. C'en est assez, ce me semble, pour rendre Molière inexcusable. On pourrait dire qu'il a joué dans Alceste, non la vertu, mais un véritable défaut, qui est la haine des hommes. A cela je réponds qu'il n'est pas vrai qu'il ait donné cette haine à son personnage : il ne faut pas que ce nom de misanthrope en impose, comme si celui qui le porte était ennemi du genre humain. Une pareille haine ne serait pas un défaut, mais une dépravation de la nature et le plus grand de tous les vices... Une preuve bien sûre qu'Alceste n'est point misanthrope à la lettre, c'est qu'avec ses brusqueries et ses incartades il ne laisse pas d'intéresser et de plaire. Les spectateurs ne voudraient pas, en effet, lui ressembler, parce que tant de droiture est fort incommode; mais aucun d'eux ne serait fâché d'avoir affaire à quelqu'un qui lui ressemblât : ce qui n'arriverait pas, s'il était l'ennemi déclaré des hommes. Dans toutes les autres pièces de Molière, le personnage ridicule est haïssable ou méprisable. Dans celle-là, quoique Alceste ait des défauts réels dont on n'a pas tort de rire, on sent pourtant au fond du cœur un respect pour lui dont on ne peut se défendre. En cette occasion la force de la vertu l'emporte sur l'art de l'auteur, et fait honneur à son caractère. Quoique Molière fît des pièces répréhensibles, il était personnellement honnête homme; et jamais le pinceau d'un honnête homme ne sut couvrir de couleurs odieuses les traits de la droiture et de la probité...

« Cependant ce caractère si vertueux est présenté comme ridicule. Il l'est, en effet, à certains égards; et ce qui démontre que l'intention du poète est bien de le rendre tel, c'est celui de l'ami Philinte qu'il met en opposition avec le sien. Ce Philinte est le sage de la pièce; un de ces honnêtes gens du grand monde dont les maximes ressemblent beaucoup à celles des fripons; de ces gens si doux, si modérés, qui trouvent toujours que tout va bien, parce qu'ils ont intérêt que rien n'aille mieux; qui sont toujours contents de tout le monde, parce qu'ils ne se soucient de personne; qui, autour d'une bonne table, soutiennent qu'il n'est pas vrai que le peuple ait faim; qui, le gousset bien garni, trouvent fort mauvais qu'on déclame en faveur des pauvres; qui, de leur maison bien fermée, verraient voler, piller, égorger, massacrer tout le genre humain sans se plaindre, attendu que Dieu les a doués d'une douceur très méritoire à supporter les malheurs d'autrui.

« On voit bien que le flegme raisonneur de celui-ci est très propre à redoubler et faire sortir d'une manière comique les emportements de l'autre; et le tort de Molière n'est pas d'avoir fait du misanthrope un homme colère et bilieux, mais de lui avoir donné des fureurs puériles sur des sujets qui ne devaient pas l'émouvoir. Le caractère du misanthrope n'est pas à la disposition du poète : il est déterminé par la nature de sa passion dominante. Cette passion est une violente haine du vice, née d'un amour ardent pour la vertu, aigrie par le spectacle continuel de la méchanceté des hommes. Il n'y a donc qu'une âme grande et noble qui en soit susceptible. L'horreur et le mépris qu'y nourrit cette même passion pour tous les vices qui l'ont irritée servent encore à les écarter du cœur qu'elle agite. De plus, cette contemplation continuelle des désordres de la société le détache de lui-même pour fixer toute son attention sur le genre humain. Cette habitude élève, agrandit ses idées, détruit en lui des inclinations basses qui nourrissent et concentrent l'amour-propre; et de ce concours naît une certaine force de courage, une fierté de caractère, qui ne laisse prise au fond de son âme qu'à des sentiments dignes de l'occuper.

« Ce n'est pas que l'homme ne soit toujours l'homme; que la passion ne le rende souvent faible, injuste, déraisonnable; qu'il n'épie peut-être les motifs cachés des actions des autres avec un secret plaisir d'y voir la corruption de leurs cœurs; qu'un petit mal ne lui donne souvent une grande colère, et qu'en l'irritant à dessein un méchant adroit ne pût parvenir à le faire passer pour méchant lui-même; mais il n'en est pas moins vrai que tous moyens ne sont pas bons à produire ces effets, et qu'ils doivent être assortis à son caractère pour le mettre en jeu : sans quoi, c'est substituer un autre homme au misanthrope, et nous le peindre avec des traits qui ne sont pas les siens.

« Voilà de quel côté le caractère du misanthrope doit porter ses défauts; et voilà aussi de quoi Molière fait un usage admirable dans toutes les scènes d'Alceste avec son ami, où les froides maximes et les railleries de celui-ci, démontant l'autre à chaque instant, lui font dire mille impertinences très bien placées; mais ce caractère âpre et dur qui lui donne tant de fiel et d'aigreur dans l'occasion, l'éloigne en même temps de tout chagrin puéril qui n'a nul fondement raisonnable, et de tout intérêt personnel trop vif, dont il ne doit nullement être susceptible. Qu'il s'emporte sur tous les désordres dont il n'est que le témoin, ce sont toujours de nouveaux traits au tableau. Mais qu'il soit froid sur celui qui s'adresse directement à lui : car, ayant déclaré la guerre aux méchants, il s'attend bien qu'ils la lui feront à leur tour. S'il n'avait pas prévu le mal que lui fera sa franchise, elle serait une étourderie et non pas une vertu. Qu'une femme fausse le trahisse, que d'indignes amis le déshonorent, que de faibles amis l'abandonnent, il doit le souffrir sans murmurer : il connaît les hommes.

« Si ces distinctions sont justes, Molière a mal saisi le misanthrope. Pense-t-on que ce soit par erreur? Non, sans doute. Mais voilà par où le désir de faire rire aux dépens du personnage l'a forcé de le dégrader contre la vérité du caractère. »

Ce qui est sensible dans ces remarques de J.-J. Rousseau, c'est la préoccupation de son rôle personnel. Il est manifeste qu'il fait de la cause d'Alceste sa propre cause, qu'il défend avec chaleur un travers qu'il poussa lui-même jusqu'à la maladie et jusqu'à la folie, et qu'il avait intérêt à confondre avec la vertu. En réalité, Rousseau est un peu dans cette circonstance un personnage de comédie; et cette sortie est, à la bien prendre, une sorte d'épilogue qu'il a ajouté à la pièce de Molière.

On a mille fois relevé les méprises d'observation et les vices de raisonnement sur lesquels repose son accusation. Les quelques lignes de Chamfort, dans son Éloge de Molière, rétablissent la question sous son vrai jour : « Si jamais auteur comique a fait voir comment il avait conçu le système de la société, dit-il, c'est Molière dans *le Misanthrope*. C'est là que, montrant les abus qu'elle entraîne nécessairement, il enseigne à quel prix le sage doit acheter les avantages qu'elle procure ; que, dans un système d'union fondé sur l'indulgence mutuelle, une vertu parfaite est déplacée parmi les hommes et se tourmente elle-même sans les corriger. C'est un or qui a besoin d'alliage pour prendre de la consistance et servir aux divers usages de la société; mais en même temps l'auteur montre, par la supériorité constante d'Alceste sur tous les autres personnages, que la vertu, malgré les ridicules où son austérité l'expose, éclipse tout ce qui l'environne; et l'or qui a reçu l'alliage n'en est pas moins le plus précieux des métaux ».

« Le but du *Misanthrope* de Molière, disait aussi Geoffroy, est la tolérance sociale. »

Mais pour combattre les objections de toute nature, le mieux est, il nous semble, de reproduire quelques appréciations de la critique moderne. On aura ainsi, avec la lettre de Vizé, des jugements caractéristiques des trois siècles pendant lesquels a successivement brillé *le Misanthrope*. Nous choisirons en des écoles différentes les morceaux que nous voulons citer. Nous transcrirons d'abord les réflexions d'un écrivain inflexiblement attaché à la tradition. Voici comment M. Nisard s'exprime sur *le Misanthrope :*

« *Le Misanthrope* échappe à l'analyse; on ne peut pas plus l'expliquer par les procédés du théâtre qu'on n'explique par les procédés de la peinture certaines têtes de Raphaël, qui, selon les termes de l'école, sont faites avec rien. Quand le plus habile copiste en a reproduit la forme, le modelé, la couleur, il croit nous avoir donné l'original ; nous n'en avons que le masque : la vie est restée sur la muraille où une main légère a imprimé une pensée impérissable.

« Nous entrons dans le salon d'une coquette très recherchée, et qui se plaît si fort à l'être qu'elle se soucie peu de qui elle l'est. Incapable d'aimer, elle n'a qu'une préférence de caprice entre des indifférents ; mais elle ne sait pas même respecter celui qu'elle préfère. Il vient chez elle des gens de cour, ou simplement de bonne compagnie, non épris, mais galants, ou, s'ils sont amoureux, par esprit de rivalité seulement. Un seul des amants de Célimène est épris : c'est Alceste, un honnête homme fâcheux, qui n'a peut-être pas tort de mépriser les hommes, mais qui a grand tort de le dire si haut. Dans ce salon, on cause plus qu'on n'agit : que peuvent faire des oisifs autour d'une coquette? Chacun parle avec son tour d'esprit ou son travers. Les galants flattent la dame dans son penchant à la malice, pour lui plaire ; elle reçoit les flatteries et elle se moque des flatteurs. Une lettre, de tous les incidents communs le plus commun, apprend aux galants qu'ils sont joués, et à Alceste qu'on ne l'aimait pas assez pour lui faire le sacrifice d'amants moqués. Le salon de Célimène est déserté. Voilà le dénoûment.

« Les situations n'y sont pas plus extraordinaires que la fable. Y a-t-il même des situations? Ce sont les caractères eux-mêmes qui se développent. Alceste a un procès : cela arrive à tout le monde ; mais il l'aurait eu plus tard et avec moins de chances de le perdre, s'il ne s'était pas entêté à vouloir que la justice soit l'équité. Il a un duel, pour avoir voulu tirer d'un poète l'aveu que ses vers sont mauvais. La scène du sonnet, si fameuse, est doublement l'effet de son caractère, par la façon dont il y est jeté et par la façon dont il en sort. On le sait honnête homme et vrai, et les poètes de tout temps sont friands de tels juges, parce que leur éloge a plus de prix, et qu'on les croit gagnés quand on les consulte. Oronte ambitionne l'estime d'Alceste : voilà le prix de sa réputation d'honnête homme. Alceste s'avise de dire ce qu'il pense du sonnet d'Oronte : voilà son travers.

« Célimène est charmante ; elle est veuve, elle est jeune : il est tout simple que les galants y abondent. Mais elle est coquette ; et quelle est la coquette qui n'a pas à payer par quelques embarras le plaisir qu'elle prend aux hommages? C'est déjà un châtiment de n'oser renvoyer même les amants qu'elle méprise. Célimène ne sait point se fixer : n'est-il pas naturel que tout le monde la quitte? Elle est spirituelle, elle excelle à railler, elle a souvent l'avantage dans le discours : n'est-il pas juste qu'elle y ait quelquefois le dessous? Elle triomphe d'Arsinoé, et c'est bien fait, parce qu'une prude est pire qu'une coquette ; mais une vérité assénée par Alceste va la punir à son tour de tous ses manèges.

« Chacun, dans cette pièce, reçoit une correction proportionnée à son travers. Les galants emportent l'attache de ridicule que Célimène leur a mise au dos. Tous reçoivent de la main de la coquette un coup d'éventail sur la joue, qui ne les corrigera pas, mais qui les punit assez pour le plaisir du spectateur. La prude Arsinoé, qui a voulu brouiller les amants pour pêcher un mari en eau trouble, reste prude, avec le châtiment de se l'entendre dire. Quant à Alceste, est-il puni? Trop, selon quelques délicats qui en ont fait le reproche à Molière. Il l'est, à mon sens, en proportion de ce qu'il a péché. Contrarié dans toute la pièce, il est violemment secoué à la fin ; c'est mérité. Pourquoi gâte-t-il sa probité, en se prétendant le seul probe? Savons-nous bien d'ailleurs si cette opposition qu'il fait à tout n'est pas mêlée de quelque désir de dominer? Nicole nous dirait bien cela[1]. Mais il échappe à un mariage avec une coquette, et cela lui était bien dû. Il était trop homme de bien pour que Molière ne lui épargnât pas ce malheur. Seulement il ne s'en applaudira que plus tard, quand il aura repris son sang-froid. Ainsi, la morale des sages et la morale de la vie sont également satisfaites, quand on le voit puni d'un travers innocent par une contrariété passagère, et récompensé de sa vertu par l'avantage d'échapper à un malheur certain. »

Cherchons maintenant une critique qui appartienne moins

---

[1] Qui sait si Nicole, dans son *Traité des moyens de conserver la paix*, etc., ne se rappelait pas Alceste, quand il écrivait cette suite de chapitres charmants sur l'obligation que l'on a de ménager les hommes?

NOTICE PRÉLIMINAIRE. 383

exclusivement à notre pays, et voyons quels aperçus nouveaux elle nous offrira. On va entendre un professeur de Zurich, M. E. Rambert, parler du chef-d'œuvre français : « *Le Misanthrope* est, en un sens, la plus dramatique des œuvres de Molière. L'intrigue, sans doute, n'en est pas très compliquée, mais elle est suffisante. C'est un préjugé commun que de prendre pour l'action le démêlement de l'intrigue, et de ne reconnaître le drame que dans les pièces où se complique l'imbroglio des faits. Les Grecs, ces grands maîtres, ne l'entendaient point ainsi. Ils aimaient les situations simples, quoique fortes et capables d'exciter à un haut degré les luttes intérieures, ces luttes de la passion, mille fois plus dramatiques que les rencontres du hasard. Molière, dans *le Misanthrope,* a suivi leur exemple. La situation est une ; les faits ne s'accumulent pas pour la compliquer ; mais ils suffisent à développer tout ce qu'il y a de vie et de ressources dramatiques dans l'âme orageuse d'Alceste.

« Il n'y a là, dit-on, qu'un thème à discussions philosophiques. « On trouve souvent, dit Schlegel, dans les pièces les plus van-« tées de Molière, mais surtout dans *le Misanthrope,* de ces dis-« sertations dialoguées qui ne mènent à aucun résultat : voilà « pourquoi, dans cette comédie, l'action, déjà pauvre par elle-« même, se traîne si péniblement, car, à l'exception de quelques « scènes plus animées, ce ne sont guère que des thèses soute-« nues dans toutes les formes. » Ce jugement de Schlegel n'est qu'une méprise grossière, et suppose une inintelligence complète des procédés les plus habituels et des besoins les plus légitimes de l'esprit français. A peu près tout ce qui, dans son cours de littérature dramatique, est relatif à la France, pèche par là ; mais nulle part ce défaut n'est plus saillant que dans les pages singulières qu'il consacre au *Misanthrope*. Il ne faut pas s'étonner s'il a jugé défavorablement la poésie française, car, on ne saurait trop le répéter aux Allemands qui le prennent encore pour guide, il n'en a pas compris le premier mot[1].

---

1. Dans les entretiens de Gœthe et d'Eckermann, nous lisons : « — Je suis heureux de vous entendre parler si favorablement sur Molière. Vos paroles sonnent autrement que celles de M. de Schlegel! Encore ces jours-ci c'est avec un grand dégoût que j'ai avalé ce qu'il dit sur Molière, dans ses leçons sur la poésie dramatique. Comme vous savez, il le traite tout à fait de haut en bas, comme un vulgaire faiseur de farces qui n'a vu la bonne compagnie que de loin, et dont le métier était

« En ce qui touche au *Misanthrope*, il est facile de faire voir l'erreur de ce savant critique.

« Les luttes intérieures de la passion, qui sont la source principale de l'intérêt dramatique, s'expriment au dehors de deux manières, par les actions des hommes et par leurs paroles. Chez certains peuples d'un caractère sombre et réservé, l'action proprement dite est par excellence le langage de la passion. D'autres, plus expansifs, l'expriment surtout par la parole. Ces deux tendances ne peuvent ni l'une ni l'autre être poussées à l'extrême; mais elles sont humaines l'une et l'autre. Il est clair que l'esprit français penche plutôt vers la seconde, et il y aurait de l'étroi-

---

d'inventer des bouffonneries de tout genre propres à divertir son maître. Ce sont ces facéties d'un comique bas qu'il aurait le mieux réussies; et ce qu'elles renferment de mieux, il l'avait volé; pour la haute comédie il lui fallait se forcer, et il a toujours échoué. — Pour un être comme Schlegel, dit Gœthe, une nature solide comme Molière est une vraie épine dans l'œil; il sent qu'il n'a pas une seule goutte de son sang, et il ne peut pas le souffrir. Il a de l'antipathie contre *le Misanthrope*, que moi je relis sans cesse comme une des pièces du monde qui me sont les plus chères. Il donne au *Tartuffe*, malgré lui, un petit bout d'éloge, mais il le rabat tout de suite autant qu'il lui est possible. Il ne peut pas lui pardonner d'avoir tourné en ridicule l'affectation des femmes savantes, et il est probable, comme un de mes amis l'a remarqué, qu'il sent que, s'il avait vécu de son temps, il aurait été un de ceux que Molière a voués à la moquerie. Il ne faut pas le nier, Schlegel sait infiniment; et on est presque effrayé de ses connaissances extraordinaires, de sa grande lecture. Mais cela n'est pas tout. Même dans la plus grande érudition, il n'y a encore aucun jugement. Sa critique est essentiellement étroite; dans presque toutes les pièces, il ne voit que le squelette de la fable et sa disposition; toujours il se borne à indiquer les petites ressemblances avec les grands maîtres du passé; quant à la vie et à l'attrait que l'auteur a répandus dans son œuvre, quant à la hauteur et à la maturité d'esprit qu'il a montrées, tout cela ne l'occupe absolument en rien. Dans la manière dont Schlegel traite le théâtre français, je trouve tout ce qui constitue le mauvais critique, à qui manque tout organe pour honorer la perfection, et qui méprise comme la poussière une nature solide et un grand caractère. »

Et ailleurs, dans une lettre à Zelter, Gœthe dit encore : « Je suis content de voir que tu suis mes exhortations et que tu t'occupes de Molière. Nos chers Allemands croient montrer de l'esprit en avançant des paradoxes, c'est-à-dire des injustices. Ce que Schlegel, dans ses leçons, dit de Molière m'a profondément affligé; j'ai gardé le silence pendant de longues années, mais maintenant je veux parler à mon tour et apporter quelque consolation à un grand nombre d'esprits de tous les temps en combattant ces erreurs. Les Français eux-mêmes ne s'expliquent pas avec un plein accord sur *le Misanthrope*; tantôt Molière doit avoir retracé le caractère d'un certain courtisan connu pour sa verte rudesse; tantôt c'est lui-même qu'il a peint. Il a dû certainement puiser dans son cœur; il a dû retracer ses rapports avec le monde; mais quels rapports? seulement les plus généraux. Je parierais qu'en plus d'un endroit tu as deviné les allusions. Ne joues-tu pas le même personnage avec ceux qui t'entourent? Pour moi, je suis déjà assez vieux, et je n'ai pas encore réussi à me placer à côté des dieux d'Épicure. » (*Conversations de Gœthe pendant les dernières années de sa vie*, recueillies par Eckermann, traduites par E. Delerot, tome Ier, pages 323-326.)

tesse à lui en faire un reproche, aussi longtemps qu'il ne dépasse pas la limite. Or cette limite n'est pas difficile à indiquer. La passion silencieuse tend à l'idée fixe et à la folie : à force de se concentrer, elle prend un caractère animal, et par là, en même temps qu'elle sort des limites de la vérité et de la nature, elle échappe au domaine de l'art. La passion qui parle tend, au contraire, à s'évaporer : à force de se répandre elle se dissipe. Dès cet instant elle perd tout intérêt dramatique, toute vie, et par cet excès comme par l'autre elle sort du domaine de l'art. Donc la passion doit parler autant qu'il lui est nécessaire pour rester humaine; elle doit agir autant qu'il le faut pour qu'elle reste vivante.

« En outre, il n'est pas inutile de remarquer qu'il y a paroles et paroles. Les unes ne sont que l'expression d'une idée ou d'un sentiment; les autres sont des actions réelles. Lorsque, par exemple, Alceste, hors de lui, s'écrie :

> Ah! tout est ruiné;
> Je suis, je suis trahi, je suis assassiné.
> Célimène... (eût-on pu croire cette nouvelle?)
> Célimène me trompe, et n'est qu'une infidèle!

il ne fait qu'exprimer vivement la passion qui l'obsède; mais lorsque, un instant après, il se tourne vers elle, et lui dit :

> Que toutes les horreurs dont une âme est capable
> A *ses* déloyautés n'ont rien de comparable,

alors il ne parle pas seulement, il met Célimène en demeure de s'expliquer; il fait faire au drame un pas en avant, il agit.

« A ces deux égards, le rôle d'Alceste est irréprochable : il est clair, en effet, que la plupart des paroles qu'Alceste prononce sont des paroles *agissantes,* passez-moi le terme, et que sa passion ne se dissipe pas en vains discours...

« Alceste est un grand raisonneur; mais, chez lui, c'est toujours la passion qui dogmatise. Cette forme agressive, que la passion affecte dans sa bouche, n'est qu'un nouveau trait de caractère d'un effet heureux et d'une grande justesse. Retirées en elles-mêmes, les âmes que le monde a froissées argumentent contre lui avec autant de véhémence que de subtilité, et, dans leur solitude, elles prennent leur revanche sur la société en dressant son acte d'accusation. Ce qui fait l'originalité d'Alceste, n'est-ce pas ce qui fit plus tard l'originalité de Rousseau, comme lui misanthrope, comme lui raisonneur et passionné?

« Tartuffe est la plus frappante de toutes les créations de Molière; mais Alceste est la plus riche, et, à la réflexion, la plus saisissante. Qu'on ne l'accuse pas de n'être, lui aussi, qu'une pâle abstraction. Alceste, c'est la vie même; c'est la nature dans toute sa richesse et sa variété. Il est des hommes que l'on ne connaît jamais complètement, non parce qu'ils dissimulent, mais parce qu'ils réunissent la plupart des attributs de l'homme, en sorte que chez eux il y a toujours quelque découverte à faire. Ce sont là les fortes individualités, les types supérieurs : Alceste est du nombre.

« Au reste, *le Misanthrope,* de même que *le Tartuffe,* est né d'autre chose que d'une simple fantaisie de poète; il avait été préparé de longue main par les expériences que la société française avait faites. La question morale qui naît du développement de l'action a de tout temps préoccupé les écrivains français : c'est, nous l'avons dit déjà, la question de savoir ce que vaut en fait la vertu des hommes, et s'ils méritent plus de louange ou de blâme, plus d'indulgence ou de haine. L'esprit français, toujours observateur et pratique, n'a pas beaucoup spéculé sur l'essence philosophique et la nature intime du bien; mais il se plaît à prendre la vertu sur le fait et à l'examiner de très près pour savoir si elle est, oui ou non, de bon aloi. Ce genre d'études morales était devenu particulièrement à la mode après les troubles de la Fronde, et l'on comprend sans peine que la physionomie de la société à cette époque ait fourni aux observateurs du cœur humain une ample moisson de faits piquants. C'est là ce qui fait l'intérêt des *Maximes* du duc de La Rochefoucauld. La publication de ces *Maximes* et l'apparition du *Misanthrope,* séparées par une dizaine d'années, trahissent des préoccupations semblables. Quelle différence toutefois entre le duc de La Rochefoucauld et le héros de Molière! Le duc de La Rochefoucauld a reconnu la vanité des vertus dont le faux éclat avait pu éblouir sa jeunesse; il ne croit plus qu'aux déguisements du vice et aux travestissements de l'égoïsme. Il en a pris sans trop de peine son parti. Si les hommes étaient meilleurs, il y aurait moins de plaisir à les observer, et ce plaisir est la grande distraction de sa vieillesse chagrine et morose. Alceste est arrivé à une conviction semblable ; mais la vue de la tromperie et de la perversité soulève en lui les flots toujours plus irrités d'une inépuisable colère. La froideur avec laquelle La Rochefoucauld juge et accepte les hommes serait pour Alceste le coup de grâce ; elle le révolterait plus encore que le mal lui-même. Alceste est une de ces fières natures qui n'ont pas reçu le don de s'habituer au mensonge et de se résigner à la bassesse. »

Il y a sans doute un peu de vague dans l'impression que cette critique laisse à l'esprit. Elle se sent du voisinage de l'Allemagne ; mais d'autre part elle emprunte à cette situation même des vues qui ne manquent pas d'originalité et qui nous semblent propres à éveiller la réflexion.

Enfin prenons l'expression d'une critique plus récente, et qui traduise le sentiment actuel :

« Ce qui me frappe, écrit M. Fr. Sarcey à propos d'une reprise du *Misanthrope* à la Comédie française, ce qui me frappe, c'est qu'Alceste est un type, non de misanthropie... à moins qu'au XVIIe siècle ce mot de misanthrope ne rappelât pas les mêmes idées qu'il éveille chez nous. Non, Alceste est le représentant d'une classe d'hommes qui a vécu de tous les temps, qui durera tant que le monde sera monde, et qui restera éternellement l'honneur de la nature humaine.

« Avez-vous remarqué combien il est difficile et rare, dans la vie pratique, de mettre ses paroles en harmonie avec ses pensées, et ses actes avec les unes et les autres. Beaucoup d'hommes raisonnent très juste et très ferme ; mais leur logique ne va point de la pensée à la parole, et encore moins à l'action. Tant qu'on reste dans son for intérieur, dans le monde pur de la spéculation, rien de plus simple que d'enchaîner les conséquences aux prémisses par des liens rigoureux ; mais quand il s'agit de la vie active, oh ! alors, les habitudes, les mœurs, les préjugés, l'atmosphère ambiante jette en quelque sorte un voile entre la théorie et la pratique. On trouve qu'une femme est laide et sotte, et on la flatte sur son esprit et sur sa beauté ; on reconnaît que la justice ne doit jamais être influencée, et l'on va trouver son juge ; on pense que des vers sont exécrables, et l'on en fait compliment à l'auteur; et pour sortir des exemples qu'a choisis Molière, et transporter la discussion sur un terrain plus vaste, on proclame hautement que la liberté de penser et d'écrire est de droit naturel, et dans la pratique on traite par le mépris, ou par la prison, ceux qui en usent; on déclare que l'adultère est le pire de tous les crimes, et l'on prend la femme de son voisin; et l'on a pour soi l'assentiment tacite du monde, qui vous accablera d'ailleurs si le voisin se met à sonner l'alarme.

« Examinez-vous bien : tout en vous n'est que contradictions, dont l'habitude vous dérobe la meilleure partie. Vous allez par la pensée d'un côté; la parole et l'action vous mènent d'un autre! Vous pensez d'après vous-même, mais, pour le reste, vous vous conformez à l'usage; il faut, c'est la maxime que vous répétez sans cesse, il faut bien faire comme tout le monde! Vous ne voulez pas être ridicule.

« Ridicule, voilà le grand mot lâché! Si le ridicule était une affaire de raison, c'est votre conduite qui serait digne d'être raillée. Car qu'y a-t-il de plus inconséquent que de penser d'une façon et de parler ou d'agir d'une autre? Il y a là, entre la théorie et la pratique, une disproportion qui devrait faire éclater le rire.

« Mais ce n'est point de cette façon que la société l'entend. Pensez comme vous voudrez, ce détail intime ne me regarde pas; mais parlez comme tout le monde parle, agissez comme tout le monde agit, faute de quoi, moi, qui suis toute-puissante, je vous mets au ban des hommes civilisés, je vous déclare à tout jamais et irrémédiablement ridicule. Un poète vous lit ses vers; vous les trouvez mauvais, libre à vous, je [ne puis rien à cela. Mais j'ai déclaré qu'il était du bel usage qu'en pareille circonstance on louât toujours et quand même un écrivain; que tout le monde devait faire ainsi : je vous marque de ridicule si vous agissez autrement. Il y a certes plus de vrai ridicule à dire de vers qu'on juge exécrables qu'ils sont excellents : car la disproportion entre la pensée et la parole est évidente. Mais de ce ridicule, qui serait fondé en raison, je ne m'occupe point. Il n'en existe pour moi que dans la disproportion entre vos paroles et celles qui sont de convention, d'usage, de nécessité sociale dans la circonstance où vous vous trouvez. Parler comme on pense et agir comme on parle, c'est là seulement qu'est le ridicule, puisque l'inconséquence a été par moi érigée en principe, et que le premier mot de mon évangile est : Faire comme tout le monde.

« Alceste est un homme logique. Il raisonne toujours, et très droit et très net, et va d'un bond aux dernières conséquences. De la pensée il passe à la parole, et de la parole à l'acte, sans que rien l'arrête jamais, ni conventions sociales, ni mœurs, ni préjugés, ni habitudes.

« La mauvaise humeur, chez lui, n'est qu'un accessoire aussi plaisant que naturel. Le fond de sa nature, c'est la logique, une logique implacable et impétueuse, qui le pousse d'une main irrésistible à travers tous les jugements humains. Ils lui sont indifférents, ou, s'ils le touchent, ce n'est que par cette sorte de compassion douloureuse ou de colère méprisante que l'on éprouve invinciblement à voir des inconséquences manifestes. Quand, par tempérament ou par habitude d'esprit, on s'est livré à cette maîtresse impérieuse de la vie qui s'appelle la logique, on est si sûr d'avoir pour soi la justice et le droit qu'il s'élève au fond de l'âme une sourde et violente irritation contre les cœurs pusillanimes qui n'osent point aller au bout de leurs idées, qui n'osent pas être eux-mêmes.

« Alceste est l'immortel patron de ces natures droites et fortes qui, n'accordant rien aux préjugés du monde, vont hardiment leur chemin, sans se soucier du qu'en dira-t-on. Molière ne l'a mis aux prises qu'avec les détails, un peu mesquins, de la vie des cours. Mais où vouliez-vous qu'il le plaçât? Il fallait bien le mettre dans un cadre du temps. »

Nous nous permettrons de conclure nous-même : Alceste n'est pas un misanthrope absolu, comme Timon d'Athènes, mais un misanthrope relatif et par opposition aux excès de la sociabilité. L'esprit de sociabilité, dans aucun temps ni chez aucun peuple, n'a été porté aussi loin que dans les hautes classes de la nation française sous le règne de Louis XIV et de son successeur; et quoiqu'il ait produit des choses admirables dans les lettres et dans les arts, il avait bien aussi ses inconvénients et même ses désordres. Il exigeait beaucoup de grimaces hypocrites et de lâches complaisances. La franchise, la sincérité, devenaient des vices au lieu d'être des vertus. Une politesse banale remplaçait partout la véritable estime ; la faveur du roi et des grands tenait lieu de mérite. Les caractères s'effaçaient. Molière a voulu nous peindre une nature incapable de se courber sous ce niveau commun, de s'assouplir aux petites bassesses qui s'imposent au nom du savoir-vivre. C'était un sujet qui appartenait de droit à la satire comique, et Molière, selon toute apparence, y serait revenu s'il avait vécu plus longtemps, car *l'Homme de cour,* qu'il préparait, dit-on, et qu'il voulait donner après *le Malade imaginaire,* peignait probablement les mêmes mœurs et flagellait le même travers. Et nous croyons que Molière, en s'attaquant à cet affadissement des classes supérieures, à cet assouplissement excessif des caractères, donnait à la comédie la mission la plus haute qu'elle puisse recevoir.

Que ce mot de *Misanthrope* fut pris par Molière dans une acception un peu spéciale, c'est ce qu'il paraît avoir senti lui-même. Il y a quelques traces d'hésitation dans le choix de ce titre. Sur le *Registre des privilèges accordés aux libraires,* la pièce, dans le privilège obtenu pour elle le 21 juin 1666, est désignée ainsi : *le Misantrope ou l'Atrabilaire amoureux,* et de Vizé disant dans sa lettre : « Voilà, monsieur, ce que je pense de la comédie du Misanthrope amoureux, » s'exprime comme si elle avait été connue d'abord sous ce nom. Mais Molière avec raison est revenu au titre pur et simple : *le Misanthrope,* car les autres eussent rétréci le sujet et fait prévaloir un détail, très important, il est vrai, sur l'ensemble du tableau.

Le Misanthrope ne souleva pas les orages qui avaient accueilli *l'École des Femmes* et *le Festin de Pierre,* mais il offrit un inépuisable aliment à la médisance. Les nombreux personnages qui concourent à l'action de la pièce, ou dont les portraits seulement sont encadrés dans le dialogue, ont tant de vérité et de naturel qu'on y voulut voir des individus peints avec ressemblance, et qu'on chercha partout, à la cour comme à la ville, les originaux dont Molière avait pris les figures à leur insu pour les transporter et les distribuer dans sa composition. Sans parler d'Alceste et d'Oronte, de Célimène et d'Arsinoé, d'Acaste et de Clitandre, on crut reconnaître l'extravagant Cléon, Damon le raisonneur, le mystérieux Timante, l'ennuyeux Géralde, Bélise « le pauvre esprit de femme », le vaniteux Adraste, l'insipide

Cléon, le dédaigneux Damis, et jusqu'au grand flandrin de vicomte qui, trois quarts d'heure durant, crache dans un puits pour faire des ronds. « Ces prétendues ressemblances, dit Auger, prouvaient une seule chose, c'est qu'il existait dans le monde des gens ridicules de la même manière et au même degré que les personnages mis par Molière sur la scène, et qu'en fait de vices ou de travers il est impossible de rien concevoir, de rien imaginer qui n'ait son type dans la réalité. »

L'application qui semble avoir été faite avec le plus de persistance, est celle du personnage d'Alceste au duc de Montausier. Il y a une anecdote là-dessus. Voici ce que Saint-Simon, auteur anonyme de quelques notes tracées sur le manuscrit du Journal de Dangeau, rapporte à ce sujet : « Molière fit *le Misanthrope;* cette pièce fit grand bruit et eut un grand succès à Paris avant d'être jouée à la cour. Chacun y reconnut M. de Montausier, et prétendit que c'étoit lui que Molière avoit eu en vue. M. de Montausier le sut et s'emporta jusqu'à faire menacer Molière de le faire mourir sous le bâton. Le pauvre Molière ne savoit où se fourrer. Il fit parler à M. de Montausier par quelques personnes : car peu osèrent s'y hasarder, et ces personnes furent fort mal reçues. Enfin le roi voulut voir *le Misanthrope,* et les frayeurs de Molière redoublèrent étrangement, car Monseigneur alloit aux comédies suivi de son gouverneur. Le dénoûment fut rare; M. de Montausier, charmé du *Misanthrope,* se sentit si obligé qu'on l'en eût cru l'objet qu'au sortir de la comédie il envoya chercher Molière pour le remercier. Molière pensa mourir du message, et ne put se résoudre qu'après bien des assurances réitérées. Enfin il arriva, toujours tremblant, chez M. de Montausier, qui l'embrassa à plusieurs reprises, le loua, le remercia, et lui dit que, s'il avoit pensé à lui en faisant *le Misanthrope,* qui étoit le caractère du plus parfaitement honnête homme qui pût être, il lui avoit fait trop d'honneur, et un honneur qu'il n'oublieroit jamais. Tellement qu'ils se séparèrent les meilleurs amis du monde, et que ce fut une nouvelle scène pour la cour, meilleure encore que celles qui y avoient donné lieu. » Cette histoire ressemble beaucoup à un conte inventé à plaisir; mais elle témoigne du moins que certains traits de ressemblance entre ce grand seigneur et Alceste frappèrent les contemporains, et que ce rapprochement occupa activement la malignité publique[1].

Dans ces derniers temps, on s'est moins occupé de chercher ces allusions plus ou moins discutables à des personnages historiques; l'on s'est plu surtout à faire ressortir ce qu'il y avait dans le *Misanthrope* de personnel et d'intime. C'est Molière lui-même qu'on a découvert dans Alceste; c'est Armande Béjart qu'on a voulu voir dans Célimène. On a été plus loin, et l'on a prétendu trouver dans la maison, dans la troupe du poète, les modèles d'Éliante, d'Arsinoé, de Philinte, de toutes les figures de ce tableau immortel. C'était dépasser le but. Tout ce qu'on peut dire avec vérité, c'est qu'il y a effectivement dans la situation de Molière à ce moment de sa vie, des circonstances qui aident à comprendre le *Misanthrope*, de même que le *Misanthrope* jette des clartés sur les amertumes et les chagrins qui troublaient l'âme du poète.

Les interprètes du *Misanthrope* furent, à l'origine, Molière pour le rôle d'Alceste, et Armande Béjart pour celui de Célimène. Cela ne fait pas de doute, et c'est le point important. Nous savons, par les compliments de Robinet, que Mlles Duparc et Debrie avaient les deux autres rôles de femmes. Mais Mlle Duparc était-elle Arsinoé, et Mlle Debrie Éliante, ou Mlle Debrie Arsinoé

---

1. On trouve dans le roman de *Cyrus*, de Mlle de Scudéry, le portrait du duc de Montausier sous le nom de Mégabate : « Mégabate, y est-il dit, quoique d'un naturel fort violent, est pourtant souverainement équitable ; et je suis fermement persuadé que rien ne peut lui faire faire une chose qu'il croiroit choquer la justice. Comme il est fort juste, il est ennemi déclaré de la flatterie. Il ne peut louer ce qu'il ne croit point digne de louanges, et ne peut abaisser son âme à dire ce qu'il ne croit pas, aimant beaucoup mieux passer pour sévère auprès de ceux qui ne connoissent point la véritable vertu que de s'exposer à passer pour flatteur. Je suis même persuadé que, s'il eût été amoureux de quelque dame qui eût eu quelques légers défauts, ou en sa beauté, ou en son esprit, ou en son humeur, toute la violence de sa passion n'eût pu l'obliger à trahir ses sentiments. En effet, je crois que, s'il eût eu une maîtresse pâle, il n'eût jamais pu dire qu'elle eût été blanche. S'il en eût eu une mélancolique, il n'eût pu dire, pour adoucir la chose, qu'elle eût été sérieuse. Aussi ceux qui cherchent le plus à reprendre en lui ne l'accusent que de soutenir ses opinions avec trop de chaleur, et d'être si difficile que les moindres imperfections le choquent. Cela est causé par la parfaite connoissance qu'il a des choses. Il faut souffrir sa critique comme un effet de sa justice. Mais il faut dire encore que Mégabate écrit bien en vers et en prose, et que personne ne parle plus fortement ni plus agréablement que lui quand il est avec des gens qui lui plaisent, et qui ne l'obligent pas à garder le silence froid et sévère qu'il garde avec ceux qui ne lui plaisent pas. » (*Artamène ou le Grand Cyrus*, tome VII, page 307.)

et Mlle Duparc Éliante? C'est ce qu'il est difficile de préciser. On a plus communément adopté la première distribution, c'est-à-dire pensé que Mlle Duparc joua Arsinoé, laissant à sa camarade le rôle de la douce Éliante. On s'est fondé principalement sur le caractère traditionnellement attribué à ces actrices, Mlle Debrie passant pour avoir été de nature complaisante et débonnaire, et Mlle Duparc étant soupçonnée, surtout d'après les personnages qu'elle avait faits dans la *Critique de l'École des Femmes* et dans *l'Impromptu*, d'être un peu précieuse et façonnière. Il ne sort de là qu'une présomption fort légère sans doute, mais qui, en l'absence de toute autre indication, paraît suffisante. M. Mesnard a fait remarquer que dans la distribution de la pièce, en 1685, Mlle Debrie avait le rôle d'Arsinoé, ce qui pourrait faire supposer qu'elle l'avait eu dès l'origine. Mais en 1685 la distribution était fort changée, et Mlle Debrie peut fort bien avoir alors accepté un autre personnage que celui dont elle avait été chargée primitivement. En somme, nous croyons devoir nous tenir au parti adopté d'abord, la question n'ayant d'ailleurs que bien peu d'intérêt.

Voici du reste la distribution de 1685, d'après le manuscrit de la Bibliothèque nationale, f. fr. n° 2509 :

ALCESTE................	LA GRANGE.
PHILINTE...............	GUÉRIN.
ORONTE................	DU CROISY.
CÉLIMÈNE..............	Mlle GUÉRIN (Ar. BÉJART).
ÉLIANTE...............	Mlle GUIOT.
ARSINOÉ...............	Mlle DEBRIE.
ACASTE................	HUBERT.
CLITANDRE.............	VILLIERS.
BASQUE................	UN LAQUAIS.
UN GARDE..............	ROSIMONT.
DUBOIS................	BRÉCOURT OU BEAUVAL.

Les acteurs qui se distinguèrent le plus dans le rôle d'Alceste après Molière sont : Baron, Dancourt, Quinault l'aîné, Quinault-Dufresne, Grandval, Molé, Fleury, Damas, Firmin. De nos jours, MM. Geffroy, Bressant, Lafontaine (très passagèrement en 1868) et Delaunay l'ont interprété avec des talents et des succès divers.

Après Mlle Molière, les Célimènes les plus remarquables furent Mlle Gaussin, plus célèbre cependant dans la tragédie que dans la comédie, Mme Préville, Mlle Mézeray, Mlle Contat, Mlle Mars. De nos jours, nous avons vu se succéder dans ce personnage MM^mes Plessy-Arnould, Madeleine Brohan, et Croizette.

A la reprise du 14 janvier 1878, la distribution fut la suivante :

ALCESTE	MM. Delaunay.
PHILINTE	Thiron.
ORONTE	Coquelin aîné.
CÉLIMÈNE	Mmes Croizette.
ÉLIANTE	Broisat.
ARSINOÉ	Favart.
ACASTE	MM. Prudhon.
CLITANDRE	Boucher.
UN GARDE	Tronchet.
DUBOIS	Coquelin cadet.

Cette distribution a peu varié depuis lors.

Si, comme nous l'avons dit en commençant cette notice, le *Misanthrope* est la pièce de Molière où l'érudition peut constater le moins d'emprunts, elle est aussi celle qui a été mise le moins à contribution par les successeurs du grand comique. Elle est restée véritablement inimitable, et nul n'a eu la hardiesse de refaire cette peinture achevée. Toutefois, un auteur de la fin du dernier siècle, Fabre d'Églantine, s'inspirant de la critique de Rousseau, a donné au *Misanthrope* une suite ou une contre-partie qu'il a intitulée *le Philinte de Molière*. Mais, dans cette pièce, Philinte n'est plus Philinte : au lieu d'être un homme du monde flegmatique et facile à vivre, c'est un odieux et misérable égoïste; Alceste n'est plus Alceste : au lieu d'être un misanthrope, c'est un ardent philanthrope. Si cette comédie a gardé longtemps auprès du public quelque réputation, et n'est même pas tout à fait oubliée, elle le doit moins à son mérite qu'à la renommée du chef-d'œuvre en face duquel elle s'élevait comme une ambitieuse protestation.

Les Anglais ont imité *le Misanthrope* : Wicherley s'en est inspiré pour son *Plain dealer* (*l'Homme au franc procédé*), que

Voltaire a imité à son tour dans *la Prude*. Schiller a laissé quelques fragments d'un *Misanthrope* qui n'aurait eu rien de commun avec celui de Molière. Le poète allemand a fait de son héros von Hutten un idéaliste qui méconnaît la vertu quand elle s'offre à lui, et qui demande aux hommes une perfection impossible. Dans un monologue qui paraît résumer la pensée de l'auteur, von Hutten s'écrie en s'adressant à l'homme : « Ce que la nature t'a départi, à toi son enfant le plus cher, le mieux doué, elle ne le reconnaît plus, tant la beauté de ses dons a été flétrie! » (Scène VII.) Cependant le misanthrope de Schiller serait revenu à d'autres sentiments vers la fin de la pièce (une note nous en avertit), si l'écrivain avait pu continuer son œuvre.

M. Alexis Vesselovski (Moscou, 1881) a comparé au *Misanthrope* la comédie d'un écrivain russe, *Malheur à l'esprit*, du poète Griboïedoff. « Le héros de cette pièce, dit-il, est l'Alceste du théâtre russe. Il en a la verve, la vertu farouche et turbulente, l'amour de la vérité, l'horreur de la corruption et du servilisme. Il est de même amoureux d'une femme indigne de lui, moins coquette que Célimène, mais incapable d'apprécier l'élévation de son âme soulevée par tout ce qu'il trouve de révoltant dans le monde moscovite après un long séjour à l'étranger. Mais Tchatski n'est nullement une copie d'Alceste. C'est une *création* dans la plus large acception du mot. »

En France, il y eut après Molière quelques nouveaux Misanthropes dont le dialogue de Lucien fut la commune source. On peut citer : *Timon*, comédie en un acte, en prose, de Brécourt, jouée au Théâtre-Français le 12 août 1684 ; et *Timon le Misanthrope*, comédie de Delisle, en trois actes, en prose, avec des divertissements, représentée au Théâtre italien le 2 janvier 1722. Dans cette pièce singulière, et qui eut beaucoup de succès, l'âne de Timon, métamorphosé en Arlequin, donnait à son maître des leçons de bonté et de sagesse dont celui-ci finissait par profiter.

Terminons, à notre ordinaire, par des renseignements sur les éditions originales de la comédie de Molière. L'édition *princeps* a pour titre : « *Le Misanthrope,* comédie, par J.-B. P. de Molière. A Paris, chez Jean Ribou, au Palais, vis-à-vis la porte de l'église de la Sainte-Chapelle, à l'image saint Louis. 1667. Avec privilège du roi. » La date du privilège est du 21 juin 1666, pour cinq années. L'achevé d'imprimer pour la première fois est du 24 décembre 1666.

Ce texte a été purement et simplement inséré dans l'édition de Claude Barbin, 1673.

Une seconde édition fut donnée après la mort de Molière chez Denis Thierry et Cl. Barbin, 1675. Il n'y a nul intérêt à en relever les variantes, l'édition de 1682 étant la seule des réimpressions posthumes qui nous ait paru mériter ce soin, pour des considérations que nous avons exposées dans l'avertissement placé en tête de notre premier volume.

Nous reproduisons donc fidèlement le texte de l'édition *princeps,* et nous indiquons les variantes de l'édition de 1682.

LE MISANTHROPE

| PERSONNAGES. | ACTEURS. |

ALCESTE, amant de Célimène. . . . . Molière[1].
PHILINTE, ami d'Alceste . . . . La Thorillière.
ORONTE, amant de Célimène. . . . . Du Croisy.
CÉLIMÈNE, amante d'Alceste. . . . . Mlle Molière.
ÉLIANTE, cousine de Célimène . . . . Mlle Debrie.
ARSINOÉ, amie de Célimène . . . . Mlle Duparc.
ACASTE, } marquis . . . . { La Grange.
CLITANDRE, } { Hubert.
BASQUE, valet de Célimène . . . .
Un Garde de la maréchaussée de France . . . . . Debrie.
DUBOIS, valet d'Alceste . . . . Béjart[2].

La scène est à Paris [3].

---

1. L'inventaire après décès contient cette mention : « Une boîte où sont les habits de la représentation du *Misanthrope*, consistant en haut-de-chausses et juste-au-corps de brocart rayé or et soie gris, doublé de tabis, garni de ruban vert ; la veste de brocart d'or ; les bas de soie et jarretières ». C'est le costume de Molière dans le rôle d'Alceste.

2. Cette distribution n'est certaine que pour Molière et sa femme. Voyez ce que nous disons ci-dessus des rôles de Mlles Debrie et Duparc. Quant aux autres, la désignation des acteurs est conjecturale.

3. D'après le manuscrit de Mahelot, « le théâtre est une chambre. Il faut six chaises, trois lettres, des bottes. » La représentation du *Misanthrope* ne réclamait rien de plus. Les bottes complétaient sans doute l'équipage de M. Dubois, dernière scène du quatrième acte.

LE MISANTHROPE

COMÉDIE

ACTE PREMIER.

SCÈNE PREMIÈRE.
PHILINTE, ALCESTE.

PHILINTE.
Qu'est-ce donc, qu'avez-vous?
　　　　　ALCESTE, assis[1].
　　　　　　　　Laissez-moi, je vous prie.
PHILINTE.
Mais encor, dites-moi quelle bizarrerie...
ALCESTE.
Laissez-moi là, vous dis-je, et courez vous cacher.
PHILINTE.
Mais on entend les gens au moins sans se fâcher.
ALCESTE.
Moi, je me veux fâcher, et ne veux point entendre.
PHILINTE.
Dans vos brusques chagrins je ne puis vous comprendre;

---

1. La gravure de l'édition de 1682 représente cette entrée en scène : Philinte debout parlant à Alceste assis, qui lui tourne le dos.

Et, quoique amis enfin, je suis tout des premiers...

ALCESTE, se levant brusquement.

Moi, votre ami? Rayez cela de vos papiers.
J'ai fait jusques ici profession de l'être;
Mais, après ce qu'en vous je viens de voir paroître,
Je vous déclare net que je ne le suis plus,
Et ne veux nulle place en des cœurs corrompus.

PHILINTE.

Je suis donc bien coupable, Alceste, à votre compte?

ALCESTE.

Allez, vous devriez mourir de pure honte;
Une telle action ne sauroit s'excuser,
Et tout homme d'honneur s'en doit scandaliser.
Je vous vois accabler un homme de caresses,
Et témoigner pour lui les dernières tendresses;
De protestations, d'offres, et de serments,
Vous chargez la fureur de vos embrassements :
Et quand je vous demande après quel est cet homme,
A peine pouvez-vous dire comme il se nomme;
Votre chaleur pour lui tombe en vous séparant,
Et vous me le traitez, à moi, d'indifférent.
Morbleu! c'est une chose indigne, lâche, infâme,
De s'abaisser ainsi jusqu'à trahir son âme;
Et si, par un malheur, j'en avois fait autant,
Je m'irois, de regret, pendre tout à l'instant.

PHILINTE.

Je ne vois pas, pour moi, que le cas soit pendable;
Et je vous supplierai d'avoir pour agréable
Que je me fasse un peu grâce sur votre arrêt,
Et ne me pende pas pour cela, s'il vous plaît[1].

---

1. Ni Alceste ni Philinte ne sont des modèles irréprochables de la conduite qu'on doit tenir avec les hommes. Molière n'a point de personnages

ALCESTE.

Que la plaisanterie est de mauvaise grâce !
PHILINTE.

Mais, sérieusement, que voulez-vous qu'on fasse?
ALCESTE.

Je veux qu'on soit sincère, et qu'en homme d'honneur
On ne lâche aucun mot qui ne parte du cœur.
PHILINTE.

Lorsqu'un homme vous vient embrasser avec joie,
Il faut bien le payer de la même monnoie,
Répondre, comme on peut, à ses empressements,
Et rendre offre pour offre, et serments pour serments.
ALCESTE.

Non, je ne puis souffrir cette lâche méthode
Qu'affectent la plupart de vos gens à la mode ;
Et je ne hais rien tant que les contorsions
De tous ces grands faiseurs de protestations,
Ces affables donneurs d'embrassades frivoles[1],
Ces obligeants diseurs d'inutiles paroles,
Qui de civilités avec tous font combat,
Et traitent du même air l'honnête homme et le fat.
Quel avantage a-t-on qu'un homme vous caresse,
Vous jure amitié, foi, zèle, estime, tendresse,

chargés de représenter la sagesse absolue. Il met en présence des personnages humains, c'est-à-dire imparfaits, allant presque toujours à l'excès dans un sens ou dans l'autre, et se portant, par une impulsion naturelle, du côté opposé à celui vers lequel pousse leur contradicteur.

1. M. Saint-Marc Girardin, à propos de ces vers, a remarqué que Molière paraît s'être souvenu d'un passage de *la Mère coquette,* de Quinault, jouée deux ans avant *le Misanthrope.* Voici le passage de Quinault :

> Estimez-vous beaucoup l'air dont vous affectez
> D'estropier les gens par vos civilités ;
> Ces compliments de main, ces rudes embrassades,
> Ces saluts qui font peur, ces bonjours à gourmades,
> Ne reviendrez-vous point de toutes ces façons ?

Et vous fasse de vous un éloge éclatant,
Lorsqu'au premier faquin il court en faire autant?
Non, non, il n'est point d'âme un peu bien située
Qui veuille d'une estime ainsi prostituée ;
Et la plus glorieuse a des régals peu chers[1]
Dès qu'on voit qu'on nous mêle avec tout l'univers :
Sur quelque préférence une estime se fonde,
Et c'est n'estimer rien qu'estimer tout le monde.
Puisque vous y donnez, dans ces vices du temps,
Morbleu ! vous n'êtes pas pour être de mes gens ;
Je refuse d'un cœur la vaste complaisance
Qui ne fait de mérite aucune différence ;
Je veux qu'on me distingue ; et, pour le trancher net,
L'ami du genre humain n'est point du tout mon fait.

PHILINTE.

Mais, quand on est du monde, il faut bien que l'on rende
Quelques dehors civils que l'usage demande.

ALCESTE.

Non, vous dis-je ; on devroit châtier sans pitié
Ce commerce honteux de semblants d'amitié[2].
Je veux que l'on soit homme, et qu'en toute rencontre

---

1. La plus glorieuse estime est peu faite pour nous réjouir. Cette expression « a des régals peu chers » a été critiquée, et elle manque en effet de naturel.

2. Nous avons vu depuis des philosophes aussi déraisonnables déclamer sérieusement contre les civilités un peu fortes qu'on mettait au bas des lettres : comme si une vaine formule et des expressions dont le sens ne peut tromper personne étaient dignes d'un si grand courroux! La politesse est essentiellement un mensonge, et le grand art consiste à lui donner un air de vérité : la société n'est fondée que sur d'agréables apparences, sur de douces impostures, puisqu'elles ne font point de dupes. La sincérité, la franchise du misanthrope constitueraient nécessairement tous les cercles en état de guerre civile. Les hommes, voulant se réunir pour s'amuser, ont dû prendre, les uns à l'égard des autres, le ton et les manières de la bienveillance ; ils ont dû faire, au plaisir commun et habituel de se voir, le sacrifice momentané de leurs passions et de leurs antipathies. (GEOFFROY.)

Le fond de notre cœur dans nos discours se montre,
Que ce soit lui qui parle, et que nos sentiments
Ne se masquent jamais sous de vains compliments.

PHILINTE.

Il est bien des endroits où la pleine franchise
Deviendroit ridicule, et seroit peu permise;
Et parfois, n'en déplaise à votre austère honneur,
Il est bon de cacher ce qu'on a dans le cœur.
Seroit-il à propos, et de la bienséance,
De dire à mille gens tout ce que d'eux on pense?
Et, quand on a quelqu'un qu'on hait ou qui déplaît,
Lui doit-on déclarer la chose comme elle est[1]?

ALCESTE.

Oui.

PHILINTE.

Quoi! vous iriez dire à la vieille Émilie
Qu'à son âge il sied mal de faire la jolie,
Et que le blanc qu'elle a scandalise chacun?

ALCESTE.

Sans doute.

PHILINTE.

A Dorilas, qu'il est trop importun;
Et qu'il n'est, à la cour, oreille qu'il ne lasse
A conter sa bravoure et l'éclat de sa race[2]?

---

1. Si Alceste était moins dominé par son humeur, et plus capable de réflexion, il pourrait répondre à Philinte : Je n'ai pas prétendu qu'il fallût dire aux gens tout ce qu'on pense d'eux; j'ai soutenu seulement qu'il fallait ne leur rien dire qu'on ne le pensât, ce qui est fort différent. Mais Alceste n'est pas homme à s'en tenir aux termes de la modération, et à reculer devant la conséquence outrée que Philinte tire de ses discours. (AUGER.)

2. Voilà la revue des vices et des ridicules qui commence. Les uns paraîtront en personne; les autres figureront dans des portraits, ou du moins seront esquissés en passant. Jamais on n'a fait entrer dans le cadre étroit d'une comédie une portion plus considérable de la société.

ALCESTE.

Fort bien.

PHILINTE.

Vous vous moquez.

ALCESTE.

Je ne me moque point,
Et je vais n'épargner personne sur ce point.
Mes yeux sont trop blessés, et la cour et la ville
Ne m'offrent rien qu'objets à m'échauffer la bile ;
J'entre en une humeur noire, en un chagrin profond,
Quand je vois vivre entre eux les hommes comme ils font ;
Je ne trouve partout que lâche flatterie,
Qu'injustice, intérêt, trahison, fourberie ;
Je n'y puis plus tenir, j'enrage ; et mon dessein
Est de rompre en visière à tout le genre humain.

PHILINTE.

Ce chagrin philosophe est un peu trop sauvage.
Je ris des noirs accès où je vous envisage,
Et crois voir en nous deux, sous mêmes soins nourris,
Ces deux frères que peint *l'École des Maris*,
Dont...

ALCESTE.

Mon Dieu ! laissons là vos comparaisons fades.

PHILINTE.

Non : tout de bon, quittez toutes ces incartades[1].
Le monde par vos soins ne se changera pas :
Et, puisque la franchise a pour vous tant d'appas,
Je vous dirai tout franc que cette maladie,
Partout où vous allez, donne la comédie ;
Et qu'un si grand courroux contre les mœurs du temps

1. Ce vers et les trois qui précèdent étaient supprimés à la représentation, d'après l'édition de 1682.

Vous tourne en ridicule auprès de bien des gens.
ALCESTE.
Tant mieux, morbleu! tant mieux, c'est ce que je demande.
Ce m'est un fort bon signe, et ma joie en est grande.
Tous les hommes me sont à tel point odieux
Que je serois fâché d'être sage à leurs yeux.
PHILINTE.
Vous voulez un grand mal à la nature humaine.
ALCESTE.
Oui, j'ai conçu pour elle une effroyable haine.
PHILINTE.
Tous les pauvres mortels, sans nulle exception,
Seront enveloppés dans cette aversion?
Encore en est-il bien, dans le siècle où nous sommes...
ALCESTE.
Non, elle est générale, et je hais tous les hommes :
Les uns, parce qu'ils sont méchants et malfaisants,
Et les autres, pour être aux méchants complaisants[1],
Et n'avoir pas pour eux ces haines vigoureuses
Que doit donner le vice aux âmes vertueuses.
De cette complaisance on voit l'injuste excès
Pour le franc scélérat avec qui j'ai procès.
Au travers de son masque on voit à plein le traître;
Partout il est connu pour tout ce qu'il peut être;
Et ses roulements d'yeux, et son ton radouci,
N'imposent qu'à des gens qui ne sont point d'ici.
On sait que ce pied-plat, digne qu'on le confonde,

---

1. On lit dans le recueil d'Apophthegmes publié par Érasme : *Timon Atheniensis dictus* μισάνθρωπος, *interrogatus cur omnes homines odio prosequeretur : Malos, inquit, merito odi; cæteros ob id odi quod malos non oderint.* « On demandait à Timon d'Athènes, appelé le misanthrope, pourquoi il haïssait tous les hommes. « Je hais les méchants, répondit-il, parce « qu'ils le méritent, et les autres parce qu'ils ne haïssent pas les méchants. »

Par de sales emplois s'est poussé dans le monde,
Et que par eux son sort, de splendeur revêtu,
Fait gronder le mérite et rougir la vertu ;
Quelques titres honteux qu'en tous lieux on lui donne,
Son misérable honneur ne voit pour lui personne[1] :
Nommez-le fourbe, infâme, et scélérat maudit,
Tout le monde en convient, et nul n'y contredit ;
Cependant sa grimace est partout bien venue ;
On l'accueille, on lui rit, partout il s'insinue ;
Et s'il est, par la brigue, un rang à disputer,
Sur le plus honnête homme on le voit l'emporter.
Têtebleu ! ce me sont de mortelles blessures,
De voir qu'avec le vice on garde des mesures ;
Et parfois il me prend des mouvements soudains
De fuir dans un désert l'approche des humains.

PHILINTE.

Mon Dieu ! des mœurs du temps mettons-nous moins en peine,
Et faisons un peu grâce à la nature humaine ;
Ne l'examinons point dans la grande rigueur,
Et voyons ses défauts avec quelque douceur.
Il faut, parmi le monde, une vertu traitable ;
A force de sagesse, on peut être blâmable ;
La parfaite raison fuit toute extrémité,
Et veut que l'on soit sage avec sobriété[2].
Cette grande roideur des vertus des vieux âges
Heurte trop notre siècle et les communs usages ;
Elle veut aux mortels trop de perfection :

---

1. Dans *l'Impromptu de Versailles*, scène I, Molière avait déjà dit : « Un misérable honneur dont personne ne se soucie. »

2. C'est exactement la pensée et l'expression même de saint Paul, dans son *Épître aux Romains*, ch. XII, v. 3 : *Non plus sapere quam oportet sapere : sed sapere ad sobrietatem.* « Ne soyez pas plus sages qu'il ne faut ; soyez sages avec sobriété. »

Il faut fléchir au temps sans obstination ;
Et c'est une folie à nulle autre seconde
De vouloir se mêler de corriger le monde.
J'observe, comme vous, cent choses tous les jours,
Qui pourroient mieux aller, prenant un autre cours ;
Mais, quoi qu'à chaque pas je puisse voir paroître,
En courroux, comme vous, on ne me voit point être ;
Je prends tout doucement les hommes comme ils sont ;
J'accoutume mon âme à souffrir ce qu'ils font,
Et je crois qu'à la cour, de même qu'à la ville,
Mon flegme est philosophe autant que votre bile.

ALCESTE.

Mais ce flegme, monsieur, qui raisonne si bien,*
Ce flegme pourra-t-il ne s'échauffer de rien ?
Et s'il faut, par hasard, qu'un ami vous trahisse,
Que pour avoir vos biens on dresse un artifice,
Ou qu'on tâche à semer de méchants bruits de vous,
Verrez-vous tout cela sans vous mettre en courroux ?

PHILINTE.

Oui, je vois ces défauts, dont votre âme murmure,
Comme vices unis à l'humaine nature ;
Et mon esprit enfin n'est pas plus offensé
De voir un homme fourbe, injuste, intéressé,
Que de voir des vautours affamés de carnage,
Des singes malfaisants, et des loups pleins de rage[1].

* VAR. *Mais ce flegme, monsieur, qui raisonnez si bien* (1682).

1. Cette pensée semble être imitée de Sénèque, *de Ira*, lib. XI, cap. x. *Non irascetur sapiens peccantibus. Quare? quia scit neminem nasci sapientem, sed fieri; scit paucissimos omni ævo sapientes evadere; quia conditionem humanæ vitæ perspectam habet: nemo autem naturæ sanus irascitur. Quid enim si mirari velit, non in silvestribus dumis poma pendere? Quid si miretur spineta sentesque non utili aliqua fruge compleri? Nemo irascitur, ubi vitium natura defendit.* « Le sage ne prendra point d'humeur contre

ALCESTE.

Je me verrai trahir, mettre en pièces, voler,
Sans que je sois... Morbleu! je ne veux point parler,
Tant ce raisonnement est plein d'impertinence[1]!

PHILINTE.

Ma foi, vous ferez bien de garder le silence.
Contre votre partie éclatez un peu moins,
Et donnez au procès une part de vos soins.

ALCESTE.

Je n'en donnerai point, c'est une chose dite.

PHILINTE.

Mais qui voulez-vous donc qui pour vous sollicite?

ALCESTE.

Qui je veux? La raison, mon bon droit, l'équité.

PHILINTE.

Aucun juge par vous ne sera visité?

ALCESTE.

Non. Est-ce que ma cause est injuste ou douteuse?

---

ceux qui pèchent : pourquoi ? parce qu'il sait que l'on ne naît pas sage, mais qu'on le devient; il sait que chaque siècle n'en produit qu'un petit nombre : il connaît la condition de la nature humaine; et un homme sensé ne se fâche point contre la nature. Il faudrait donc être surpris aussi de ce que les buissons ne sont pas couverts de fruits; de ce que les ronces et les épines n'offrent point quelques productions utiles à l'homme. On ne se met point en colère contre des vices qui sont justifiés par la nature même. » (Traduction de La Grange.)

1. Si le courroux d'Alceste n'était mêlé d'aucun intérêt personnel, son caractère n'aurait aucune vérité humaine. Ce personnage est ici d'autant plus comique qu'il se croit entraîné par la raison, lorsqu'il ne l'est que par son caractère. Rousseau, dans le portrait qu'il a tracé du misanthrope, a confondu la misanthropie avec la sagesse : c'est la source de toutes ses erreurs. Molière s'était fait une définition plus juste : il connaissait trop bien les profondeurs de son art pour mettre la critique des vices de la société dans la bouche d'un sage toujours maître de lui. Sans doute, par ce moyen, il eût pu faire un très beau sermon; mais, à coup sûr, il n'eût pas fait une bonne comédie.

ACTE I, SCÈNE I.

PHILINTE.

J'en demeure d'accord; mais la brigue est fâcheuse,
Et...

ALCESTE.

Non. J'ai résolu de n'en pas faire un pas.
J'ai tort, ou j'ai raison.

PHILINTE.

Ne vous y fiez pas.

ALCESTE.

Je ne remuerai point.

PHILINTE.

Votre partie est forte,
Et peut, par sa cabale, entraîner...

ALCESTE.

Il n'importe.

PHILINTE.

Vous vous tromperez.

ALCESTE.

Soit. J'en veux voir le succès[1].

PHILINTE.

Mais...

ALCESTE.

J'aurai le plaisir de perdre mon procès.

PHILINTE.

Mais enfin...

ALCESTE.

Je verrai dans cette plaiderie[2]

---

1. Nous avons déjà dit que le mot *succès*, qu'aujourd'hui on prend toujours en bonne part, signifiait seulement alors l'issue quelconque d'une affaire, et ne recevait que de l'adjectif qui l'accompagnait une acception triste ou heureuse.

2. Ce procès plaidé, mis aux mains des avocats; mot qu'on trouve quelquefois dans les écrivains du XVIe siècle.

Si les hommes auront assez d'effronterie,
Seront assez méchants, scélérats et pervers,
Pour me faire injustice aux yeux de l'univers.

PHILINTE.

Quel homme!

ALCESTE.

Je voudrois, m'en coûtât-il grand'chose,
Pour la beauté du fait, avoir perdu ma cause.

PHILINTE.

On se riroit de vous, Alceste, tout de bon,
Si l'on vous entendoit parler de la façon.

ALCESTE.

Tant pis pour qui riroit[1].

PHILINTE.

Mais cette rectitude
Que vous voulez en tout avec exactitude,
Cette pleine droiture où vous vous renfermez,
La trouvez-vous ici dans ce que vous aimez?
Je m'étonne, pour moi, qu'étant, comme il le semble,
Vous et le genre humain, si fort brouillés ensemble,
Malgré tout ce qui peut vous le rendre odieux,
Vous ayez pris chez lui ce qui charme vos yeux;
Et ce qui me surprend encore davantage,
C'est cet étrange choix où votre cœur s'engage.
La sincère Éliante a du penchant pour vous,

---

1. Quelque tour qu'on donne à la chose, ou celui qui sollicite un juge l'exhorte à remplir son devoir, et alors il lui fait une insulte, ou il lui propose une acception de personnes, et alors il le veut séduire, puisque toute acception de personnes est un crime dans un juge, qui doit connaître l'affaire et non les parties, et ne voir que l'ordre et la loi; or, je dis qu'engager un juge à faire une mauvaise action, c'est la faire soi-même, et qu'il vaut mieux perdre une cause juste que de faire une mauvaise action. Cela est clair, net; il n'y a rien à répondre. (J.-J. ROUSSEAU.)

ACTE I, SCÈNE I.

La prude Arsinoé vous voit d'un œil fort doux ;
Cependant à leurs vœux votre âme se refuse,
Tandis qu'en ses liens Célimène l'amuse,
De qui l'humeur coquette et l'esprit médisant
Semble¹ si fort donner dans les mœurs d'à présent.
D'où vient que, leur portant une haine mortelle,
Vous pouvez bien souffrir ce qu'en tient cette belle?
Ne sont-ce plus défauts dans un objet si doux?
Ne les voyez-vous pas, ou les excusez-vous²?

ALCESTE.

Non. L'amour que je sens pour cette jeune veuve
Ne ferme point mes yeux aux défauts qu'on lui treuve³;
Et je suis, quelque ardeur qu'elle m'ait pu donner,
Le premier à les voir, comme à les condamner.
Mais avec tout cela, quoi que je puisse faire,
Je confesse mon foible; elle a l'art de me plaire :
J'ai beau voir ses défauts, et j'ai beau l'en blâmer,
En dépit qu'on en ait, elle se fait aimer ;
Sa grâce est la plus forte ; et sans doute ma flamme
De ces vices du temps pourra purger son âme.

1. *Semble* est au singulier dans toutes les anciennes éditions.
2. Cette passion si peu raisonnable, et qui surprend si justement Philinte, est le coup de maitre, est le trait de génie le plus frappant de la pièce. C'est par là que le poète oppose dramatiquement la passion au caractère, et es met aux prises l'une avec l'autre.
3. Sur cette forme *treuve*, voyez tome III, page 462. Les comédiens ont cherché longtemps à éviter cette rime archaïque, d'abord en substituant au vers de Molière ce vers détestable :

De ses défauts en moi n'affaiblit pas la preuve.

Ensuite, en employant ceux-ci, qu'on attribuait à Voltaire :

Non, sans doute; et les torts de cette jeune veuve
Mettent cent fois le jour ma constance à l'épreuve.

Aujourd'hui, on ne craint plus de prononcer le vers tel que Molière l'a écrit, et l'on a parfaitement raison.

PHILINTE.

Si vous faites cela, vous ne ferez pas peu.
Vous croyez être donc aimé d'elle?

ALCESTE.

Oui, parbleu!
Je ne l'aimerois pas si je ne croyois l'être.

PHILINTE.

Mais si son amitié pour vous se fait paroître,
D'où vient que vos rivaux vous causent de l'ennui?

ALCESTE.

C'est qu'un cœur bien atteint veut qu'on soit tout à lui,
Et je ne viens ici qu'à dessein de lui dire
Tout ce que là-dessus ma passion m'inspire.

PHILINTE.

Pour moi, si je n'avois qu'à former des désirs,
La cousine Éliante auroit tous mes soupirs : *
Son cœur, qui vous estime, est solide et sincère,
Et ce choix plus conforme étoit mieux votre affaire.

ALCESTE.

Il est vrai : ma raison me le dit chaque jour;
Mais la raison n'est pas ce qui règle l'amour.

PHILINTE.

Je crains fort pour vos feux; et l'espoir où vous êtes
Pourroit[1]...

---

* Var. *Sa cousine Éliante auroit tous mes soupirs* (1682).

1. Aimé Martin s'est efforcé de démontrer que Philinte n'est autre que l'épicurien Chapelle. La ressemblance est vague et imparfaite et le rapprochement n'aboutit à aucune conclusion intéressante. On ne sauroit trop répéter ce que dit M. Sainte-Beuve : « Molière engendre, invente ses personnages, qui ont bien çà et là des airs de ressembler à tels ou tels, mais qui, au total, ne sont qu'eux-mêmes. L'entendre autrement, c'est ignorer ce qu'il y a de multiple et de complexe dans cette mystérieuse physiologie dramatique dont l'auteur seul a le secret. Il peut se rencontrer quelques traits

SCÈNE II.

ORONTE, ALCESTE, PHILINTE.

ORONTE, à Alceste.
J'ai su là-bas que, pour quelques emplettes,
Éliante est sortie, et Célimène aussi.
Mais comme l'on m'a dit que vous étiez ici,
J'ai monté pour vous dire, et d'un cœur véritable,
Que j'ai conçu pour vous une estime incroyable,
Et que, depuis longtemps, cette estime m'a mis
Dans un ardent désir d'être de vos amis.
Oui, mon cœur au mérite aime à rendre justice,
Et je brûle qu'un nœud d'amitié nous unisse.
Je crois qu'un ami chaud, et de ma qualité,
N'est pas assurément pour être rejeté.

(En cet endroit, Alceste paroit tout rêveur, et semble n'entendre pas qu'Oronte lui parle.)

C'est à vous, s'il vous plaît, que ce discours s'adresse.

ALCESTE.
A moi, monsieur?

ORONTE.
A vous. Trouvez-vous qu'il vous blesse?

ALCESTE.
Non pas. Mais la surprise est fort grande pour moi,

---

d'emprunt dans un vrai personnage comique, mais entre cette réalité copiée un moment, puis abandonnée, et l'invention, la création qui la continue, qui la porte, qui la transfigure, la limite est insaisissable. Le grand nombre superficiel salue au passage un trait de sa connaissance et s'écrie : « C'est « le portrait de tel homme. » On attache, pour plus de commodité, une étiquette connue à un personnage nouveau. Mais véritablement l'auteur seul sait jusqu'où va la copie et où l'invention commence; seul il distingue la ligne sinueuse, la jointure plus savante et plus divinement accomplie que celle de l'épaule de Pélops. »

Et je n'attendois pas l'honneur que je reçoi.

ORONTE.

L'estime où je vous tiens ne doit pas vous surprendre,
Et de tout l'univers vous la pouvez prétendre.

ALCESTE.

Monsieur...

ORONTE.

L'État n'a rien qui ne soit au-dessous
Du mérite éclatant que l'on découvre en vous.

ALCESTE.

Monsieur...

ORONTE.

Oui, de ma part, je vous tiens préférable
A tout ce que j'y vois de plus considérable.

ALCESTE.

Monsieur...

ORONTE.

Sois-je du ciel écrasé, si je mens!
Et, pour vous confirmer ici mes sentiments,
Souffrez qu'à cœur ouvert, monsieur, je vous embrasse,
Et qu'en votre amitié je vous demande place.
Touchez là, s'il vous plaît. Vous me la promettez,
Votre amitié?

ALCESTE.

Monsieur...

ORONTE.

Quoi! vous y résistez?

ALCESTE.

Monsieur, c'est trop d'honneur que vous me voulez faire;
Mais l'amitié demande un peu plus de mystère;
Et c'est assurément en profaner le nom
Que de vouloir le mettre à toute occasion.

Avec lumière et choix cette union veut naître ;
Avant que nous lier, il faut nous mieux connaître ;
Et nous pourrions avoir telles complexions,
Que tous deux du marché nous nous repentirions¹.

ORONTE.

Parbleu ! c'est là-dessus parler en homme sage,
Et je vous en estime encore davantage.
Souffrons donc que le temps forme des nœuds si doux :
Mais cependant je m'offre entièrement à vous.
S'il faut faire à la cour pour vous quelque ouverture,
On sait qu'auprès du roi je fais quelque figure ;
Il m'écoute ; et dans tout il en use, ma foi,
Le plus honnêtement du monde avecque moi.
Enfin je suis à vous de toutes les manières ;
Et, comme votre esprit a de grandes lumières,
Je viens, pour commencer entre nous ce beau nœud,
Vous montrer un sonnet que j'ai fait depuis peu,
Et savoir s'il est bon qu'au public je l'expose².

1. Cette réponse entre si bien dans le caractère connu d'Alceste, qu'elle ne peut offenser Oronte. D'ailleurs celui-ci n'est pas venu chercher un ami, mais un flatteur, et il s'imagine bien que son « merveilleux abord » a payé d'avance les éloges qu'il veut obtenir. Il y a dans tout cela une connaissance exquise des détours où la vanité peut quelquefois faire descendre l'orgueil. Voilà justement ce qui rend le discours d'Alceste si comique : car il parle sérieusement de l'amitié à un homme pour qui elle n'est qu'un mot, et qui s'en sert pour couvrir les prétentions de son amour-propre. (AIMÉ MARTIN.)

2. On a voulu reconnaître dans ce personnage le duc de Saint-Aignan, mauvais poète sans doute, comme tout grand seigneur de l'Académie française, homme d'esprit pourtant et du plus exquis savoir-vivre, le Mécène d'alors, respecté de tous, tendrement aimé du roi, comblé de ses plus hautes faveurs, cité partout comme un parfait courtisan. (Voyez *les Plaisirs de l'Ile enchantée.*) Rien de plus invraisemblable que cette désignation. Aimé Martin y insiste plus qu'aucun autre, lui qui distingue si bien Chapelle dans Philinte, Mlle Debrie dans Éliante, Armande Béjart dans Célimène, et Molière enfin dans l'âpre et fier antagoniste d'Oronte. Il y aurait au moins à faire un choix et à décider si le poète a pris ses modèles à la cour ou dans sa maison. On nous permettra de passer aussi légèrement que

ALCESTE.

Monsieur, je suis mal propre à décider la chose ;
Veuillez m'en dispenser.

ORONTE.

Pourquoi ?

ALCESTE.

J'ai le défaut
D'être un peu plus sincère en cela qu'il ne faut.

ORONTE.

C'est ce que je demande ; et j'aurois lieu de plainte
Si, m'exposant à vous pour me parler sans feinte,
Vous alliez me trahir et me déguiser rien.

ALCESTE.

Puisqu'il vous plaît ainsi, monsieur, je le veux bien.

ORONTE.

Sonnet. C'est un sonnet. *L'espoir*... C'est une dame
Qui de quelque espérance avoit flatté ma flamme.
L'espoir... Ce ne sont point de ces grands vers pompeux,
Mais de petits vers doux, tendres et langoureux.

(A toutes ces interruptions il regarde Alceste.)

ALCESTE.

Nous verrons bien.

ORONTE.

L'espoir... Je ne sais si le style
Pourra vous en paroître assez net et facile,
Et si du choix des mots vous vous contenterez.

ALCESTE.

Nous allons voir, monsieur.

---

possible sur ces applications arbitraires et discordantes dont on continue de faire un puéril abus. Un point sur lequel il n'y aura jamais qu'une opinion, c'est que ce rôle d'Oronte, cette entrée en matière, ces flatteries préparatoires, ces précautions, sont d'un art admirable qui n'a été égalé dans aucune littérature.

ACTE I, SCÈNE II.

ORONTE.
                Au reste, vous saurez
Que je n'ai demeuré qu'un quart d'heure à le faire.
ALCESTE.
Voyons, monsieur; le temps ne fait rien à l'affaire.
ORONTE lit.
L'espoir, il est vrai, nous soulage,
Et nous berce un temps notre ennui;
Mais, Philis, le triste avantage,
Lorsque rien ne marche après lui!
PHILINTE.
Je suis déjà charmé de ce petit morceau.
ALCESTE, bas, à Philinte.
Quoi! vous avez le front de trouver cela beau?
ORONTE.
Vous eûtes de la complaisance;
Mais vous en deviez moins avoir,
Et ne vous pas mettre en dépense
Pour ne me donner que l'espoir.
PHILINTE.
Ah! qu'en termes galants ces choses-là sont mises[1]!
ALCESTE, bas, à Philinte.
Morbleu! vil complaisant, vous louez des sottises.*
ORONTE.
S'il faut qu'une attente éternelle
Pousse à bout l'ardeur de mon zèle,
Le trépas sera mon recours.

* Var. *Hé quoi! vil complaisant, vous louez des sottises?* (1682).

1. On sent que les éloges de Philinte sont dictés par un sentiment naturel de bienveillance; il souffre de la situation d'Oronte, et s'efforce de prévenir ou d'adoucir les brusqueries d'Alceste. C'est ainsi qu'on ne peut voir affliger une personne, même indifférente, sans redoubler involontairement pour elle de politesse et d'égards. C'est au jeu des acteurs à rendre

Vos soins ne m'en peuvent distraire :
Belle Philis, on désespère,
Alors qu'on espère toujours[1].

PHILINTE.

La chute en est jolie, amoureuse, admirable.

ALCESTE, bas, à part.

La peste de ta chute, empoisonneur au diable[2] !
En eusses-tu fait une à te casser le nez !

PHILINTE.

Je n'ai jamais ouï de vers si bien tournés.

ALCESTE, bas, à part.

Morbleu !

ORONTE, à Philinte.

Vous me flattez, et vous croyez peut-être...

PHILINTE.

Non, je ne flatte point.

---

le sentiment exquis de cette scène. A chaque quatrain les yeux d'Oronte doivent chercher la louange, ceux de Philinte exprimer l'inquiétude, et ceux d'Alceste montrer son impatience. (AIMÉ MARTIN.)

1. On n'a trouvé ce sonnet dans aucun des recueils de poésies si nombreux à cette époque, ce qui a fait croire que Molière pouvait bien avoir pris la peine de le composer lui-même. On a prétendu, d'autre part, que ce sonnet était l'œuvre de Benserade, et que, Molière en ayant fait usage sans nommer l'auteur, celui-ci s'était bien gardé ensuite d'avouer son ouvrage. Cette supposition est toute gratuite. Quoi qu'il en soit, la chute ou le trait final de ce sonnet semble imité des vers de *El Burlador de Sevilla*, que nous avons cités tome VI, page 269. Les poètes français avaient, du reste, joué depuis longtemps avec les mêmes mots; Ronsard définissait l'amour :

> C'est un plaisir tout rempli de tristesse;
> C'est un tourment tout confit de liesse;
> Un désespoir où toujours on espère;
> Un espérer où l'on se désespère.

Et Corneille, dans *le Cid*, faisait dire à l'Infante :

> Ma plus douce espérance est de perdre l'espoir.

2. C'est-à-dire : bon à être envoyé au diable; tournure de phrase alors très commune.

ACTE I, SCÈNE II.

ALCESTE, bas, à part.
        Hé! que fais-tu donc, traître?
ORONTE, à Alceste.
Mais pour vous, vous savez quel est notre traité.
Parlez-moi, je vous prie, avec sincérité.
ALCESTE.
Monsieur, cette matière est toujours délicate,
Et sur le bel esprit nous aimons qu'on nous flatte.
Mais un jour, à quelqu'un dont je tairai le nom,
Je disois, en voyant des vers de sa façon,
Qu'il faut qu'un galant homme ait toujours grand empire
Sur les démangeaisons qui nous prennent d'écrire;
Qu'il doit tenir la bride aux grands empressements
Qu'on a de faire éclat de tels amusements;
Et que, par la chaleur de montrer ses ouvrages,
On s'expose à jouer de mauvais personnages.
ORONTE.
Est-ce que vous voulez me déclarer par là
Que j'ai tort de vouloir?...
ALCESTE.
        Je ne dis pas cela.
Mais je lui disois, moi, qu'un froid écrit assomme,
Qu'il ne faut que ce foible à décrier un homme,
Et qu'eût-on d'autre part cent belles qualités,
On regarde les gens par leurs méchants côtés.
ORONTE.
Est-ce qu'à mon sonnet vous trouvez à redire?
ALCESTE.
Je ne dis pas cela. Mais, pour ne point écrire,
Je lui mettois aux yeux comme, dans notre temps,
Cette soif a gâté de fort honnêtes gens.

ORONTE.

Est-ce que j'écris mal, et leur ressemblerois-je?

ALCESTE.

Je ne dis pas cela[1]. Mais enfin, lui disois-je,
Quel besoin si pressant avez-vous de rimer?
Et qui diantre vous pousse à vous faire imprimer?
Si l'on peut pardonner l'essor d'un mauvais livre,
Ce n'est qu'aux malheureux qui composent pour vivre.
Croyez-moi, résistez à vos tentations,*
Dérobez au public ces occupations,
Et n'allez point quitter, de quoi que l'on vous somme,
Le nom que dans la cour vous avez d'honnête homme,
Pour prendre, de la main d'un avide imprimeur,
Celui de ridicule et misérable auteur.
C'est ce que je tâchai de lui faire comprendre[2].

ORONTE.

Voilà qui va fort bien, et je crois vous entendre.
Mais ne puis-je savoir ce que dans mon sonnet...

* Var. ... *Résistez à vos intentions*, (1682).

1. Rousseau reproche au misanthrope de ne pas dire crûment du premier mot à Oronte que son sonnet ne vaut rien; et il ne s'aperçoit pas que, chaque fois qu'Alceste répète : « Je ne dis pas cela », il dit en effet tout ce qu'on peut dire de plus dur; en sorte que, malgré ce qu'il croit devoir aux formes, il s'abandonne à son caractère dans le temps même où il croit en faire le sacrifice. Rien n'est plus naturel et plus comique que cette espèce d'illusion qu'il se fait, et Rousseau l'accuse de fausseté dans l'instant où il est le plus vrai : car qu'y a-t-il de plus vrai que d'être soi-même en s'efforçant de ne pas l'être? (La Harpe.)

2. On retrouve les mêmes pensées, rendues presque dans les mêmes termes, dans une lettre de Balzac à Chapelain, du 23 novembre 1637, à propos d'un gentilhomme auteur de mauvais ouvrages : « Est-il possible qu'un homme qui n'a pas appris l'art d'écrire et à qui il n'a point été fait commandement, de par le roi et sur peine de la vie, de faire des livres, veuille quitter son rang d'honnête homme qu'il tient dans le monde, pour aller prendre celui d'impertinent et de ridicule parmi les docteurs et les écoliers? »

ALCESTE.

Franchement, il est bon à mettre au cabinet[1].
Vous vous êtes réglé sur de méchants modèles,
Et vos expressions ne sont point naturelles.
  Qu'est-ce que, *Nous berce un temps notre ennui?*
   Et que, *Rien ne marche après lui?*
  Que, *Ne vous pas mettre en dépense,*
  Pour ne me donner que l'espoir?
   Et que, *Philis, on désespère,*
  Alors qu'on espère toujours?
Ce style figuré, dont on fait vanité,
Sort du bon caractère et de la vérité;
Ce n'est que jeu de mots, qu'affectation pure,

---

1. Il s'agit ici du meuble destiné à serrer des papiers et des bijoux, que nous avons vu déjà dans *l'Amour médecin* (acte I, scène III). Mettre au cabinet, c'était mettre sous clef, enfermer dans les tiroirs d'un secrétaire. « Le mot cabinet, dit M. Duvicquet, n'avait point encore été détourné à l'acception qu'il a reçue des utiles et commodes innovations de l'architecture moderne. Du temps de Molière, des vers bons à *mettre au cabinet* ne signifiaient autre chose que des vers indignes de voir le jour et de recevoir les honneurs de l'impression. C'est ainsi que, dans *le Procès de la Femme juge et partie*, comédie qui n'est guère postérieure que de deux ans au *Misanthrope* (2 mars 1669), Montfleury fait dire à la prude qui prononce la condamnation de l'ouvrage :

  Ordonnons par pitié, pour raison de ces faits,
  Qu'elle entre au cabinet, et n'en sorte jamais.

C'était donc là une expression consacrée, dont le sens ne donnait lieu à aucune équivoque. »
Voici comment le vers en question a été traduit par Niccolo di Castelli, traducteur italien de Molière en 1698 : *Egli è degno, per dirla liberamente, d'esser collocato in un gabinetto.* « Il mérite, pour parler librement, d'être placé dans un cabinet. » Le sens est clair, et le mot *collocato* indique une destination fixe et permanente, inconciliable avec le sens plus grossier qui s'est attaché à ce vers devenu proverbe.
Nous devons constater cependant que cette interprétation n'est pas acceptée sans résistance, et que des critiques éclairés persistent à croire que Molière a cherché l'équivoque.

Et ce n'est point ainsi que parle la nature.
Le méchant goût du siècle en cela me fait peur;
Nos pères, tout grossiers, l'avoient beaucoup meilleur;
Et je prise bien moins tout ce que l'on admire
Qu'une vieille chanson que je m'en vais vous dire.

> Si le roi m'avoit donné
> Paris, sa grand' ville,
> Et qu'il me fallût quitter
> L'amour de ma mie,
> Je dirois au roi Henri :
> Reprenez votre Paris;
> J'aime mieux ma mie, au gué!
> J'aime mieux ma mie.

La rime n'est pas riche, et le style en est vieux;
Mais ne voyez-vous pas que cela vaut bien mieux
Que ces colifichets dont le bon sens murmure,
Et que la passion parle là toute pure?

> Si le roi m'avoit donné
> Paris, sa grand' ville,
> Et qu'il me fallût quitter
> L'amour de ma mie,
> Je dirois au roi Henri :
> Reprenez votre Paris;
> J'aime mieux ma mie, au gué!
> J'aime mieux ma mie[1].

---

1. Les origines de cette chanson d'Alceste ont été recherchées avec zèle. Non plus que le sonnet d'Oronte, on ne l'a trouvée dans aucun recueil. On prétend, d'après des traditions plus ou moins sûres, qu'elle aurait été composée au xvie siècle par Antoine de Bourbon, roi de Navarre, père de Henri IV, dans un petit château dit de la Bonne Aventure, situé au Gué-du-Loir, non loin de Vendôme. Ce prince et ses amis faisaient de joyeuses par-

Voilà ce que peut dire un cœur vraiment épris[1].
(A Philinte, qui rit.)
Oui, monsieur le rieur, malgré vos beaux esprits,
J'estime plus cela que la pompe fleurie
De tous ces faux brillants où chacun se récrie.

ORONTE.

Et moi, je vous soutiens que mes vers sont fort bons.

ALCESTE.

Pour les trouver ainsi, vous avez vos raisons;
Mais vous trouverez bon que j'en puisse avoir d'autres
Qui se dispenseront de se soumettre aux vôtres.

ORONTE.

Il me suffit de voir que d'autres en font cas.

ALCESTE.

C'est qu'ils ont l'art de feindre; et moi, je ne l'ai pas.

ties dans ce château; on y chantait des chansons où le nom du château venait en refrain :

La Bonne Aventure au gué,
La Bonne Aventure.

Le couplet d'Alceste aurait la même origine. Le roi Henri dont il y est question ne serait point Henri IV, comme on le croit généralement, mais Henri II. Le refrain devrait s'orthographier :

J'aime mieux ma mie, au gué;

et, de fait, il l'est ainsi dans les éditions originales du *Misanthrope*. La forme *ô gué!* a été adoptée plus communément par les chansonniers; elle ne s'explique guère mieux que tous les *lon la, lan laire*, etc., familiers aux auteurs de vers à chanter. Dans notre première édition, nous avions adopté cette forme usuelle : ô gué! Nous revenons, dans celle-ci, à l'orthographe des premiers textes, puisque cette orthographe peut avoir quelque importance pour la question d'origine. On peut lire sur cette question deux articles dans le *Courrier de Vaugelas*, huitième année, pp. 53 et 105.

1. Baron, pour prouver la puissance de la déclamation, s'essayait souvent sur ce couplet, et il le récitait avec tant d'âme, et d'un ton si pénétrant, que les auditeurs fondaient en larmes. Molé, lorsqu'il disait cette chanson pour la seconde fois, faisait également pleurer son auditoire.

ORONTE.

Croyez-vous donc avoir tant d'esprit en partage?

ALCESTE.

Si je louois vos vers, j'en aurois davantage.

ORONTE.

Je me passerai bien que vous les approuviez.*

ALCESTE.

Il faut bien, s'il vous plaît, que vous vous en passiez.

ORONTE.

Je voudrois bien, pour voir, que, de votre manière,
Vous en composassiez sur la même matière.

ALCESTE.

J'en pourrois, par malheur, faire d'aussi méchants ;
Mais je me garderois de les montrer aux gens.

ORONTE.

Vous me parlez bien ferme; et cette suffisance...

ALCESTE.

Autre part que chez moi[1] cherchez qui vous encense.

ORONTE.

Mais, mon petit monsieur, prenez-le un peu moins haut.

ALCESTE.

Ma foi, mon grand monsieur, je le prends comme il faut.

PHILINTE, se mettant entre deux.

Hé! messieurs, c'en est trop. Laissez cela, de grâce.

ORONTE.

Ah! j'ai tort, je l'avoue, et je quitte la place.

---

* Var. *Je me passerai fort que vous les approuviez* (1682).

1. *Chez moi*, auprès de moi. On a vu que la scène se passe dans l'appartement de Célimène. On pourrait conclure toutefois de ce mot et aussi des expressions de Dubois à la fin du quatrième acte : « Il faut d'ici déloger sans trompette, il faut quitter ce lieu, etc., » qu'Alceste habite la même maison.

Je suis votre valet, monsieur, de tout mon cœur.

ALCESTE.

Et moi, je suis, monsieur, votre humble serviteur[1].

SCÈNE III.

PHILINTE, ALCESTE.

PHILINTE.

Hé bien! vous le voyez. Pour être trop sincère,
Vous voilà sur les bras une fâcheuse affaire ;
Et j'ai bien vu qu'Oronte, afin d'être flatté...

ALCESTE.

Ne me parlez pas.

PHILINTE.

Mais...

ALCESTE.

Plus de société.

PHILINTE.

C'est trop...

ALCESTE.

Laissez-moi là.

PHILINTE.

Si je...

ALCESTE.

Point de langage.

---

1. Au milieu de cette altercation fort vive, la différence des caractères reste toujours sensible. Oronte, qui est l'offensé, et dont la vanité a été blessée si douloureusement, Oronte est pourtant celui qui garde le plus de mesure dans ses propos. Les réponses d'Alceste sont plus amères, plus âcres, plus caustiques. Tous deux, au demeurant, conservent, dans le plus fort de leur colère, une certaine décence d'expressions : ce n'est pas la querelle de deux pédants, comme celle de Vadius et de Trissotin ; c'est la querelle de deux hommes de cour. (AUGER.)

PHILINTE.

Mais quoi !...

ALCESTE.

Je n'entends rien.

PHILINTE.

Mais...

ALCESTE.

Encore!

PHILINTE.

On outrage...

ALCESTE.

Ah! parbleu! c'en est trop. Ne suivez point mes pas.

PHILINTE.

Vous vous moquez de moi. Je ne vous quitte pas [1].

---

1. Observons que ce premier acte n'a que trois scènes, et qu'il est un chef-d'œuvre d'exposition. *Le Misanthrope* de Molière et *Bajazet* de Racine ont seuls, dans les deux genres de la comédie et de la tragédie, le mérite supérieur d'exposer en agissant. (BRET.)

ACTE DEUXIÈME.

SCÈNE PREMIÈRE.
ALCESTE, CÉLIMÈNE.

ALCESTE.
Madame, voulez-vous que je vous parle net?
De vos façons d'agir je suis mal satisfait :
Contre elles dans mon cœur trop de bile s'assemble,
Et je sens qu'il faudra que nous rompions ensemble ;
Oui, je vous tromperois de parler autrement ;
Tôt ou tard nous romprons indubitablement,
Et je vous promettrois mille fois le contraire
Que je ne serois pas en pouvoir de le faire.
CÉLIMÈNE.
C'est pour me quereller donc, à ce que je voi,
Que vous avez voulu me ramener chez moi[1]?

---

1. Nous sommes dans le salon de Célimène, et il n'y a qu'à en regarder l'arrangement plein de grâce et de coquetterie pour deviner le caractère et tirer l'horoscope de la reine de ces lieux. Il ne peut demeurer ici qu'une femme que le monde encense, une de ces femmes d'esprit dont la vive malice s'amuse aux dépens d'autrui ; une de ces enchanteresses qui ont le don de la séduction, qui ont besoin de plaire comme l'oiseau a besoin de voler, parce que c'est leur nature et leur talent. Gare à celui qui s'approchera d'elle avec un de ces cœurs bien atteints, qu'irrite l'apparence même d'un partage ; si par malheur ses vœux sont acceptés, sa vie ne sera plus qu'une longue suite d'inutiles souffrances. Si au moins il pouvait briser sa chaîne ; mais le jour où il aura fait serment de haïr Célimène, il n'aura rien de plus pressé que de se jeter à ses genoux. (E. RAMBERT.)

ALCESTE.

Je ne querelle point. Mais votre humeur, madame,
Ouvre au premier venu trop d'accès dans votre âme.
Vous avez trop d'amants qu'on voit vous obséder,
Et mon cœur de cela ne peut s'accommoder.

CÉLIMÈNE.

Des amants que je fais me rendez-vous coupable?
Puis-je empêcher les gens de me trouver aimable?
Et lorsque pour me voir ils font de doux efforts,
Dois-je prendre un bâton pour les mettre dehors?

ALCESTE.

Non, ce n'est pas, madame, un bâton qu'il faut prendre,
Mais un cœur à leurs vœux moins facile et moins tendre.
Je sais que vos appas vous suivent en tous lieux;
Mais votre accueil retient ceux qu'attirent vos yeux,
Et sa douceur offerte à qui vous rend les armes
Achève sur les cœurs l'ouvrage de vos charmes.
Le trop riant espoir que vous leur présentez
Attache autour de vous leurs assiduités;
Et votre complaisance, un peu moins étendue,
De tant de soupirants chasseroit la cohue.
Mais, au moins, dites-moi, madame, par quel sort
Votre Clitandre a l'heur de vous plaire si fort?
Sur quel fonds de mérite et de vertu sublime
Appuyez-vous en lui l'honneur de votre estime?
Est-ce par l'ongle long qu'il porte au petit doigt[1],
Qu'il s'est acquis chez vous l'estime où l'on le voit?
Vous êtes-vous rendue, avec tout le beau monde,

---

1. Scarron, dans sa nouvelle tragi-comique, *Plus d'effet que de paroles*, dit de même en parlant du prince de Tarente : « Il s'étoit laissé croître l'ongle du petit doigt de la main gauche jusqu'à une grandeur étonnante, ce qu'il trouvoit le plus galant du monde. »

Au mérite éclatant de sa perruque blonde?
Sont-ce ses grands canons qui vous le font aimer?
L'amas de ses rubans a-t-il su vous charmer?
Est-ce par les appas de sa vaste rhingrave[1],
Qu'il a gagné votre âme en faisant votre esclave[2]?
Ou sa façon de rire, et son ton de fausset,
Ont-ils de vous toucher su trouver le secret?

CÉLIMÈNE.

Qu'injustement de lui vous prenez de l'ombrage!
Ne savez-vous pas bien pourquoi je le ménage;
Et que dans mon procès, ainsi qu'il m'a promis,
Il peut intéresser tout ce qu'il a d'amis?

ALCESTE.

Perdez votre procès, madame, avec constance,
Et ne ménagez point un rival qui m'offense.

CÉLIMÈNE.

Mais de tout l'univers vous devenez jaloux.

ALCESTE.

C'est que tout l'univers est bien reçu de vous.

CÉLIMÈNE.

C'est ce qui doit rasseoir votre âme effarouchée,
Puisque ma complaisance est sur tous épanchée;
Et vous auriez plus lieu de vous en offenser,
Si vous me la voyiez sur un seul ramasser.

ALCESTE.

Mais moi, que vous blâmez de trop de jalousie,
Qu'ai-je de plus qu'eux tous, madame, je vous prie?

CÉLIMÈNE.

Le bonheur de savoir que vous êtes aimé.

---

1. Haut-de-chausses fort ample, taillé d'après une mode allemande qui avait été apportée en France, dit Ménage, par un seigneur qu'on appelait M. le Rhingrave, c'est-à-dire le comte du Rhin (*Rhein graff*).

2. En jouant le rôle de votre esclave.

ALCESTE.

Et quel lieu de le croire, à mon cœur enflammé?*

CÉLIMÈNE.

Je pense qu'ayant pris le soin de vous le dire,
Un aveu de la sorte a de quoi vous suffire.

ALCESTE.

Mais qui m'assurera que, dans le même instant,
Vous n'en disiez, peut-être, aux autres tout autant?

CÉLIMÈNE.

Certes pour un amant la fleurette est mignonne;
Et vous me traitez là de gentille personne[1].
Hé bien! pour vous ôter d'un semblable souci,
De tout ce que j'ai dit je me dédis ici;
Et rien ne sauroit plus vous tromper que vous-même :
Soyez content.

ALCESTE.

Morbleu! faut-il que je vous aime!
Ah! que si de vos mains je rattrape mon cœur,
Je bénirai le ciel de ce rare bonheur!
Je ne le cèle pas, je fais tout mon possible
A rompre de ce cœur l'attachement terrible;
Mais mes plus grands efforts n'ont rien fait jusqu'ici,
Et c'est pour mes péchés que je vous aime ainsi[2].

* *A* est sans accent dans l'édition de 1682, mais c'est une simple faute typographique, puisqu'il y a une virgule après *croire;* et l'on n'a jamais dû lire, comme beaucoup d'éditeurs le font :

Et quel lieu de le croire a mon cœur enflammé?

1. Célimène exprime ici ce qu'il faudra penser d'elle-même lorsqu'on découvrira que les soupçons d'Alceste ne sont que trop justifiés.
2. Alceste aime Célimène plus encore qu'il ne déteste les hommes. Elle est pour lui ce qu'est la lumière pour le phalène, qui vingt fois s'y brûle le bout de l'aile, et vingt fois y revient, jusqu'à ce que son sort s'accomplisse. C'est chose à la fois comique et touchante qu'un amour si tendre avec des

ACTE II, SCÈNE I.

CÉLIMÈNE.

Il est vrai, votre ardeur est pour moi sans seconde.

ALCESTE.

Oui, je puis là-dessus défier tout le monde.
Mon amour ne se peut concevoir; et jamais
Personne n'a, madame, aimé comme je fais.

CÉLIMÈNE.

En effet, la méthode en est toute nouvelle,
Car vous aimez les gens pour leur faire querelle;
Ce n'est qu'en mots fâcheux qu'éclate votre ardeur,
Et l'on n'a vu jamais un amour si grondeur[1].*

ALCESTE.

Mais il ne tient qu'à vous que son chagrin ne passe.
A tous nos démêlés coupons chemin, de grâce;
Parlons à cœur ouvert, et voyons d'arrêter...

---

* VAR. *Et l'on n'a vu jamais un amant si grondeur* (1682).

pensées si sombres et des passions si mélancoliques. Cet homme, capable de tant haïr, est aussi capable d'aimer plus qu'un autre. Il n'entre dans son cœur aucun sentiment médiocre. Célimène répond à sa tendresse, en lui offrant ce que le goût du monde et des plaisirs de la vanité lui laisse de temps et de force pour les affections solides; mais lui, Alceste, il lui offre un cœur dont la puissance d'affection est d'autant plus énergique qu'elle a été sans cesse refoulée par ce monde que Célimène adore. (E. RAMBERT.)

1. Avant Molière, on n'avait présenté l'amour sur la scène qu'à l'espagnole, c'est-à-dire comme une vertu héroïque qui grandit les personnages. C'est ainsi que Corneille l'a employée dans *le Cid,* dans *Cinna,* partout. Molière le premier, d'après sa triste expérience, a peint l'amour comme une faiblesse d'un grand cœur. Racine tira de cette admirable scène une importante leçon. Il n'avait encore donné que *la Thébaïde* et *Alexandre,* et, dans ces deux pièces, il avait traité l'amour suivant le procédé de Corneille; mais, après avoir vu *le Misanthrope,* il rompit sans retour avec l'amour romanesque, et abandonna la convention pour la nature, que Molière lui avait fait sentir. Un an juste après *le Misanthrope* parut *Andromaque,* qui commence l'ère véritable du génie de Racine. (F. GÉNIN.)

SCÈNE II.

CÉLIMÈNE, ALCESTE, BASQUE.

CÉLIMÈNE.

Qu'est-ce?

BASQUE.

Acaste est là-bas.

CÉLIMÈNE.

Hé bien! faites monter.

SCÈNE III.

CÉLIMÈNE, ALCESTE.

ALCESTE.

Quoi! l'on ne peut jamais vous parler tête à tête?
A recevoir le monde on vous voit toujours prête;
Et vous ne pouvez pas, un seul moment de tous,
Vous résoudre à souffrir de n'être pas chez vous?

CÉLIMÈNE.

Voulez-vous qu'avec lui je me fasse une affaire?

ALCESTE.

Vous avez des égards qui ne sauroient me plaire[1].

CÉLIMÈNE.

C'est un homme à jamais ne me le pardonner,
S'il savoit que sa vue eût pu m'importuner.

---

1. L'édition de 1667 porte au lieu du mot *égards* le mot *regards*. *Regard* a été employé anciennement, il est vrai, dans le sens d'attention, de considération, sens que les mots *regard* en anglais et *riguardo* en italien ont conservé. Mais il était bien inusité dans cette acception au temps de Molière, et il présentait ici une équivoque désagréable. Il vaut donc mieux ne voir dans cette forme *regards* qu'une faute d'impression, que l'édition de 1682 a corrigée en y substituant *égards*, et adopter ce dernier mot.

ACTE II, SCÈNE IV.

ALCESTE.

Et que vous fait cela, pour vous gêner de sorte...?
CÉLIMÈNE.
Mon Dieu! de ses pareils la bienveillance importe;
Et ce sont de ces gens qui, je ne sais comment,
Ont gagné, dans la cour, de parler hautement.
Dans tous les entretiens on les voit s'introduire;
Ils ne sauroient servir, mais ils peuvent vous nuire;
Et jamais, quelque appui qu'on puisse avoir d'ailleurs,
On ne doit se brouiller avec ces grands brailleurs.
ALCESTE.
Enfin, quoi qu'il en soit, et sur quoi qu'on se fonde,
Vous trouvez des raisons pour souffrir tout le monde;
Et les précautions de votre jugement...

SCÈNE IV.

ALCESTE, CÉLIMÈNE, BASQUE.

BASQUE.

Voici Clitandre encor, madame.
ALCESTE.
        Justement.

(Il témoigne s'en vouloir aller.)

CÉLIMÈNE.

Où courez-vous?
ALCESTE.
    Je sors.
CÉLIMÈNE.
        Demeurez.
ALCESTE.
              Pour quoi faire?

CÉLIMÈNE.

Demeurez.

ALCESTE.

Je ne puis.

CÉLIMÈNE.

Je le veux.

ALCESTE.

Point d'affaire.
Ces conversations ne font que m'ennuyer,
Et c'est trop que vouloir me les faire essuyer.

CÉLIMÈNE.

Je le veux, je le veux.

ALCESTE.

Non, il m'est impossible.

CÉLIMÈNE.

Hé bien! allez, sortez, il vous est tout loisible[1].

SCÈNE V.

ÉLIANTE, PHILINTE, ACASTE, CLITANDRE, ALCESTE, CÉLIMÈNE, BASQUE.

ÉLIANTE, à Célimène.

Voici les deux marquis qui montent avec nous.
Vous l'est-on venu dire?

CÉLIMÈNE.

(A Basque.)
Oui. Des sièges pour tous.
(Basque donne des sièges, et sort.)

---

1. Jusqu'à quatre fois, Célimène ordonne à Alceste de rester, et il persiste à vouloir sortir; elle lui dit ensuite qu'il peut sortir, et il se décide à rester. Est-ce un effet de l'humeur contrariante d'Alceste? nullement. C'est un effet de sa passion. Un amant peut, dans son courroux, braver les volontés impérieuses de sa maîtresse; mais il ne sait pas résister aux marques de son indifférence. (Auger.)

ACTE II, SCÈNE V.

(A Alceste.)

Vous n'êtes pas sorti?

ALCESTE.

Non ; mais je veux, madame,
Ou pour eux, ou pour moi, faire expliquer votre âme[1].

CÉLIMÈNE.

Taisez-vous.

ALCESTE.

Aujourd'hui vous vous expliquerez.

CÉLIMÈNE.

Vous perdez le sens.

ALCESTE.

Point. Vous vous déclarerez.

CÉLIMÈNE.

Ah!

ALCESTE.

Vous prendrez parti.

CÉLIMÈNE.

Vous vous moquez, je pense.

ALCESTE.

Non. Mais vous choisirez : c'est trop de patience[2].

CLITANDRE.

Parbleu! je viens du Louvre, où Cléonte, au levé,
Madame, a bien paru ridicule achevé.
N'a-t-il point quelque ami qui pût, sur ses manières,
D'un charitable avis lui prêter les lumières?

---

1. C'est un prétexte qu'Alceste se donne à lui-même, et la preuve, c'est qu'il ne fera rien pour provoquer cette grave explication.
2. Pendant cet aparté entre Alceste et Célimène, tous les personnages se sont assis en demi-cercle sur le théâtre, faisant face aux spectateurs. C'est lorsqu'ils sont placés que Clitandre prend la parole, et que s'engage la conversation où Célimène joue le principal rôle. Alceste est un peu à l'écart, à l'extrémité droite du demi-cercle.

CÉLIMÈNE.

Dans le monde, à vrai dire, il se barbouille fort[1];
Partout il porte un air qui saute aux yeux d'abord;
Et, lorsqu'on le revoit après un peu d'absence,
On le retrouve encor plus plein d'extravagance.

ACASTE.

Parbleu! s'il faut parler de gens extravagants,*
Je viens d'en essuyer un des plus fatigants :
Damon le raisonneur, qui m'a, ne vous déplaise,
Une heure, au grand soleil, tenu hors de ma chaise.

CÉLIMÈNE.

C'est un parleur étrange, et qui trouve toujours
L'art de ne vous rien dire avec de grands discours :
Dans les propos qu'il tient on ne voit jamais goutte,
Et ce n'est que du bruit que tout ce qu'on écoute.

ÉLIANTE, à Philinte.

Ce début n'est pas mal; et, contre le prochain,
La conversation prend un assez bon train.

CLITANDRE.

Timante encor, madame, est un bon caractère.

CÉLIMÈNE.

C'est de la tête aux pieds un homme tout mystère[2],

* VAR. *Parbleu! s'il faut parler des gens extravagants* (1682).

1. Il se donne des ridicules, il se fait moquer de lui.
2. Clitandre, c'est le comte de Guiche; Acaste, c'est Lauzun, suivant des commentateurs qui prétendent soulever tous les masques. On a reconnu dans le mystérieux et affairé Timante le comte de Saint-Gilles, contre lequel Gombault a fait l'épigramme suivante :

> Gilles veut faire voir qu'il a bien des affaires :
> On le trouve partout, dans la presse, à l'écart;
> Mais ses voyages sont des erreurs volontaires;
> Quoiqu'il aille toujours, il ne va nulle part.

La Bruyère, dans le chapitre de *la Cour,* a peint un personnage semblable : « Théodote, dit-il, s'approche de vous, et il vous dit à l'oreille : Voilà un beau temps, voilà un grand dégel! »

Qui vous jette, en passant, un coup d'œil égaré,
Et, sans aucune affaire, est toujours affairé.
Tout ce qu'il vous débite en grimaces abonde ;
A force de façons, il assomme le monde :
Sans cesse il a tout bas, pour rompre l'entretien,
Un secret à vous dire, et ce secret n'est rien ;
De la moindre vétille il fait une merveille,
Et, jusques au bonjour, il dit tout à l'oreille.

ACASTE.

Et Géralde, madame?

CÉLIMÈNE.

O l'ennuyeux conteur !
Jamais on ne le voit sortir du grand seigneur.
Dans le brillant commerce il se mêle sans cesse,
Et ne cite jamais que duc, prince, ou princesse.
La qualité l'entête ; et tous ses entretiens
Ne sont que de chevaux, d'équipage, et de chiens.
Il tutaye en parlant ceux du plus haut étage [1],
Et le nom de monsieur est chez lui hors d'usage.

CLITANDRE.

On dit qu'avec Bélise il est du dernier bien.

CÉLIMÈNE.

Le pauvre esprit de femme, et le sec entretien!
Lorsqu'elle vient me voir, je souffre le martyre ;
Il faut suer sans cesse à chercher que lui dire ;
Et la stérilité de son expression
Fait mourir à tous coups la conversation.
En vain, pour attaquer son stupide silence,
De tous les lieux communs vous prenez l'assistance ;

---

1. Molière a écrit *tutaye*, selon la prononciation qui était en usage à la cour. La forme régulière de ce mot est *tutoie*.

Le beau temps et la pluie, et le froid et le chaud,
Sont des fonds qu'avec elle on épuise bientôt.
Cependant sa visite, assez insupportable,
Traîne en une longueur encore épouvantable;
Et l'on demande l'heure, et l'on bâille vingt fois,
Qu'elle grouille[1] aussi peu qu'une pièce de bois.[*]

ACASTE.

Que vous semble d'Adraste?

CÉLIMÈNE.

Ah! quel orgueil extrême!
C'est un homme gonflé de l'amour de soi-même.
Son mérite jamais n'est content de la cour,
Contre elle il fait métier de pester chaque jour;
Et l'on ne donne emploi, charge, ni bénéfice,
Qu'à tout ce qu'il se croit on ne fasse injustice.

CLITANDRE.

Mais le jeune Cléon, chez qui vont aujourd'hui
Nos plus honnêtes gens, que dites-vous de lui?

CÉLIMÈNE.

Que de son cuisinier il s'est fait un mérite,
Et que c'est à sa table à qui l'on rend visite.

---

[*] VAR. *Qu'elle s'émeut autant qu'une pièce de bois* (1682).

A cet hémistiche : *qu'elle grouille aussi peu*, les éditeurs de 1682 ont substitué celui-ci : *qu'elle s'émeut autant*. Ce changement ne semble pas heureux. On ne dit ni d'une femme, ni d'une pièce de bois, qu'elle *s'émeut*, pour dire qu'elle se met ou qu'elle est mise en mouvement. Il fallait, puisqu'on s'avisait de faire une correction, écrire : *qu'elle se meut* ou *qu'elle remue autant qu'une pièce de bois*.

1. *Grouiller*, c'est-à-dire remuer. Ce mot était fort usité alors; c'est au moins ce qu'on peut conclure du passage suivant de Ménage : « *Nous disons je ne puis me grouiller*, pour dire *je ne puis me remuer*. » Molière l'a encore employé dans le *Bourgeois gentilhomme* et dans la *Comtesse d'Escarbagnas*. (Voyez le *Lexique comparé de la langue de Molière*, par F. Génin, page 200.)

ÉLIANTE.

Il prend soin d'y servir des mets fort délicats[1].

CÉLIMÈNE.

Oui; mais je voudrois bien qu'il ne s'y servît pas;
C'est un fort méchant plat que sa sotte personne,
Et qui gâte, à mon goût, tous les repas qu'il donne.

PHILINTE.

On fait assez de cas de son oncle Damis :
Qu'en dites-vous, madame?

CÉLIMÈNE.

Il est de mes amis.

PHILINTE.

Je le trouve honnête homme, et d'un air assez sage[2].

CÉLIMÈNE.

Oui; mais il veut avoir trop d'esprit, dont j'enrage.
Il est guindé sans cesse; et, dans tous ses propos,
On voit qu'il se travaille à dire de bons mots.*
Depuis que dans la tête il s'est mis d'être habile,
Rien ne touche son goût, tant il est difficile.
Il veut voir des défauts à tout ce qu'on écrit,
Et pense que louer n'est pas d'un bel esprit,
Que c'est être savant que trouver à redire,
Qu'il n'appartient qu'aux sots d'admirer et de rire,

* VAR. *On voit qu'il se fatigue à dire de bons mots* (1682).

1. Si le jeune Cléon n'a d'autre mérite que de bien donner à dîner Éliante voudrait du moins qu'on lui sût quelque gré de la délicatesse de la chère que l'on fait chez lui. Elle ne s'attend pas au parti que Célimène va tirer de cette observation charitable.

2. Philinte donne dans le même piège que tout à l'heure Éliante. Il croit devoir appuyer de quelque remarque favorable à Damis l'aveu que Célimène vient de faire de son amitié pour lui, et il ne fait que fournir à la médisante coquette un prétexte de satire.

Et qu'en n'approuvant rien des ouvrages du temps,
Il se met au-dessus de tous les autres gens.
Aux conversations même il trouve à reprendre ;
Ce sont propos trop bas pour y daigner descendre;
Et, les deux bras croisés, du haut de son esprit,
Il regarde en pitié tout ce que chacun dit.

ACASTE.

Dieu me damne! voilà son portrait véritable.

CLITANDRE, à Célimène.

Pour bien peindre les gens vous êtes admirable.

ALCESTE.

Allons, ferme, poussez, mes bons amis de cour ;
Vous n'en épargnez point, et chacun a son tour :
Cependant aucun d'eux à vos yeux ne se montre
Qu'on ne vous voie en hâte aller à sa rencontre,
Lui présenter la main, et d'un baiser flatteur
Appuyer les serments d'être son serviteur[1].

CLITANDRE.

Pourquoi s'en prendre à nous? Si ce qu'on dit vous blesse,
Il faut que le reproche à madame s'adresse.

ALCESTE.

Non, morbleu! c'est à vous; et vos ris complaisants
Tirent de son esprit tous ces traits médisants.
Son humeur satirique est sans cesse nourrie
Par le coupable encens de votre flatterie ;

---

1. Alceste n'a rien dit jusqu'ici; mais son silence a parlé pour lui. Il était en scène, en situation plus qu'aucun autre personnage. Les spirituelles épigrammes de Célimène ne détournaient pas l'attention de dessus lui; on attendait à chaque instant qu'il éclatât. Il vient d'éclater, et son indignation, dont sans doute l'expression est plus véhémente que ne le permettent les bienséances de la société, est pourtant si bien fondée que tous les spectateurs y applaudissent : l'honnêteté publique se met de moitié avec lui dans cette guerre qu'il fait aux *bons amis de cour*. (AUGER).

Et son cœur à railler trouveroit moins d'appas
S'il avoit observé qu'on ne l'applaudit pas.
C'est ainsi qu'aux flatteurs on doit partout se prendre
Des vices où l'on voit les humains se répandre.

PHILINTE.

Mais pourquoi pour ces gens un intérêt si grand,
Vous qui condamneriez ce qu'en eux on reprend?

CÉLIMÈNE.

Et ne faut-il pas bien que monsieur contredise?
A la commune voix veut-on qu'il se réduise,
Et qu'il ne fasse pas éclater en tous lieux
L'esprit contrariant qu'il a reçu des cieux?
Le sentiment d'autrui n'est jamais pour lui plaire :
Il prend toujours en main l'opinion contraire,
Et penseroit paroître un homme du commun
Si l'on voyoit qu'il fût de l'avis de quelqu'un.
L'honneur de contredire a pour lui tant de charmes
Qu'il prend contre lui-même assez souvent les armes;
Et ses vrais sentiments sont combattus par lui,
Aussitôt qu'il les voit dans la bouche d'autrui[1].

ALCESTE.

Les rieurs sont pour vous, madame, c'est tout dire;

1. Ce passage est un de ceux qui firent appliquer par les contemporains au duc de Montausier le personnage d'Alceste. On citait de ce grand seigneur le trait suivant, raconté par Ménage : « Un seigneur de la cour, un peu contredisant (qui étoit le duc de Montausier), se promenoit un jour avec un ami chez Renard, près des Tuileries. Cet ami lui dit que le maître du logis étoit bien fou d'abandonner son jardin au public, au lieu de s'y réjouir librement, lui et ses amis. Le seigneur prit parti contre lui, et lui prouva, par belles et bonnes raisons, que Renard ne pouvoit mieux faire que de rendre sa maison le rendez-vous de tout ce qu'il y avoit d'honnêtes gens à Paris. Le lendemain, ils se trouvèrent, sans y penser, près du même endroit. L'ami lui dit qu'on ne pouvoit trop louer les soins que Renard prenoit tous les jours de rendre son jardin le rendez-vous des honnêtes gens. Ce seigneur qui, en toutes choses, prenoit toujours le parti contraire,

Et vous pouvez pousser contre moi la satire.
PHILINTE.
Mais il est véritable aussi que votre esprit
Se gendarme toujours contre tout ce qu'on dit;
Et que, par un chagrin que lui-même il avoue,
Il ne sauroit souffrir qu'on blâme ni qu'on loue.
ALCESTE.
C'est que jamais, morbleu! les hommes n'ont raison,
Que le chagrin contre eux est toujours de saison,
Et que je vois qu'ils sont, sur toutes les affaires,
Loueurs impertinents, ou censeurs téméraires.
CÉLIMÈNE.
Mais...
ALCESTE.
Non, madame, non, quand j'en devrois mourir,
Vous avez des plaisirs que je ne puis souffrir;
Et l'on a tort ici de nourrir dans votre âme
Ce grand attachement aux défauts qu'on y blâme[1].
CLITANDRE.
Pour moi, je ne sais pas; mais j'avouerai tout haut
Que j'ai cru jusqu'ici madame sans défaut.

---

reprit brusquement que Renard étoit un fou, et qu'il le falloit être autant que lui pour trouver bon que ce jardin, dont il pouvoit jouir tranquillement avec ses amis, fût inondé par tout ce qu'il y avoit de fainéants à la cour et à la ville. » Il n'est pas impossible, en effet, que Molière ait eu connaissance de cette petite aventure, et qu'elle lui ait fourni l'idée de ce que dit Célimène sur l'esprit contrariant d'Alceste.

1. Il faut se souvenir que, dès la première scène du premier acte, Philinte a blâmé dans Célimène le défaut qu'il semble tolérer maintenant. Célimène, disait-il,

> De qui l'humeur coquette et l'esprit médisant
> Semble si fort donner dans les mœurs d'à présent.

C'est donc un reproche indirect qu'Alceste adresse à son ami. C'est au jeu de l'acteur à faire sentir l'intention du poète. (AIMÉ MARTIN.)

ACASTE.

De grâces et d'attraits je vois qu'elle est pourvue ;
Mais les défauts qu'elle a ne frappent point ma vue.

ALCESTE.

Ils frappent tous la mienne ; et, loin de m'en cacher,
Elle sait que j'ai soin de les lui reprocher.
Plus on aime quelqu'un, moins il faut qu'on le flatte ;
A ne rien pardonner le pur amour éclate ;
Et je bannirois, moi, tous ces lâches amants
Que je verrois soumis à tous mes sentiments,
Et dont, à tout propos, les molles complaisances
Donneroient de l'encens à mes extravagances.

CÉLIMÈNE.

Enfin, s'il faut qu'à vous s'en rapportent les cœurs,
On doit, pour bien aimer, renoncer aux douceurs,
Et du parfait amour mettre l'honneur suprême
A bien injurier les personnes qu'on aime.

ÉLIANTE.

L'amour, pour l'ordinaire, est peu fait à ces loix,
Et l'on voit les amants vanter toujours leur choix.
Jamais leur passion n'y voit rien de blâmable,
Et dans l'objet aimé tout leur devient aimable ;
Ils comptent les défauts pour des perfections,
Et savent y donner de favorables noms.
La pâle est au jasmin en blancheur comparable ;
La noire à faire peur, une brune adorable ;
La maigre a de la taille et de la liberté ;
La grasse est, dans son port, pleine de majesté ;
La malpropre[1] sur soi, de peu d'attraits chargée,

---

1. *Malpropre* peut ici avoir le sens de : peu soucieuse de ses habits, mal mise, comme *propre* signifiait : vêtue avec élégance, recherchée dans sa parure

Est mise sous le nom de beauté négligée ;
La géante paroît une déesse aux yeux ;
La naine, un abrégé des merveilles des cieux ;
L'orgueilleuse a le cœur digne d'une couronne ;
La fourbe a de l'esprit ; la sotte est toute bonne ;
La trop grande parleuse est d'agréable humeur ;
Et la muette garde une honnête pudeur.
C'est ainsi qu'un amant dont l'ardeur est extrême
Aime jusqu'aux défauts des personnes qu'il aime[1].

[1]. « Boileau, dit Brossette dans son commentaire sur cet auteur, étant, en 1664, chez M. du Broussin avec le duc de Vitry et Molière, notre premier comique devoit y lire une traduction de Lucrèce en vers françois, qu'il avoit faite dans sa jeunesse. En attendant le dîner, on pria Despréaux de réciter la satire adressée à Molière. Mais, après ce récit, Molière ne voulut point lire sa traduction, craignant qu'elle ne fût pas assez belle pour soutenir les louanges qu'il venoit de recevoir. Il se contenta de lire le premier acte du *Misanthrope*, auquel il travailloit dans ce temps-là, disant qu'on ne devoit pas s'attendre à des vers aussi parfaits que ceux de M. Despréaux, parce qu'il lui faudroit un temps infini s'il vouloit travailler ses ouvrages comme lui. » Si l'on en croit Grimarest, cette traduction était en vers pour la partie descriptive et en prose pour les discussions philosophiques. Elle est perdue. Il n'en reste que le couplet qu'on vient de lire sur les illusions des amants. Voici les vers de Lucrèce (IVe livre *de Natura rerum*) :

>   Nam hoc faciunt homines plerumque cupidine cæci,
>   Et tribuunt ea quæ non sunt his commoda vere.
>   Multimodis igitur pravas turpesque videmus
>   Esse in deliciis, summoque in honore vigere :
>   Atque alios alii irrident, Veneremque suadent
>   Ut placent, quoniam fædo afflictantur amore ;
>   Nec sua respiciunt miseri mala maxima sæpe.
>   Nigra, μελίχροος est : immunda et fœtida, ἄκοσμος :
>   Cæsia, παλλάδιον : nervosa et lignea, δορκάς :
>   Parvola, pumilio, Χαρίτων ἴα, tota merum sal :
>   Magna atque immanis, κατάπληξις, plenaque honoris :
>   Balba, loqui non quit, τραυλίζει : muta, pudens est :
>   At flagrans, odiosa, loquacula, λαμπάδιον fit :
>   Ἰσχνὸν ἐρωμένιον tum fit, cum vivere non quit
>   Præ macie : ῥαδινή vero est, jam mortua tussi :
>   At gemina et mammosa, Ceres est ipsa ab Iaccho :
>   Simula, σιληνή, ac satyra est : labiosa, φίλημα,
>   Cætera de genere hoc, longum est, si dicere coner.

« La passion aveugle les amants, et leur montre des perfections qui n'existent pas. Un objet vicieux et difforme captive leur cœur et fixe leur hom-

ACTE II, SCÈNE V.

ALCESTE.

Et moi, je soutiens, moi...

CÉLIMÈNE.

Brisons là ce discours,
Et dans la galerie allons faire deux tours.
Quoi! vous vous en allez, messieurs?

CLITANDRE ET ACASTE.

Non pas, madame.

ALCESTE.

La peur de leur départ occupe fort votre âme.
Sortez quand vous voudrez, messieurs; mais j'avertis
Que je ne sors qu'après que vous serez sortis.

ACASTE.

A moins de voir madame en être importunée,
Rien ne m'appelle ailleurs de toute la journée.

CLITANDRE.

Moi, pourvu que je puisse être au petit couché,

mage. Ils ont beau se railler les uns les autres, et conseiller à leurs amis d'apaiser Vénus qui les a affligés d'une passion avilissante, ils ne voient pas qu'ils sont eux-mêmes victimes d'un choix souvent plus honteux. Leur maîtresse est-elle noire? c'est une brune piquante [a]. Sale et dégoûtante? elle dédaigne la parure. Louche? c'est la rivale de Pallas. Maigre et décharnée? c'est la biche du Ménale. D'une taille trop petite? c'est l'une des Grâces, l'élégance en personne. D'une grandeur démesurée? elle est majestueuse, pleine de dignité. Elle bégaye et articule mal? c'est un aimable embarras. Elle est muette et taciturne? c'est la réserve de la pudeur. Emportée, jalouse, babillarde? c'est un feu toujours en mouvement. Sur le point de mourir d'éthisie? c'est un tempérament délicat. Exténuée par la toux? c'est une beauté languissante. D'un embonpoint monstrueux? c'est Cérès, l'auguste amante de Bacchus. Enfin, un nez camus paraît le siège de la volupté; et des lèvres épaisses semblent appeler le baiser. Je ne finirais pas si je voulais rapporter toutes les illusions de ce genre. » (Traduction de La Grange.)

S'il est vrai que Molière eût traduit Lucrèce, il fut sans doute obligé de retoucher tout ce passage pour le placer sur les lèvres d'Éliante, de sorte qu'on se méprend presque à coup sûr en croyant retrouver ici un fragment de sa traduction.

[a]. Quel autre qu'un amant, disait Platon, a inventé l'expression (μελίχροος, couleur de miel) sous laquelle vous déguisez la pâleur de ceux qui sont dans la fleur de l'âge?

Je n'ai point d'autre affaire où je sois attaché.
CÉLIMÈNE, à Alceste.
C'est pour rire, je crois.
ALCESTE.
Non, en aucune sorte.
Nous verrons si c'est moi que vous voudrez qui sorte.

SCÈNE VI.

ALCESTE, CÉLIMÈNE, ÉLIANTE, ACASTE,
PHILINTE, CLITANDRE, BASQUE.

BASQUE, à Alceste.
Monsieur, un homme est là qui voudroit vous parler
Pour affaire, dit-il, qu'on ne peut reculer.
ALCESTE.
Dis-lui que je n'ai point d'affaires si pressées.
BASQUE.
Il porte une jaquette à grand' basques plissées,
Avec du dor dessus[1].
CÉLIMÈNE, à Alceste.
Allez voir ce que c'est,
Ou bien faites-le entrer.

---

1. Basque décrit à sa manière le *hoqueton* des gardes de la maréchaussée de France, lequel était, en effet, une jaquette, c'est-à-dire un vêtement assez ample, qui tombait jusqu'aux genoux. — *Avec du dor dessus.* Les gens du peuple et de la campagne disaient, par corruption, *du dor,* pour de l'or : Pierrot, dans *le Festin de Pierre,* dit : « Il a du dor à son habit tout depuis le haut jusqu'en bas. »

SCÈNE VII.

ALCESTE, CÉLIMÈNE,
ELIANTE, ACASTE, PHILINTE, CLITANDRE,
UN GARDE DE LA MARÉCHAUSSÉE.

ALCESTE, allant au-devant du garde.

Qu'est-ce donc qu'il vous plaît?
Venez, monsieur.

LE GARDE.

Monsieur, j'ai deux mots à vous dire.

ALCESTE.

Vous pouvez parler haut, monsieur, pour m'en instruire.

LE GARDE.

Messieurs les maréchaux, dont j'ai commandement,
Vous mandent de venir les trouver promptement,
Monsieur[1].

ALCESTE.

Qui? moi, monsieur?

LE GARDE.

Vous-même.

ALCESTE.

Et pour quoi faire

PHILINTE, à Alceste.

C'est d'Oronte et de vous la ridicule affaire.

---

1. Les maréchaux de France formaient un tribunal auquel était exclusivement réservée la connaissance des affaires d'honneur entre gentilshommes ou officiers. Ce tribunal avait à Paris une garde, dite de la connétablie, chargée d'exécuter ses ordres. Dès qu'un officier ou un simple garde de la connétablie était averti qu'une provocation avait eu lieu, il s'assurait des deux adversaires, et les faisait comparaître devant le tribunal, qui prescrivait à l'agresseur des réparations capables de satisfaire l'offensé, et exigeait de tous deux leur parole d'honneur qu'ils ne donneraient point suite à l'affaire.

CÉLIMÈNE, à Philinte.

Comment?

PHILINTE.

Oronte et lui se sont tantôt bravés
Sur certains petits vers qu'il n'a pas approuvés;
Et l'on veut assoupir la chose en sa naissance.

ALCESTE.

Moi, je n'aurai jamais de lâche complaisance.

PHILINTE.

Mais il faut suivre l'ordre : allons, disposez-vous...

ALCESTE.

Quel accommodement veut-on faire entre nous?
La voix de ces messieurs me condamnera-t-elle
A trouver bons les vers qui font notre querelle?
Je ne me dédis point de ce que j'en ai dit,
Je les trouve méchants.

PHILINTE.

Mais d'un plus doux esprit...

ALCESTE.

Je n'en démordrai point, les vers sont exécrables.

PHILINTE.

Vous devez faire voir des sentiments traitables.
Allons, venez.

ALCESTE.

J'irai, mais rien n'aura pouvoir
De me faire dédire.

PHILINTE.

Allons vous faire voir.

ALCESTE.

Hors qu'un commandement exprès du roi me vienne
De trouver bons les vers dont on se met en peine,
Je soutiendrai toujours, morbleu! qu'ils sont mauvais,

ACTE II, SCÈNE VII.

Et qu'un homme est pendable après les avoir faits[1].
(A Clitandre et à Acaste, qui rient.)
Par la sangbleu! messieurs, je ne croyois pas être *
Si plaisant que je suis[2].

CÉLIMÈNE.

Allez vite paroître
Où vous devez.

ALCESTE.

J'y vais, madame, et sur mes pas
Je reviens en ce lieu pour vider nos débats.

* VAR. *Par le sangbleu! messieurs, je ne croyois pas être* (1682).

1. On prétend que cette saillie d'Alceste est échappée à Boileau devant Molière, qui l'engageait à moins maltraiter Chapelain dans ses satires, en lui représentant que ce poète était considéré de M. de Colbert et du roi lui-même : « Oh! le roi et M. de Colbert feront ce qu'il leur plaira, répondit le satirique; mais à moins que le roi ne m'ordonne expressément de trouver bons les vers de Chapelain, je soutiendrai toujours qu'un homme, après avoir fait *la Pucelle,* mérite d'être pendu. » Molière rit de la boutade et se promit d'en faire son profit. D'autres (Montchesnay, dans le *Bolœana*) racontent ainsi l'anecdote : « Prenez-y garde, disait-on à Boileau, M. de Montausier est partisan déclaré de Chapelain, M. de Colbert lui fait de fréquentes visites. — Eh bien! dit Boileau, quand il serait visité du pape, je soutiens que ses vers sont détestables : il n'y a pas de police au Parnasse, si je ne vois cet homme-là attaché au Mont fourchu. »

Scarron avait dit dans *le Roman comique* (Ire partie, chap. VIII) : « Il étoit... assez mauvais poète pour être étouffé, s'il y avoit de la police dans le royaume. »

2. « Il a encore, dit Brossette parlant de Despréaux, récité cet endroit du *Misanthrope* de Molière, où il dit (quand on rit de sa fermeté outrée) : « Par la sangbleu, messieurs, je ne croyois pas être si plaisant que je suis. » Molière, en récitant cela, s'accompagnoit d'un ris amer si piquant que M. Despréaux, en le faisant de même, nous a fort réjouis. » (*Mém. de Brossette sur Boileau* à la suite de sa Correspondance; édit. Aug. Laverdet, 1858, in-8°, p. 522.)

ACTE TROISIÈME.

SCÈNE PREMIÈRE.
CLITANDRE, ACASTE.

CLITANDRE.

Cher marquis, je te vois l'âme bien satisfaite;
Toute chose t'égaye, et rien ne t'inquiète.
En bonne foi, crois-tu, sans t'éblouir les yeux,
Avoir de grands sujets de paroître joyeux?

ACASTE.

Parbleu! je ne vois pas, lorsque je m'examine,
Où prendre aucun sujet d'avoir l'âme chagrine;
J'ai du bien, je suis jeune, et sors d'une maison
Qui se peut dire noble avec quelque raison;
Et je crois par le rang que me donne ma race,
Qu'il est fort peu d'emplois dont je ne sois en passe[1].
Pour le cœur, dont surtout nous devons faire cas,
On sait, sans vanité, que je n'en manque pas;
Et l'on m'a vu pousser dans le monde une affaire
D'une assez vigoureuse et gaillarde manière.
Pour de l'esprit, j'en ai, sans doute; et du bon goût,
A juger sans étude et raisonner de tout;

---

1. « *Passe* signifie, au jeu de billard et au jeu du mail, cet archet ou porte par laquelle il faut faire passer sa bille ou sa boule. » (*Dictionnaire de l'Académie,* 1694.) Un joueur est en passe quand sa bille ou sa boule est placée de manière à pouvoir passer par cette porte : d'où l'expression figurée.

ACTE III, SCÈNE I.

A faire aux nouveautés dont je suis idolâtre,
Figure de savant sur les bancs du théâtre;
Y décider en chef, et faire du fracas
A tous les beaux endroits qui méritent des has[1] !
Je suis assez adroit; j'ai bon air, bonne mine,
Les dents belles surtout, et la taille fort fine.
Quant à se mettre bien, je crois, sans me flatter,
Qu'on seroit mal venu de me le disputer.
Je me vois dans l'estime autant qu'on y puisse être,
Fort aimé du beau sexe, et bien auprès du maître.
Je crois qu'avec cela, mon cher marquis, je croi
Qu'on peut, par tout pays, être content de soi.

CLITANDRE.

Oui. Mais, trouvant ailleurs des conquêtes faciles,
Pourquoi pousser ici des soupirs inutiles ?

ACASTE.

Moi ? Parbleu ! je ne suis de taille, ni d'humeur
A pouvoir d'une belle essuyer la froideur.
C'est aux gens mal tournés, aux mérites vulgaires,
A brûler constamment[2] pour des beautés sévères,
A languir à leurs pieds et souffrir leurs rigueurs,
A chercher le secours des soupirs et des pleurs,
Et tâcher, par des soins d'une très longue suite,
D'obtenir ce qu'on nie[3] à leur peu de mérite.
Mais les gens de mon air, marquis, ne sont pas faits
Pour aimer à crédit et faire tous les frais.
Quelque rare que soit le mérite des belles,
Je pense, Dieu merci, qu'on vaut son prix comme elles;

---

1. L'édition de 1682 indique que ce vers et les trois qui précèdent étaient omis à la scène.
2. Avec constance.
3. Refuse.

Que, pour se faire honneur d'un cœur comme le mien,
Ce n'est pas la raison qu'il ne leur coûte rien[1];
Et qu'au moins, à tout mettre en de justes balances,
Il faut qu'à frais communs se fassent les avances.

CLITANDRE.

Tu penses donc, marquis, être fort bien ici?

ACASTE.

J'ai quelque lieu, marquis, de le penser ainsi.

CLITANDRE.

Crois-moi, détache-toi de cette erreur extrême :
Tu te flattes, mon cher, et t'aveugles toi-même.

ACASTE.

Il est vrai, je me flatte et m'aveugle en effet.

CLITANDRE.

Mais qui te fait juger ton bonheur si parfait?

ACASTE.

Je me flatte.

CLITANDRE.

Sur quoi fonder tes conjectures?

ACASTE.

Je m'aveugle.

CLITANDRE.

En as-tu des preuves qui soient sûres?

ACASTE.

Je m'abuse, te dis-je.

CLITANDRE.

Est-ce que de ses vœux
Célimène t'a fait quelques secrets aveux?

---

1. C'est-à-dire, il n'est pas raisonnable, il n'est pas juste qu'il ne leur coûte rien. Corneille a dit de même, dans *Rodogune* :

> Et c'est bien la raison que, pour tant de puissance,
> Nous vous rendions du moins un peu d'obéissance.

ACTE III, SCÈNE I.

ACASTE.

Non, je suis maltraité.

CLITANDRE.

Réponds-moi, je te prie.

ACASTE.

Je n'ai que des rebuts.

CLITANDRE.

Laissons la raillerie,
Et me dis quel espoir on peut t'avoir donné.

ACASTE.

Je suis le misérable, et toi le fortuné ;
On a pour ma personne une aversion grande,
Et quelqu'un de ces jours il faut que je me pende.

CLITANDRE.

Oh! çà, veux-tu, marquis, pour ajuster nos vœux,
Que nous tombions d'accord d'une chose tous deux :
Que qui pourra montrer une marque certaine
D'avoir meilleure part au cœur de Célimène,
L'autre ici fera place au vainqueur prétendu [1]
Et le délivrera d'un rival assidu ?

ACASTE.

Ah! parbleu! tu me plais avec un tel langage,
Et du bon de mon cœur à cela je m'engage.
Mais, chut [2].

---

1. Présumé, futur, comme *gendre prétendu, mari prétendu*. D'autres entendent : à celui qui sera vainqueur, ainsi qu'il l'a prétendu, mais l'ellipse serait forcée.

2. Le dialogue entre ces deux marquis est du comique le plus piquant : on ne peut pas voir un assaut de fatuité mieux soutenu de part et d'autre. Acaste a pourtant l'avantage; il est le fat par excellence. (AUGER.)

SCÈNE II.

CÉLIMÈNE, ACASTE, CLITANDRE.

CÉLIMÈNE.

Encore ici?

CLITANDRE.

L'amour retient nos pas.

CÉLIMÈNE.

Je viens d'ouïr entrer un carrosse là-bas.
Savez-vous qui c'est?

CLITANDRE.

Non.

SCÈNE III.

CÉLIMÈNE, ACASTE, CLITANDRE, BASQUE.

BASQUE.

Arsinoé, madame,
Monte ici pour vous voir.

CÉLIMÈNE.

Que me veut cette femme?

BASQUE.

Éliante là-bas est à l'entretenir.

CÉLIMÈNE.

De quoi s'avise-t-elle, et qui la fait venir?

ACASTE.

Pour prude consommée en tous lieux elle passe;
Et l'ardeur de son zèle...

CÉLIMÈNE.

Oui, oui, franche grimace.
Dans l'âme elle est du monde; et ses soins tentent tout

Pour accrocher quelqu'un, sans en venir à bout.
Elle ne sauroit voir qu'avec un œil d'envie
Les amants déclarés dont une autre est suivie;
Et son triste mérite, abandonné de tous,
Contre le siècle aveugle est toujours en courroux.
Elle tâche à couvrir d'un faux voile de prude
Ce que chez elle on voit d'affreuse solitude;
Et, pour sauver l'honneur de ses foibles appas,
Elle attache du crime au pouvoir qu'ils n'ont pas.
Cependant un amant plairoit fort à la dame;
Et même pour Alceste elle a tendresse d'âme.
Ce qu'il me rend de soins outrage ses attraits;
Elle veut que ce soit un vol que je lui fais;
Et son jaloux dépit, qu'avec peine elle cache,
En tous endroits sous main contre moi se détache.
Enfin je n'ai rien vu de si sot à mon gré;
Elle est impertinente au suprême degré,
Et...

SCÈNE IV.

ARSINOÉ, CÉLIMÈNE, CLITANDRE, ACASTE.

CÉLIMÈNE.

Ah! quel heureux sort en ce lieu vous amène?
Madame, sans mentir, j'étois de vous en peine.

ARSINOÉ.

Je viens pour quelque avis que j'ai cru vous devoir.

CÉLIMÈNE.

Ah! mon Dieu! que je suis contente de vous voir!

(Clitandre et Acaste sortent en riant.)

SCÈNE V.

ARSINOÉ, CÉLIMÈNE.

ARSINOÉ.

Leur départ ne pouvoit plus à propos se faire[1].

CÉLIMÈNE.

Voulons-nous nous asseoir?

ARSINOÉ.

Il n'est pas nécessaire.
Madame, l'amitié doit surtout éclater
Aux choses qui le plus nous peuvent importer;
Et comme il n'en est point de plus grande importance
Que celles de l'honneur et de la bienséance,
Je viens, par un avis qui touche votre honneur,
Témoigner l'amitié que pour vous a mon cœur.
Hier j'étois chez des gens de vertu singulière,
Où sur vous du discours on tourna la matière;
Et là, votre conduite avec ses grands éclats,
Madame, eut le malheur qu'on ne la loua pas.
Cette foule de gens dont vous souffrez visite,
Votre galanterie, et les bruits qu'elle excite,
Trouvèrent des censeurs plus qu'il n'auroit fallu,
Et bien plus rigoureux que je n'eusse voulu.
Vous pouvez bien penser quel parti je sus prendre :
Je fis ce que je pus pour vous pouvoir défendre;
Je vous excusai fort sur votre intention,
Et voulus de votre âme être la caution.

---

1. Une femme qui n'a pas renoncé à la société est vivement blessée lorsqu'elle reconnaît que sa présence est importune et fait évanouir la joie. La réflexion d'Arsinoé sur le départ des deux jeunes seigneurs montre qu'intérieurement elle éprouve l'amertume de ce dépit. (AIMÉ MARTIN.)

Mais vous savez qu'il est des choses dans la vie
Qu'on ne peut excuser, quoiqu'on en ait envie;
Et je me vis contrainte à demeurer d'accord
Que l'air dont vous viviez* vous faisoit un peu tort;
Qu'il prenoit dans le monde une méchante face;
Qu'il n'est conte fâcheux que partout on n'en fasse,
Et que, si vous vouliez, tous vos déportements¹
Pourroient moins donner prise aux mauvais jugements.
Non que j'y croie au fond l'honnêteté blessée :
Me préserve le ciel d'en avoir la pensée!
Mais aux ombres du crime on prête aisément foi,
Et ce n'est pas assez de bien vivre pour soi.
Madame, je vous crois l'âme trop raisonnable
Pour ne pas prendre bien cet avis profitable,
Et pour l'attribuer qu'aux mouvements secrets²
D'un zèle qui m'attache à tous vos intérêts.

CÉLIMÈNE.

Madame, j'ai beaucoup de grâces à vous rendre.
Un tel avis m'oblige; et, loin de le mal prendre,
J'en prétends reconnoître à l'instant la faveur,
Par un avis aussi qui touche votre honneur;
Et comme je vous vois vous montrer mon amie
En m'apprenant les bruits que de moi l'on publie,
Je veux suivre, à mon tour, un exemple si doux,
En vous avertissant de ce qu'on dit de vous.
En un lieu, l'autre jour, où je faisois visite,
Je trouvai quelques gens d'un très rare mérite,

* Var. *Que l'air dont vous vivez* (1682).

1. Dans le sens général d'actions, de manière d'agir. C'est l'ancienne acception du mot.
2. C'est-à-dire, je vous crois trop raisonnable pour l'attribuer à autre chose qu'aux mouvements secrets, etc.

Qui, parlant des vrais soins d'une âme qui vit bien,
Firent tomber sur vous, madame, l'entretien.
Là, votre pruderie et vos éclats de zèle
Ne furent pas cités comme un fort bon modèle ;
Cette affectation d'un grave extérieur,
Vos discours éternels de sagesse et d'honneur,
Vos mines et vos cris aux ombres d'indécence
Que d'un mot ambigu peut avoir l'innocence,
Cette hauteur d'estime où vous êtes de vous,
Et ces yeux de pitié que vous jetez sur tous,
Vos fréquentes leçons et vos aigres censures
Sur des choses qui sont innocentes et pures ;
Tout cela, si je puis vous parler franchement,
Madame, fut blâmé d'un commun sentiment.
A quoi bon, disoient-ils, cette mine modeste,
Et ce sage dehors que dément tout le reste
Elle est à bien prier exacte au dernier point ;
Mais elle bat ses gens[1], et ne les paye point.
Dans tous les lieux dévots elle étale un grand zèle ;
Mais elle met du blanc, et veut paroître belle.
Elle fait des tableaux couvrir les nudités ;
Mais elle a de l'amour pour les réalités.
Pour moi, contre chacun, je pris votre défense,
Et leur assurai fort que c'étoit médisance ;
Mais tous les sentiments combattirent le mien,
Et leur conclusion fut que vous feriez bien
De prendre moins de soin des actions des autres,

---

1. Cela n'était pas sans exemple chez les plus grandes dames. La princesse d'Harcourt avait cette habitude, mais un jour une de ses femmes riposta énergiquement, et la princesse fut pour toujours corrigée. (Voyez la *Correspondance de Madame, duchesse d'Orléans*, traduite par G. Brunet, 1857, tome II, pages 337 et 338.)

Et de vous mettre un peu plus en peine des vôtres ;
Qu'on doit se regarder soi-même un fort long temps
Avant que de songer à condamner les gens;
Qu'il faut mettre le poids d'une vie exemplaire
Dans les corrections qu'aux autres on veut faire;
Et qu'encor vaut-il mieux s'en remettre, au besoin,
A ceux à qui le ciel en a commis le soin.
Madame, je vous crois aussi trop raisonnable
Pour ne pas prendre bien cet avis profitable,
Et pour l'attribuer qu'aux mouvements secrets
D'un zèle qui m'attache à tous vos intérêts[1].

ARSINOÉ.

A quoi qu'en reprenant on soit assujettie,
Je ne m'attendois pas à cette répartie,
Madame; et je vois bien, par ce qu'elle a d'aigreur,
Que mon sincère avis vous a blessée au cœur.

CÉLIMÈNE.

Au contraire, madame; et, si l'on étoit sage,
Ces avis mutuels seroient mis en usage.
On détruiroit par là, traitant de bonne foi,
Ce grand aveuglement où chacun est pour soi.
Il ne tiendra qu'à vous qu'avec le même zèle
Nous ne continuions cet office fidèle,

---

1. Cette réplique de Célimène est un modèle de récrimination satirique : on ne peut pas mieux repousser l'offense par l'offense, et payer, comme on dit, une personne en même monnaie. Célimène a son histoire toute prête et ses garants tout trouvés pour opposer à ceux d'Arsinoé. Celle-ci a cité des gens *de vertu singulière;* celle-là cite des gens *d'un très rare mérite*. Chacune d'elles a essayé de défendre son amie, mais a eu le chagrin de ne pouvoir faire adoucir la rigueur de la sentence. Enfin, le discours de la coquette est, d'un bout à l'autre, calqué sur celui de la prude avec une fidélité tout à fait piquante. La répétition faite par Célimène des quatre vers qui terminent le couplet d'Arsinoé met le comble à la malignité et au mordant de sa répartie. (AUGER.)

Et ne prenions grand soin de nous dire, entre nous,
Ce que nous entendrons, vous de moi, moi de vous.

ARSINOÉ.

Ah! madame, de vous je ne puis rien entendre;
C'est en moi que l'on peut trouver fort à reprendre.

CÉLIMÈNE.

Madame, on peut, je crois, louer et blâmer tout :
Et chacun a raison, suivant l'âge ou le goût.
Il est une saison pour la galanterie,
Il en est une aussi propre à la pruderie.
On peut, par politique, en prendre le parti,
Quand de nos jeunes ans l'éclat est amorti;
Cela sert à couvrir de fâcheuses disgrâces.
Je ne dis pas qu'un jour je ne suive vos traces;
L'âge amènera tout, et ce n'est pas le temps,
Madame, comme on sait, d'être prude à vingt ans.

ARSINOÉ.

Certes, vous vous targuez d'un bien foible avantage,
Et vous faites sonner terriblement votre âge.
Ce que de plus que vous on en pourroit avoir
N'est pas un si grand cas pour s'en tant prévaloir :
Et je ne sais pourquoi votre âme ainsi s'emporte,
Madame, à me pousser de cette étrange sorte.

CÉLIMÈNE.

Et moi, je ne sais pas, madame, aussi pourquoi
On vous voit en tous lieux vous déchaîner sur moi.
Faut-il de vos chagrins sans cesse à moi vous prendre?
Et puis-je mais des soins qu'on ne va pas vous rendre[1]?

---

1. Nous avons déjà rencontré cette expression. Mascarille dit, acte V, scène III, du *Dépit amoureux* :

> Et puis-je mais, chétif, si le cœur leur en dit?

Puis-je l'empêcher, suis-je responsable

Si ma personne aux gens inspire de l'amour,
Et si l'on continue à m'offrir chaque jour
Des vœux que votre cœur peut souhaiter qu'on m'ôte,
Je n'y saurois que faire, et ce n'est pas ma faute;
Vous avez le champ libre, et je n'empêche pas
Que, pour les attirer, vous n'ayez des appas.
                    ARSINOÉ.
Hélas! et croyez-vous que l'on se mette en peine
De ce nombre d'amants dont vous faites la vaine,
Et qu'il ne nous soit pas fort aisé de juger
A quel prix aujourd'hui l'on peut les engager?
Pensez-vous faire croire, à voir comme tout roule,
Que votre seul mérite attire cette foule?
Qu'ils ne brûlent pour vous que d'un honnête amour,
Et que pour vos vertus ils vous font tous la cour?
On ne s'aveugle point par de vaines défaites;
Le monde n'est point dupe; et j'en vois qui sont faites
A pouvoir inspirer de tendres sentiments,
Qui chez elles pourtant ne fixent point d'amants :
Et de là nous pouvons tirer des conséquences
Qu'on n'acquiert point leurs cœurs sans de grandes avances;
Qu'aucun, pour nos beaux yeux, n'est notre soupirant,
Et qu'il faut acheter tous les soins qu'on nous rend.
Ne vous enflez donc pas d'une si grande gloire,
Pour les petits brillants d'une foible victoire[1];

---

1. Ce mot *brillants* ne s'emploie plus, au figuré, qu'avec l'adjectif *faux*; on parle souvent encore de faux brillants. Il était autrefois d'un usage plus étendu :
> Et que l'heureux brillant de nos jeunes rivaux
> N'ôte point leur vieux lustre à mes premiers travaux.
>   (CORNEILLE, *Remerciement au Roi en 1667*.)
> Les plus sages des rois comme les plus vaillants
> Y reçoivent de toi leurs plus dignes brillants.
>   (Le même, *au Roi sur son retour de Flandre*.)

Et corrigez un peu l'orgueil de vos appas,
De traiter pour cela les gens de haut en bas.
Si nos yeux envioient les conquêtes des vôtres,
Je pense qu'on pourroit faire comme les autres,
Ne se point ménager, et vous faire bien voir
Que l'on a des amants quand on en veut avoir.

CÉLIMÈNE.

Ayez-en donc, madame, et voyons cette affaire;
Par ce rare secret efforcez-vous de plaire;
sans...

ARSINOÉ.

Brisons, madame, un pareil entretien,
Il pousseroit trop loin votre esprit et le mien;
Et j'aurois pris déjà le congé qu'il faut prendre,
Si mon carrosse encor ne m'obligeoit d'attendre.

CÉLIMÈNE.

Autant qu'il vous plaira vous pouvez arrêter,
Madame, et là-dessus rien ne doit vous hâter.
Mais, sans vous fatiguer de ma cérémonie,
Je m'en vais vous donner meilleure compagnie;
Et monsieur, qu'à propos le hasard fait venir,
Remplira mieux ma place à vous entretenir[1].

---

1. Admirons avec quelle profonde malignité ces deux femmes, sous prétexte de remplir un devoir d'amitié en se donnant des avis profitables, satisfont leur animosité en s'adressant les vérités les plus cruelles. Elles sont également méchantes, ont l'une pour l'autre une haine égale, et se disent des choses également injurieuses; mais, dans cette uniformité de situation et de sentiment, les différences de personnes sont marquées avec une habileté digne de Molière. La prude met plus d'aigreur et de colère dans ses discours; la coquette met dans les siens plus de badinage et de calme. La première, en s'emportant, se met à découvert, et prête le flanc aux plus terribles coups; la seconde, en gardant son sang-froid, conserve ses avantages, et en profite jusqu'à en abuser. C'est que l'une est au déclin de son âge et de ses charmes, tandis que l'autre est dans la fleur de ses ans et de sa beauté; c'est que l'une est une hypocrite à qui l'on arrache son masque, et

SCÈNE VI.

ALCESTE, CÉLIMÈNE, ARSINOE.

CÉLIMÈNE.

Alceste, il faut que j'aille écrire un mot de lettre
Que, sans me faire tort, je ne saurois remettre.
Soyez avec madame; elle aura la bonté
D'excuser aisément mon incivilité.

SCÈNE VII.

ALCESTE, ARSINOÉ.

ARSINOÉ.

Vous voyez, elle veut que je vous entretienne,
Attendant un moment que mon carrosse vienne;
Et jamais tous ses soins ne pouvoient m'offrir rien
Qui me fût plus charmant qu'un pareil entretien.
En vérité, les gens d'un mérite sublime
Entraînent de chacun et l'amour et l'estime;
Et le vôtre, sans doute, a des charmes secrets
Qui font entrer mon cœur dans tous vos intérêts[1].
Je voudrois que la cour, par un regard propice,
A ce que vous valez rendît plus de justice.
Vous avez à vous plaindre; et je suis en courroux

---

que l'autre est une espèce d'effrontée à qui l'on ne peut guère reprocher plus de choses qu'elle n'en laisse voir. (AUGER.)

1. Arsinoé s'avance beaucoup pour une prude; mais on doit considérer qu'encore tout émue de sa lutte, elle est à la fois poussée par sa haine pour Célimène, par son amour pour Alceste, et par son ardeur pour la vengeance. Aussi voyez avec quel art elle cherche à s'insinuer dans le cœur d'Alceste, à flatter son amour-propre, à entrer dans ses mécontentements, et à exciter son ambition : elle cherche son côté vulnérable, elle ne le trouvera qu'en parlant de sa rivale. (AIMÉ MARTIN.)

Quand je vois chaque jour qu'on ne fait rien pour vous.
ALCESTE.
Moi, madame? Et sur quoi pourrois-je en rien prétendre?
Quel service à l'État est-ce qu'on m'a vu rendre?
Qu'ai-je fait, s'il vous plaît, de si brillant de soi,
Pour me plaindre à la cour qu'on ne fait rien pour moi?
ARSINOÉ.
Tous ceux sur qui la cour jette des yeux propices
N'ont pas toujours rendu de ces fameux services.
Il faut l'occasion ainsi que le pouvoir ;
Et le mérite enfin que vous nous faites voir
Devroit...
ALCESTE.
Mon Dieu! laissons mon mérite, de grâce :
De quoi voulez-vous là que la cour s'embarrasse?
Elle auroit fort à faire, et ses soins seroient grands
D'avoir à déterrer le mérite des gens.
ARSINOÉ.
Un mérite éclatant se déterre lui-même.
Du vôtre en bien des lieux on fait un cas extrême ;
Et vous saurez de moi qu'en deux fort bons endroits
Vous fûtes hier loué par des gens d'un grand poids.
ALCESTE.
Hé! madame, l'on loue aujourd'hui tout le monde,
Et le siècle par là n'a rien qu'on ne confonde.
Tout est d'un grand mérite également doué ;
Ce n'est plus un honneur que de se voir loué :
D'éloges on regorge, à la tête on les jette ;
Et mon valet de chambre est mis dans la gazette.
ARSINOÉ.
Pour moi, je voudrois bien que, pour vous montrer mieux,
Une charge à la cour vous pût frapper les yeux.

ACTE III, SCÈNE VII.

Pour peu que d'y songer vous nous fassiez les mines¹,
On peut, pour vous servir, remuer des machines;
Et j'ai des gens en main que j'emploierai pour vous,
Qui vous feront à tout un chemin assez doux.

ALCESTE.

Et que voudriez-vous, madame, que j'y fisse?
L'humeur dont je me sens veut que je m'en bannisse;
Le ciel ne m'a point fait, en me donnant le jour,
Une âme compatible avec l'air de la cour.
Je ne me trouve point les vertus nécessaires
Pour y bien réussir, et faire mes affaires².
Être franc et sincère est mon plus grand talent;
Je ne sais point jouer les hommes en parlant;
Et qui n'a pas le don de cacher ce qu'il pense
Doit faire en ce pays fort peu de résidence.
Hors de la cour sans doute on n'a pas cet appui
Et ces titres d'honneur qu'elle donne aujourd'hui;
Mais on n'a pas aussi, perdant ces avantages,
Le chagrin de jouer de fort sots personnages :
On n'a point à souffrir mille rebuts cruels,
On n'a point à louer les vers de messieurs tels,

---

1. *Faire mine* de quelque chose est une bonne expression dans le style familier. Je fais mine de l'aimer. Je fais mine de l'applaudir. *Faire la mine* signifie faire la grimace; et on ne doit pas dire : je fais la mine d'aimer, la mine de haïr, parce que faire la mine est une expression absolue, comme faire le plaisant, le dévot, le connaisseur. (VOLTAIRE.)

2. Alceste développe ici ce que, dans Juvénal, Umbricius dit de Rome, et ce que, dans Boileau, Damon dit de Paris :

Quid Romæ faciam? Mentiri nescio.
Mais moi, vivre à Paris! Eh! qu'y voudrois-je faire?
Je ne sais ni tromper, ni feindre, ni mentir.

« Le reproche, en un sens, le plus honorable que l'on puisse faire à un homme, dit La Bruyère, c'est de lui dire qu'il ne sait pas la cour; il n'y a sorte de vertus qu'on ne rassemble en lui par ce seul mot. »

A donner de l'encens à madame une telle,
Et de nos francs marquis essuyer la cervelle[1].

ARSINOÉ.

Laissons, puisqu'il vous plaît, ce chapitre de cour ;
Mais il faut que mon cœur vous plaigne en votre amour ;
Et, pour vous découvrir là-dessus mes pensées,
Je souhaiterois fort vos ardeurs mieux placées.
Vous méritez, sans doute, un sort beaucoup plus doux,
Et celle qui vous charme est indigne de vous.

ALCESTE.

Mais en disant cela, songez-vous, je vous prie,
Que cette personne est, madame, votre amie ?

ARSINOÉ.

Oui. Mais ma conscience est blessée en effet
De souffrir plus longtemps le tort que l'on vous fait.
L'état où je vous vois afflige trop mon âme,
Et je vous donne avis qu'on trahit votre flamme.

ALCESTE.

C'est me montrer, madame, un tendre mouvement,
Et de pareils avis obligent un amant.

ARSINOÉ.

Oui, toute mon amie, elle est et je la nomme
Indigne d'asservir le cœur d'un galant homme ;
Et le sien n'a pour vous que de feintes douceurs.

ALCESTE.

Cela se peut, madame, on ne voit pas les cœurs ;
Mais votre charité se seroit bien passée
De jeter dans le mien une telle pensée.

ARSINOÉ.

Si vous ne voulez pas être désabusé,

---

1. Les caprices, les extravagances. C'est la cause pour l'effet.

ACTE III, SCÈNE VII.

Il faut ne vous rien dire ; il est assez aisé.

ALCESTE.

Non. Mais sur ce sujet, quoi que l'on nous expose,
Les doutes sont fâcheux plus que toute autre chose ;
Et je voudrois, pour moi, qu'on ne me fît savoir
Que ce qu'avec clarté l'on peut me faire voir.

ARSINOÉ.

Hé bien ! c'est assez dit ; et sur cette matière
Vous allez recevoir une pleine lumière.
Oui, je veux que de tout vos yeux vous fassent foi.*
Donnez-moi seulement la main jusque chez moi :
Là, je vous ferai voir une preuve fidèle
De l'infidélité du cœur de votre belle[1] ;
Et, si pour d'autres yeux le vôtre peut brûler,
On pourra vous offrir de quoi vous consoler[2].

* VAR. *Oui, je veux que du tout vos yeux vous fassent foi* (1682).

1. On a désapprouvé ce jeu de mots, en remarquant toutefois que Malherbe et Corneille s'en étaient également rendus coupables.
Malherbe a dit :

> Fait, de tous les assauts que la rage peut faire,
> Une fidèle preuve à l'infidélité.

Et Corneille dans *Cinna* :

> Rends un sang infidèle à l'infidélité.

La critique aurait tort également et de se montrer blessée d'une rencontre de mots si naturelle, et d'en vouloir faire un mérite à l'auteur.

2. Arsinoé emmène Alceste pour lui donner des preuves de l'infidélité de Célimène ; et ces preuves fourniront le sujet de l'acte admirable qui va suivre. On voit par conséquent que l'intrigue est bien nouée ; l'auteur s'est conformé à la règle qui veut que l'intérêt aille en grandissant à mesure que l'action se développe

ACTE QUATRIÈME.

SCÈNE PREMIÈRE.
ÉLIANTE, PHILINTE.

PHILINTE.

Non, l'on n'a point vu d'âme à manier si dure,
Ni d'accommodement plus pénible à conclure :
En vain de tous côtés on l'a voulu tourner,
Hors de son sentiment on n'a pu l'entraîner ;
Et jamais différend si bizarre, je pense,
N'avoit de ces messieurs occupé la prudence.
« Non, messieurs, disoit-il, je ne me dédis point,
Et tomberai d'accord de tout, hors de ce point.
De quoi s'offense-t-il ? et que veut-il me dire ?
Y va-t-il de sa gloire à ne pas bien écrire ?
Que lui fait mon avis, qu'il a pris de travers ?
On peut être honnête homme, et faire mal des vers :
Ce n'est point à l'honneur que touchent ces matières.
Je le tiens galant homme en toutes les manières,
Homme de qualité, de mérite et de cœur,
Tout ce qu'il vous plaira, mais fort méchant auteur.
Je louerai, si l'on veut, son train et sa dépense,
Son adresse à cheval, aux armes, à la danse ;
Mais, pour louer ses vers, je suis son serviteur ;
Et, lorsque d'en mieux faire on n'a pas le bonheur,

On ne doit de rimer avoir aucune envie,
Qu'on n'y soit condamné sur peine de la vie [1]. »
Enfin, toute la grâce et l'accommodement
Où s'est avec effort plié son sentiment,
C'est de dire, croyant adoucir bien son style :
« Monsieur, je suis fâché d'être si difficile;
Et, pour l'amour de vous, je voudrois, de bon cœur,
Avoir trouvé tantôt votre sonnet meilleur. »
Et dans une embrassade, on leur a, pour conclure,
Fait vite envelopper toute la procédure.

ÉLIANTE.

Dans ses façons d'agir il est fort singulier,
Mais j'en fais, je l'avoue, un cas particulier;
Et la sincérité dont son âme se pique
A quelque chose en soi de noble et d'héroïque.
C'est une vertu rare au siècle d'aujourd'hui,
Et je la voudrois voir partout comme chez lui.

PHILINTE.

Pour moi, plus je le vois, plus surtout je m'étonne
De cette passion où son cœur s'abandonne.
De l'humeur dont le ciel a voulu le former,
Je ne sais pas comment il s'avise d'aimer;
Et je sais moins encor comment votre cousine
Peut être la personne où son penchant l'incline.

---

1. Tout le mouvement de ce discours d'Alceste, rapporté par Philinte, se retrouve dans le passage de la IXe satire de Boileau, composée trois ans plus tard, où il est question de Chapelain :

> Qu'on vante en lui la foi, l'honneur, la probité;
> Qu'on prise sa candeur et sa civilité;
> Qu'il soit doux, complaisant, officieux, sincère :
> On le veut, j'y souscris, et suis prêt à me taire.
> Mais que pour un modèle on montre ses écrits,
> Qu'il soit le mieux renté de tous les beaux esprits,
> Comme roi des auteurs qu'on l'élève à l'empire,
> Ma bile alors s'échauffe, et je brûle d'écrire.

ÉLIANTE.

Cela fait assez voir que l'amour, dans les cœurs,
N'est pas toujours produit par un rapport d'humeurs ;
Et toutes ces raisons de douces sympathies,
Dans cet exemple-ci, se trouvent démenties[1].

PHILINTE.

Mais croyez-vous qu'on l'aime, aux choses qu'on peut voir?

ÉLIANTE.

C'est un point qu'il n'est pas fort aisé de savoir.
Comment pouvoir juger s'il est vrai qu'elle l'aime?
Son cœur de ce qu'il sent n'est pas bien sûr lui-même ;
Il aime quelquefois sans qu'il le sache bien,

---

1. La *sympathie* était alors le mot à la mode ; on s'en servait à la cour, à la ville, pour expliquer les effets de l'amour. Les *Mémoires* de mademoiselle de Montpensier offrent un exemple fort singulier de cette espèce de superstition : alarmée de la passion qu'elle éprouvait pour le comte de Lauzun, cette princesse imagina d'envoyer acheter toutes les œuvres de Corneille, espérant trouver dans ce poète de bonnes raisons pour excuser sa faiblesse. En effet, à peine eut-elle feuilleté quelques volumes que ses agitations se calmèrent en lisant les vers suivants sur les effets irrésistibles de la sympathie :

> Quand les ordres du ciel nous ont faits l'un pour l'autre,
> Lyse, c'est un amour bientôt fait que le nôtre!
> Sa main entre les cœurs par un secret pouvoir
> Sème l'intelligence avant que de se voir ;
> Il prépare si bien l'amant et la maîtresse
> Que leur âme au seul nom s'émeut et s'intéresse.
> On s'estime, on se cherche, on s'aime en un moment ;
> Tout ce qu'on s'entre-dit persuade aisément ;
> Et, sans s'inquiéter de mille points frivoles,
> La foi semble courir au devant des paroles ;
> La langue en peu de mots en explique beaucoup ;
> Les yeux, plus éloquents, font tout voir tout d'un coup ;
> Et, de quoi qu'à l'envi tous les deux nous instruisent,
> Le cœur en entend plus que tous les deux n'en disent.
>
> (*La Suite du Menteur*, acte IV, scène I.)

« Après tout ce que j'ai dit de mes agitations, ajoute mademoiselle de Montpensier, il me semble que rien ne convenoit mieux à mon état que ces vers, qui ont un sens moral lorsqu'on les regarde du côté de Dieu, et qui en ont un galant pour les cœurs capables de s'en occuper. » (*Mémoires de mademoiselle de Montpensier*, tome V, page 275.)

Et croit aimer aussi, parfois, qu'il n'en est rien.
PHILINTE.
Je crois que notre ami, près de cette cousine,
Trouvera des chagrins plus qu'il ne s'imagine;
Et, s'il avoit mon cœur, à dire vérité,
Il tourneroit ses vœux tout d'un autre côté;
Et, par un choix plus juste, on le verroit, madame,
Profiter des bontés que lui montre votre âme.
ÉLIANTE.
Pour moi, je n'en fais point de façons, et je croi
Qu'on doit sur de tels points être de bonne foi.
Je ne m'oppose point à toute sa tendresse;
Au contraire, mon cœur pour elle s'intéresse;
Et, si c'étoit qu'à moi[1] la chose pût tenir,
Moi-même à ce qu'il aime on me verroit l'unir.
Mais si dans un tel choix, comme tout se peut faire,
Son amour éprouvoit quelque destin contraire,
S'il falloit que d'un autre on couronnât les feux,
Je pourrois me résoudre à recevoir ses vœux;
Et le refus souffert en pareille occurrence
Ne m'y feroit trouver aucune répugnance.
PHILINTE.
Et moi, de mon côté, je ne m'oppose pas,
Madame, à ces bontés qu'ont pour lui vos appas;
Et lui-même, s'il veut, il peut bien vous instruire
De ce que là-dessus j'ai pris soin de lui dire.
Mais si, par un hymen qui les joindroit eux deux,
Vous étiez hors d'état de recevoir ses vœux,
Tous les miens tenteroient la faveur éclatante
Qu'avec tant de bonté votre âme lui présente.

1. S'il se trouvait qu'à moi...

Heureux si, quand son cœur s'y pourra dérober,
Elle pouvoit sur moi, madame, retomber!

ÉLIANTE.

Vous vous divertissez, Philinte.

PHILINTE.

Non, madame,
Et je vous parle ici du meilleur de mon âme.
J'attends l'occasion de m'offrir hautement,
Et, de tous mes souhaits, j'en presse le moment.

SCÈNE II.

ALCESTE, ÉLIANTE, PHILINTE.

ALCESTE.

Ah! faites-moi raison, madame, d'une offense
Qui vient de triompher de toute ma constance.

ÉLIANTE.

Qu'est-ce donc? Qu'avez-vous qui vous puisse émouvoir?

ALCESTE.

J'ai ce que, sans mourir, je ne puis concevoir;
Et le déchaînement de toute la nature
Ne m'accableroit pas comme cette aventure.
C'en est fait... Mon amour... Je ne saurois parler.

ÉLIANTE.

Que votre esprit un peu tâche à se rappeler[1].

ALCESTE.

O juste ciel! faut-il qu'on joigne à tant de grâces
Les vices odieux des âmes les plus basses!

---

1. Éliante veut dire à Alceste : « Tâchez de reprendre, de rappeler vos esprits. » Mais la tournure de phrase qu'elle emploie ferait plutôt entendre qu'elle l'invite à se souvenir d'une chose qu'il a oubliée.

ÉLIANTE.
Mais encor, qui vous peut...?
ALCESTE.
Ah! tout est ruiné,
Je suis, je suis trahi, je suis assassiné.
Célimène... eût-on pu croire cette nouvelle?
Célimène me trompe, et n'est qu'une infidèle.
ÉLIANTE.
Avez-vous, pour le croire, un juste fondement?
PHILINTE.
Peut-être est-ce un soupçon conçu légèrement;
Et votre esprit jaloux prend parfois des chimères...
ALCESTE.
Ah! morbleu! mêlez-vous, monsieur, de vos affaires.
(A Éliante.)
C'est de sa trahison n'être que trop certain,
Que l'avoir, dans ma poche, écrite de sa main.
Oui, madame, une lettre écrite pour Oronte
A produit à mes yeux ma disgrâce et sa honte;
Oronte, dont j'ai cru qu'elle fuyoit les soins,
Et que de mes rivaux je redoutois le moins.
PHILINTE.
Une lettre peut bien tromper par l'apparence,
Et n'est pas quelquefois si coupable qu'on pense.
ALCESTE.
Monsieur, encore un coup, laissez-moi, s'il vous plaît,
Et ne prenez souci que de votre intérêt.
ÉLIANTE.
Vous devez modérer vos transports; et l'outrage...
ALCESTE.
Madame, c'est à vous qu'appartient cet ouvrage;
C'est à vous que mon cœur a recours aujourd'hui,

Pour pouvoir s'affranchir de son cuisant ennui.
Vengez-moi d'une ingrate et perfide parente
Qui trahit lâchement une ardeur si constante;
Vengez-moi de ce trait qui doit vous faire horreur.

ÉLIANTE.

Moi, vous venger? comment?

ALCESTE.

En recevant mon cœur.
Acceptez-le, madame, au lieu de l'infidèle;
C'est par là que je puis prendre vengeance d'elle;
Et je la veux punir par les sincères vœux,
Par le profond amour, les soins respectueux,
Les devoirs empressés et l'assidu service,
Dont ce cœur va vous faire un ardent sacrifice.

ÉLIANTE.

Je compatis, sans doute, à ce que vous souffrez,
Et ne méprise point le cœur que vous m'offrez;
Mais peut-être le mal n'est pas si grand qu'on pense,
Et vous pourrez quitter ce désir de vengeance.
Lorsque l'injure part d'un objet plein d'appas,
On fait force desseins qu'on n'exécute pas :
On a beau voir, pour rompre, une raison puissante,
Une coupable aimée est bientôt innocente;
Tout le mal qu'on lui veut se dissipe aisément,
Et l'on sait ce que c'est qu'un courroux d'un amant[1].

ALCESTE.

Non, non, madame, non. L'offense est trop mortelle;
Il n'est point de retour, et je romps avec elle;

---

1. Le sens de tout le couplet d'Éliante est renfermé dans cette sentence de P. Syrus :

In amore semper mendax iracundia est.

« En amour, la colère est toujours menteuse. »

Rien ne sauroit changer le dessein que j'en fais,
Et je me punirois de l'estimer jamais.
La voici. Mon courroux redouble à cette approche.
Je vais de sa noirceur lui faire un vif reproche,
Pleinement la confondre, et vous porter après
Un cœur tout dégagé de ses trompeurs attraits.

SCÈNE III.

CÉLIMÈNE, ALCESTE.

ALCESTE, à part.

O ciel! de mes transports puis-je être ici le maître?
CÉLIMÈNE, à part.
(A Alceste.)
Ouais! Quel est donc le trouble où je vous vois paraître?
Et que me veulent dire, et ces soupirs poussés,
Et ces sombres regards que sur moi vous lancez?

ALCESTE.

Que toutes les horreurs dont une âme est capable
A vos déloyautés n'ont rien de comparable;
Que le sort, les démons, et le ciel en courroux,
N'ont jamais rien produit de si méchant que vous.

CÉLIMÈNE.

Voilà certainement des douceurs que j'admire.

ALCESTE.

Ah! ne plaisantez point, il n'est pas temps de rire.
Rougissez bien plutôt, vous en avez raison;
Et j'ai de sûrs témoins de votre trahison.
Voilà ce que marquoient les troubles de mon âme;
Ce n'étoit pas en vain que s'alarmoit ma flamme :
Par ces fréquents soupçons qu'on trouvoit odieux,
Je cherchois le malheur qu'ont rencontré mes yeux;

Et, malgré tous vos soins et votre adresse à feindre,
Mon astre me disoit ce que j'avois à craindre.
Mais ne présumez pas que, sans être vengé,
Je souffre le dépit de me voir outragé.
Je sais que sur les vœux on n'a point de puissance,
Que l'amour veut partout naître sans dépendance,
Que jamais par la force on n'entra dans un cœur,
Et que toute âme est libre à nommer son vainqueur.
Aussi ne trouverois-je aucun sujet de plainte
Si pour moi votre bouche avoit parlé sans feinte;
Et, rejetant mes vœux dès le premier abord[1],
Mon cœur n'auroit eu droit de s'en plaindre qu'au sort.
Mais d'un aveu trompeur voir ma flamme applaudie,
C'est une trahison, c'est une perfidie,
Qui ne sauroit trouver de trop grands châtiments;
Et je puis tout permettre à mes ressentiments.
Oui, oui, redoutez tout après un tel outrage;
Je ne suis plus à moi, je suis tout à la rage.
Percé du coup mortel dont vous m'assassinez,
Mes sens par la raison ne sont plus gouvernés;
Je cède aux mouvements d'une juste colère,
Et je ne réponds pas de ce que je puis faire.

CÉLIMÈNE.

D'où vient donc, je vous prie, un tel emportement?
Avez-vous, dites-moi, perdu le jugement[2]?

ALCESTE.

Oui, oui, je l'ai perdu, lorsque dans votre vue

1. *Rejetant* ne se rapporte à aucun mot exprimé dans la phrase, il équivaut ici à *si vous aviez rejeté*.
2. Célimène reste froide; cette sortie véhémente semble ne pas l'émouvoir : elle observe, elle attend; il faudra bien qu'Alceste s'explique; et il y a tant de passion dans les reproches qu'elle vient d'entendre que déjà elle ne le craint plus.

J'ai pris, pour mon malheur, le poison qui me tue,
Et que j'ai cru trouver quelque sincérité
Dans les traîtres appas dont je fus enchanté.

CÉLIMÈNE.

De quelle trahison pouvez-vous donc vous plaindre[1]?

ALCESTE.

Ah! que ce cœur est double, et sait bien l'art de feindre!
Mais, pour le mettre à bout, j'ai des moyens tout prêts.
Jetez ici les yeux, et connoissez vos traits[2];
Ce billet découvert suffit pour vous confondre,
Et contre ce témoin on n'a rien à répondre.

CÉLIMÈNE.

Voilà donc le sujet qui vous trouble l'esprit.

ALCESTE.

Vous ne rougissez pas en voyant cet écrit?

CÉLIMÈNE.

Et par quelle raison faut-il que j'en rougisse?

ALCESTE.

Quoi! vous joignez ici l'audace à l'artifice!
Le désavouerez-vous pour n'avoir point de seing?

CÉLIMÈNE.

Pourquoi désavouer un billet de ma main?

ALCESTE.

Et vous pouvez le voir sans demeurer confuse
Du crime dont vers moi son style vous accuse!

CÉLIMÈNE.

Vous êtes, sans mentir, un grand extravagant.

---

1. La fureur d'Alceste ne peut plus que décroître. Déjà le regret se mêle au reproche, et un certain accent de tendresse amollit les expressions de son courroux. A ces mots, où la haine et l'amour semblent se confondre : « les traîtres appas dont je fus enchanté, » Célimène juge qu'il est temps de demander un peu plus positivement à Alceste de quoi il se plaint.

2. Votre écriture.

ALCESTE.

Quoi! vous bravez ainsi ce témoin convaincant!
Et ce qu'il m'a fait voir de douceur pour Oronte
N'a donc rien qui m'outrage, et qui vous fasse honte?

CÉLIMÈNE.

Oronte! Qui vous dit que la lettre est pour lui?

ALCESTE.

Les gens qui dans mes mains l'ont remise aujourd'hui.
Mais je veux consentir qu'elle soit pour un autre,
Mon cœur en a-t-il moins à se plaindre du vôtre?
En serez-vous vers moi moins coupable en effet?

CÉLIMÈNE.

Mais si c'est une femme à qui va ce billet,
En quoi vous blesse-t-il, et qu'a-t-il de coupable¹?

ALCESTE.

Ah! le détour est bon, et l'excuse admirable.
Je ne m'attendois pas, je l'avoue, à ce trait,
Et me voilà par là convaincu tout à fait.
Osez-vous recourir à ces ruses grossières?
Et croyez-vous les gens si privés de lumières?
Voyons, voyons un peu par quel biais, de quel air,
Vous voulez soutenir un mensonge si clair;
Et comment vous pourrez tourner pour une femme
Tous les mots d'un billet qui montre tant de flamme?
Ajustez, pour couvrir un manquement de foi,
Ce que je m'en vais lire...

CÉLIMÈNE.

Il ne me plaît pas, moi².

---

1. La conviction, la certitude d'Alceste est peu à peu battue en brèche par ces questions qu'on lui jette l'une après l'autre.
2. Mais Célimène n'a garde de vouloir donner des explications précises. Il y a trop longtemps, d'ailleurs, qu'elle ne fait que se défendre : son orgueil

Je vous trouve plaisant d'user d'un tel empire,
Et de me dire au nez ce que vous m'osez dire !
ALCESTE.
Non, non, sans s'emporter, prenez un peu souci
De me justifier les termes que voici.
CÉLIMÈNE.
Non, je n'en veux rien faire; et, dans cette occurrence,
Tout ce que vous croirez m'est de peu d'importance.
ALCESTE.
De grâce, montrez-moi, je serai satisfait,
Qu'on peut, pour une femme, expliquer ce billet.
CÉLIMÈNE.
Non, il est pour Oronte; et je veux qu'on le croie.
Je reçois tous ses soins avec beaucoup de joie,
J'admire ce qu'il dit, j'estime ce qu'il est,
Et je tombe d'accord de tout ce qu'il vous plaît.
Faites, prenez parti; que rien ne vous arrête,
Et ne me rompez pas davantage la tête.
ALCESTE, à part.
Ciel! rien de plus cruel peut-il être inventé ?
Et jamais cœur fut-il de la sorte traité?
Quoi! d'un juste courroux je suis ému contre elle,
C'est moi qui me viens plaindre, et c'est moi qu'on querelle!
On pousse ma douleur et mes soupçons à bout,
On me laisse tout croire, on fait gloire de tout;
Et cependant mon cœur est encore assez lâche
Pour ne pouvoir briser la chaîne qui l'attache,
Et pour ne pas s'armer d'un généreux mépris
Contre l'ingrat objet dont il est trop épris!

s'indigne enfin d'un pareil rôle, et surtout elle sent qu'elle ne peut le soutenir davantage avec succès. Elle prend donc l'offensive à son tour; c'est Alceste maintenant qui va se défendre et reculer devant elle.

(A Célimène.)

Ah! que vous savez bien ici contre moi-même,
Perfide, vous servir de ma foiblesse extrême,
Et ménager pour vous l'excès prodigieux
De ce fatal amour né de vos traîtres yeux!
Défendez-vous au moins d'un crime qui m'accable,
Et cessez d'affecter d'être envers moi coupable.
Rendez-moi, s'il se peut, ce billet innocent;
A vous prêter les mains ma tendresse consent.
Efforcez-vous ici de paroître fidèle,
Et je m'efforcerai, moi, de vous croire telle[1].

CÉLIMÈNE.

Allez, vous êtes fou dans vos transports jaloux,
Et ne méritez pas l'amour qu'on a pour vous.
Je voudrois bien savoir qui pourroit me contraindre
A descendre pour vous aux bassesses de feindre;
Et pourquoi, si mon cœur penchoit d'autre côté,
Je ne le dirois pas avec sincérité!
Quoi! de mes sentiments l'obligeante assurance
Contre tous vos soupçons ne prend pas ma défense?
Auprès d'un tel garant, sont-ils de quelque poids?
N'est-ce pas m'outrager que d'écouter leur voix?
Et puisque notre cœur fait un effort extrême
Lorsqu'il peut se résoudre à confesser qu'il aime;
Puisque l'honneur du sexe, ennemi de nos feux,
S'oppose fortement à de pareils aveux,
L'amant qui voit pour lui franchir un tel obstacle
Doit-il impunément douter de cet oracle?

---

1. On ne peut guère dire plus positivement : « La vérité m'est trop douloureuse, je ne puis plus la supporter; par pitié, rendez-moi mon erreur! » Le moment est venu de faire ce qu'il désire en lui prouvant, non pas que le billet est innocent, mais que lui, il a eu tort de le croire coupable.

ACTE IV, SCÈNE III.

Et n'est-il pas coupable, en ne s'assurant pas
A ce qu'on ne dit point qu'après de grands combats?
Allez, de tels soupçons méritent ma colère;
Et vous ne valez pas que l'on vous considère.
Je suis sotte, et veux mal à ma simplicité
De conserver encor pour vous quelque bonté;
Je devrois autre part attacher mon estime,
Et vous faire un sujet de plainte légitime.

ALCESTE.

Ah! traîtresse! mon foible est étrange pour vous :
Vous me trompez, sans doute, avec des mots si doux;
Mais il n'importe, il faut suivre ma destinée;
A votre foi mon âme est tout abandonnée;
Je veux voir jusqu'au bout quel sera votre cœur,
Et si de me trahir il aura la noirceur.

CÉLIMÈNE.

Non, vous ne m'aimez point comme il faut que l'on aime[1].

ALCESTE.

Ah! rien n'est comparable à mon amour extrême;
Et, dans l'ardeur qu'il a de se montrer à tous,
Il va jusqu'à former des souhaits contre vous.
Oui, je voudrois qu'aucun ne vous trouvât aimable,
Que vous fussiez réduite en un sort misérable;
Que le ciel en naissant ne vous eût donné rien;
Que vous n'eussiez ni rang, ni naissance, ni bien;
Afin que de mon cœur l'éclatant sacrifice

---

1. L'adroite Célimène n'a détruit aucun des griefs d'Alceste; elle n'a pas même entrepris de se justifier. Elle a mieux fait : elle a changé son rôle de coupable contre celui d'offensée; elle est entrée dans la passion de son amant en se montrant tour à tour tendre, fière, imposante et blessée dans sa délicatesse. Elle a ramené sous le joug cet esclave révolté. A présent elle profite de ses avantages : c'est elle qui accuse, c'est elle qui pardonne, c'est elle qui se plaint de n'être pas aimée comme il faut que l'on aime.

Vous pût d'un pareil sort réparer l'injustice ;
Et que j'eusse la joie et la gloire en ce jour
De vous voir tenir tout des mains de mon amour.

CÉLIMÈNE.

C'est me vouloir du bien d'une étrange manière[1] !
Me préserve le ciel que vous ayez matière... !
Voici monsieur Dubois plaisamment figuré.

SCÈNE IV.

CÉLIMÈNE, ALCESTE, DUBOIS.

ALCESTE.

Que veut cet équipage[2] et cet air effaré ?
Qu'as-tu ?

DUBOIS.

Monsieur...

ALCESTE.

Hé bien ?

DUBOIS.

Voici bien des mystères.

ALCESTE.

Qu'est-ce ?

DUBOIS.

Nous sommes mal, monsieur, dans nos affaires.

---

1. La raison d'Alceste le convainc et le condamne ; mais son cœur plaide la cause de Célimène et la défend si tôt contre lui-même qu'il tombe aveuglément à ses pieds, qu'il se livre tout entier à ses caprices, en se démentant par des paroles où respirent l'exaltation et la plus tendre idolâtrie qui fût jamais dans le cœur d'un amant. Mesurez de quel point Alceste partit au commencement, et quel intervalle il a franchi jusqu'au point où il arrive à la fin : vous jugerez l'étendue immense du talent de l'auteur. Cette belle scène s'expose par la colère, se lie et s'intrigue par l'amour, et se dénoue par la faiblesse naturelle aux passions violentes. (N. LEMERCIER.)

2. Équipage de courrier ; Dubois s'est habillé ainsi pour prendre la poste avec son maître.

ACTE IV, SCÈNE IV.

ALCESTE.

Quoi!

DUBOIS.

Parlerai-je haut?

ALCESTE.

Oui, parle, et promptement.

DUBOIS.

N'est-il point là quelqu'un?

ALCESTE.

Ah! que d'amusement[1]!
Veux-tu parler?

DUBOIS.

Monsieur, il faut faire retraite.

ALCESTE.

Comment?

DUBOIS.

Il faut d'ici déloger sans trompette.

ALCESTE.

Et pourquoi?

DUBOIS.

Je vous dis qu'il faut quitter ce lieu.

ALCESTE.

La cause?

DUBOIS.

Il faut partir, monsieur, sans dire adieu.

ALCESTE.

Mais par quelle raison me tiens-tu ce langage?

DUBOIS.

Par la raison, monsieur, qu'il faut plier bagage.

ALCESTE.

Ah! je te casserai la tête assurément,

1. Perte de temps, retard.

Si tu ne veux, maraud, t'expliquer autrement.
DUBOIS.
Monsieur, un homme noir et d'habit et de mine
Est venu nous laisser, jusque dans la cuisine,
Un papier griffonné d'une telle façon
Qu'il faudroit, pour le lire, être pis que démon.*
C'est de votre procès, je n'en fais aucun doute;
Mais le diable d'enfer, je crois, n'y verroit goutte.
ALCESTE.
Hé bien! quoi? Ce papier, qu'a-t-il à démêler,
Traître, avec le départ dont tu viens me parler?
DUBOIS.
C'est pour vous dire ici, monsieur, qu'une heure ensuite,
Un homme qui souvent vous vient rendre visite,
Est venu vous chercher avec empressement,
Et, ne vous trouvant pas, m'a chargé doucement,
Sachant que je vous sers avec beaucoup de zèle,
De vous dire... Attendez, comme est-ce qu'il s'appelle?
ALCESTE.
Laisse là son nom, traître, et dis ce qu'il t'a dit.
DUBOIS.
C'est un de vos amis; enfin cela suffit.
Il m'a dit que d'ici votre péril vous chasse,
Et que d'être arrêté le sort vous y menace.
ALCESTE.
Mais quoi! n'a-t-il voulu te rien spécifier?
DUBOIS.
Non. Il m'a demandé de l'encre et du papier,
Et vous a fait un mot où vous pourrez, je pense,
Du fond de ce mystère avoir la connoissance.

---

* Var. *Il faudroit, pour le lire, être pis qu'un démon* (1682).

ACTE IV, SCÈNE IV.

ALCESTE.

Donne-le donc.

CÉLIMÈNE.

Que peut envelopper ceci?

ALCESTE.

Je ne sais; mais j'aspire à m'en voir éclairci.
Auras-tu bientôt fait, impertinent au diable¹?

DUBOIS, après avoir longtemps cherché le billet.

Ma foi, je l'ai, monsieur, laissé sur votre table.

ALCESTE.

Je ne sais qui me tient.

CÉLIMÈNE.

Ne vous emportez pas,
Et courez démêler un pareil embarras.

ALCESTE.

Il semble que le sort, quelque soin que je prenne,
Ait juré d'empêcher que je vous entretienne;
Mais, pour en triompher, souffrez à mon amour
De vous revoir, madame, avant la fin du jour².

1. Comme au Ier acte, scène II, « empoisonneur au diable ».
2. Il est, dans *le Misanthrope*, et particulièrement dans cet acte, quelques vers, quelques passages que Molière a tirés de *Don Garcie de Navarre*. Pour se rendre compte de ces emprunts que le poète se faisait à lui-même, on se reportera, dans notre troisième volume, aux notes que nous avons ajoutées à cette dernière comédie.

ACTE CINQUIÈME.

SCÈNE PREMIÈRE.
ALCESTE, PHILINTE.

ALCESTE.
La résolution en est prise, vous dis-je.
PHILINTE.
Mais, quel que soit ce coup, faut-il qu'il vous oblige...
ALCESTE.
Non, vous avez beau faire et beau me raisonner,
Rien de ce que je dis ne peut me détourner ;
Trop de perversité règne au siècle où nous sommes,
Et je veux me tirer du commerce des hommes.
Quoi ! contre ma partie on voit tout à la fois
L'honneur, la probité, la pudeur et les lois ;
On publie en tous lieux l'équité de ma cause ;
Sur la foi de mon droit mon âme se repose :
Cependant je me vois trompé par le succès[1] ;
J'ai pour moi la justice, et je perds mon procès !
Un traître, dont on sait la scandaleuse histoire,
Est sorti triomphant d'une fausseté noire !
Toute la bonne foi cède à sa trahison !
Il trouve, en m'égorgeant, moyen d'avoir raison !
Le poids de sa grimace, où brille l'artifice,

---

1. Le résultat.

ACTE V, SCÈNE I. 487

Renverse le bon droit, et tourne la justice [1] !
Il fait par un arrêt couronner son forfait !
Et, non content encor du tort que l'on me fait,
Il court parmi le monde un livre abominable,
Et de qui la lecture est même condamnable,
Un livre à mériter la dernière rigueur,
Dont le fourbe a le front de me faire l'auteur [2] !
Et là-dessus on voit Oronte qui murmure,
Et tâche méchamment d'appuyer l'imposture !
Lui qui d'un honnête homme à la cour tient le rang,
A qui je n'ai fait rien qu'être sincère et franc,
Qui me vient malgré moi, d'une ardeur empressée,
Sur des vers qu'il a faits demander ma pensée ;
Et parce que j'en use avec honnêteté
Et ne le veux trahir, lui, ni la vérité,
Il aide à m'accabler d'un crime imaginaire !
Le voilà devenu mon plus grand adversaire !
Et jamais de son cœur je n'aurai de pardon,
Pour n'avoir pas trouvé que son sonnet fût bon !
Et les hommes, morbleu ! sont faits de cette sorte !
C'est à ces actions que la gloire les porte [3] !

1. Tourner la justice, c'est-à-dire faire paraître injuste ce qui est juste, faire appliquer la justice à rebours.
On pourrait, si la métaphore ne devenait pas trop incohérente, entendre aussi cette expression dans le sens de : passer à côté, éluder, surmonter en prenant à revers ; comme on dit tourner une ville, tourner une difficulté. Mais, dans le vers ci-dessus, il vaut mieux, croyons-nous, s'en tenir à la première interprétation.
2. Si l'on en croit Grimarest, les hypocrites avaient été tellement irrités par *le Tartuffe* que l'on fit courir dans Paris un livre terrible, que l'on mettait sur le compte de Molière pour le perdre. C'est à cette occasion qu'il mit dans *le Misanthrope* les vers suivants :

Et, non content encor du tort que l'on me fait, etc.

3. Le mot *gloire* se rapprochait, beaucoup plus qu'il ne fait aujourd'hui, du sens d'amour-propre, de vanité, d'orgueil. C'était bien le substantif

Voilà la bonne foi, le zèle vertueux,
La justice et l'honneur que l'on trouve chez eux !
Allons, c'est trop souffrir les chagrins qu'on nous forge :
Tirons-nous de ce bois et de ce coupe-gorge.
Puisque entre humains ainsi vous vivez en vrais loups,
Traîtres, vous ne m'aurez de ma vie avec vous.

PHILINTE.

Je trouve un peu bien prompt le dessein où vous êtes ;
Et tout le mal n'est pas si grand que vous le faites.
Ce que votre partie ose vous imputer
N'a point eu le crédit de vous faire arrêter ;
On voit son faux rapport lui-même se détruire,
Et c'est une action qui pourroit bien lui nuire[1].

ALCESTE.

Lui ? de semblables tours il ne craint point l'éclat :
Il a permission d'être franc scélérat ;
Et, loin qu'à son crédit nuise cette aventure,
On l'en verra demain en meilleure posture.

PHILINTE.

Enfin il est constant qu'on n'a point trop donné
Au bruit[2] que contre vous sa malice a tourné ;

---

dont on avait fait l'adjectif *glorieux*, qui a mieux conservé cette acception particulière. Corneille a dit dans *Pulchérie* :

> Son amour mal éteint pourroit vous rappeler,
> Et sa gloire auroit peine à vous laisser aller.

Et dans *Sertorius* :

> Et la part que tantôt vous aviez dans mon âme
> Fut un don de ma gloire, et non pas de ma flamme.

On pourrait recueillir de ces exemples presque à l'infini. Voyez ce que nous avons dit de ce mot à la page 412 du troisième volume.

1. Toute cette mystérieuse affaire dont Philinte entretient Alceste rappelle vaguement la requête présentée, à la fin de 1663, par Montfleury contre Molière, et l'échec qu'essuya ce méprisable calomniateur.

2. *Donner au bruit*, comme on dit donner dans un piège.

De ce côté déjà vous n'avez rien à craindre :
Et pour votre procès, dont vous pouvez vous plaindre,
Il vous est en justice aisé d'y revenir,
Et contre cet arrêt...
ALCESTE.
Non, je veux m'y tenir.
Quelque sensible tort qu'un tel arrêt me fasse,
Je me garderai bien de vouloir qu'on le casse ;
On y voit trop à plein le bon droit maltraité,
Et je veux qu'il demeure à la postérité
Comme une marque insigne, un fameux témoignage
De la méchanceté des hommes de notre âge.
Ce sont vingt mille francs qu'il m'en pourra coûter ;
Mais pour vingt mille francs j'aurai droit de pester
Contre l'iniquité de la nature humaine,
Et de nourrir pour elle une immortelle haine.
PHILINTE.
Mais enfin...
ALCESTE.
Mais enfin, vos soins sont superflus.
Que pouvez-vous, monsieur, me dire là-dessus ?
Aurez-vous bien le front de me vouloir, en face,
Excuser les horreurs de tout ce qui se passe ?
PHILINTE.
Non, je tombe d'accord de tout ce qu'il vous plaît :
Tout marche par cabale et par pur intérêt ;
Ce n'est plus que la ruse aujourd'hui qui l'emporte,
Et les hommes devroient être faits d'autre sorte.
Mais est-ce une raison que leur peu d'équité,
Pour vouloir se tirer de leur société ?
Tous ces défauts humains nous donnent, dans la vie,
Des moyens d'exercer notre philosophie :

C'est le plus bel emploi que trouve la vertu ;
Et, si de probité tout étoit revêtu,
Si tous les cœurs étoient francs, justes, et dociles,
La plupart des vertus nous seroient inutiles,
Puisqu'on en met l'usage à pouvoir sans ennui
Supporter dans nos droits l'injustice d'autrui ;
Et, de même qu'un cœur d'une vertu profonde...

ALCESTE.

Je sais que vous parlez, monsieur, le mieux du monde ;
En beaux raisonnements vous abondez toujours ;
Mais vous perdez le temps et tous vos beaux discours.
La raison, pour mon bien, veut que je me retire :
Je n'ai point sur ma langue un assez grand empire ;
De ce que je dirois je ne répondrois pas,
Et je me jetterois cent choses sur les bras.
Laissez-moi, sans dispute, attendre Célimène.
Il faut qu'elle consente au dessein qui m'amène ;
Je vais voir si son cœur a de l'amour pour moi ;
Et c'est ce moment-ci qui doit m'en faire foi.

PHILINTE.

Montons chez Éliante, attendant sa venue.

ALCESTE.

Non : de trop de souci je me sens l'âme émue.
Allez-vous-en la voir, et me laissez enfin
Dans ce petit coin sombre avec mon noir chagrin.

PHILINTE.

C'est une compagnie étrange pour attendre,
Et je vais obliger Éliante à descendre.

SCÈNE II.

CÉLIMENE, ORONTE, ALCESTE.

ORONTE.

Oui, c'est à vous de voir si, par des nœuds si doux,
Madame, vous voulez m'attacher tout à vous.
Il me faut de votre âme une pleine assurance :
Un amant là-dessus n'aime point qu'on balance.
Si l'ardeur de mes feux a pu vous émouvoir,
Vous ne devez point feindre à me le faire voir;
Et la preuve, après tout, que je vous en demande,
C'est de ne plus souffrir qu'Alceste vous prétende,
De le sacrifier, madame, à mon amour,
Et de chez vous enfin le bannir dès ce jour.

CÉLIMÈNE.

Mais quel sujet si grand contre lui vous irrite,
Vous à qui j'ai tant vu parler de son mérite?

ORONTE.

Madame, il ne faut point ces éclaircissements;
Il s'agit de savoir quels sont vos sentiments.
Choisissez, s'il vous plaît, de garder l'un ou l'autre;
Ma résolution n'attend rien que la vôtre.

ALCESTE, sortant du coin où il s'étoit retiré.

Oui, monsieur a raison; madame, il faut choisir;
Et sa demande ici s'accorde à mon désir.
Pareille ardeur me presse, et même soin m'amène;
Mon amour veut du vôtre une marque certaine :
Les choses ne sont plus pour traîner en longueur,
Et voici le moment d'expliquer votre cœur.

ORONTE.

Je ne veux point, monsieur, d'une flamme importune

Troubler aucunement votre bonne fortune.
ALCESTE.
Je ne veux point, monsieur, jaloux ou non jaloux,
Partager de son cœur rien du tout avec vous.
ORONTE.
Si votre amour au mien lui semble préférable...
ALCESTE.
Si du moindre penchant elle est pour vous capable...
ORONTE.
Je jure de n'y rien prétendre désormais.
ALCESTE.
Je jure hautement de ne la voir jamais.
ORONTE.
Madame, c'est à vous de parler sans contrainte.
ALCESTE.
Madame, vous pouvez vous expliquer sans crainte.
ORONTE.
Vous n'avez qu'à nous dire où s'attachent vos vœux.
ALCESTE.
Vous n'avez qu'à trancher, et choisir de nous deux.
ORONTE.
Quoi! sur un pareil choix vous semblez être en peine!
ALCESTE.
Quoi! votre âme balance et paroît incertaine!
CÉLIMÈNE.
Mon Dieu! que cette instance est là hors de saison!
Et que vous témoignez tous deux peu de raison!
Je sais prendre parti sur cette préférence,
Et ce n'est pas mon cœur maintenant qui balance :
Il n'est point suspendu sans doute entre vous deux,
Et rien n'est si tôt fait que le choix de nos vœux;
Mais je souffre, à vrai dire, une gêne trop forte

A prononcer en face un aveu de la sorte :
Je trouve que ces mots qui sont désobligeants,
Ne se doivent point dire en présence des gens ;
Qu'un cœur de son penchant donne assez de lumière,
Sans qu'on nous fasse aller jusqu'à rompre en visière ;
Et qu'il suffit enfin que de plus doux témoins[1]
Instruisent un amant du malheur de ses soins.

ORONTE.

Non, non, un franc aveu n'a rien que j'appréhende ;
J'y consens pour ma part.

ALCESTE.

Et moi, je le demande ;
C'est son éclat surtout qu'ici j'ose exiger,
Et je ne prétends point vous voir rien ménager.
Conserver tout le monde est votre grande étude ;
Mais plus d'amusement[2], et plus d'incertitude :
Il faut vous expliquer nettement là-dessus ;
Ou bien pour un arrêt je prends votre refus ;
Je saurai, de ma part, expliquer ce silence,
Et me tiendrai pour dit tout le mal que j'en pense.

ORONTE.

Je vous sais fort bon gré, monsieur, de ce courroux,
Et je lui dis ici même chose que vous.

CÉLIMÈNE.

Que vous me fatiguez avec un tel caprice !
Ce que vous demandez a-t-il de la justice ?

---

1. *Témoin* s'employait constamment pour *témoignage, preuve* :

En vous donnant de semblables témoins,
Si vous aimez beaucoup, que je n'aime pas moins.
(CORNEILLE, *Andromède*, II, II.)

« Avec infinis pleurs et baisers, témoins publics de leur amour, elle (Gabrielle d'Estrées) recommanda au roi le soin de ses enfants. » (*Mémoires de Cheverny.*)

2. Voyez la note de la page 483.

Et ne vous dis-je pas quel motif me retient?
J'en vais prendre pour juge Éliante, qui vient.

SCÈNE III.

ÉLIANTE, PHILINTE, CÉLIMÈNE, ORONTE, ALCESTE.

CÉLIMÈNE.

Je me vois, ma cousine, ici persécutée
Par des gens dont l'humeur y paroît concertée.
Ils veulent l'un et l'autre, avec même chaleur,
Que je prononce entre eux le choix que fait mon cœur,
Et que, par un arrêt qu'en face il me faut rendre,
Je défende à l'un d'eux tous les soins qu'il peut prendre.
Dites-moi si jamais cela se fait ainsi.

ÉLIANTE.

N'allez point là-dessus me consulter ici;
Peut-être y pourriez-vous être mal adressée,
Et je suis pour les gens qui disent leur pensée.

ORONTE.

Madame, c'est en vain que vous vous défendez.

ALCESTE.

Tous vos détours ici seront mal secondés.

ORONTE.

Il faut, il faut parler, et lâcher la balance[1].

ALCESTE.

Il ne faut que poursuivre à garder le silence.

---

1. Le cœur de Célimène, comme elle l'a dit plus haut, n'est point en suspens; mais elle ne veut pas laisser voir de quel côté il penche, et pour cela, elle fixe, pour ainsi dire, la balance avec la main, de manière qu'elle paraisse être en équilibre. Oronte demande qu'elle la *lâche,* c'est-à-dire qu'elle la laisse en liberté, afin que cette balance incline ouvertement du côté qui doit l'emporter.

ORONTE.
Je ne veux qu'un seul mot pour finir nos débats.
ALCESTE.
Et moi, je vous entends, si vous ne parlez pas[1].

SCÈNE IV.

ARSINOÉ, CÉLIMÈNE, ÉLIANTE, ALCESTE, PHILINTE, ACASTE, CLITANDRE, ORONTE.

ACASTE, à Célimène.
Madame, nous venons tous deux, sans vous déplaire,
Éclaircir avec vous une petite affaire.
CLITANDRE, à Oronte et à Alceste.
Fort à propos, messieurs, vous vous trouvez ici,
Et vous êtes mêlés dans cette affaire aussi.
ARSINOÉ, à Célimène.
Madame, vous serez surprise de ma vue;
Mais ce sont ces messieurs qui causent ma venue :
Tous deux ils m'ont trouvée, et se sont plaints à moi
D'un trait à qui mon cœur ne sauroit prêter foi.
J'ai du fond de votre âme une trop haute estime
Pour vous croire jamais capable d'un tel crime;
Mes yeux ont démenti leurs témoins les plus forts,
Et, l'amitié passant sur de petits discords,
J'ai bien voulu chez vous leur faire compagnie,
Pour vous voir vous laver de cette calomnie.

---

1. Ce dialogue si précis et si vif est un exemple frappant de l'art de peindre un homme par son langage. Les deux interlocuteurs ont le même désir, expriment les mêmes pensées, et cependant il serait impossible de mettre les vers d'Alceste dans la bouche d'Oronte, ou ceux d'Oronte dans la bouche d'Alceste, sans dénaturer leur caractère.

496 LE MISANTHROPE.

ACASTE.

Oui, madame, voyons, d'un esprit adouci,
Comment vous vous prendrez à soutenir ceci.
Cette lettre, par vous, est écrite à Clitandre.

CLITANDRE.

Vous avez pour Acaste écrit ce billet tendre.

ACASTE, à Oronte et à Alceste.

Messieurs, ces traits pour vous n'ont point d'obscurité¹,
Et je ne doute pas que sa civilité
A connoître sa main n'ait trop su vous instruire.
Mais ceci vaut assez la peine de le lire².

« Vous êtes un étrange homme * de condamner mon enjouement, et de me reprocher que je n'ai jamais tant de joie que lorsque je ne suis pas avec vous. Il n'y a rien de plus injuste; et, si vous ne venez bien vite me demander pardon de cette offense, je ne vous la pardonnerai de ma vie.** Notre grand flandrin de vicomte... »

Il devroit être ici.

« Notre grand flandrin de vicomte, par qui vous commencez vos plaintes, est un homme qui ne sauroit me revenir; et, depuis que je l'ai vu trois quarts d'heure durant cracher dans un puits pour faire des ronds, je n'ai jamais pu prendre bonne opinion de lui³. Pour le petit marquis... »

* Var. *Vous êtes un étrange homme, Clitandre,* (1682).
** Var. *Je ne vous le pardonnerai de ma vie* (1682).

1. Il est ici question, comme précédemment, de l'écriture de Célimène.
2. Acaste va lire la lettre écrite à Clitandre, et Clitandre lira la lettre écrite à Acaste.
3. « Molière, dit Grimarest, avoit lu son *Misanthrope* à toute la cour avant que de le faire représenter; chacun lui en disoit son sentiment: mais

ACTE V, SCÈNE IV.   497

C'est moi-même, messieurs, sans nulle vanité.

« Pour le petit marquis, qui me tint hier longtemps la main, je trouve qu'il n'y a rien de si mince que toute sa personne; et ce sont de ces mérites qui n'ont que la cape et l'épée. Pour l'homme aux rubans verts[1]... »

(A Alceste.)
A vous le dé, monsieur.

« Pour l'homme aux rubans verts, il me divertit quelquefois avec ses brusqueries et son chagrin bourru; mais il est cent moments où je le trouve le plus fâcheux du monde. Et pour l'homme à la veste...* »

(A Oronte.)
Voici votre paquet.

---

* Var. *Et pour l'homme au sonnet...* (1682).

il ne suivoit que le sien ordinairement, parce qu'il auroit été souvent obligé de refondre ses pièces s'il avoit suivi tous les avis qu'on lui donnoit. Et d'ailleurs, il arrivoit quelquefois que ces avis étoient intéressés... Il ne plaçoit aucuns traits qu'il n'eût des idées fixes. C'est pourquoi il ne voulut point ôter du *Misanthrope* « ce grand flandrin qui crachoit dans un puits « pour faire des ronds », que Madame défunte lui avoit dit de supprimer, lorsqu'il eut l'honneur de lire sa pièce à cette princesse. Elle regardoit cet endroit comme un trait indigne d'un si bon ouvrage. Mais Molière avoit son original, il voulut le mettre sur le théâtre. »

« Le grand flandrin qui perd le temps, etc., fut reconnu pour Guiche, le chevalier de Madame, dit M. Michelet. Elle demanda grâce pour lui, Molière n'y voulut rien changer. Le roi probablement tenoit à ce passage, Molière aussi; au fond, le trait étoit favorable à Madame : il répondoit aux libelles de Hollande, il montroit le néant du héros de ce tout romanesque amour. »

Le comte de Guiche est si facile à reconnaître qu'on le distingue avec une égale certitude et dans Clitandre et dans le grand flandrin qui n'a d'autre trait caractéristique que celui que Célimène rapporte ici. Le lecteur a le choix de lui appliquer l'un ou l'autre personnage ou, mieux encore, de ne lui en appliquer aucun.

1. « Lorsqu'on a pris des baudriers, il a fallu les arrêter sur l'épaule. On imagina d'abord d'y mettre un petit ruban; ce ruban dans la suite a été noué avec négligence, et l'on s'est enfin avisé d'en mettre sur l'épaule droite cent aunes, lors même qu'on ne porte plus de baudrier. » (*Entretiens galants*, Paris, Jean Ribou, 1681.)

« Et pour l'homme à la veste*¹ qui s'est jeté dans le bel esprit, et veut être auteur malgré tout le monde, je ne puis me donner la peine d'écouter ce qu'il dit, et sa prose me fatigue autant que ses vers. Mettez-vous donc en tête que je ne me divertis pas toujours si bien que vous pensez; que je vous trouve à dire, plus que je ne voudrois, dans toutes les parties où l'on m'entraîne; et que c'est un merveilleux assaisonnement aux plaisirs qu'on goûte que la présence des gens qu'on aime. »

CLITANDRE.

Me voici maintenant, moi².

« Votre Clitandre, dont vous me parlez, et qui fait tant le doucereux, est le dernier des hommes pour qui j'aurois de l'amitié. Il est extravagant de se persuader qu'on l'aime, et vous l'êtes de croire qu'on ne vous aime pas. Changez, pour être raisonnable, vos sentiments contre les siens; et voyez-moi le plus que vous pourrez, pour m'aider à porter le chagrin d'en être obsédée. »

D'un fort beau caractère on voit là le modèle,
Madame, et vous savez comment cela s'appelle.
Il suffit. Nous allons l'un et l'autre, en tous lieux,
Montrer de votre cœur le portrait glorieux.

* Var. *Et pour l'homme au sonnet* (1682).

1. Les éditeurs de 1682 ont sans doute trouvé que ces mots ne désignaient pas assez clairement Oronte; on a vu, en effet, qu'Alceste portait aussi ce même vêtement (note 1, à la liste des personnages).
2. On a fait observer que les mots par lesquels Acaste et Clitandre interrompent leur lecture, ne forment pas des vers réguliers. Ce soin aurait été en effet fort superflu, le rythme ne pouvant être sensible entre des mots séparés par plusieurs lignes de prose. Il suffisait bien que, n'offrant point d'hiatus et respectant la césure, ils ne fussent pas en opposition flagrante avec les lois de la prosodie.

ACASTE.

J'aurois de quoi vous dire, et belle est la matière ;
Mais je ne vous tiens pas digne de ma colère ;
Et je vous ferai voir que les petits marquis
Ont, pour se consoler, des cœurs du plus haut prix.*

SCÈNE V.

CÉLIMÈNE, ÉLIANTE, ARSINOÉ, ALCESTE, ORONTE, PHILINTE.

ORONTE.

Quoi! de cette façon je vois qu'on me déchire,
Après tout ce qu'à moi je vous ai vu m'écrire !
Et votre cœur, paré de beaux semblants d'amour,
A tout le genre humain se promet tour à tour !
Allez, j'étois trop dupe, et je vais ne plus l'être ;
Vous me faites un bien, me faisant vous connoître :
J'y profite d'un cœur qu'ainsi vous me rendez,
Et trouve ma vengeance en ce que vous perdez.
(A Alceste.)
Monsieur, je ne fais plus d'obstacle à votre flamme,
Et vous pouvez conclure affaire avec madame.

SCÈNE VI.

CÉLIMÈNE, ÉLIANTE, ARSINOÉ, ALCESTE, PHILINTE.

ARSINOÉ, à Célimène.

Certes, voilà le trait du monde le plus noir ;

---

* Var. *Ont, pour se consoler, des cœurs de plus haut prix* (1682).

Je ne m'en saurois taire, et me sens émouvoir.
Voit-on des procédés qui soient pareils aux vôtres?
Je ne prends point de part aux intérêts des autres.

(Montrant Alceste.)

Mais monsieur, que chez vous fixoit votre bonheur,
Un homme, comme lui, de mérite et d'honneur,
Et qui vous chérissoit avec idolâtrie,
Devoit-il...?

ALCESTE.

Laissez-moi, madame, je vous prie,
Vider mes intérêts moi-même là-dessus,
Et ne vous chargez point de ces soins superflus.
Mon cœur a beau vous voir prendre ici sa querelle,
Il n'est pas en état de payer ce grand zèle;
Et ce n'est point à vous que je pourrai songer
Si, par un autre choix, je cherche à me venger[1].

ARSINOÉ.

Hé! croyez-vous, monsieur, qu'on ait cette pensée,
Et que de vous avoir on soit tant empressée?
Je vous trouve un esprit bien plein de vanité
Si de cette créance[2] il peut s'être flatté.
Le rebut de madame est une marchandise
Dont on auroit grand tort d'être si fort éprise.
Détrompez-vous, de grâce, et portez-le moins haut.

1. Cette violente sortie contre Arsinoé n'est pas seulement un trait de l'humeur naturelle au misanthrope, c'est encore un trait d'amour pour Célimène, car il la venge. Alceste est outré d'avoir vu tout le monde se réunir contre sa maîtresse; il est blessé de son humiliation, il s'indigne de tant d'insultes : un amant est jaloux même du droit que d'autres se donnent de punir celle qu'il aime. (AIMÉ MARTIN.)

2. Vaugelas nous apprend que *croyance* et *créance*, qui avaient beaucoup de rapport pour le sens, se prononçaient de même à la cour; et Thomas Corneille ajoute que « cette délicatesse de prononciation avoit passé dans l'orthographe ».

Ce ne sont pas des gens comme moi qu'il vous faut.
Vous ferez bien encor de soupirer pour elle,
Et je brûle de voir une union si belle.

SCÈNE VII.
CÉLIMÈNE, ÉLIANTE, ALCESTE, PHILINTE.

ALCESTE, à Célimène.

Hé bien! je me suis tu, malgré ce que je voi,
Et j'ai laissé parler tout le monde avant moi.
Ai-je pris sur moi-même un assez long empire,
Et puis-je maintenant...?

CÉLIMÈNE.

Oui, vous pouvez tout dire :
Vous en êtes en droit, lorsque vous vous plaindrez,
Et de me reprocher tout ce que vous voudrez.
J'ai tort, je le confesse; et mon âme confuse
Ne cherche à vous payer d'aucune vaine excuse.
J'ai des autres ici méprisé le courroux;
Mais je tombe d'accord de mon crime envers vous.
Votre ressentiment sans doute est raisonnable;
Je sais combien je dois vous paroître coupable,
Que toute chose dit que j'ai pu vous trahir,
Et qu'enfin vous avez sujet de me haïr.
Faites-le, j'y consens.

ALCESTE.

Hé! le puis-je, traîtresse?
Puis-je ainsi triompher de toute ma tendresse?
Et, quoique avec ardeur je veuille vous haïr,
Trouvé-je un cœur en moi tout prêt à m'obéir?

(A Éliante et à Philinte.)

Vous voyez ce que peut une indigne tendresse,

Et je vous fais tous deux témoins de ma foiblesse.
Mais, à vous dire vrai, ce n'est pas encor tout,
Et vous allez me voir la pousser jusqu'au bout,
Montrer que c'est à tort que sages on nous nomme,
Et que dans tous les cœurs il est toujours de l'homme.
    (A Célimène.)
Oui, je veux bien, perfide, oublier vos forfaits ;
J'en saurai, dans mon âme, excuser tous les traits,
Et me les couvrirai du nom d'une foiblesse
Où le vice du temps porte votre jeunesse,
Pourvu que votre cœur veuille donner les mains
Au dessein que j'ai fait de fuir tous les humains
Et que dans mon désert, où j'ai fait vœu de vivre,
Vous soyez, sans tarder, résolue à me suivre.
C'est par là seulement que, dans tous les esprits,
Vous pouvez réparer le mal de vos écrits,
Et qu'après cet éclat qu'un noble cœur abhorre,
Il peut m'être permis de vous aimer encore.

CÉLIMÈNE.

Moi, renoncer au monde avant que de vieillir,
Et dans votre désert aller m'ensevelir !

ALCESTE.

Et, s'il faut qu'à mes feux votre flamme réponde,
Que vous doit importer tout le reste du monde?
Vos désirs avec moi ne sont-ils pas contents?

CÉLIMÈNE.

La solitude effraye une âme de vingt ans.
Je ne sens point la mienne assez grande, assez forte,
Pour me résoudre à prendre un dessein de la sorte.
Si le don de ma main peut contenter vos vœux,
Je pourrai me résoudre à serrer de tels nœuds;
Et l'hymen...

LE MISANTHROPE.

ACTE V. — SCÈNE VII.

Garnier frères Éditeurs.

ALCESTE.

Non, mon cœur à présent vous déteste,
Et ce refus lui seul fait plus que tout le reste.
Puisque vous n'êtes point, en des liens si doux,
Pour trouver tout en moi, comme moi tout en vous,
Allez, je vous refuse, et ce sensible outrage
De vos indignes fers pour jamais me dégage.

(Célimène se retire.)

SCÈNE VIII.
ÉLIANTE, ALCESTE, PHILINTE.

ALCESTE, à Éliante.

Madame, cent vertus ornent votre beauté,
Et je n'ai vu qu'en vous de la sincérité;
De vous depuis longtemps je fais un cas extrême;
Mais laissez-moi toujours vous estimer de même,
Et souffrez que mon cœur, dans ses troubles divers,
Ne se présente point à l'honneur de vos fers;
Je m'en sens trop indigne, et commence à connaître
Que le ciel pour ce nœud ne m'avoit point fait naître,
Que ce seroit pour vous un hommage trop bas
Que le rebut d'un cœur qui ne vous valoit pas;
Et qu'enfin...

ÉLIANTE.

Vous pouvez suivre cette pensée :
Ma main de se donner n'est pas embarrassée ;
Et voilà votre ami, sans trop m'inquiéter,
Qui, si je l'en priois, la pourroit accepter.

PHILINTE.

Ah ! cet honneur, madame, est toute mon envie,
Et j'y sacrifierois et mon sang et ma vie.

ALCESTE.

Puissiez-vous, pour goûter de vrais contentements,
L'un pour l'autre à jamais garder ces sentiments !
Trahi de toutes parts, accablé d'injustices,
Je vais sortir d'un gouffre où triomphent les vices ;
Et chercher sur la terre un endroit écarté
Où d'être homme d'honneur on ait la liberté.

PHILINTE.

Allons, madame, allons employer toute chose
Pour rompre le dessein que son cœur se propose[1].

---

1. Dénoûment admirable, le plus heureux peut-être qui soit au théâtre français, parce qu'il laisse planer sur le drame le mystère enchanteur de la poésie, parce qu'il invite à la rêverie et ouvre un monde à la pensée. A l'ordinaire, une pièce de théâtre se termine par une conclusion positive et prosaïque, comme le sont plus ou moins toutes les nécessités de la vie, un mariage, une séparation, une mort. Ici tout est achevé, et pourtant rien n'est conclu ; le dernier mot du poète est un mot de doute et d'espérance. (E. RAMBERT.)

FIN DU MISANTHROPE.

AVERTISSEMENT

DE L'ÉDITION ORIGINALE[1]

(1667)

LE LIBRAIRE AU LECTEUR

Le *Misanthrope,* dès sa première représentation, ayant reçu au théâtre l'approbation que le lecteur ne pourra lui refuser, et la cour étant à Fontainebleau lorsqu'il parut, j'ai cru que je ne pouvois rien faire de plus agréable pour le public que de lui faire part d'une lettre qui fut écrite, un jour après, à une personne de qualité sur le sujet de cette comédie[2]. Celui qui l'écrivit étant un homme dont le mérite et l'esprit sont fort connus, sa

---

1. Cet avis du libraire Ribou, et la lettre de de Vizé sont en tête de la pièce dans les éditions originales. Mais il nous paraît préférable de les placer à la suite. C'est leur faire assez d'honneur, et nous dérogeons sous ce rapport au commun usage.

2. Grimarest raconte que la lettre de de Vizé fut imprimée à l'insu de Molière, qui en fut irrité, et voulut que son libraire ne vendit plus un seul exemplaire de sa pièce où se trouvât cette *rapsodie.* Voici les termes dont il se sert :

« M. de (Vizé) crut se faire un mérite auprès de Molière de défendre *le Misanthrope :* il fit une longue lettre qu'il donna à Ribou pour mettre à la tête de cette pièce. Molière, qui en fut irrité, envoya chercher son libraire, le gronda de ce qu'il avoit imprimé cette rapsodie sans sa participation, et lui défendit de vendre aucun exemplaire de sa pièce où elle fût, et il brûla tout ce qui en restoit ; mais après sa mort on l'a réimprimée. M. de (Vizé), qui aimoit fort à voir la Molière, vint souper chez elle le jour même. Molière le traita cavalièrement sur le sujet de sa lettre, en lui donnant de bonnes raisons pour souhaiter qu'il ne se fût point avisé de défendre sa pièce. »

Brossette, dans ses notes sur Boileau (mst fr. de la Bibliothèque nationale, n° 15275), expose l'affaire différemment :

« Je lui ai demandé (à Boileau) qui étoit l'auteur de la lettre qui est dans les éditions de Molière, au sujet de la comédie du *Misanthrope.* Il m'a dit qu'elle est de M. de Vizé, auteur du *Mercure galant.* M. de Vizé ayant été à la représentation du *Misanthrope,* il retint bien ou mal cette pièce, et la transcrivit avec le secours de quelques amis qui l'avoient aussi vu représenter. De Vizé, sur sa copie, en obtint le privilège

lettre fut vue de la meilleure partie de la cour, et trouvée si juste, parmi tout ce qu'il y a de gens les plus éclairés en ces matières, que je me suis persuadé qu'après leur avoir plu le lecteur me seroit obligé du soin que j'avois pris d'en chercher une copie pour la lui donner, et qu'il lui rendra la justice que tant de personnes de la plus haute naissance lui ont accordée.

et la voulut faire imprimer sans la participation de Molière. Celui-ci le sut, et plutôt que de lui faire un procès il consentit que cette lettre, dont Molière n'étoit pas content, fût jointe à l'édition que Molière fit faire lui-même de son *Misanthrope*. »

Ce sont là des anecdotes qui paraissent avoir été altérées. Il est possible que Molière n'ait pas été content de l'insertion de la lettre de de Visé dans la première édition de sa pièce. Mais le poète ne fit rien pour la faire éliminer, puisqu'elle reparut dans les éditions suivantes.

LETTRE

ÉCRITE

SUR LA COMÉDIE DU MISANTHROPE[1].

Monsieur,

Vous devriez être satisfait de ce que je vous ai dit de la dernière comédie de M. de Molière, que vous avez vue aussi bien que moi, sans m'obliger à vous écrire mes sentiments. Je ne puis m'empêcher de faire ce que vous souhaitez; mais souvenez-vous de la sincère amitié que vous m'avez promise, et n'allez pas exposer à Fontainebleau[2], au jugement des courtisans, des remarques que je n'ai faites que pour vous obéir. Songez à ménager ma réputation; et pensez que les gens de la cour, de qui le goût est si raffiné, n'auront pas, pour moi, la même indulgence que vous.

Il est à propos, avant que de parler à fond de cette comédie, de voir quel a été le but de l'auteur; et je crois qu'il mérite des louanges s'il est venu à bout de ce qu'il s'est proposé; et c'est la première chose qu'il faut examiner. Je pourrois vous dire en deux mots, si je voulois m'exempter de faire un grand discours, qu'il a plu, et que, son intention étant de plaire, les critiques ne peuvent pas dire qu'il ait mal fait, puisqu'en faisant mieux (si toutefois il est possible) son dessein n'auroit peut-être pas si bien réussi.

Examinons donc les endroits par où il a plu; et voyons quelle a été la fin de son ouvrage. Il n'a point voulu faire une comédie

---

1. Nous reproduisons le texte de l'édition de 1682.
2. La cour était alors à Fontainebleau.

pleine d'incidents, mais une pièce, seulement, où il pût parler contre les mœurs du siècle. C'est ce qui lui a fait prendre pour son héros, un misanthrope ; et, comme misanthrope veut dire ennemi des hommes, on doit demeurer d'accord qu'il ne pouvoit choisir un personnage qui vraisemblablement pût mieux parler contre les hommes que leur ennemi. Ce choix est encore admirable pour le théâtre ; et les chagrins, les dépits, les bizarreries et les emportements d'un misanthrope étant des choses qui font un grand jeu, ce caractère est un des plus brillants qu'on puisse produire sur la scène.

On n'a pas seulement remarqué l'adresse de l'auteur dans le choix de ce personnage, mais encore dans tous les autres ; et, comme rien ne fait paroître davantage une chose que celle qui lui est opposée, on peut non-seulement dire que l'ami du misanthrope, qui est un homme sage et prudent, fait voir dans son jour le caractère de ce ridicule, mais encore que l'humeur du misanthrope fait connoître la sagesse de son ami.

Molière n'étant pas de ceux qui ne font pas tout également bien, n'a pas été moins heureux dans le choix de ses autres caractères, puisque la maîtresse du misanthrope est une jeune veuve, coquette, et tout à fait médisante. Il faut s'écrier ici, et admirer l'adresse de l'auteur : ce n'est pas que le caractère ne soit assez ordinaire, et que plusieurs n'eussent pu s'en servir ; mais l'on doit admirer que, dans une pièce où Molière veut parler contre les mœurs du siècle et n'épargner personne, il nous fait voir une médisante avec un ennemi des hommes. Je vous laisse à penser si ces deux personnes ne peuvent pas naturellement parler contre toute la terre, puisque l'un hait les hommes, et que l'autre se plait à en dire tout le mal qu'elle en sait. En vérité, l'adresse de cet auteur est admirable ; ce sont là de ces choses que tout le monde ne remarque pas, et qui sont faites avec beaucoup de jugement. Le misanthrope seul n'auroit pu parler contre tous les hommes ; mais en trouvant le moyen de le faire aider d'une médisante, c'est avoir trouvé en même temps celui de mettre, dans une seule pièce, la dernière main au portrait du siècle. Il y est tout entier, puisque nous voyons encore une femme qui veut paroître prude, opposée à une coquette, et des marquis qui représentent la cour : tellement qu'on peut assurer que dans cette comédie l'on voit tout ce qu'on peut dire contre les mœurs du siècle. Mais, comme il ne suffit pas d'avancer une chose si l'on ne la prouve, je vais, en examinant cette pièce d'acte en acte, vous faire remarquer tout ce que j'ai dit, et vous faire voir cent choses qui sont mises en leur jour avec beaucoup d'art, et qui ne sont connues que des personnes aussi éclairées que vous.

Les choses qui sont les plus précieuses d'elles-mêmes ne seroient pas souvent estimées ce qu'elles sont, si l'art ne leur avoit prêté quelques traits; et l'on peut dire que, de quelque valeur qu'elles soient, il augmente toujours leur prix. Une pierre mise en œuvre a beaucoup plus d'éclat qu'auparavant; et nous ne saurions bien voir le plus beau tableau du monde, s'il n'est dans son jour. Toutes choses ont besoin d'y être; et les actions que l'on nous représente sur la scène nous paroissent plus ou moins belles, selon que l'art du poète nous les fait paroître. Ce n'est pas qu'on doive trop s'en servir, puisque le trop d'art n'est plus art, et que c'est en avoir beaucoup que de ne le pas montrer. Tout excès est condamnable et nuisible, et les plus grandes beautés perdent beaucoup de leur éclat lorsqu'elles sont exposées à un trop grand jour. Les productions d'esprit sont de même, et surtout celles qui regardent le théâtre; il leur faut donner de certains jours qui sont plus difficiles à trouver que les choses les plus spirituelles : car enfin, il n'y a point d'esprits si grossiers qui n'aient quelquefois de belles pensées; mais il y en a peu qui sachent bien les mettre en œuvre, s'il est permis de parler ainsi. C'est ce que Molière fait si bien, et ce que vous pouvez remarquer dans sa pièce. Cette ingénieuse et admirable comédie commence par le misanthrope qui, par son action, fait connoître à tout le monde que c'est lui, avant même d'ouvrir la bouche : ce qui fait juger qu'il soutiendra bien son caractère, puisqu'il commence si bien de le faire remarquer.

Dans cette première scène, il blâme ceux qui sont tellement accoutumés à faire des protestations d'amitié qu'ils embrassent également leurs amis et ceux qui leur doivent être indifférents, le faquin et l'honnête homme; et dans le même temps, par la colère où il témoigne être contre son ami, il fait voir que ceux qui reçoivent ces embrassades avec trop de complaisance ne sont pas moins dignes de blâme que ceux qui les font ; et par ce que lui répond son ami, il fait voir que son dessein est de rompre en visière à tout le genre humain ; et l'on connoît, par ce peu de paroles, le caractère qu'il doit soutenir pendant toute la pièce. Mais, comme il ne pouvoit le faire paroître sans avoir de matière, l'auteur a cherché toutes les choses qui peuvent exercer la patience des hommes ; et, comme il n'y en a presque point qui n'ait quelque procès, et que c'est une chose fort contraire à l'humeur d'un tel personnage, il n'a pas manqué de le faire plaider : et, comme les plus sages s'emportent ordinairement quand ils ont des procès, il a pu justement faire dire tout ce qu'il a voulu à un misanthrope, qui doit, plus qu'un autre, faire voir sa mauvaise humeur et contre ses juges et contre sa partie.

Ce n'étoit pas assez de lui avoir fait dire qu'il vouloit rompre en visière à tout le genre humain, si l'on ne lui donnoit lieu de le faire. Plusieurs disent des choses qu'ils ne font pas ; et l'auditeur ne lui a pas sitôt vu prendre cette résolution qu'il souhaite d'en voir les effets : ce qu'il découvre dans la scène suivante, et ce qui lui doit faire connoître l'adresse de l'auteur, qui répond sitôt à ses désirs.

Cette seconde scène réjouit et attache beaucoup, puisqu'on voit un homme de qualité faire au misanthrope les civilités qu'il vient de blâmer, et qu'il faut nécessairement ou qu'il démente son caractère, ou qu'il lui rompe en visière. Mais il est encore plus embarrassé dans la suite ; car la même personne lui lit un sonnet, et veut l'obliger d'en dire son sentiment. Le misanthrope fait d'abord voir un peu de prudence, et tâche de lui faire comprendre ce qu'il ne veut pas lui dire ouvertement, pour lui épargner de la confusion ; mais enfin il est obligé de lui rompre en visière : ce qu'il fait d'une manière qui doit beaucoup divertir le spectateur. Il lui fait voir que son sonnet vaut moins qu'un vieux couplet de chanson qu'il lui dit ; que ce n'est qu'un jeu de paroles qui ne signifient rien ; mais que la chanson dit beaucoup plus, puisqu'elle fait du moins voir un homme amoureux qui abandonneroit une ville comme Paris pour sa maîtresse.

Je ne crois pas qu'on puisse rien voir de plus agréable que cette scène. Le sonnet n'est point méchant, selon la manière d'écrire d'aujourd'hui ; et ceux qui cherchent ce que l'on appelle pointes ou chutes, plutôt que le bon sens, le trouveront sans doute bon. J'en vis même, à la première représentation de cette pièce, qui se firent jouer pendant qu'on représentoit cette scène : car ils crièrent que le sonnet étoit bon avant que le misanthrope en fît la critique, et demeurèrent ensuite tout confus.

Il y a cent choses dans cette scène qui doivent faire remarquer l'esprit de l'auteur ; et le choix du sonnet en est une, dans un temps où tous nos courtisans font des vers. On peut ajouter à cela que les gens de qualité croient que leur naissance les doit excuser lorsqu'ils écrivent mal ; qu'ils sont les premiers à dire : *Cela est écrit cavalièrement, et un gentilhomme n'en doit pas savoir davantage.* Mais ils devroient plutôt se persuader que les gens de qualité doivent mieux faire que les autres, ou du moins ne point faire voir ce qu'ils ne font pas bien.

Ce premier acte ayant plu à tout le monde, et n'ayant que deux scènes, doit être parfaitement beau, puisque les François, qui voudroient toujours voir de nouveaux personnages, s'y seroient ennuyés s'il ne les avoit fort attachés et divertis.

Après avoir vu le misanthrope déchaîné contre ceux qui font également des protestations d'amitié à tout le monde, et ceux qui y répondent avec le même emportement ; après l'avoir ouï parler contre sa partie, et l'avoir vu condamner le sonnet, et rompre en visière à son auteur, on ne pouvoit plus souhaiter que de le voir amoureux, puisque l'amour doit bien donner de la peine aux personnes de son caractère, et que l'on doit, en cet état, en espérer quelque chose de plaisant, chacun traitant ordinairement cette passion selon son tempérament ; et c'est d'où vient que l'on attribue tant de choses à l'amour, qui ne doivent souvent être attribuées qu'à l'humeur des hommes.

Si l'on souhaite de voir le misanthrope amoureux, on doit être satisfait dans cette scène, puisqu'il y paroît avec sa maîtresse, mais avec la hauteur ordinaire à ceux de son caractère. Il n'est point soumis, il n'est point languissant, mais il lui découvre librement les défauts qu'il voit en elle, et lui reproche qu'elle reçoit bien tout l'univers ; et, pour douceurs, il lui dit qu'il voudroit bien ne la pas aimer, et qu'il ne l'aime que pour ses péchés. Ce n'est pas qu'avec tous ces discours il ne paroisse aussi amoureux que les autres, comme nous le verrons dans la suite. Pendant leur entretien, quelques gens viennent visiter sa maîtresse : il voudroit l'obliger à ne les pas voir ; et, comme elle lui répond que l'un d'eux la sert dans un procès, il lui dit qu'elle devroit perdre sa cause plutôt que de les voir.

Il faut demeurer d'accord que cette pensée ne se peut payer, et qu'il n'y a qu'un misanthrope qui puisse dire des choses semblables. Enfin, toute la compagnie arrive, et le misanthrope conçoit tant de dépit qu'il veut s'en aller. C'est ici où l'esprit de Molière se fait remarquer, puisqu'en deux vers, joints à quelque action qui marque du dépit, il fait voir ce que peut l'amour sur le cœur de tous les hommes, et sur celui du misanthrope même, sans le faire sortir de son caractère. Sa maîtresse lui dit deux fois de demeurer ; il témoigne qu'il n'en veut rien faire ; et sitôt qu'elle lui donne congé avec un peu de froideur, il demeure et montre, en faisant deux ou trois pas pour s'en aller, et en revenant aussitôt, que l'amour, pendant ce temps, combat contre son caractère et demeure vainqueur : ce que l'auteur a fait judicieusement, puisque l'amour surmonte tout. Je trouve encore une chose admirable en cet endroit : c'est la manière dont les femmes agissent pour se faire obéir, et comme une femme a le pouvoir de mettre à la raison un homme comme le misanthrope, qui la vient même de quereller, en lui disant : *Je veux que vous demeuriez,* et puis en changeant de ton : *Vous pouvez vous en aller.* Cependant cela se fait tous les jours, et l'on ne peut le voir mieux représenté qu'il est dans cette scène. Après tant de choses si différentes et si naturellement touchées et représentées dans l'espace de quatre vers, on voit une scène de conversation où se rencontrent deux marquis, l'ami du misanthrope, et la cousine de la maîtresse de ce dernier. La jeune veuve, chez qui toute la compagnie se trouve, n'est point fâchée d'avoir la cour chez elle ; et, comme elle est bien aise d'en avoir, qu'elle est politique, et veut ménager tout le monde, elle n'avoit pas voulu faire dire qu'elle n'y étoit pas aux deux marquis, comme le souhaitoit le misanthrope. La conversation est toute aux dépens du prochain, et la coquette médisante fait voir ce qu'elle sait quand il s'agit de le dauber, et qu'elle est de celles qui déchirent sous main jusques à leurs meilleurs amis.

Cette conversation fait voir que l'auteur n'est pas épuisé, puisqu'on y parle de vingt caractères de gens qui sont admirablement bien dépeints en peu de vers chacun; et l'on peut dire que ce sont autant de sujets de comédie que Molière donne libéralement à ceux qui s'en voudront servir. Le misanthrope soutient bien son caractère pendant cette conversation, et leur parle avec la liberté qui lui est ordinaire. Elle est à peine finie qu'il fait une action digne de lui en disant aux deux marquis qu'il ne sortira point qu'ils ne soient sortis; et il le feroit sans doute, puisque les gens de son caractère ne se démentent jamais, s'il n'étoit obligé de suivre un garde pour le différend qu'il a eu avec Oronte, en condamnant son sonnet. C'est par où cet acte finit.

L'ouverture du troisième se fait par une scène entre les deux marquis, qui disent des choses fort convenables à leurs caractères, et qui font voir par les applaudissements qu'ils reçoivent qu'on peut toujours mettre des marquis sur la scène, tant qu'on leur fera dire quelque chose que les autres n'aient point encore dit. L'accord qu'ils font entre eux de se dire les marques d'estime qu'ils recevront de leur maîtresse, est une adresse de l'auteur qui prépare la fin de sa pièce, comme vous remarquerez dans la suite.

Il y a, dans le même acte, une scène entre deux femmes, que l'on trouve d'autant plus belle que leurs caractères sont tout à fait opposés, et se font ainsi paroître l'un l'autre. L'une est la jeune veuve, aussi coquette que médisante, et l'autre une femme qui veut passer pour prude, et qui, dans l'âme, n'est pas moins du monde que la coquette. Elle donne à cette dernière des avis charitables sur sa conduite; la coquette les reçoit fort bien en apparence, et lui dit à son tour, pour la payer de cette obligation, qu'elle veut l'avertir de ce que l'on dit d'elle, et lui fait un tableau de la vie des feintes prudes, dont les couleurs sont aussi fortes que celles que la prude avoit employées pour lui représenter la vie des coquettes : et ce qui doit faire trouver cette scène fort agréable, est que celle qui a parlé la première se fâche quand l'autre la paye en même monnoie.

L'on peut assurer que l'on voit dans cette scène tout ce que l'on peut dire de toutes les femmes, puisqu'elles sont toutes de l'un ou de l'autre caractère, ou que, si elles ont quelque chose de plus ou de moins, ce qu'elles ont a toujours du rapport à l'un ou à l'autre.

Ces deux femmes, après s'être parlé à cœur ouvert touchant leurs vies, se séparent; et la coquette laisse la prude avec le misanthrope, qu'elle voit entrer chez elle. Comme la prude a de l'esprit, et qu'elle n'a choisi ce caractère que pour mieux faire ses affaires, elle tâche, par toutes sortes de voies, d'attirer le misanthrope, qu'elle aime. Elle le loue, elle parle contre la coquette, lui veut persuader qu'on le trompe, et le mène chez elle pour lui en donner des preuves : ce qui donne sujet à une partie des choses qui se passent au quatrième acte.

Cet acte commence par le récit de l'accommodement du misanthrope avec l'homme du sonnet; et l'ami de ce premier en entretient la cousine de la coquette. Les vers de ce récit sont tout à fait beaux; mais ce que l'on y doit remarquer, c'est que le caractère du misanthrope est soutenu avec la même vigueur qu'il fait paroître en ouvrant la pièce. Ces deux personnes parlent quelque temps des sentiments de leurs cœurs, et sont interrompues par le misanthrope même, qui paroît furieux et jaloux; et l'auditeur se persuade aisément, par ce qu'il a vu dans l'autre acte, que la prude, avec qui on l'a vu sortir, lui a inspiré ses sentiments. Le dépit lui fait faire ce que tous les hommes feroient en sa place, de quelque humeur qu'ils fussent : il offre son cœur à la belle parente de sa maîtresse; mais elle lui fait voir que ce n'est que le dépit qui le fait parler, et qu'une coupable aimée est bientôt innocente. Ils le laissent avec sa maîtresse, qui paroît, et se retirent.

Je ne crois pas qu'on puisse rien voir de plus beau que cette scène. Elle est toute sérieuse; et cependant il y en a peu dans la pièce qui divertissent davantage. On y voit un portrait, naturellement représenté, de ce que les amants font tous les jours en de semblables rencontres. Le misanthrope paroît d'abord aussi emporté que jaloux; il semble que rien ne peut diminuer sa colère, et que la pleine justification de sa maîtresse ne pourroit qu'avec peine calmer sa fureur. Cependant admirez l'adresse de l'auteur : ce jaloux, cet emporté, ce furieux, paroît tout radouci, il ne parle que du désir qu'il a de faire du bien à sa maîtresse, et ce qui est admirable, c'est qu'il lui dit toutes ces choses avant qu'elle se soit justifiée, et lorsqu'elle lui dit qu'il a raison d'être jaloux. C'est faire voir ce que peut l'amour sur le cœur de tous les hommes; et faire connoître en même temps, par une adresse que l'on ne peut assez admirer, ce que peuvent les femmes sur leurs amants, en changeant seulement le ton de leur voix, et prenant un air qui paroît ensemble et fier et attirant. Pour moi, je ne puis assez m'étonner quand je vois une coquette ramener, avant que s'être justifiée, non pas un amant soumis et languissant, mais un misanthrope; et l'obliger non-seulement à la prier de se justifier, mais encore à des protestations d'amour, qui n'ont pour but que le bien de l'objet aimé; et cependant demeurer ferme, après l'avoir ramené, et ne le point éclaircir, pour avoir le plaisir de s'applaudir d'un plein triomphe. Voilà ce qui s'appelle manier des scènes : voilà ce qui s'appelle travailler avec art, et représenter, avec des traits délicats, ce qui se passe tous les jours dans le monde. Je ne crois pas que les beautés de cette scène soient connues de tous ceux qui l'ont vu représenter. Elle est trop délicatement traitée, mais je puis assurer que tout le monde a remarqué qu'elle étoit bien écrite, et que les personnes d'esprit en ont bien su connoître les finesses.

Dans le reste de l'acte, le valet du misanthrope vient chercher son maître pour l'avertir qu'on lui est venu signifier quelque chose qui regarde son procès. Comme l'esprit paroît aussi bien dans les petites choses que dans les grandes, on en voit beaucoup dans cette scène, puisque le valet exerce la patience du misanthrope, et que ce qu'il dit feroit moins d'effet s'il étoit à un maître qui fût d'une autre humeur.

La scène du valet, au quatrième acte, devoit faire croire que l'on entendroit bientôt parler du procès. Aussi apprend-on, à l'ouverture du cinquième, qu'il est perdu; et le misanthrope agit selon que j'ai dit au premier. Son chagrin, qui l'oblige à se promener et rêver, le fait retirer dans un coin de la chambre, où il voit aussitôt entrer sa maîtresse, accompagnée de l'homme avec qui il a eu démêlé pour le sonnet. Il la presse de se déclarer et de faire un choix entre lui et ses rivaux; ce qui donne lieu au misanthrope de faire une action qui est bien d'un homme de son caractère. Il sort de l'endroit où il est, et lui fait la même prière.

La coquette agit toujours en femme adroite et spirituelle, et, par un procédé qui paroît honnête, leur dit qu'elle sait bien quel choix elle doit faire, qu'elle ne balance pas; mais qu'elle ne veut point se déclarer en présence de celui qu'elle ne doit pas choisir. Ils sont interrompus par la prude et par les marquis, qui apportent chacun une lettre qu'elle a écrite contre eux : ce que l'auteur a préparé dès le troisième acte, en leur faisant promettre qu'ils se montreroient ce qu'ils recevroient de leur maîtresse. Cette scène est fort agréable : tous les acteurs sont raillés dans les deux lettres; et quoique cela soit nouveau au théâtre, il fait voir néanmoins la véritable manière d'agir des coquettes médisantes, qui parlent et écrivent continuellement contre ceux qu'elles voient tous les jours, et à qui elles font bonne mine. Les marquis la quittent et lui témoignent plus de mépris que de colère.

La coquette paroît un peu mortifiée dans cette scène. Ce n'est pas qu'elle démente son caractère, mais la surprise qu'elle a de se voir abandonnée, et le chagrin d'apprendre que son jeu est découvert, lui causent un secret dépit qui paroît jusque sur son visage. Cet endroit est tout à fait judicieux. Comme la médisance est un vice, il étoit nécessaire qu'à la fin de la comédie elle eût quelque sorte de punition, et l'auteur a trouvé le moyen de la punir et de lui faire en même temps soutenir son caractère. Il ne faut point d'autre preuve pour montrer qu'elle le soutient que le refus qu'elle fait d'épouser le misanthrope, et d'aller vivre dans son désert. Il ne tient qu'à elle de le faire; mais leurs humeurs étant incompatibles, ils seroient trop mal assortis; et la coquette peut se corriger en demeurant dans le monde, sans choisir un désert pour faire pénitence; son crime, qui ne part que d'un esprit encore jeune, ne demandant pas qu'elle en fasse une si grande.

Pour ce qui regarde le misanthrope, on peut dire qu'il soutient son caractère jusques au bout. Nous en voyons souvent qui ont bien de la peine à le garder pendant le cours d'une comédie; mais si, comme j'ai dit tantôt, celui-ci a fait connoître le sien avant que de parler, il fait voir, en finissant, qu'il le conservera toute sa vie, en se retirant du monde.

Voilà, monsieur, ce que je pense de la comédie du misanthrope

SUR LE MISANTHROPE.

amoureux, que je trouve d'autant plus admirable que le héros en est le plaisant sans être trop ridicule ; et qu'il fait rire les honnêtes gens, sans dire des plaisanteries fades et basses, comme l'on a accoutumé de voir dans des pièces comiques. Celles de cette nature me semblent plus divertissantes, encore que l'on y rie moins haut : et je crois qu'elles divertissent davantage, qu'elles attachent, et qu'elles font continuellement rire dans l'âme[1]. Le misanthrope, malgré sa folie, si l'on peut ainsi appeler son humeur, a le caractère d'un honnête homme, et beaucoup de fermeté, comme l'on peut connoître dans l'affaire du sonnet. Nous voyons de grands hommes dans des pièces héroïques, qui en ont bien moins, qui n'ont point de caractère, et démentent souvent au théâtre, par leur lâcheté, la bonne opinion que l'histoire a fait concevoir d'eux.

L'auteur ne représente pas seulement le misanthrope sous ce caractère, mais il fait encore parler à son héros d'une partie des mœurs du temps : et ce qui est admirable, c'est que, bien qu'il paroisse en quelque façon ridicule, il dit des choses fort justes. Il est vrai qu'il semble trop exiger ; mais il faut demander beaucoup pour obtenir quelque chose ; et, pour obliger les hommes à se corriger un peu de leurs défauts, il est nécessaire de les leur faire paroître bien grands.

Molière, par une adresse qui lui est particulière, laisse partout deviner plus qu'il ne dit, et n'imite pas ceux qui parlent beaucoup et ne disent rien.

On peut assurer que cette pièce est une perpétuelle et divertissante instruction ; qu'il y a des tours et des délicatesses inimitables ; que les vers en sont fort beaux, au sentiment de tout le monde ; les scènes bien tournées et bien maniées ; et que l'on ne peut ne la pas trouver bonne, sans faire voir que l'on n'est pas de ce monde, et que l'on ignore la manière de vivre de la cour et celle des plus illustres personnes de la ville.

Il n'y a rien dans cette comédie qui ne puisse être utile et dont l'on ne doive profiter. L'ami du misanthrope est si raison-

---

1. Expression remarquable, et qui s'applique justement aux belles comédies de Molière. On a eu tort de la contester à de Visé, à qui elle est familière ; il fait dire de Clidamis, l'héritier, dans *la Veuve à la mode :* « Je crois qu'il rit dans l'âme » (scène XIV).

nable, que tout le monde devroit l'imiter : il n'est ni trop ni trop peu critique; et ne portant les choses ni dans l'un ni dans l'autre excès, sa conduite doit être approuvée de tout le monde. Pour le misanthrope, il doit inspirer à tous ses semblables le désir de se corriger. Les coquettes médisantes, par l'exemple de Célimène, voyant qu'elles peuvent s'attirer des affaires qui les feront mépriser, doivent apprendre à ne pas déchirer sous main leurs meilleurs amis. Les fausses prudes doivent connoître que leurs grimaces ne servent de rien; et que, quand elles seroient aussi sages qu'elles le veulent paroître, elles seront toujours blâmées tant qu'elles voudront passer pour prudes. Je ne dis rien des marquis, je les crois les plus incorrigibles; et il y a tant de choses à reprendre encore en eux que tout le monde avoue qu'on les peut encore jouer longtemps, bien qu'ils n'en demeurent pas d'accord.

Vous trouverez, sans doute, ma lettre trop longue; mais je n'ai pu m'arrêter, et j'ai trouvé qu'il étoit difficile de parler sur un si grand sujet en peu de mots. Ce long discours ne devroit pas déplaire aux courtisans, puisqu'ils ont assez fait voir, par leurs applaudissements, qu'ils trouvoient la comédie belle. En tout cas, je n'ai écrit que pour vous, et j'espère que vous cacherez ceci si vous jugez qu'il ne vaille pas la peine d'être montré. Ne craignez pas que j'y trouve à redire; je suis autrement soumis à votre jugement qu'Oronte ne l'étoit aux avis du misanthrope.

Je suis,

MONSIEUR,

Votre très humble et très obéissant serviteur.

J. D. D. V.[1]

---

1. Cette finale, « Je suis, etc., » n'est que dans l'édition de 1682. Les initiales J. D. D. V. doivent être lues : Jean Donneau de Vizé.

TABLE

DU TOME SEPTIÈME.

El Burlador de Sevilla y Convidado de piedra, comedia famosa de Tirso de Molina 1

Le Festin de Pierre ou le Fils criminel, tragi-comédie traduite de l'italien en français par le sieur de Villiers 115

Le Festin de Pierre (Convitato di pietra), scénario de Dominique, traduit par Gueulette 203

Le Festin de Pierre, comédie (mise en vers par Thomas Corneille), 1677 215

L'AMOUR MÉDECIN, comédie-ballet en trois actes. 15 septembre 1665. 309
    Notice préliminaire 311
    L'Amour médecin 323

LE MISANTHROPE, comédie en cinq actes. 4 juin 1666 369
    Notice préliminaire 371
    Le Misanthrope 397
    Avertissement de l'édition originale 505
    Lettre sur la comédie du *Misanthrope* 507

FIN DE LA TABLE DU TOME SEPTIÈME.

PARIS — TYP. A. QUANTIN, 7, RUE SAINT-BENOIT. — [2007]

CHEFS-D'ŒUVRE DE LA LITTÉRATURE FRANÇAISE

Format in-8° cavalier, imprimés avec luxe par M. J. Claye, sur très beau papier fabriqué spécialement pour cette collection, et ornés de gravures sur acier par les meilleurs artistes. 49 volumes sont en vente à 7 fr. 50 le volume. On tire, pour chacun des ouvrages de la collection, 150 exemplaires numérotés sur papier de Hollande, à 15 fr. le volume.

ŒUVRES COMPLÈTES DE MOLIÈRE
Avec un nouveau travail de critique et d'érudition, par M. Louis Moland. 7 volumes. (*Première édition épuisée.*)

ŒUVRES COMPLÈTES DE RACINE
Avec un travail nouveau par M. Saint-Marc Girardin, de l'Académie française, et M. Louis Moland; ouvrage complet en 8 volumes.

ŒUVRES COMPLÈTES DE LA FONTAINE
Avec un nouveau travail de critique et d'érudition, par M. Louis Moland; 7 volumes ornés de gravures sur acier d'après les dessins de Staal.

ŒUVRES COMPLÈTES DE MONTESQUIEU
Avec les variantes des premières éditions, un choix des meilleurs commentaires et des notes nouvelles, par M. Édouard Laboulaye, de l'Institut, avec un beau portrait de Montesquieu; 7 volumes.

ESSAIS DE MICHEL DE MONTAIGNE
Nouvelle édition, avec les notes de tous les commentateurs, choisies et complétées par M. J.-V. Le Clerc, précédée d'une nouvelle Étude sur Montaigne par M. Prévost-Paradol, de l'Académie française. 4 volumes, avec portrait.

ŒUVRES COMPLÈTES DE BOILEAU
Avec un travail nouveau, par M. Gidel, professeur de rhétorique au lycée Bonaparte; 4 volumes ornés de gravures sur acier d'après les dessins de Staal.

HISTOIRE DE GIL BLAS DE SANTILLANE
Par Le Sage, précédée d'une notice par Sainte-Beuve, de l'Académie française, les jugements et témoignages sur Le Sage et sur Gil Blas, suivie de *Turcaret* et de *Crispin rival de son maître*. 2 volumes illustrés de six belles gravures sur acier d'après les dessins de Staal.

ŒUVRES DE J.-B. ROUSSEAU
Avec une introduction sur sa vie et ses ouvrages et un nouveau commentaire par Antoine de La Tour. 1 volume avec portrait de l'auteur.

CHEFS-D'ŒUVRE LITTÉRAIRES DE BUFFON
Avec une introduction par M. Flourens, membre de l'Académie française, 2 volumes. Un beau portrait de Buffon est joint au tome Ier.

ŒUVRES DE CLÉMENT MAROT
Annotées, revues sur les éditions originales et précédées de la vie de Clément Marot, par Charles d'Héricault. 1 volume orné du portrait de l'auteur d'après une peinture du temps.

L'IMITATION DE JÉSUS-CHRIST
Traduction nouvelle avec des réflexions à la fin de chaque chapitre par M. l'abbé F. de Lamennais; volume orné de 4 gravures sur acier.

ŒUVRES CHOISIES DE MASSILLON
Précédées d'une notice biographique et littéraire par M. Godefroy. 2 volumes, avec un beau portrait de Massillon.

ŒUVRES COMPLÈTES DE J. DE LA BRUYÈRE
Nouvelle édition avec une notice sur la vie et les écrits de La Bruyère, une bibliographie, des notes, une table analytique des matières et un lexique, par A. Chassang, inspecteur général de l'instruction publique, lauréat de l'Académie française. 2 volumes, avec un beau portrait de La Bruyère.

ŒUVRES CHOISIES DE RONSARD
Avec notice, notes et commentaires, par C.-A. Sainte-Beuve; nouvelle édition, revue et augmentée, par M. L. Moland. 1 vol. avec un beau portrait de Ronsard.

EN COURS D'EXÉCUTION

Œuvres complètes de P. Corneille.
Œuvres de La Rochefoucauld.
Œuvres d'André Chénier.

www.ingramcontent.com/pod-product-compliance
Lightning Source LLC
Chambersburg PA
CBHW071419230426
43669CB00010B/1596